LE PRINCIPE RESPONSABILITÉ

Du même auteur
chez le même éditeur

La Religion gnostique

HANS JONAS

LE PRINCIPE RESPONSABILITÉ

Une éthique pour la civilisation technologique

Traduit de l'allemand par Jean Greisch

Champs essais

Cet ouvrage est paru en 1990 dans la collection « Passages » aux Éditions du Cerf. Nous reprenons ici la troisième édition de 1995.

ISBN : 978-2-0813-0769-8

A mes enfants
Alaya, Jonathan, Gabrielle.

PRÉSENTATION

Que peut bien contempler le regard aveugle de l'*Angelus dubiosus* de Paul Klee ? Et que veut dire au juste le geste défensif qui l'oblige à se voiler la face ? Depuis ses recherches sur la gnose qui ont consacré sa notoriété, Hans Jonas s'y connaît en anges. C'est au début des années vingt de notre siècle que commence son singulier itinéraire philosophique, à l'école de Husserl et de Heidegger, mais surtout à celle de Rudolf Bultmann, dont il fréquentait en 1923 le séminaire d'exégèse néo-testamentaire ensemble avec Hannah Arendt, à laquelle il restera lié par une amitié durable tout au long de sa vie. Sans doute est-ce dans le cadre de ce séminaire, consacré au thème de la *gnôsis tou theou* dans l'Évangile de saint Jean, que Jonas découvre son premier thème de recherche : le phénomène gnostique, dont il proposait dans sa thèse de doctorat une interprétation existentiale, soucieuse de rattacher le radicalisme spéculatif caractéristique des grands systèmes gnostiques à une vision du monde sous-jacente, dont la cohérence interne, nonobstant les expressions syncrétistes qu'elle peut épouser, est garantie par un mythe unificateur qui se rattache lui-même aux grandes interrogations existentielles qui dominent l'Antiquité tardive [1]. Par cette inter-

1. *Gnosis und spätantiker Geist*, t. I, Göttingen, Vandenhoeck, 1930. La seconde partie de ce travail a été publiée seulement après

prétation existentiale de la gnose, Jonas apporte la preuve de la fécondité de la méthode d'interprétation existentiale élaborée par Bultmann de concert avec Heidegger. Mais il apprend aussi à associer deux termes qui, tout au long de son parcours ultérieur, ne se dissocieront plus jamais pour lui : *gnôsis* et *krisis*. C'est l'association de ces deux termes qui permet d'entrevoir le lien qui assure la transition entre les travaux de l'auteur, qui, après des recherches érudites consacrées à un phénomène spirituel majeur de l'Antiquité tardive, s'est progressivement orienté vers des préoccupations plus terre à terre, directement liées à l'actualité de notre monde technologique en pleine évolution. Même si les thèmes changent, la figure de l'Ange demeure.

En dépit des aléas de sa vie extraordinairement mouvementée, tout se passe comme si, aux yeux de Jonas, c'était une espèce de nécessité intérieure qui l'avait conduit des recherches érudites sur le phénomène gnostique à une exigeante réflexion sur les dangers de la technologie – réflexion qui, à la fin des années soixante, se condensait dans une problématique qui a reçu son expression théorique majeure dans le présent ouvrage [1]. L'auteur lui-même plaide en faveur de la continuité interne de son itinéraire. Cela peut paraître étrange. A première vue rien de plus antithétique que le dualisme, d'abord existentiel, spéculatif ensuite, qui domine les grands systèmes de

la Seconde Guerre mondiale en 1954. Pour une vue d'ensemble de l'interprétation de la religion gnostique, cf. Hans JONAS, *La Religion gnostique*. Le message du Dieu étranger et les débuts du christianisme, traduction par François Évrard, Paris, Flammarion, 1978.

1. Le lecteur intéressé par la biographie de l'auteur peut se reporter à l'esquisse biographique contenue dans les deux interviews publiées par Joan PETRU CULIANU sous le titre : « From Gnosticum to the Dangers of Technology. An Interview with Hans Jonas » in Joan PETRU CULIANU (Éd.), *Gnosticismo e pensiero Moderno*, Roma, 1985, p. 133-153. Dans la même optique, cf. Hans JONAS, *Philosophical Essays*. From Ancient Creed to technological Man, Chicago-London, 1980, The University of Chicago Press, p. XI-XVII.

pensée gnostiques, et d'autre part la vision du monde toute différente qui a rendu possible le « Prométhée définitivement déchaîné » de la technique moderne. Mais, à examiner les choses de plus près, on découvre que c'est d'abord une caractéristique formelle qui se retrouve de part et d'autre dans la manière dont Jonas choisit d'aborder des problèmes dont il n'ignore évidemment pas la disparité. Malgré ses affinités méthodologiques avec l'école de la *Religionsgeschichte* (Reitzenstein, Schaeder, Bultmann), l'interprétation existentiale du phénomène gnostique avait pour principal souci de comprendre en quoi consistait la nouveauté essentielle du phénomène gnostique. Analyser la nouveauté essentielle des formes d'agir caractéristiques de la civilisation technologique est encore le souci qui domine la réflexion éthique développée dans *Le Principe Responsabilité*.

C'est dans les combats de la Seconde Guerre mondiale que le philosophe semble avoir pris conscience de l'insuffisance d'une conception idéaliste de la conscience qui installe le cogito philosophique au sommet d'un iceberg, dont la majeure partie, à savoir la base organique sur laquelle le miracle de l'esprit est perché, reste immergée. La révision de ce dualisme s'avéra rapidement une tâche philosophique tout à fait considérable, qui l'obligeait à s'aventurer sur le terrain difficile de la philosophie de la nature, au moment même où la plupart de ses collègues désertaient ce secteur pour s'installer sur les terres plus prometteuses, en tout cas plus rassurantes, de l'épistémologie [1]. Encore fallait-il se rendre compte que cette nature elle-même, sous l'influence de la technique, n'est plus ce qu'elle était : elle est de moins en moins la grande puissance mythique sur laquelle l'homme n'a aucune prise et qui le renvoie inexorablement aux limites de son pouvoir. A partir du moment où le pouvoir technologique rend la nature elle-même manipulable et de plus en plus altérable à volonté, elle devient

1. *The Phenomenon of Life : Toward a Philosophical Biology*, New York, Harper & Row, 1966.

elle-même un être fragile et menacé, presque sans défense, à l'instar de n'importe quel être humain et donc un objet de responsabilité.

C'est à la fin des années soixante qu'Hans Jonas commence à donner forme à cette intuition philosophique, en tentant d'en faire la clé de voûte d'une nouvelle conception de l'éthique dont l'ouvrage présent constitue le sommet. A ses yeux, il y a un gnosticisme latent de l'esprit moderne, qui l'apparente, toutes différences mises à part, au dualisme de l'ancienne gnose, au moins pour autant que la tentation extrémiste existe de part et d'autre. Il faut d'ailleurs rappeler qu'Ernst Bloch, dont le *Principe Espérance* non seulement forme le principal adversaire qui domine toute la dernière partie de cet ouvrage, mais qui a déjà contribué à forger le titre, s'est fait souvent l'apôtre fervent de la gnose. C'est cette continuité paradoxale, reliant entre elles des recherches à première vue très disparates, qui nous fait proposer l'*Angelus dubiosus* de Klee comme une figuration emblématique de la problématique développée dans l'ouvrage dont on lira ci-dessous la traduction française. L'Ange devient alors comme la figure emblématique de cette « heuristique de la peur » qui substitue à la séduction prométhéenne qui émane de la visée utopique, à laquelle Ernst Bloch a donné son expression philosophique canonique, un autre principe, décisif pour déterminer les enjeux éthiques des nouvelles formes d'agir produites par la civilisation technologique : le « Principe Responsabilité ». Rien que cette décision terminologique indique que, contrairement aux apparences, l'Ange ne craint pas pour lui-même. Son geste, à la fois défensif et protecteur, renferme certes l'aveu d'une vulnérabilité et d'une extrême fragilité. Mais ce qu'il s'agit de préserver et de protéger, ce n'est pas notre propre vie, mais la vie de tout ce qui, à l'avenir – cet avenir extraordinairement lointain et en même temps proche dont la technologie seule nous fournit l'idée –, apparaît comme essentiellement fragile et menacé, que ce soient les générations futures, non encore nées, ou la nature elle-même.

A en juger d'après son succès de librairie – 130 000 exemplaires vendus à ce jour, ce qui semble être le record du siècle pour un ouvrage de philosophie – depuis la parution de la première édition de cet ouvrage [1] qui a valu à son auteur le Prix de la Paix des libraires allemands (1987), un grand nombre de lecteurs se sont intéressés à cette tentative originale de fonder une nouvelle conception éthique sur le Principe Responsabilité. Il faut souhaiter que les philosophes français entrent enfin eux-mêmes dans le vaste débat que cet ouvrage a déclenché.

Depuis la parution de l'ouvrage en 1979, ce débat a consisté en grande partie dans une confrontation avec les principaux représentants d'une éthique dite discursive représentée en particulier par Karl-Otto Apel et Jürgen Habermas [2]. On voit ce que ces deux approches peuvent avoir de commun : un même souci de plaider pour la nécessité d'une authentique éthique philosophique. Mais le lecteur attentif de cet ouvrage s'apercevra rapidement que la conception de l'éthique que défend Hans Jonas diverge des éthiques dites discursives sur un point tout à fait capital : là où les premières construisent leur « Sur-Nous » (Odo Marquard) de la « communauté idéale de communication », se fondant sur la réversibilité parfaite des exigences de validité émanant des procédures argumentatives des sujets raisonnables, Jonas, lui, part du principe exactement inverse de la dissymétrie radicale qui caractérise les relations de responsabilité

1. La première édition de l'ouvrage a été publiée en 1979 à Francfort, aux éditions Insel Verlag. Notre traduction suit la pagination de l'édition Suhrkamp.

2. Cf. Jürgen Habermas, *Morale et Communication.* Conscience morale et activité communicationnelle, trad. fr. par Christian Bouchindhomme, Paris, Cerf, 1988. Karl-Otto Apel, « Verantwortung heute – nur noch Prinzip der Bewahrung und Selbstbeschränkung oder immer noch der Befreiung und Verwirklichung von Humanität ? » in T. Meyer et S. Miller (Éd.), *Zukunftsethik und Industriegesellschaft,* München, 1986, 15-40.

partout où elles se présentent. Face à une insistance aussi vigoureuse sur l'irréversibilité de ce type de relation, comment ne pas évoquer la méditation lévinasienne sur la vulnérabilité essentielle du visage d'autrui, qui, antérieurement à toute liberté, nous a déjà pris en otage ? Pour Hans Jonas aussi, être responsable signifie accepter d'être « pris en otage » par ce qu'il y a de plus fragile et de plus menacé. Que nous le voulions ou non, nous sommes les architectes de la société à venir, car il ne nous appartient déjà plus d'enrayer le progrès technologique, même si nous le voulions. Ce qui nous appartient en revanche, c'est la conscience que nous sommes dores et déjà pris en otage par cet avenir que nous faisons exister. *Le Principe Responsabilité* est une exigeante méditation sur cette situation paradoxale et tente de dégager avec toute la rigueur du concept l'impératif catégorique et les normes rationnelles valables pour l'agir éthique dans une situation aussi inédite.

Jean Greisch

[7]

PRÉFACE

Le Prométhée définitivement déchaîné, auquel la science confère des forces jamais encore connues et l'économie son impulsion effrénée, réclame une éthique qui, par des entraves librement consenties, empêche le pouvoir de l'homme de devenir une malédiction pour lui. La thèse liminaire de ce livre est que la promesse de la technique moderne s'est inversée en menace, ou bien que celle-ci s'est indissolublement alliée à celle-là. Elle va au-delà du constat d'une menace physique. La soumission de la nature destinée au bonheur humain a entraîné par la démesure de son succès, qui s'étend maintenant également à la nature de l'homme lui-même, le plus grand défi pour l'être humain que son faire ait jamais entraîné. Tout en lui est inédit, sans comparaison possible avec ce qui précède, tant du point de vue de la modalité que du point de vue de l'ordre de grandeur : ce que l'homme peut faire aujourd'hui et ce que par la suite il sera contraint de continuer à faire, dans l'exercice irrésistible de ce pouvoir, n'a pas son équivalent dans l'expérience passée. Toute sagesse héritée, relative au comportement juste, était taillée en vue de cette expérience. Nulle éthique traditionnelle ne nous instruit donc sur les normes du « bien » et du « mal » auxquelles doivent être soumises les modalités entièrement nouvelles du pouvoir et de ses créations possibles. La terre nouvelle de la pratique collective, dans laquelle nous sommes entrés avec la technologie de pointe, est encore une terre vierge de la théorie éthique.

Dans ce vide (qui est en même temps le vide de l'actuel relativisme des valeurs) s'établit la recherche présentée ici. Qu'est-ce qui peut servir de boussole? L'anticipation de la menace elle-même! C'est seulement dans les premières lueurs de son orage qui nous vient du futur, dans l'aurore de son ampleur planétaire et dans la profondeur de ses enjeux humains, que peuvent être découverts les principes éthiques, desquels se laissent déduire les nouvelles obligations correspondant au pouvoir nouveau. [8] Cela, je l'appelle « heuristique de la peur ». Seule la prévision de la déformation de l'homme nous fournit le concept de l'homme qui permet de nous en prémunir. Nous savons seulement *ce qui* est en jeu, dès lors *que* nous savons que cela est en jeu. Mais comme l'enjeu ne concerne pas seulement le sort de l'homme, mais également l'image de l'homme, non seulement la survie physique, mais aussi l'intégrité de son essence, l'éthique qui doit garder l'un et l'autre doit être non seulement une éthique de la sagacité, mais aussi une éthique du respect.

La fondation d'une telle éthique, qui ne reste plus liée au domaine immédiatement intersubjectif des contemporains, doit s'étendre jusqu'à la métaphysique, qui seule permet de se demander pourquoi des hommes doivent exister au monde : donc pourquoi vaut l'impératif inconditionnel de préserver leur existence pour l'avenir. L'aventure de la technologie, avec ses risques extrêmes, exige ce risque de la réflexion extrême. Une telle fondation est tentée ici, à l'encontre de la résignation positiviste-analytique de la philosophie contemporaine. Du point de vue ontologique sont déployées à nouveau les vieilles questions du rapport de l'être et du devoir, de la cause et de la finalité, de la nature et de la valeur, afin d'enraciner dans l'être, par-delà le subjectivisme des valeurs, le nouveau devoir de l'homme qui vient d'apparaître.

Mais le véritable thème est ce devoir nouvellement apparu lui-même que résume le concept de *responsabilité.* Sans doute n'est-ce pas un phénomène nouveau dans la moralité. La responsabilité n'a pourtant jamais eu un tel objet, de même qu'elle a peu occupé la théorie éthique jusqu'ici. Le savoir, aussi bien que le pouvoir, étaient trop limités pour incorporer l'avenir plus lointain dans la prévision, bien plus, pour inclure la planète entière dans la conscience de la causalité personnelle. Plutôt que de deviner vainement les conséquences tardives, relevant d'un destin inconnu, l'éthique se concentrait sur la qualité morale de l'acte momentané lui-même, dans lequel on doit respecter le droit du prochain qui partage notre vie. Sous [9] le signe de la technologie par contre, l'éthique a affaire à des actes (quoique ce ne soient plus ceux d'un sujet individuel), qui ont une portée causale incomparable en direction de l'avenir et qui s'accompagnent d'un savoir prévisionnel qui, peu importe son caractère incomplet, déborde lui aussi tout ce qu'on a connu autrefois. Il faut y ajouter le simple ordre de grandeur des actions à long terme et très souvent également leur irréversibilité. Tout cela place la responsabilité au centre de l'éthique, y compris les horizons d'espace et de temps qui correspondent à ceux des actions. En ce sens la théorie de la responsabilité, qui fait encore défaut aujourd'hui, forme le centre de l'ouvrage.

De la perspective d'avenir élargie qui caractérise la responsabilité actuelle se dégage le thème final : *l'utopie.* La dynamique mondiale du progrès technologique contient en elle un utopisme implicite par sa tendance, si ce n'est par son programme. Et alliée à la technique, une des éthiques à perspective d'avenir globale qui existe déjà, le *marxisme*, a précisément élevé l'utopie au rang d'un but explicite. Cela nécessite une critique détaillée de l'idéal utopique. Puisque celui-ci a en sa faveur les plus anciens rêves de l'humanité et qu'il semble également disposer maintenant avec la technique des instruments permettant de traduire ce rêve dans une entreprise, l'utopisme, qui jadis fut vain, est devenu la plus dangereuse des tentations – précisément parce que c'est la tentation la plus idéaliste – de l'humanité actuelle. A l'immodeste fixation de ses buts, qui fait fausse route tant du point de vue écologique que du point de vue anthropologique (la première chose pouvant être prouvée, la seconde pouvant être philosophiquement démontrée), le Principe Responsabilité oppose la tâche plus modeste que nous ordonnent la crainte et le respect : dans l'ambivalence durable de sa liberté, qu'aucune transformation des circonstances ne saurait jamais abolir, préserver pour l'homme l'intégrité de son monde et de son essence contre les abus de son pouvoir.

Un « tractatus technologico-ethicus », tel qu'il est tenté ici, impose ses exigences de rigueur qui touchent le lecteur, pas moins que l'auteur. Ce qui doit approximativement rendre justice au thème, doit ressembler à de l'acier et non à de l'ouate. Dans la réflexion éthique contemporaine, il y a bien assez d'ouate dans les bonnes intentions ainsi que [10] dans les motivations irréprochables, qui affirment qu'on prend le parti des anges et qu'on est contre le péché, qu'on est pour la prospérité et contre le déclin. Quelque chose de plus dur est nécessaire, que l'on tente ici. L'intention est partout systématique et nulle part homilétique et nulle motivation louable (qu'elle soit à temps ou à contretemps) ne saurait servir d'excuse aux insuffisances philosophiques de l'argumentation. Le tout est un argument qui est déployé par étapes – et, j'espère, pas trop péniblement pour le lecteur – à travers les six chapitres. J'ai moi-même conscience d'une *seule* lacune dans la progression théorique du développement : entre le troisième et le quatrième chapitre a été omise une analyse de « la puissance et de l'impuissance de la subjectivité », dans laquelle est abordé à nouveaux frais le problème psycho-physique, et réfuté le déterminisme naturaliste de la vie psychique. Bien qu'il soit nécessaire d'un point de vue systématique (car avec le déterminisme pas d'éthique, ou encore : sans liberté pas de devoir), il a été décidé pour ce volume, de détacher ce traité de ce contexte et de le proposer ultérieurement sous forme séparée [1].

La même considération a conduit également à réserver pour une publication séparée une partie « Applications », faisant suite à l'analyse systématique. Celle-ci a pour objet d'illustrer le nouveau type de questions et d'obligations éthiques par une sélection de thèmes choisis qui dès à présent sont concrets [2]. Actuellement il est impossible de tenter davantage qu'une telle casuistique provisoire. Le temps d'une théorie systématique des obligations (qui devrait être visée en fin de compte) n'est pas encore venu, compte tenu du caractère « en devenir » des « choses » dont elle traite.

Le présent ouvrage parut d'abord en allemand en 1979. Sa genèse remonte à l'année 1959 où, dans une conférence intitulée : « The Practical Uses of Theory », je me rendis compte pour la première fois de la transformation du rapport de la théorie et de la pratique qui distingue le savoir moderne de la nature du savoir ancien. La méthode analytique et expérimentale qui s'impose au XVIIe siècle et qui n'a plus une attitude contemplative, mais agressive, à l'égard de son objet, contient déjà dans son esprit l'habilitation à, et dans ses résultats la voie vers un rapport actif au connu. La possibilité d'une application pratique fait partie de l'essence théorique des sciences modernes de la nature elles-mêmes ; c'est-à-dire que le potentiel technologique lui est intrinsèquement inné et son actualisation accompagne chaque pas de sa croissance. La domination prend la place de la contemplation de la nature. Ainsi se trouvait entamé le thème du pouvoir et de son usage qui se propulse lui-même et qui se rend indispensable.

Entre-temps la dialectique abyssale de cet usage est devenue toujours plus visible. La conscience crois-

1. Cf. Hans JONAS, *Macht oder Ohnmacht der Subjectivität*, Frankfurt, Suhrkamp, ²1981.

2. Cf. Hans JONAS, *Technik, Medizin und Ethik*, Frankfurt, Suhrkamp, 1985.

sante d'une crise qui nous menace suscite des livres tels que celui-ci. Quelle que soit la faiblesse de la parole face à la contrainte des choses et face à la poussée des intérêts, elle peut néanmoins contribuer à ce que cette conscience franchisse le pas de la crainte vers la responsabilité pour l'avenir menacé et que nous devenions ainsi un peu plus disponibles pour ce que la cause de l'humanité exigera de nous avec une urgence croissante.

CHAPITRE PREMIER

LA TRANSFORMATION DE L'ESSENCE DE L'AGIR HUMAIN

[15] Toute éthique jusqu'à présent – que ce soit à titre d'injonction directe de faire certaines choses et de ne pas en faire d'autres ou bien à titre de la détermination des principes de telles injonctions, ou enfin à titre de la mise en évidence d'un fondement de l'obligation d'obéir à de tels principes – admettait tacitement les présuppositions suivantes, reliées entre elles : (1) La condition humaine, donnée par la nature de l'homme et par la nature des choses, est établie une fois pour toutes dans ses traits fondamentaux. (2) Sur cette base ce qui est bon pour l'homme se laisse déterminer sans difficulté et de manière évidente. (3) La portée de l'agir humain et par conséquent celle de la responsabilité humaine est étroitement définie. C'est le but des exposés qui suivent de montrer que ces présuppositions ne valent plus, et de se demander ce que cela veut dire pour notre situation morale. Formulée plus spécifiquement, mon affirmation est que par suite de certains développements de notre pouvoir l'essence de l'agir humain s'est transformée; et comme l'éthique a affaire à l'agir, l'affirmation ultérieure doit être que la transformation de la nature de l'agir humain rend également nécessaire une transformation de l'éthique. Non seulement au sens où de nouveaux objets de l'agir ont matériellement élargi le domaine des cas auxquels il faut appliquer les règles

de conduite en vigueur, mais au sens bien plus radical que la nature qualitativement inédite de certaines de nos actions a dégagé une dimension intégralement nouvelle de la signification éthique qui n'était pas prévue dans les points de vue et les canons de l'éthique traditionnelle.

Les facultés nouvelles que j'ai en vue sont naturellement celles de la technique moderne. Mon premier point est donc de demander en quel sens la technique affecte la nature de notre agir, dans quelle mesure elle rend l'agir qui est placé sous son signe [16] différent de ce qu'il a été de tout temps. Comme pendant toutes ces périodes l'homme n'était jamais sans technique, ma question vise la différence humaine entre la technique moderne et celle des temps antérieurs.

[17]

I. L'EXEMPLE DE L'ANTIQUITÉ

Commençons par une voix ancienne, parlant du pouvoir et du faire de l'homme, une voix qui en un sens archétypique rend pour ainsi dire elle-même déjà une note technologique – le célèbre chant du chœur de l'*Antigone* de Sophocle.

> Il est bien des merveilles en ce monde, il n'en est pas de plus grande que l'homme. Il est l'être qui sait traverser les flots gris, à l'heure où soufflent les vents du Sud et ses orages,
> et qui va son chemin au creux des hautes vagues qui lui couvrent l'abîme. Il est l'être qui tourmente la déesse auguste entre toutes, la Terre,
> la Terre éternelle et infatigable, avec ses charrues qui vont sans répit la sillonnant chaque année, celui qui la fait labourer par les produits de ses cavales.
>
> Oiseaux étourdis, animaux sauvages, poissons peuplant les mers, tous, il les enserre et les prend

dans les mailles de ses filets, l'homme à l'esprit ingénieux.
Par ses engins, il est le maître
des bêtes indomptées qui courent par les monts, et, le moment venu, il ploiera sous un joug enveloppant leur col et le cheval à l'épaisse crinière et l'infatigable taureau des montagnes.

Parole, pensée prompte comme le vent, aspirations d'où naissent les cités, tout cela, il se l'est enseigné à lui-même, aussi bien qu'il a su, en se faisant un gîte,
échapper aux traits du gel, de la pluie, cruels à ceux qui n'ont d'autre toit que le ciel. Bien armé contre tout, il n'est désarmé contre rien
de ce que lui peut offrir l'avenir. Contre la mort seule il n'aura jamais de charme permettant de lui échapper, bien qu'il ait déjà su, contre les maladies les plus opiniâtres, imaginer plus d'un remède.

Mais, ainsi maître d'un savoir dont les ingénieuses ressources dépassent toute espérance, il peut prendre ensuite la route du mal tout comme du bien.
Qu'il fasse donc, dans ce savoir, une part aux lois de sa ville, et à la justice des dieux à laquelle il a juré foi ; il montera alors très haut dans sa cité ; tandis qu'il s'exclut de cette cité, du jour où il laisse le crime
le contaminer, par bravade [1].

1. L'homme et la nature

Cet hommage oppressé au pouvoir oppressant de l'homme raconte son irruption violente et engendrant la violence dans l'ordre cosmique, l'invasion audacieuse des différents domaines naturels par l'intelligence infatigable ; mais en même temps est raconté qu'avec les capacités du discours, de la pensée et du sens social qu'il a apprises de son propre chef, l'homme construit une demeure pour son être humain

1. Sophocle, *Antigone*, trad. P. Mazon, Paris, Les Belles Lettres, 1950, p. 87-88.

authentique – à savoir l'artefact de la cité. Le viol de la nature et son auto-éducation marchent la main dans la main. L'un et l'autre tiennent tête aux éléments, le premier en s'aventurant dans ceux-ci et en se soumettant ses créatures, l'autre en érigeant dans le refuge de la cité et de ses lois une enclave contre celle-ci. L'homme est le créateur de sa vie en tant que vie humaine ; il plie les circonstances à son vouloir et à son besoin et, sauf contre la mort, il n'est jamais dépourvu de ressource.

Pourtant on perçoit dans ce chant d'éloge de la merveille qu'est l'homme un ton réservé, anxieux même, et personne ne peut y voir une vantardise immodeste. Ce qui est non dit, mais ce qui lui est sous-jacent comme allant de soi à cette époque, c'est le savoir [19] que nonobstant toute la grandeur de son ingéniosité illimitée, l'homme, comparé aux éléments, est toujours encore petit ; c'est cela qui donne toute son audace à ses incursions dans ceux-ci et ce qui leur permet de tolérer son impertinence. Toutes les libertés qu'il prend avec les habitants de la terre, de la mer et de l'air laissent pourtant inchangée la nature englobante de ces *règnes* et ne diminuent pas leurs forces créatrices. Il ne leur fait pas vraiment mal lorsqu'il découpe son petit royaume dans leur grand royaume. Eux perdurent alors que ses entreprises prennent leur envol éphémère. Même si année après année il accable la terre avec sa charrue – elle est sans âge et infatigable – il peut et il doit faire confiance à sa patience persévérante et se plier à son cycle. Et pareillement la mer elle aussi est sans âge. Nulle rapine de son engeance ne peut en épuiser la fécondité, nul sillage de navires ne saurait l'endommager, nul déchet ne saurait en souiller les profondeurs. Et quel que soit le nombre des maladies contre lesquelles l'homme puisse trouver un remède, la mortalité elle-même ne se plie pas à sa ruse.

Tout ceci vaut parce que avant notre époque les interventions de l'homme dans la nature, tel que lui-même les voyait, étaient essentiellement de nature superficielle et sans pouvoir d'en perturber l'équilibre arrêté. (Le regard rétrospectif découvre que la vérité ne fut pas toujours aussi inoffensive.) De même, ni dans le chant du chœur d'Antigone, ni nulle pan ailleurs, ne trouve-t-on une allusion que ceci n'est qu'un *commencement* et que des choses plus grandes en matière d'artefact et de pouvoir sont encore à venir – que l'homme est engagé dans une carrière de conquête illimitée. C'est seulement jusque-là qu'il s'est aventuré dans la domestication de la nécessité, c'est seulement cela qu'il a appris à lui arracher grâce à son astuce pour rendre humaine sa vie, et en y songeant, il s'est senti envahi par le frisson de sa propre audace.

[20]

2. L'œuvre humaine de la « cité »

L'espace qu'il avait ainsi créé pour lui-même était rempli par la cité des hommes – dont ce fut la destination d'enclore, et non de s'étendre – et de cette manière fut établi un nouvel équilibre à l'intérieur de l'équilibre plus vaste de l'ensemble. Quel que soit le bonheur ou et le malheur vers lequel le pousse à chaque fois l'art ingénieux de l'homme, ils prennent place à l'intérieur de l'enclave humaine et ne touchent pas la nature des choses.

L'invulnérabilité de l'ensemble, dont les profondeurs ne sont pas perturbées par l'importunité humaine, c'est-à-dire l'immutabilité essentielle de la nature en tant qu'ordre cosmique, fut de fait l'arrière-plan de toutes les entreprises de l'homme mortel, y compris de ses interventions dans cet ordre lui-même. Sa vie se déroulait entre ce qui demeure et ce qui change : ce qui demeure, ce fut la nature ; ce qui change, ce furent ses propres œuvres. La plus grande de ces œuvres fut la cité et à celle-ci il pouvait donner un certain degré de permanence, grâce aux lois qu'il inventait pour elle et qu'il se proposait d'honorer.

Mais cette permanence artificiellement produite n'offrait aucune certitude à long terme. En tant qu'artefact menacé, la configuration culturelle peut s'épuiser ou faire fausse route. Pas même à l'intérieur de son espace artificiel, en dépit de toute la liberté qu'il accorde à l'auto-détermination, l'arbitraire ne saurait jamais tenir en échec les données fondamentales de l'existence humaine. Et même, c'est précisément l'inconsistance du destin humain qui garantit la consistance de la condition humaine. Le hasard, la chance et la stupidité, les grands compensateurs dans les affaires humaines, agissent comme une espèce d'entropie et finissent par faire converger tous les projets déterminés vers la norme éternelle. Les États connaissent l'ascension et le déclin, les dominations vont et viennent, les familles prospèrent et dégénèrent – nul changement n'est voué à la permanence et à la fin, par la compensation réciproque de toutes les déviations passagères, [21] la condition de l'homme est ce qu'elle fut depuis toujours. Ainsi, même ici, dans son propre artefact, le monde social, le contrôle de l'homme est faible et sa nature permanente finit par s'imposer.

Toujours est-il que cette citadelle de sa propre création qui fut clairement distinguée du reste des choses et confiée à ses soins, forme le domaine complet et unique de la responsabilité humaine. La nature ne fut pas un objet de la responsabilité humaine – elle prenait soin d'elle-même et, en y mettant la persuasion et l'insistance nécessaires, elle prenait également soin de l'homme : à son égard étaient indiquées non l'éthique, mais l'intelligence et l'inventivité. Mais dans la « cité », c'est-à-dire dans l'artefact social où les hommes ont commerce avec les hommes, l'intelligence doit se marier à la moralité, car celle-ci est l'âme de son existence. C'est bien ce cadre interhumain qu'habite toute éthique traditionnelle et elle est adaptée aux dimensions de l'agir humain déterminées de cette façon.

[22]

II. SIGNES DISTINCTIFS DE L'ÉTHIQUE JUSQU'À PRÉSENT

Empruntons à ce qui précède les signes distinctifs de l'agir humain qui importent pour une comparaison avec l'état de choses actuel.

1. Tout commerce avec le monde extra-humain, ce qui veut dire avec le domaine entier de la *technè* (l'art) était – à l'exception de la médecine – neutre du point de vue éthique – tant du point de vue de l'objet que de celui du sujet d'un tel agir : du point de vue de l'objet, parce que l'art n'affectait la nature des choses, qui se préservait elle-même, que superficiellement, de sorte que la question d'un endommagement définitif de l'intégrité de son objet, de l'ordre naturel en sa totalité, ne se posait pas ; du point de vue du sujet agissant, parce que la *technè* en tant qu'activité se comprenait elle-même comme un tribut limité payé à la nécessité et non comme le progrès autojustificateur vers le but principal de l'humanité, dans la poursuite duquel sont engagés l'effort et la participation suprêmes de l'homme. La véritable vocation de l'homme se trouve ailleurs. Bref, la répercussion sur des objets non humains ne formait pas un domaine de la signification éthique.

2. La signification éthique faisait partie du commerce direct de l'homme avec l'homme, y compris le commerce avec soi-même ; toute éthique traditionnelle est *anthropocentrique*.

3. Pour l'agir dans cette sphère on estimait que l'entité « homme » (et sa condition fondamentale) est constante en son essence et qu'elle n'est pas elle-même un objet de la *technè* transformatrice (art).

4. Le bien-être et le mal-être dont l'agir devait s'occuper étaient proches de l'action, soit dans la

praxis elle-même, soit dans sa portée immédiate et ils n'étaient pas affaire de planification à long terme. Cette proximité des buts valait pour le temps aussi bien que pour l'espace. La portée efficiente de l'action était petite, le laps de temps pour la prévision, la détermination des buts et pour l'imputabilité était court, le contrôle des circonstances était limité. La conduite juste avait ses critères immédiats et avait son achèvement presque immédiat. Le long cours des conséquences était abandonné au hasard, au destin ou à la providence. Pareillement, l'éthique avait affaire à l'ici et au maintenant, aux occasions telles qu'elles se présentent entre les hommes, aux situations répétitives et typiques de la vie privée et publique. L'homme bon était celui qui répondait à ces occasions avec vertu et sagesse, qui en cultivait la faculté en lui-même et qui par ailleurs se résignait à l'inconnu.

Tous les commandements et toutes les maximes de l'éthique traditionnelle, quelle que soit la différence de leurs contenus, présentent cette restriction à l'environnement immédiat de l'action. « Aime ton prochain comme toi-même » ; « Fais aux autres ce que tu souhaites qu'ils te fassent » ; « Instruis ton enfant dans le chemin de la vérité » ; « Recherche la perfection par le développement et la réalisation de tes meilleures possibilités en tant qu'homme » ; « Subordonne ton bien-être personnel au bien-être commun » ; « Ne traite jamais ton prochain comme un simple moyen, mais toujours également comme une fin en elle-même » ; et ainsi de suite. Remarquons que dans toutes ces maximes l'acteur et « l'autre » de son action partagent un présent commun. Ce sont les vivants actuels et qui, d'une façon ou d'une autre, ont commerce avec moi, qui ont droit à mon comportement pour autant qu'il les affecte par le faire ou par l'omission. L'univers moral se compose de contemporains et son horizon d'avenir se limite à leur durée de vie prévisible. Il en va de même de l'horizon spatial du lieu dans lequel l'acteur et l'autre se rencontrent comme voisins, comme amis ou ennemis, comme supérieur hiérarchique et subordonné, comme le plus fort et le plus faible et dans tous les autres rôles dans lesquels les hommes ont affaire les uns aux autres. Toute moralité était ciblée sur ce cercle rapproché de l'agir.

[23] Il s'ensuit que le *savoir* qui est requis à côté de la *volonté* morale afin de garantir la moralité de l'action correspondait à ces limitations : ce n'est pas le savoir du scientifique ou de l'expert, mais un savoir d'un type accessible à tous les hommes de bonne volonté. Kant allait jusqu'à dire « qu'en matière de morale la raison humaine, même dans l'intelligence la plus commune, peut être aisément portée à un haut degré d'exactitude et de perfection »[1] ; « qu'il n'est besoin ni de science ni de philosophie pour savoir ce qu'on a à faire, pour être honnête et bon, même sage et vertueux » [...] que [l'intelligence commune] « peut [...] espérer y toucher juste tout aussi bien que peut se le promettre n'importe quel philosophe »[2] ; « [Pour savoir] ce que j'ai à faire, pour que ma volonté soit morale, je n'ai besoin d'aucune ingéniosité qui va chercher loin. Inexpérimenté en considération du cours des événements du monde *(Weltlaufs)*, incapable de rester impassible face aux événements qui y surgissent, je suis encore capable de savoir comment je peux agir en accord avec la loi morale ».

Tous les théoriciens de l'éthique n'allaient pas aussi loin dans la diminution de l'aspect cognitif de l'agir moral. Mais même lorsque celui-ci recevait une importance plus grande, comme chez Aristote, où la connaissance de la situation et de ce qui lui convient demande beaucoup d'expérience et de jugement, un tel savoir n'a pourtant rien à voir avec la science théorique. Sans doute renferme-t-il un concept universel du bien humain en tant que tel, référé aux constantes supposées de la nature et de la situation humaine et ce concept universel peut-il le cas échéant être élaboré ou non dans le cadre d'une théorie appropriée. Mais sa

1. Préface aux *Fondements de la Métaphysique des Mœurs*, trad. V. DELBOS, Paris, Delagrave, p. 82.

2. *Ibid.* Première Section, p. 106-107.

traduction dans la pratique exige la connaissance de l'ici et du maintenant et celle-ci est entièrement non théorique. Cette connaissance propre à la vertu (celle de savoir où, quand, comment et ce qu'on doit faire) s'en tient à la circonstance immédiate dans le contexte défini de laquelle l'action prend son cours [25] en tant qu'action de l'acteur individuel lui-même et elle trouve également sa fin en lui. Le « bien » ou le « mauvais » de l'action est entièrement décidé à l'intérieur de ce contexte de courte durée. Savoir qui en est l'auteur est une question qui ne se pose jamais et sa qualité morale l'habite immédiatement. Personne n'était tenu responsable pour les effets ultérieurs non voulus de son acte bien intentionné, bien réfléchi, et bien exécuté. Le bras court du pouvoir humain n'exigeait pas le bras long du savoir prédictif ; la brièveté de l'un n'était pas plus coupable que la longueur de l'autre. Précisément parce que le bien humain, connu en son universalité, est le même pour tous les temps, sa réalisation ou sa transgression a lieu de tout temps et son lieu complet est toujours le présent.

[26]

III. NOUVELLES DIMENSIONS DE LA RESPONSABILITÉ

Tout cela s'est transformé de manière décisive. La technique moderne a introduit des actions d'un ordre de grandeur tellement nouveau, avec des objets tellement inédits et des conséquences tellement inédites, que le cadre de l'éthique antérieure ne peut plus les contenir. Le chœur d'*Antigone*, évoquant l'inquiétant pouvoir de l'homme, devrait aujourd'hui être formulé différemment sous le signe de l'inquiétant tout autre ; et l'exhortation adressée à l'individu de respecter les lois ne serait plus suffisante. D'ailleurs depuis belle lurette les dieux ne sont plus présents, permettant que l'invocation de leur droit puisse s'opposer à l'inquiétant du faire humain. Sans doute les anciennes prescriptions de l'éthique du « prochain » – les prescriptions de la justice, de la miséricorde, de l'honnêteté, etc. –, en leur immédiateté intime, sont-elles toujours valables pour la sphère la plus proche, quotidienne, de l'interaction humaine. Mais cette sphère est surplombée par le domaine croissant de l'agir collectif dans lequel l'acteur, l'acte et l'effet ne sont plus les mêmes que dans la sphère de la proximité et qui par l'énormité de ses forces impose à l'éthique une nouvelle dimension de responsabilité jamais imaginée auparavant.

1. La vulnérabilité de la nature

Qu'on considère par exemple, comme première modification majeure survenue à l'image héritée, la *vulnérabilité* critique de la nature par l'intervention technique de l'homme – une vulnérabilité qui n'avait jamais été pressentie avant qu'elle ne se soit manifestée à travers les dommages déjà causés. Cette découverte, dont le choc conduisait au concept et aux débuts d'une science de l'environnement (écologie), modifiait toute la représentation de nous-mêmes en tant que facteur causal [27] dans le système plus vaste des choses. Par les effets elle fait apparaître au grand jour que non seulement la nature de l'agir humain *s'est* modifiée *de facto* et qu'un objet d'un type entièrement nouveau, rien de moins que la biosphère entière de la planète, s'est ajouté à ce pour quoi nous devons être responsables parce que nous avons pouvoir sur lui. Et un objet de quelle taille bouleversante, en comparaison duquel tous les objets antérieurs de l'agir humain ressemblent à des nains ! La nature en tant qu'objet de la responsabilité humaine est certainement une nouveauté à laquelle la théorie éthique doit réfléchir. Quel type d'obligation s'y manifeste? Est-ce plus qu'un intérêt utilitaire? Est-ce simplement la prudence qui recommande de ne pas tuer la poule aux œufs d'or ou de ne pas scier la branche sur laquelle on est assis? Mais le « on » qui y est assis et qui tombe peut-être dans l'abîme sans fond : qui est-ce? Et quel est *mon* intérêt à ce qu'il soit assis ou qu'il tombe?

Pour autant que l'ultime pôle de référence qui fait de l'intérêt pour la conservation de la nature un intérêt *moral* est le destin de *l'homme* en tant qu'il dépend de l'état de la nature, l'orientation anthropocentrique de l'éthique classique est encore conservée ici. Mais même dans ce cas, la différence est grande. La clôture de la proximité et de la simultanéité a disparu, emportée par l'extension spatiale et la longueur temporelle des séries causales que la praxis technique met en route, même quand elles sont entreprises en vue de fins rapprochées. Son irréversibilité, alliée à son ordre de grandeur récapitulatif, introduit un autre facteur inédit dans l'équation morale. S'y ajoute son caractère cumulatif : ses effets s'additionnent de telle sorte que la situation de l'agir et de l'être ultérieur n'est plus la même que celle du premier acteur mais qu'elle devient progressivement de plus en plus différente et de plus en plus un résultat de ce qui fut déjà fait. Toute éthique traditionnelle comptait seulement sur un comportement non cumulatif [1]. La situation inter-humaine fondamentale dans laquelle la vertu [28] doit être éprouvée et où le vice doit se démasquer, reste toujours la même et avec elle chaque acte

1. Exception faite de la formation de soi et de l'éducation : la pratique d'une vertu, par exemple, est également un exercice dans la vertu. Elle renforce les forces morales et transforme sa pratique en habitude; de même pour les vices. Mais l'essence fondamentale peut toujours à nouveau transparaître dans sa nudité : l'homme le plus vertueux peut être emporté par la tempête destructrice de la passion, l'homme le plus vicieux peut faire l'expérience de la conversion. De telles choses sont-elles encore possibles dans les modifications cumulatives des conditions d'être que la technologie sédimente sur son chemin?

recommence à zéro. Les occasions répétées qui, selon leur classe d'appartenance, proposent leurs alternatives d'agir – courage ou lâcheté, modération ou excès, vérité ou mensonge, etc. – restituent à chaque fois les conditions d'origine. Celles-ci sont indépassables. Mais l'autoprocréation cumulative de la mutation technologique du monde déborde en permanence les conditions de chacun des actes qui y contribuent et elle traverse seulement des situations sans précédent, devant lesquelles les enseignements de l'expérience sont impuissants. Et même, le cumul comme tel, non content de modifier son origine pour la rendre méconnaissable, peut dévorer la condition fondamentale de toute la série, sa propre présupposition. Tout ceci devrait être voulu dans la volonté de l'acte individuel si celui-ci doit être moralement responsable.

2. Le rôle nouveau du savoir en morale

Dans ces circonstances le savoir devient une obligation prioritaire au-delà de tout ce qui était dans le passé revendiqué comme son rôle, et le savoir doit être du même ordre de grandeur que l'ampleur causale de notre agir. Or le fait qu'il ne *peut* pas réellement être du même ordre de grandeur, ce qui veut dire que le savoir prévisionnel reste en deçà du savoir technique qui donne son pouvoir à notre agir, prend lui-même une signification éthique. Le gouffre entre la force du savoir prévisionnel et le pouvoir du faire engendre un nouveau problème éthique. Reconnaître l'ignorance devient ainsi l'autre versant de l'obligation de savoir et cette reconnaissance devient ainsi une partie de l'éthique qui doit enseigner le contrôle de soi toujours plus nécessaire de notre pouvoir excessif. Nulle éthique antérieure n'avait à prendre en considération la condition globale de la vie humaine et l'avenir lointain et l'existence de l'espèce elle-même. Le fait que l'enjeu présent porte précisément là-dessus exige, pour le dire en un mot, une nouvelle conception [29] des droits et des obligations, dont nulle éthique et nulle métaphysique du passé n'offrent ne fût-ce que les simples principes, sans parler d'une doctrine achevée.

3. Un droit éthique autonome de la nature ?

Et si le nouveau type de l'agir humain voulait dire qu'il faut prendre en considération davantage que le seul intérêt « de l'homme » – que notre devoir s'étend plus loin et que la limitation anthropocentrique de toute éthique du passé ne vaut plus ? Du moins n'est-il plus dépourvu de sens de demander si l'état de la nature extra-humaine, de la biosphère dans sa totalité et dans ses parties qui sont maintenant soumises à notre pouvoir, n'est pas devenu par le fait même un bien confié à l'homme et qu'elle a quelque chose comme une prétention morale à notre égard – non seulement pour notre propre bien, mais également pour son propre bien et de son propre droit. Si c'était le cas, cela réclamerait une révision non négligeable des fondements de l'éthique. Cela voudrait dire chercher non seulement le bien humain mais également le bien des choses extra-humaines, c'est-à-dire étendre la reconnaissance de « fins en soi » au-delà de la sphère de l'homme et intégrer cette sollicitude dans le concept du bien humain. Aucune éthique du passé (mise à part la religion) ne nous a préparés à ce rôle de chargés d'affaires – et moins encore la conception scientifique dominante de la *nature*. Cette dernière nous refuse même décidément tout droit théorique de penser encore à la nature comme à quelque chose qui mérite le respect puisqu'elle réduit celle-ci à l'indifférence de la nécessité et du hasard et qu'elle l'a dépouillée de toute la dignité des fins. Et pourtant : un appel muet qu'on préserve son intégrité semble émaner de la plénitude du monde de la vie, là où elle est menacée. Devons-nous l'entendre, devons-nous reconnaître la légitimité de sa prétention, sanctionnée par la nature des choses [30] ou devons-nous y voir simplement un sentiment de notre part, auquel nous pouvons céder quand nous le voulons et dans la mesure où nous pouvons nous le permettre ? Prise au sérieux dans ses implications théoriques la première thèse nous obligerait à élargir considérablement la conversion de la pensée mentionnée au-delà de la doctrine de l'agir, c'est-à-dire l'éthique, vers la doctrine de l'être, c'est-à-dire la métaphysique, dans laquelle en dernière instance toute éthique doit être fondée. Je ne veux pas en dire davantage ici de cet objet spéculatif, si ce n'est que nous devrions rester ouverts à l'idée que les sciences de la nature ne livrent pas toute la vérité au sujet de la nature.

[31]

IV. LA TECHNOLOGIE COMME « VOCATION » DE L'HUMANITÉ

1. L'*homo faber* au-dessus de l'*homo sapiens*

Si nous revenons à des considérations strictement interhumaines il y a encore un autre aspect éthique dans le fait que la *technè* en tant qu'effort humain dépasse les fins pragmatiquement limitées des temps antérieurs. Dans ces temps anciens la technique était, comme nous l'avons vu, une concession adéquate à la nécessité et non la route vers le but électif de l'humanité – un moyen avec un degré fini d'adéquation à des fins proches, nettement définies. Aujourd'hui, sous la forme de la technique moderne, la *technè* s'est transformée en poussée en avant infinie de l'espèce et en son entreprise la plus importante. On serait tenté de croire que la vocation de l'homme consiste dans la progression, en perpétuel dépassement de soi, vers des choses toujours plus grandes et la réussite d'une domination maximale sur les choses et sur l'homme lui-même semblerait être l'accomplissement de sa vocation. Ainsi le triomphe de l'*homo faber* sur son objet externe signifie-t-il en même temps son triomphe dans la constitution interne de l'*homo sapiens,* dont il était autrefois une partie servile. En d'autres termes : indépendamment même de ses œuvres objectives, la technologie reçoit une signification éthique par la place centrale qu'elle occupe désormais dans la vie subjective des fins humaines. Sa création cumulative, à savoir l'environnement artificiel qui se propage, renforce par un perpétuel effet rétroactif les forces particulières qui l'ont engendrée : le déjà créé oblige à leur mise en œuvre inventive toujours recommencée, dans sa conservation et dans son développement ultérieur et elle la récompense par un succès accru – qui de nouveau contribue à sa prétention souveraine. Ce feed-back positif de la nécessité fonctionnelle et de la récompense [32] – dans la dynamique duquel il ne faut pas oublier l'orgueil de la performance – nourrit la prédominance croissante d'un des côtés de la nature humaine sur tous les autres et elle le fait inévitablement à leurs dépens. Si rien ne réussit tant que la réussite, rien ne rend davantage captif que la réussite. Quels que soient les autres éléments qui font partie de la plénitude de l'homme, ils sont dépassés en prestige par le rayonnement de l'extension de son pouvoir et ainsi cette extension, dans la mesure où elle rattache toujours davantage de forces de l'homme à son entreprise, s'accompagne-t-elle d'un rétrécissement du concept que l'homme a de lui-même ainsi que de son être. Dans l'image de lui-même qu'il cultive – la représentation programmatique qui détermine son être actuel autant qu'elle le reflète –, l'homme est maintenant de plus en plus le producteur de ce qu'il a produit et le faiseur de ce qu'il sait faire, et plus encore le préparateur de ce qu'il sera bientôt capable de faire. Mais « lui », qui est-il ? Non pas vous ou moi : c'est l'acteur collectif et l'acte collectif, non l'acteur individuel ou l'acte individuel qui jouent ici un rôle ; et c'est l'avenir indéterminé, bien plus que l'espace contemporain de l'action, qui fournit l'horizon pertinent de la responsabilité. Cela réclame des impératifs d'un type nouveau. Si la sphère de la production a investi l'espace de l'agir essentiel, alors la moralité doit investir la sphère du produire dont elle s'est tenue éloignée autrefois, et elle doit le faire sous la forme de la politique publique. Jamais dans le passé la politique publique n'avait eu affaire à des questions de cette ampleur et recouvrant de telles latitudes de l'anticipation projective. En effet, l'essence transformée de l'agir humain modifie l'essence fondamentale de la politique.

2. La cité universelle comme seconde nature et le devoir être de l'homme dans le monde

Car la frontière entre « État » *(polis)* et « nature » a été abolie : la cité des hommes, jadis une enclave à l'intérieur du monde non humain, se répand sur la totalité de la nature terrestre et usurpe sa place. La différence de l'artificiel et du naturel a disparu, le naturel a été englouti par la sphère de l'artificiel ; et en même temps l'artefact total, les œuvres de l'homme devenues monde, en agissant sur lui-même et par lui-même, engendre une nouvelle espèce de « nature », c'est-à-dire une nécessité dynamique propre, à laquelle la liberté humaine se trouve confrontée en un sens entièrement nouveau.

Naguère on pouvait dire : *fiat iustitia, pereat mundus*, « que justice se fasse, même si le monde doit périr » – le « monde » voulant naturellement dire l'enclave renouvelable à l'intérieur de la totalité impérissable; cette formule ne peut plus être utilisée, pas même en un sens rhétorique, dès lors que la perdition de la totalité par les œuvres, justes ou injustes, de l'homme est devenue une possibilité réelle. Des questions qui jamais auparavant ne faisaient l'objet de la législation entrent dans le cadre des lois que la « cité » globale doit se donner pour qu'existe un monde pour les générations humaines futures.

Qu'un tel monde *doive* exister à jamais dans l'avenir – un monde approprié à l'habitation humaine – et que toujours à l'avenir il doive être habité par une humanité digne de ce nom, on le concédera volontiers comme un axiome universel ou comme un but souhaitable très plausible de l'imagination spéculative (aussi plausible et aussi indémontrable que la proposition que l'existence d'un monde en soi est préférable à l'existence d'aucun monde); mais en tant que proposition *morale*, à savoir en tant qu'*obligation* pratique à l'égard de la postérité [34] appartenant à un avenir lointain et en tant que principe de décision pour l'action présente, la proposition est très différente des impératifs de l'éthique de la simultanéité d'autrefois; et il n'est apparu sur la scène morale qu'avec nos nouveaux pouvoirs et avec la portée nouvelle de notre savoir prévisionnel. *La présence de l'homme dans le monde* était une donnée première, ne posant pas question, d'où toute idée de l'obligation dans le comportement humain prenait son départ. Désormais elle est devenue elle-même un *objet* d'obligation – à savoir l'obligation de garantir pour l'avenir la première prémisse de l'obligation, c'est-à-dire justement la simple présence de candidats pour l'existence d'un univers moral au sein du monde physique; et cela veut dire entre autres préserver le monde physique de manière que les conditions d'une telle présence restent intactes; et cela veut dire protéger leur vulnérabilité contre la menace d'une atteinte portée à ces conditions. Je veux illustrer par un exemple la différence que cela entraîne pour l'éthique.

[35]

V. ANCIENS ET NOUVEAUX IMPÉRATIFS

1. L'impératif catégorique de Kant affirmait : « Agis de telle sorte que tu puisses également vouloir que ta maxime devienne une loi universelle. » Le « que tu puisses » invoqué ici est celui de la raison et de son accord avec elle-même : *à supposer* l'existence d'une communauté d'acteurs humains (d'êtres raisonnables actifs), l'action doit être telle que, sans se contredire, elle se laisse présenter comme exercice universel de cette communauté. Remarquons qu'ici la considération fondamentale de la morale n'est pas elle-même morale mais logique : le « *pouvoir* vouloir » ou le « ne pas pouvoir » exprime la compatibilité ou l'incompatibilité logique, non l'approbation ou la désapprobation morale. Mais l'idée qu'un jour l'humanité puisse cesser d'exister ne contient aucune *autocontradiction* et de même l'idée que le bonheur de la génération présente ou des générations suivantes puisse être acheté au prix du malheur, voire de l'inexistence des générations ultérieures, ne contient pas non plus d'autocontradiction – pas plus que l'idée inverse que l'existence et le bonheur des générations ultérieures est achetée au prix du malheur et même en partie au prix de l'extermination des générations présentes. *Logiquement* le sacrifice de l'avenir au profit du présent n'est pas plus contestable que le sacrifice du présent en faveur de l'avenir. La différence est seulement que dans un cas la série continue alors qu'elle ne le fait pas dans l'autre. Mais le fait qu'elle *doive continuer*, quoi qu'il en soit de la répartition du bonheur et du malheur et même alors que le malheur l'emporte sur le bonheur et même l'immoralité sur la moralité [1] ne se laisse pas

1. En cette matière le Dieu biblique a changé d'avis après le déluge en faveur d'un oui englobant.

déduire de la règle de la cohérence *à l'intérieur* de la série, quelle qu'en soit la longueur ou la brièveté : c'est un commandement venant du dehors et la précédant, un commandement d'une tout autre espèce qui en dernière instance ne peut être fondé que métaphysiquement.

[36] 2. Un impératif adapté au nouveau type de l'agir humain et qui s'adresse au nouveau type de sujets de l'agir s'énoncerait à peu près ainsi : « Agis de façon que les effets de ton action soient compatibles avec la Permanence d'une vie authentiquement humaine sur terre » ; ou pour l'exprimer négativement : « Agis de façon que les effets de ton action ne soient pas destructeurs pour la possibilité future d'une telle vie » ; ou simplement : « Ne compromets pas les conditions pour la survie indéfinie de l'humanité sur terre » ; ou encore, formulé de nouveau positivement : « Inclus dans ton choix actuel l'intégrité future de l'homme comme objet secondaire de ton vouloir ».

3. On voit sans peine que l'atteinte portée à ce type d'impératif n'inclut aucune contradiction d'ordre rationnel. Je *peux* vouloir le bien actuel en sacrifiant le bien futur. De même que je peux vouloir ma propre disparition, je peux aussi vouloir la disparition de l'humanité. Sans me contredire moi-même je peux, dans mon cas personnel comme dans celui de l'humanité, préférer un bref feu d'artifice d'extrême accomplissement de soi-même à l'ennui d'une continuation indéfinie dans la médiocrité.

Or le nouvel impératif affirme précisément que nous avons bien le *droit* de risquer notre propre vie, mais non celle de l'humanité ; et qu'Achille avait certes le droit de choisir pour lui-même une vie brève, faite d'exploits glorieux, plutôt qu'une longue vie de sécurité sans gloire (sous la présupposition tacite qu'il y aurait une postérité qui saura raconter ses exploits), mais que nous n'avons pas le droit de choisir le non-être des générations futures à cause de l'être de la génération actuelle et que nous n'avons même pas le droit de le risquer. Ce n'est pas du tout facile, et peut-être impossible sans recours à la religion, de légitimer en théorie pourquoi nous n'avons pas ce droit, pourquoi au contraire nous avons une obligation à l'égard de ce qui n'existe même pas encore et ce qui « de soi » ne doit pas non plus être, ce qui du moins n'a pas *droit* à l'existence, puisque cela n'existe pas. Notre impératif le prend d'abord comme un axiome sans justification.

[37] 4. D'autre part il est manifeste que le nouvel impératif s'adresse beaucoup plus à la politique publique qu'à la conduite privée, cette dernière n'étant pas la dimension causale à laquelle il peut s'appliquer. L'impératif catégorique de Kant s'adressait à l'individu et son critère était instantané. Il exhortait chacun d'entre nous à considérer ce qui se passerait si la *maxime* de son acte présent devenait le principe d'une législation universelle ou s'il l'était déjà à l'instant même : la cohérence ou l'incohérence d'une telle universalisation *hypothétique* devient la pierre de touche de mon choix *privé*. Mais qu'il puisse y avoir une quelconque vraisemblance que mon choix privé devienne effectivement une loi générale ou qu'il puisse seulement contribuer à une telle généralisation, n'était pas une partie intégrante de ce raisonnement. En effet les conséquences *réelles* ne sont nullement envisagées et le principe n'est pas celui de la responsabilité objective mais celui de la constitution subjective de mon autodétermination. Le nouvel impératif invoque une autre cohérence : non celle de l'acte en accord avec lui-même, mais celle de ses *effets* ultimes en accord avec la survie de l'activité humaine dans l'avenir. Et « l'universalisation » qu'il envisage n'est nullement hypothétique – ce n'est pas un simple transfert du moi individuel à un « tous » imaginaire, sans connexion causale avec lui (« si tout le monde en faisait autant ») : au contraire, les actions soumises au nouvel impératif, à savoir les actions de l'ensemble collectif, ont la référence universelle dans la mesure effective de leur efficience : elles se « totalisent » elles-mêmes dans la progression de leur impulsion et ne

peuvent pas faire autrement que déboucher sur la configuration de l'état de choses universel. Or ceci ajoute au calcul moral l'horizon *temporel* qui est totalement absent dans l'opération logique instantanée de l'impératif kantien : alors que ce dernier s'extrapole [38] vers un ordre toujours présent de la compatibilité abstraite, notre impératif s'extrapole vers un avenir calculable qui forme la dimension inachevée de notre responsabilité.

[39]

VI. LES FORMES ANTÉRIEURES DE « L'ÉTHIQUE DU FUTUR »

Or, on pourrait objecter qu'avec Kant nous avons choisi un exemple extrême d'éthique de la conviction et que notre thèse du caractère présent de toute éthique antérieure en tant qu'éthique de la simultanéité pourrait être réfutée par différentes formes éthiques du passé. On peut penser aux trois exemples suivants : la conduite de la vie terrestre allant jusqu'au sacrifice du bonheur personnel dans l'optique du salut éternel de l'âme ; le souci prévoyant du législateur et de l'homme politique pour le bien commun à venir ; et la politique de l'utopie, comprenant la disponibilité à utiliser les vivants d'aujourd'hui comme un simple moyen pour réaliser un but qui les dépasse ou à les éliminer comme l'obstacle qui empêche la réalisation de ce but – ce dont le marxisme révolutionnaire est l'exemple éminent.

1. L'éthique de l'accomplissement dans l'au-delà

Parmi ces trois cas, le premier et le troisième ont en commun de placer l'avenir comme lieu possible de la valeur absolue au-dessus du présent et de réduire le présent à une simple préparation de l'avenir. Une différence importante est que dans le cas religieux l'agir actuel ne saurait provoquer l'état futur de manière causale, mais il doit simplement qualifier la personne pour lui, à savoir aux yeux de Dieu, à qui la foi doit abandonner sa réalisation. Or la qualification consiste dans une vie agréable à Dieu, au sujet de laquelle on peut globalement supposer que c'est en soi déjà la meilleure vie et la plus digne d'être vécue et qu'elle ne doit donc nullement être choisie en vue de l'éventuelle béatitude éternelle – que cette motivation principale diminuerait même sa valeur et son aptitude à la qualification. Cela veut dire [40] que cette dernière est d'autant meilleure qu'elle est moins intentionnelle. Mais si l'on demande en quoi consiste matériellement la qualification, on doit examiner les règles de vie correspondantes et alors on découvrira peut-être que ce sont précisément les prescriptions de la justice, de l'amour du prochain, de l'honnêteté, etc., qu'une éthique immanente de style classique prescrirait ou pourrait prescrire tout aussi bien. Dans la version « modérée » de la foi au salut de l'âme qu'est, si je ne me trompe, par exemple la foi juive, nous avons donc de nouveau affaire à une éthique de la simultanéité et de l'immédiateté ; et de quelle éthique il s'agit dans le cas particulier ne résulte pas de la fin transcendante en tant que telle, dont de toutes façons on ne peut se faire une représentation, mais de la *manière* dont la vie agréable à Dieu qui est censée en être la condition, était déterminée matériellement dans chaque cas particulier.

Or sans doute la condition peut-elle être déterminée matériellement – et elle le devient dans les formes « extrêmes » de la foi au salut de l'âme – de manière à ce que son accomplissement ne doive être considéré dans aucun cas comme une valeur en soi, mais exclusivement comme mise dans un pari, dont la perte, c'est-à-dire la non-obtention du gain éternel, ferait tout perdre. Car dans le cas – élaboré par Pascal – du sinistre pari métaphysique, la mise est la vie terrestre tout entière avec toutes ses possibilités de bonheur et d'accomplissement, dont le *renoncement* devient précisément la condition du salut éternel. En font partie toutes les formes radicales de l'ascèse mortifiante des sens et négatrice de la vie, dont les adeptes auraient tout perdu dans l'hypothèse de l'échec de leur attente. Ce calcul se distingue du calcul ordinaire, immanent et hédoniste, avec ses risques et ses renoncements bien pesés et ses délais momentanés, seulement par la totalité de son *quid pro quo* et par la disproportion de la chance face à la mise. Mais cette disproportion même fait sortir l'entreprise tout entière du domaine de l'éthique. Entre le fini et l'infini, entre le temporel et l'éternel [41] il n'y a aucune commensurabilité et donc pas non plus de corrélation sensée (cela veut dire ni un sens qualitatif ni un sens calculatoire, permettant de préférer l'un à l'autre) ; et quant à la *valeur* du but, dont l'appréciation en connaissance de cause devrait pourtant former une pièce essentielle de la décision *éthique*, il n'y a rien de plus que l'affirmation vide que c'est précisément la valeur absolue. Il manque également le lien *causal* entre l'action et son résultat (espéré), nécessaire au moins à la pensée *éthique* que le renoncement ici-bas ne saurait causer, mais dont l'exaucement en un autre lieu est censé n'être qu'un simple dédommagement.

Si donc l'on demande *pourquoi* le renoncement radical ici-bas est considéré comme suffisamment méritoire pour pouvoir s'attendre à ce dédommagement ou à cette récompense, *une* réponse peut être que la chair est pécheresse, que le plaisir est mauvais et que le monde est impur et dans ce cas (comme dans celui, légèrement différent, où l'individuation comme telle est censée être mauvaise) l'ascèse comporte malgré tout de nouveau une instrumentalité authentique de l'agir et un chemin de la réalisation interne des fins par l'agir personnel – à savoir le chemin qui mène de l'impureté à la pureté, de l'état de pécheur à la sainteté, de l'état servile à la liberté, de l'égoïsme au renoncement à soi : pour autant qu'elle est tout cela, sous de telles conditions métaphysiques, l'ascèse elle-même est donc déjà la *meilleure* des manières de vivre. Mais de cette façon nous serions de nouveau revenus à l'éthique de l'immédiateté et de la simultanéité – une forme sans doute hautement égoïste et extrêmement individualiste de l'éthique de la perfection de soi, à laquelle il est également donné, dans des moments d'illumination spirituelle auxquels ses efforts peuvent aboutir, de jouir déjà de la récompense éternelle dans l'expérience mystique de l'absolu.

In summa, pouvons-nous dire, pour autant que ce complexe de l'orientation vers un but transcendant relève de l'éthique – ce qu'il fait en particulier dans la forme « modérée » d'une vie agréable à Dieu comme condition [42] de la récompense éternelle, mentionnée en premier lieu – il confirme lui aussi notre thèse selon laquelle toutes les éthiques précédentes ne se déploient que dans le présent.

2. La responsabilité de l'homme politique pour l'avenir

Mais qu'en est-il des exemples d'une éthique d'avenir *immanente* qui seuls font réellement partie de l'éthique rationnelle ? En second lieu nous avions mentionné le souci prévoyant du législateur et de l'homme d'État pour le bien futur de la communauté civile. Sur l'aspect *temporel* qui nous intéresse ici la théorie antique est entièrement muette, mais ce silence est déjà instructif et en dehors de la philosophie quelques enseignements se dégagent de l'éloge des grands législateurs tels Solon et Lycurgue ou du blâme d'un homme d'État tel que Périclès. Sans doute l'éloge du législateur inclut-il la permanence de sa création, mais non sa planification par avance de quelque chose qui doit seulement devenir réalité pour ceux qui viennent après et qui est encore inaccessible à ceux qui actuellement partagent sa vie. Il s'efforce de créer une configuration politique viable et la preuve de sa viabilité se trouve dans la durée de ce qui est créé – si possible une durée sans changement. Le meilleur état, c'était là l'idée, est également le meilleur à l'avenir, précisément parce que dans son équilibre interne de tout temps actuel il est le garant de l'avenir en tant que tel et qu'ensuite il est naturellement également le meilleur d l'avenir, parce que les critères d'un bon ordre (dont la permanence fait partie) ne changent pas. Et ils ne changent pas parce que la nature humaine ne change pas, elle qui est comprise avec ses imperfections dans la conception d'un ordre politique viable, ce que doit être la conception d'un législateur sage. Aussi celle-ci ne vise-t-elle pas l'État idéalement parfait, c'est-à-dire le meilleur des États possibles, mais l'État réellement le meilleur qui aujourd'hui est tout aussi possible, mais également tout aussi menacé, qu'à l'avenir. Cette menace même, qui guette tout ordre du fait [43] du désordre des passions humaines réclame par-delà la sagesse unique et fondatrice du législateur la sagesse constante, exerçant le gouvernement, de l'homme politique. Mais le reproche que Socrate adresse à l'art politique de Périclès n'est pas que ses entreprises grandioses ont échoué plus tard après sa mort, mais que ces projets grandioses (y compris leurs succès initiaux) ont déjà de son vivant fait tourner la tête aux Athéniens et ont perverti les vertus civiques. Le malheur actuel d'Athènes n'est pas attribué à l'échec de cette politique, mais au caractère mauvais de sa source que même l'hypothèse d'un « succès » n'aurait pas rendue meilleure. Ce qui fut autrefois un bien serait aujourd'hui encore le bien et aurait perduré selon la plus grande probabilité jusqu'à aujourd'hui.

La prévoyance de l'homme politique consiste donc dans la sagesse et dans la mesure qu'il consacre au *présent*. Ce présent n'est pas là en vue d'un avenir différent mais dans le cas le plus favorable, il fait ses preuves dans un avenir semblable au présent et il doit déjà comporter en lui-même sa propre justification, tout comme le présent lui-même. La durée résulte comme effet secondaire du bien déjà actuel et valable de tout temps. Sans doute l'agir politique couvre-t-il une extension temporelle de l'effet et de la responsabilité plus vaste que celle de l'agir privé, mais dans la conception pré-moderne son éthique n'est nullement autre que l'éthique de la présence, appliquée à des formations de vie de plus grande durée.

3. L'utopie moderne

1. Cette situation change seulement avec le troisième exemple, ce que j'ai appelé la politique de l'utopie, qui est un phénomène entièrement moderne et qui présuppose une eschatologie de l'histoire dynamique, inconnue au préalable. Les eschatologies religieuses des temps antérieurs ne représentent pas encore ce cas, même si elles le préparent. Le messianisme par exemple n'ordonne pas de politique messianique, mais il abandonne la venue [44] du Messie à la décision divine – et il ne la propose au comportement humain que pour autant que celui-ci peut se montrer digne de cet événement en remplissant les normes qui lui incombent, même en dehors d'une telle perspective. Ici se vérifie à l'échelle collective ce qui fut dit à l'échelle personnelle au sujet de l'attente de l'au-delà : l'ici et le maintenant sont sans doute surplombés par l'attente finale, mais sa réalisation active ne leur est

pas confiée. Ils la servent d'autant mieux qu'ils restent fidèles à la loi divine, dont l'accomplissement dépend entièrement de celle-ci.

2. Certes, il y a ici aussi une forme extrême : ceux qui veulent « hâter la fin » en prennent eux-mêmes en main la réalisation ; ils veulent provoquer par une ultime secousse de l'action humaine le royaume messianique ou le royaume millénaire, dont ils estiment le temps venu. En effet certains mouvements chiliastiques, en particulier au début des temps modernes, conduisent déjà dans les parages d'une politique utopique, en particulier lorsqu'ils ne se contentent pas d'une secousse et de la préparation du chemin, mais qu'ils font déjà positivement les premiers pas avec l'établissement du royaume de Dieu, dont ils ont une représentation *matérielle.* Pour autant que dans cette représentation les idées d'égalité et de justice sociales jouent un rôle, la motivation spécifique de l'éthique utopique moderne est déjà présente. Mais non encore le gouffre béant du maintenant et de l'alors, du moyen et de la fin, de l'action et du but, s'étendant sur des générations, qui est le signe distinctif de l'eschatologie sécularisée, c'est-à-dire de l'utopisme politique moderne. C'est toujours encore une éthique du présent et non une éthique de l'avenir. L'homme authentique est déjà là et au sein de la petite « communauté des saints » le royaume de Dieu l'est également, dès l'instant où ils le réalisent déjà en leur milieu, comme ils l'avaient exigé et cru possible. Mais l'affrontement des puissances du monde qui en empêchent encore la diffusion s'effectue dans l'attente d'un miracle de Jéricho, non comme un procès médiatisé de causalité historique. Le dernier pas [45] vers une éthique de l'histoire intramondaine-utopique restait encore à franchir.

3. C'est seulement avec le *progrès* moderne en tant que fait et idée, qu'apparaît la possibilité de considérer que tout ce qui précède est une étape préparatoire vers l'actuel et que tout ce qui est actuel est une étape préparatoire vers ce qui doit venir. Lorsque cette repré-

sentation (qui, étant illimitée, ne privilégie aucun état comme définitif et laisse à chacun son immédiateté de présent) s'allie à une eschatologie sécularisée qui assigne à l'absolu défini en termes d'ici-bas une position précise dans le temps et que s'y ajoute la représentation d'une dynamique téléologique du processus qui conduit à un état définitif, les préalables conceptuels d'une politique utopique sont donnés. « Édifier le royaume des cieux déjà sur terre » (Heine), cela présuppose une représentation de ce en quoi consisterait un tel royaume des cieux (du moins c'est ce qu'on pourrait supposer – mais ici la théorie montre une étrange lacune), et dans tous les cas, même à défaut d'une telle représentation, cela suppose une conception de l'événement humain qui médiatise radicalement tout ce qui précède, c'est-à-dire qui le condamne à un caractère provisoire, le dépouille de sa validité propre ou, dans le meilleur des cas, en fait le véhicule permettant d'atteindre le but authentique encore à venir, le moyen en vue d'une fin future qui est la seule qui compte.

Ici en effet il y a une rupture avec le passé et ce que nous avons dit du caractère présent de l'éthique antérieure et de la stabilité de la nature humaine qu'elle présuppose, ne s'applique plus à la théorie qui la manifeste le plus purement, à savoir la philosophie marxiste de l'histoire et l'éthique de l'action qui lui correspond. L'agir se fait en vue d'un avenir dont ne bénéficieront ni les acteurs, ni les victimes, ni les contemporains ; l'obligation qui s'adresse au maintenant procède de cet avenir et non du bien-être ou du mal-être du monde contemporain ; et les normes de l'agir sont aussi provisoires et même aussi « inauthentiques » qu'est la situation qu'il est censé abolir afin de l'élever à une situation supérieure. L'éthique de l'eschatologie révolutionnaire [46] se voit elle-même comme une éthique de la transition, alors que l'éthique authentique (qui pour l'essentiel est encore inconnue) est censée entrer dans ses droits seulement une fois qu'elle en aura créé les conditions et que par le fait même l'éthique révolutionnaire se sera abolie.

Il existe donc déjà le cas d'une éthique de l'avenir comportant une distance de la prévision et une extension temporelle de la responsabilité assumée, une ampleur de l'objet (l'humanité future entière) et la profondeur du dessein (l'essence entière de l'homme à venir) et, comme nous pouvons ajouter dès maintenant, la prise au sérieux des pouvoirs de la technique – qui ne le cèdent en rien à tous les objectifs de l'éthique dont nous voudrions nous faire l'avocat ici. Il est d'autant plus important de déterminer le rapport de ces deux éthiques qui ont tant de choses en commun en comparaison avec l'éthique pré-moderne et qui pourtant, en tant que réponses à la situation moderne sans précédent et spécialement à la technologie, sont si profondément différentes. Cela doit attendre jusqu'à ce que nous ayons appris davantage sur les tâches auxquelles est affrontée l'éthique envisagée ici et qui lui sont imposées par le progrès monstrueux de la technique : son pouvoir sur l'homme a dépassé celui du communisme lui-même qui, comme tout le monde, pensait simplement s'en servir. Pour l'instant qu'il suffise de dire par anticipation qu'alors que les deux « éthiques » ont affaire aux possibilités utopiques de cette technologie, celle qui est cherchée ici n'est *pas* eschatologique et qu'elle est anti-utopique en un sens qui reste encore à déterminer.

[47]

VII. L'HOMME EN TANT QU'OBJET DE LA TECHNIQUE

Notre comparaison portait sur les formes historiques de l'éthique de la simultanéité et de l'immédiateté, pour lesquelles l'éthique kantienne servait simplement d'exemple. Ce n'est pas leur validité dans leur domaine propre, mais leur suffisance pour les nouvelles dimensions de l'agir humain, qui débordent ce domaine, qui est en question. Notre thèse est que les nouveaux types et les nouvelles dimensions de l'agir réclament une éthique de la prévision et de la responsabilité qui leur soit commensurable et qui est aussi nouvelle que le sont les éventualités auxquelles elle a affaire. Nous avons vu que ce sont là les éventualités qui surgissent des œuvres de l'*homo faber* à l'âge de la technique. Mais parmi ces œuvres nouvelles nous n'avons pas encore mentionné la classe potentiellement la plus néfaste. Nous avons envisagé la *technè* seulement dans son application au domaine *non* humain. Mais l'homme lui-même a commencé à faire partie des objets de la technique. L'*homo faber* applique son art à lui-même et s'apprête à inventer une nouvelle fabrication de l'inventeur et du fabricateur de tout le reste. Cet achèvement de son pouvoir de domination qui peut très bien signifier la victoire sur l'homme, cette ultime installation de l'art au-dessus de la nature, provoque l'ultime effort de la pensée éthique qui jamais auparavant n'avait eu à envisager des alternatives faisant l'objet d'un choix, face à ce qui était considéré comme les données définitives de la constitution de l'homme.

1. La prolongation de la vie

Qu'on prenne l'exemple de la plus fondamentale de ces données, la mortalité de l'homme. Qui dans le passé avait à se prononcer sur sa mesure souhaitable et pouvant faire l'objet d'un choix ? Sa limite supérieure, les [48] « soixante-dix ans et, dans le meilleur des cas, quatre-vingts » ne faisait pas l'objet d'un choix. Son caractère implacable était un objet de plainte, de résignation ou de rêves oiseux, pour ne pas dire stupides, d'exceptions possibles – étrangement il ne fut presque jamais un objet de consentement. L'imagination d'un

G.B. Shaw ou d'un Jonathan Swift spécule sur ce qu'on gagne à ne pas devoir mourir ou sur la malédiction du ne pas pouvoir mourir (avec ce dernier thème Swift était le plus intelligent des deux). Le mythe et la légende jouaient avec de tels thèmes, sur l'arrière-plan jamais contesté de l'immuable qui laissait l'homme sérieux prier avec le psalmiste : « Apprends-nous à compter nos jours afin d'acquérir un cœur sage. » Rien de cela ne relevait du domaine du faire et de la décision efficiente. La question était simplement de savoir quelle attitude on adopterait face au donné.

Aujourd'hui en revanche, certains progrès de la biologie cellulaire nous font miroiter la perspective pratique de pouvoir contrecarrer les processus biochimiques du vieillissement et de prolonger la durée de la vie humaine, peut-être même de l'étendre pour une durée indéterminée La mort n'apparaît plus comme une nécessité faisant partie de la nature du vivant, mais comme un défaut organique évitable, susceptible au moins en principe de faire l'objet d'un traitement, et pouvant être longuement différé. Une nostalgie éternelle de l'humanité semble être plus proche d'être exaucée. Et pour la première fois nous avons à nous poser sérieusement la question : « Dans quelle mesure cela est-il désirable ? Dans quelle mesure est-ce désirable pour l'individu, dans quelle mesure pour l'espèce ? » Ces questions touchent à rien de moins qu'au sens entier de notre finitude, à l'attitude face à la mort, et à la signification biologique générale de l'équilibre de la mort et de la procréation. Mais antérieurement même à ces questions ultimes se posent les questions plus pratiques de savoir qui doit bénéficier de la bénédiction apparente : des personnes particulièrement valables et méritoires, ayant un rôle et une importance socials éminents ? Ceux qui ont les moyens de payer ? Tout le monde ? Il semblerait que [49] la dernière réponse soit la seule juste. Mais cela devrait être payé à l'autre extrémité, à la source. Car il est clair qu'à l'échelle démographique le prix pour une extension de l'âge est un ralentissement proportionnel de la relève, autrement dit un apport moindre de vie nouvelle. Le résultat serait une proportion décroissante de jeunes dans une population de plus en plus âgée. Quel bien ou quel mal cela représenterait-il pour l'état général de l'homme ? L'espèce y gagnerait-elle ou y perdrait-elle ? Et dans quelle mesure aurait-on *droit* ou tort de barrer la place des jeunes en occupant les postes ? La mortalité n'est que l'envers de la source permanente de la « natalité » (*Gebürtigkeit* pour utiliser une formulation de Hannah Arendt). Il en a toujours été ainsi ; maintenant il faut en repenser la signification dans l'espace de la décision.

Allons jusqu'au bout : en éliminant la mort, nous devons également éliminer la procréation car cette dernière est la réponse de la vie à la première et ainsi nous aurions un monde composé de vieux mais sans jeunes et un monde d'individus déjà connus, sans la surprise de ceux qui n'ont encore jamais existé. Mais peut-être est-ce précisément la sagesse de la loi sévère de notre mortalité qu'elle nous offre la promesse toujours renouvelée, contenue dans l'initialité, dans l'immédiateté et dans l'ardeur de la jeunesse, en même temps que l'apport permanent d'altérité en tant que telle. Il n'y a pas d'équivalent pour cela dans l'accumulation accrue d'expérience prolongée : jamais elle ne peut reconquérir le privilège unique de voir le monde pour la première fois et avec des yeux nouveaux, jamais elle ne peut revivre l'étonnement qui, selon Platon, est le commencement de la philosophie, jamais la curiosité de l'enfant qui, assez rarement, devient soif de savoir chez l'adulte, en attendant de s'y paralyser elle aussi. Ce perpétuel recommencement qu'il est seulement possible d'obtenir au prix du perpétuel achèvement, peut très bien être l'espoir de l'humanité, la protection qui l'empêche de sombrer dans l'ennui et [50] dans la routine, sa chance de conserver la spontanéité de la vie.

Il faut en outre réfléchir au rôle du *memento mori* dans la vie de l'individu et se demander comment l'affecterait son affaiblissement à la faveur d'une distance indéterminée. Peut-être chacun de nous a-t-il besoin d'une limite immuable de notre attente de vie pour nous inciter à compter nos jours et à faire en sorte qu'ils comptent.

Ainsi il se pourrait que ce qui dans son intention est un cadeau philanthropique que la science fait à l'homme, la réalisation d'un désir nourri depuis des temps immémoriaux – échapper à la malédiction de la mortalité – tourne au désavantage de l'homme. Je ne me livre pas ici à des prophéties et, en dépit de mon préjugé déclaré, je ne me livre même pas à des jugements de valeur. Ma thèse est simplement que rien que la perspective du cadeau soulève déjà des questions qui jamais auparavant n'étaient posées dans l'espace du choix pratique et qu'aucun principe de l'éthique d'autrefois, qui acceptait les constantes humaines comme allant de soi, n'est à la hauteur de leur discussion. Et pourtant on est obligé de les discuter éthiquement et conformément à des principes et non sous la pression des intérêts.

2. Le contrôle du comportement

Il en va de même de toutes les autres possibilités quasi utopiques que le progrès des sciences biomédicales tantôt met déjà à la disposition d'une traduction finale dans le savoir-faire technique, tantôt promet. Parmi celles-ci le contrôle du comportement est déjà beaucoup plus proche du stade du savoir-faire pratique que le cas provisoirement encore hypothétique que je viens de discuter à l'instant, et les questions éthiques qu'il soulève sont moins profondes, mais ont un rapport plus direct avec la conception morale de l'homme. Ici encore le nouveau type d'intervention [51] outrepasse les anciennes catégories éthiques. Celles-ci ne nous ont pas par exemple équipés pour nous prononcer sur le contrôle du psychisme au moyen d'agents chimiques ou par l'intervention directe sur le cerveau au moyen d'électrodes implantées – des interventions dont nous supposons qu'elles sont effectuées dans des buts acceptables et même louables. Le mélange des possibilités bienfaisantes et dangereuses est manifeste, mais les limites ne sont pas faciles à tracer. Libérer des patients malades mentaux de symptômes pénibles et qui perturbent certaines fonctions semble être manifestement bienfaisant. Mais du soulagement du patient – un but parfaitement en accord avec la tradition médicale – une transition insensible mène au soulagement de la *société*, débarrassée du caractère difficilement supportable d'un comportement individuel compliqué chez ses membres : cela signifie une transition de l'application médicale à l'application sociale ; et cela ouvre un champ indéfinissable, comportant des potentialités inquiétantes. Les problèmes rebelles de la domination et de l'anomie dans la société moderne de masse font que l'extension de ces méthodes de contrôle devient une tentation extrême dans le but de la manipulation sociale. De nombreuses questions liées aux droits de l'homme et à la dignité humaine surgissent ici ; le difficile problème de l'assistance sociale qui met sous tutelle, face à celle qui affranchit, réclame des réponses concrètes. Devrions-nous induire des dispositions d'apprentissage auprès des écoliers par l'administration massive de drogues et ainsi contourner l'appel à une motivation individuelle ? Devons-nous surmonter l'agression par la pacification électronique de certaines régions cérébrales ? Devons-nous susciter des sentiments de bonheur ou du moins de plaisir par la stimulation indépendante des centres de plaisir, c'est-à-dire indépendamment des objets de bonheur et de plaisir et de leur obtention à travers la vie et la performance personnelles ? Les exemples se laisseraient multiplier. Des entreprises pourraient être intéressées par certaines de ces techniques en vue d'améliorer le rendement de leurs employés. Tout à fait indépendamment de la question [52] de la contrainte et de celle du consentement, et indépendamment même de la question des effets secondaires indésirables – chaque fois que nous contournons de cette manière la voie humaine du traitement des problèmes humains et que nous la remplaçons par le court-circuit d'un mécanisme impersonnel, nous avons enlevé quelque chose à la dignité de l'ipséité personnelle et nous avons fait un pas de plus sur le chemin qui mène des sujets responsables à des systèmes de comportement programmés. Quelle que soit l'importance d'un fonctionnalisme social il n'est qu'un versant du problème. La question de savoir de quel type d'individus se compose une société pour donner du prix à son existence comme totalité revêt une importance décisive. D'une façon ou d'une autre, c'est selon la ligne de l'accroissement de la manipulation sociale au détriment de l'autonomie individuelle que doit se poser la question de la valeur du « cela en vaut la peine » de l'entreprise humaine entière. Sa réponse se conforme à l'image de l'homme dont nous estimons être tributaires. Nous devons la réfléchir à nouveaux frais à la lumière de ce que nous pouvons aujourd'hui faire avec elle ou de ce que nous pouvons lui faire alors que nous ne pouvions jamais le faire auparavant.

3. La manipulation génétique

Cela vaut encore à un degré supérieur pour le dernier objet d'une technologie appliquée à l'homme – le contrôle génétique des hommes à venir. C'est là un objet trop important pour le traitement superficiel de ces considérations préliminaires et un chapitre spécial lui sera consacré dans une partie « Applications » qui paraîtra ultérieurement. Ici on se contentera simplement d'attirer l'attention sur ce rêve ambitieux de l'*homo faber* qui est résumé dans le slogan que l'homme veut prendre en main sa propre évolution, dans le but non seulement de conserver l'espèce en son intégrité mais de son amélioration et de sa transformation conformément à son propre projet. Savoir si nous en avons le droit, [53] savoir si nous sommes qualifiés pour ce rôle démiurgique, c'est là la question la plus grave qui puisse se poser à l'homme qui se découvre subitement en possession d'un tel pouvoir destinal. Quels seront les faiseurs « d'images », selon quels modèles et sur la base de quel savoir? La question du droit moral d'expérimenter avec des êtres humains à venir se pose également ici. Ces questions et des questions semblables qui exigent une réponse *avant* de nous embarquer pour une destination inconnue, montrent de la manière la plus aiguë jusqu'à quel point notre pouvoir d'agir nous entraîne au-delà des concepts de n'importe quelle éthique d'autrefois.

[54]

VIII. LA DYNAMIQUE « UTOPIQUE » DU PROGRÈS TECHNIQUE ET L'EXCÈS DE LA RESPONSABILITÉ

La caractéristique commune, éthiquement importante, dans tous les exemples cités est ce que nous pouvons appeler le trait « utopique » ou sa dérive *(shift)* utopique qui habite notre agir sous les conditions de la technique moderne – que celui-ci déploie ses effets sur la nature humaine ou non humaine ou que « l'utopie » soit finalement planifiée ou non planifiée. Par le type et la simple grandeur de ses effets boule de neige le pouvoir technologique nous pousse en avant vers des buts du même type de ceux qui formaient autrefois la réserve des utopies. Pour l'exprimer autrement : ce qui n'était que jeux hypothétiques et peut-être éclairants de la raison spéculative, le pouvoir technologique les a transformés en des esquisses concurrentes de projets exécutables et, en faisant notre choix, nous devons choisir entre les extrêmes d'effets lointains et en grande partie inconnus. L'unique chose que nous puissions réellement savoir à leur sujet est leur extrémisme en tant que tel, qu'ils concernent la situation globale de la nature sur notre planète et l'espèce des créatures qui doivent ou ne doivent pas la peupler. L'extension inévitablement « utopique » de la technologie moderne fait que la distance salutaire entre desseins quotidiens et desseins ultimes, entre des occasions d'exercer l'intelligence ordinaire et des occasions d'exercer une sagesse éclairée, se rétrécit en permanence. Étant donné que nous vivons aujourd'hui en permanence à l'ombre d'un utopisme non voulu, automatique, faisant partie de notre mode de fonctionnement, nous sommes perpétuellement confrontés à des perspectives finales dont le choix positif exige une suprême sagesse – une situation impossible pour l'homme comme tel, parce qu'il ne possède pas cette sagesse, et en particulier impossible pour l'homme contemporain, qui nie l'existence même de son objet, à savoir [55] l'existence d'une valeur absolue et d'une vérité objective. La sagesse nous est le plus nécessaire précisément alors que nous y croyons le moins.

Si donc la nature inédite de notre agir réclame une éthique de la responsabilité à long terme, commensurable à la portée de notre pouvoir, alors elle réclame également au nom même de cette responsabilité un nouveau type d'humilité – non pas une humilité de la petitesse, comme celle d'autrefois, mais l'humilité qu'exige la grandeur excessive de notre pouvoir qui est un excès de notre pouvoir de faire sur notre pouvoir de prévoir et sur notre pouvoir d'évaluer et de juger. Face à ce potentiel quasi eschatologique de nos processus techniques, la méconnaissance des effets ultimes devient elle-même la raison d'une retenue responsable – le second meilleur bien après la sagesse elle-même.

Un autre aspect de l'éthique nouvelle de la responsabilité requise pour un avenir lointain et requise pour se justifier face à celui-ci, mérite d'être mentionné : le doute quant à la capacité d'un gouvernement représentatif de rendre justice à ces nouvelles requêtes en suivant ses principes ordinaires et ses procédures ordinaires. Car ces principes et ces procédures permettent seulement à des intérêts *actuels* de se faire entendre et de faire sentir leur poids et d'exiger d'être pris en considération. C'est à eux que les autorités publiques ont des comptes à rendre et c'est de cette manière que le respect des droits se réalise concrètement (à la différence de leur reconnaissance abstraite). Or « l'avenir » n'est représenté par aucun groupement, il n'est pas une force qu'on puisse jeter dans la balance. Ce qui n'existe pas n'a pas de lobby et ceux qui ne sont pas encore nés sont sans pouvoir : c'est pourquoi les comptes qu'on leur doit ne sont pas encore adossés à une réalité politique dans le processus actuel de décision et quand ils peuvent les réclamer nous, les responsables, nous ne sommes plus là.

Cela soulève dans son extrême acuité la vieille question du pouvoir des sages ou [56] celle de la force des idées dans le corps politique dès lors qu'elles ne sont plus alliées à l'égoïsme. Quelle *force* doit représenter l'avenir dans le présent ? C'est là une question de philosophie politique sur laquelle j'ai mes propres idées, probablement chimériques et certainement impopulaires. Car avant même que cette question de leur réalisation puisse devenir sérieuse en pratique, la nouvelle éthique doit trouver sa théorie sur laquelle des commandements et des interdits, un système de « tu dois » et « tu ne dois pas » puisse être fondé. Cela veut dire qu'avant la question du pouvoir d'exécution ou celle du pouvoir d'influencer vient la question : quelle *intuition* et quel *savoir des valeurs* doivent représenter l'avenir dans le présent ?

[57]

IX. LE VIDE ÉTHIQUE

Et c'est ici que je cale et que nous calons tous. Car précisément le même mouvement qui nous a procuré la possession de ces forces dont l'usage doit maintenant être réglé par des normes – le mouvement du savoir moderne sous la forme des sciences de la nature – a emporté, en vertu d'une complémentarité inscrite dans la force des choses, les fondements dont des normes pouvaient être déduites et a détruit l'idée même d'une norme comme telle. Non pas, par bonheur, le sentiment de la norme et même pas celui de normes déterminées, mais ce sentiment commence à douter de lui-même, dès lors que le savoir supposé le contredit ou du moins dès lors qu'il lui refuse toute sanction. De toute façon ce sentiment a une position assez difficile face aux requêtes bruyantes de la convoitise et de la peur. A présent il doit en outre avoir honte de son caractère non fondé et impossible à fonder face à la supériorité du savoir. Pour commencer ce savoir avait « neutralisé » la *nature* sous l'angle de la valeur, ensuite ce fut le tour de l'homme. Maintenant nous frissonnons dans le dénuement d'un nihilisme, dans lequel le plus grand des pouvoirs s'accouple avec le plus grand vide, la plus grande capacité avec le plus petit savoir du à quoi bon. C'est la question de savoir si sans le rétablissement de la catégorie du sacré qui a été détruite de fond en comble par l'*Aufklärung* scientifique nous pouvons avoir une éthique capable d'entraver les pouvoirs extrêmes que nous possédons aujourd'hui et que nous sommes presque forcés d'acquérir et de mettre constamment en œuvre. Par rapport aux effets qui nous menacent encore immédiatement nous-mêmes et que nous subissons encore nous-mêmes, la peur, qui tant de fois est le meilleur substitut de la vertu et de la sagesse véritable, peut jouer ce rôle ; mais ce moyen échoue face aux perspectives plus lointaines qui importent principalement ici, d'autant plus que la plupart du temps la modestie des débuts semble innocente. Seule la crainte de porter atteinte à quelque chose de sacré est à l'abri des [58] calculs de la peur et de la consolation tirée du caractère incertain des conséquences encore lointaines. Mais une religion absente ne saurait décharger l'éthique de sa tâche ; et alors qu'on peut dire de la première qu'elle existe ou qu'elle n'existe pas comme fait exerçant une influence déterminante sur les hommes, il faut dire de l'éthique qu'elle doit exister. Elle doit exister parce que les hommes agissent et l'éthique est là pour ordonner les actions et pour réguler le pouvoir d'agir. Elle doit donc exister d'autant plus que les pouvoirs de l'agir qu'elle doit réguler sont plus grands ; et de même qu'il doit être ajusté à l'ordre de grandeur, le principe de l'ordre doit également être ajusté au type de ce qui doit être ordonné. C'est pourquoi des facultés d'agir d'un type nouveau réclament de nouvelles règles de l'éthique et peut-être même une éthique d'un type nouveau. Il fut dit : « Tu ne tueras pas » parce que l'homme a le pouvoir de tuer, et souvent l'occasion et également la tendance à tuer – bref, parce que de fait, on tue. C'est seulement sous la *pression* d'habitudes d'action effectives et de manière générale du fait qu'on agit déjà sans qu'il soit besoin de le commander que l'éthique entre en scène comme la régulation d'un tel agir sous la conduite du bien ou du permis. Une telle pression émane des nouveaux pouvoirs d'agir technologiques de l'homme dont la mise en œuvre est donnée avec leur existence même. Si vraiment leur nature est aussi nouvelle qu'on l'affirme ici et si vraiment leurs conséquences potentielles ont aboli la neutralité morale, dont jouissait autrefois le commerce technique avec la matière, alors leur pression signifie chercher dans l'éthique quelque chose de nouveau susceptible d'en prendre la direction mais tout d'abord chercher quelque chose susceptible de faire valoir sa propre validité théorique face à cette pression elle-même. Dans ce qui précède nous avons montré la validité des présuppositions, à savoir que l'agir collectif-cumulatif-technologique est d'un *type nouveau* par ses objets et par son ampleur et que par ses effets, indépendamment de toute intention immédiate, il n'est plus éthiquement *neutre.* Mais avec cela la véritable tâche, à savoir celle de chercher une réponse, ne fait que commencer.

CHAPITRE II

QUESTIONS DE FONDEMENTS ET DE MÉTHODE

[61]

I. SAVOIR IDÉAL ET SAVOIR RÉEL DANS « L'ÉTHIQUE D'AVENIR »

1. Priorité de la question des principes

Deux questions se posent au moment où nous abordons la tâche théorique : Quels sont les fondements d'une éthique comme celle qu'exige le nouvel agir ? Et quelles sont les chances que la discipline qui les impose l'emporte dans les affaires pratiques de l'homme ? La première question appartient à la doctrine des principes de la morale, la seconde à la doctrine de son application – dans notre cas, concernant l'agir public, elle fait partie de la théorie de la politique. La question pratique-politique est ici d'autant plus importante qu'il s'agit du bien et du nécessaire lointain, duquel il est encore plus difficile de dire que du bien proche comment son éventuel savoir chez un petit nombre peut conquérir une influence sur l'agir du grand nombre. Mais c'est précisément en raison de cette influence, dont tout dépend en fin de compte, qu'auprès de ses propres protagonistes ce savoir doit d'abord être mis à l'abri du soupçon d'être arbitraire, autrement dit il ne doit pas rester confié au sentiment, mais il doit se légitimer théoriquement à partir d'un principe intelligible. (Ou encore : la foi sur laquelle repose peut-être en dernière instance tout savoir des valeurs avec ses revendications doit être une foi bien réfléchie.) D'où le caractère prioritaire de la question des fondements, à laquelle la meilleure réponse possible, même abstraction faite de l'intérêt théorique, a déjà une importance pratique pour l'autorité que ses déductions peuvent invoquer dans la discorde des opinions et pour laquelle est insuffisante la simple plausibilité ou l'évidence affective d'une proposition comme celle que l'avenir de l'humanité et de la planète doit nous tenir à cœur. Même ici on peut poser en toute liberté et sans frivolité la question « pourquoi donc ? » et si nous restons en dette d'une réponse [62] (fût-elle imparfaite) nous avons très peu le droit de parler d'une éthique qui oblige et nous pouvons tout au plus nous fier à la force de conviction de notre sentiment. Celle-ci est d'autant moins suffisante que nous passons de l'axiome de base – qui prête à peine à discussion et qui est concédé peut-être trop facilement – qu'il doit y avoir un avenir (une proposition qui semble à peine avoir besoin de persuasion bien qu'elle soit le commencement le plus sérieux de tout) à des propositions plus spécifiques relatives au fait que ce doit être ou ne pas être tel ou tel avenir – car c'est devant de telles propositions que la question « pourquoi ? quelle est la justification de cette préférence précise ? de n'importe quelle préférence ? et même de toute détermination quelle qu'elle soit ? » se répète avec un droit toujours croissant. La vérité qu'on peut atteindre, qui est l'affaire du savoir philosophique, est donc ici prioritaire par rapport à tout le reste.

2. Le savoir factuel des effets lointains de l'action technique

Mais aussitôt après c'est le tour d'une vérité d'un tout autre type qui est l'affaire du savoir scientifique, à savoir la vérité relative aux états futurs extrapolables de l'homme et du monde qui doivent être soumis au jugement de ces vérités premières, philosophiques, et à partir desquelles reçoivent rétroactivement une appréciation les actions présentes, dont la causalité prolongée en pensée a permis de les extrapoler comme leur conséquence certaine, vraisemblable ou possible. Ce savoir du réel et de l'éventuel, relatif à la sphère des faits (qui est toujours encore d'ordre théorique), s'intercale donc entre le savoir idéal de la doctrine éthique des principes et le savoir pratique relatif à l'application politique qui peut seulement opérer avec ces constats hypothétiques relatifs à ce qu'il faut attendre – et ce qui doit soit être favorisé soit être évité. Doit donc être constituée une science des prédictions [63] hypothétiques, une « futurologie comparative ».

3. La contribution de ce savoir au savoir des principes : l'heuristique de la peur

Mais ce chaînon intermédiaire qui met en relation et qui concrétise n'est nullement séparé de la partie qui concerne les principes fondamentaux ; au contraire celle-ci en a déjà besoin d'un point de vue *heuristique* : de même que nous ignorerions le caractère sacré de la vie si l'on ne tuait pas, et que le commandement « Tu ne tueras pas » ne ferait pas apparaître ce caractère sacré ; et que nous ignorerions la valeur de la véracité s'il n'y avait pas de mensonge, la liberté s'il n'y avait pas d'absence de liberté et ainsi de suite, de même aussi dans notre cas d'une éthique encore à chercher de la responsabilité à longue distance qu'aucune transgression actuelle n'a déjà révélée maintenant dans la réalité, c'est seulement la *prévision* d'une *déformation* de l'homme qui nous procure le concept de l'homme qu'il s'agit de prémunir et nous avons besoin de la *menace* contre l'image de l'homme – et de types tout à fait spécifiques de menace – pour nous assurer d'une image vraie de l'homme grâce à la frayeur émanant de cette menace. Tant que le péril est inconnu, on ignore ce qui doit être protégé et pourquoi il le doit : contrairement à toute logique et toute méthode le savoir à ce sujet procède de ce contre quoi il faut se protéger. C'est ce péril qui nous apparaît d'abord et nous apprend par la révolte du sentiment qui devance le savoir à voir la valeur dont le contraire nous affecte de cette façon. Nous savons seulement *ce qui* est en jeu lorsque nous savons *que* cela est en jeu.

Car il en va ainsi de nous : la reconnaissance du *malum* nous est infiniment plus facile que celle du *bonum* ; elle est plus immédiate, plus contraignante, bien moins exposée aux différences d'opinion et surtout elle n'est pas recherchée : la simple présence du mal nous l'impose alors que le bien peut être là sans se faire remarquer et peut rester inconnu en l'absence de réflexion (celle-ci réclamant [64] des raisons spéciales). Par rapport au mal nous ne sommes pas dans l'incertitude ; la certitude par rapport au bien nous ne l'obtenons en règle générale que par le détour de celui-ci. Il est douteux que quelqu'un eût jamais fait l'éloge de la santé sans au moins le spectacle de la maladie, celui de la probité sans celui de la canaillerie et celui de la paix sans être averti de la misère de la guerre. Nous savons beaucoup plus tôt ce dont nous ne voulons *pas* que ce que nous voulons. C'est pourquoi la philosophie morale doit consulter nos craintes préalablement à nos désirs, afin de déterminer ce qui nous tient réellement à cœur [1] ; et même si ce que nous craignons le plus n'est pas nécessairement ce qui est le plus à craindre et que son contraire est, moins nécessairement encore, le bien suprême (qui peut au contraire être entièrement indépendant de l'opposition à un mal), donc bien que l'heuristique de la peur ne soit certainement pas le dernier mot dans la quête du bien, elle est pourtant un premier mot extrêmement utile et sa capacité devrait être pleinement exploitée dans un secteur où si peu de mots nous sont accordés sans avoir été cherchés.

4. La « première obligation » de l'éthique d'avenir : se procurer une idée des effets lointains

Oui, là où ce mot ne nous est pas accordé sans avoir été cherché, le chercher devient une obligation, parce que là aussi il est inévitable de se laisser guider par la crainte. C'est le cas avec « l'éthique d'avenir » que nous cherchons, dans laquelle ce qui doit être craint n'a précisément pas encore été éprouvé et que cela est

1. A ma connaissance la philosophie morale y a insuffisamment prêté attention. La quête du concept du bien qu'elle poursuit l'a amenée à consulter nos désirs (sous la présupposition socratique que le plus désirable doit aussi être le meilleur) alors que notre crainte serait un bien meilleur guide. L'*eros* chez Platon, l'*appetitus* chez Augustin qui en vertu de leur nature visent un *bonum* a en dernière instance le *bonum* sont des exemples de cette invocation du désir. Il se peut finalement que cela vaille pour le cas d'un désir en pleine connaissance de cause et constituant en outre pleinement un objet de savoir. Mais comment apprenons-nous à connaître nos désirs ? En prêtant attention au surgissement des désirs ? Certes non. Ce que je désire le *plus* de ces deux choses : que je prenne plaisir à mon repas quotidien ou que mon enfant reste en bonne santé je ne peux pas le déduire de la force ressentie du désir dans l'un et l'autre cas (dont le premier se manifeste quotidiennement alors que le second n'a nullement besoin de se manifester) ni déduire de leur comparaison. Mais lorsque je dois *craindre* pour la santé de mon enfant, parce que subitement il y a des raisons de craindre, alors je le sais.

peut-être sans analogie aucune dans l'expérience actuelle ou passée. Ici le *malum* imaginé doit donc assumer le rôle du *malum* éprouvé et cette représentation ne s'impose pas automatiquement mais il faut se la procurer délibérément : se procurer cette représentation par une pensée tournée vers l'avenir devient la première obligation, pour ainsi dire l'obligation liminaire de l'éthique qui est ici cherchée.

[65]

5. La « seconde obligation » : mobilisation du sentiment adéquat au représenté

Mais on voit aussitôt que n'étant pas le mien, ce *malum* imaginé ne provoque pas la crainte de la même façon automatique que le fait le *malum* que j'éprouve et qui me menace moi-même. Cela veut dire que sa crainte ne s'installe pas plus automatiquement que ne le fait la représentation de ce qui est à craindre. Elle aussi, il faut d'abord « se la procurer ». La situation n'est donc pas aussi simple que pour Hobbes qui lui aussi prend comme point de départ de sa morale la crainte d'un *summum malum* au lieu de l'amour d'un *summum bonum*, à savoir la crainte d'une mort violente. Celle-ci est bien connue, toujours proche et elle provoque la peur extrême comme réaction la plus spontanée, la plus contraignante de la pulsion d'autoconservation innée de notre nature. La représentation du destin des hommes à venir, à plus forte raison celle du destin de la planète qui ne concerne ni moi ni quiconque encore lié à moi par les liens de l'amour ou du partage immédiat de la vie, n'a pas de soi cette influence sur notre âme; et pourtant elle « doit » l'avoir, c'est-à-dire que *nous* devons lui concéder cette influence. Il ne peut donc pas s'agir ci, comme chez Hobbes, d'une peur de type « pathologique » (pour parler comme Kant), qui s'empare de nous de sa propre force, à partir de son objet, mais d'une peur de type spirituel qui en tant qu'affaire d'attitude est notre propre œuvre. L'adoption de cette attitude, ce qui veut dire l'apprêtement personnel à la disponibilité de se *laisser* affecter par le salut ou par le malheur des générations à venir, quoique d'abord seulement imaginée, est donc la seconde obligation « liminaire » de l'éthique cherchée, après la première, consistant à produire d'abord un tel penser. Instruits par cette pensée, nous sommes tenus d'observer la crainte correspondante. Il est clair que le caractère obligatoire des deux obligations découle d'un principe éthique fondamental qui doit déjà avoir été reconnu et consenti pour qu'il puisse ordonner de telles choses, c'est-à-dire pour que cela soit précisément reconnu comme une obligation. On en parlera bientôt.

[66]

6. Le caractère incertain des projections d'avenir

Retournons d'abord encore une fois à l'obligation de pensée qui nous incombe (à condition qu'il s'agisse d'une véritable obligation). Nous disions que la vérité qui y est cherchée est une affaire de connaissance scientifique : car de même que les entreprises dont nous devons reconnaître les effets tardifs par extrapolation sont seulement possibles grâce à la science, de même cette extrapolation réclame-t-elle au moins le même degré de scientificité que celui qui est à l'œuvre dans ces entreprises elles-mêmes. Mais de fait, elle réclame même un degré supérieur. Car ce qui est suffisant pour un pronostic à court terme conformément auquel les œuvres correspondantes de la civilisation technique sont entreprises à chaque fois, cela ne peut pas, par principe, être suffisant pour le pronostic à long terme qui est visé dans l'extrapolation exigée d'un point de vue éthique. Le degré de certitude que possède le premier et sans lequel l'entreprise technologique entière ne pourrait absolument pas fonctionner est à jamais refusé à l'autre. Nous n'avons pas à en alléguer les raisons ici ; on nommera simplement la complexité du système causal à effet global dans l'ordre social et dans la biosphère défiant tout calcul (y compris le calcul électronique) ; le caractère essentiellement insondable de l'homme qui nous réserve toujours des surprises ; et le caractère imprédictible, c'est-à-dire ne pouvant être inventé par avance, des inventions futures. Nous en parlerons plus tard. En tout cas l'extrapolation exigée réclame un degré de scientificité relevant d'un ordre de grandeur supérieur à celui qui est déjà présent dans l'*extrapolandum* technologique ; et comme cela représente dans tous les cas l'optimum de la science déjà disponible, le savoir réclamé est nécessairement toujours un savoir qui n'existe pas encore pour le moment et en tant que savoir anticipé il n'existera jamais sinon tout au plus comme savoir disponible au regard rétrospectif.

[67]

7. Le savoir du possible est heuristiquement suffisant pour la doctrine des principes

Cela n'empêche pas cependant la projection d'effets finaux probables et même simplement possibles ; et le simple savoir des *possibilités* qui certes est insuffisant à la prédiction, suffit parfaitement aux fins d'une casuistique heuristique, entreprise au service de la doctrine éthique des *principes*. Ses moyens sont des expériences de pensée qui ne sont pas seulement hypothétiques par l'acceptation de la prémisse (« *si* telle chose est faite, alors en découle telle autre »), mais ils sont également conjecturaux dans la conclusion du *si-alors* (« ... alors *peut* résulter telle chose »).

C'est le contenu et non la certitude de l'alors offert à la représentation comme une chose possible, à la lumière duquel des principes de la morale jusqu'alors inconnus, parce qu'on n'en avait jamais eu besoin, peuvent devenir visibles. La simple possibilité fournit ici le besoin et la réflexion au sujet du possible pleinement développé en imagination livre l'accès à une vérité nouvelle. Or *cette* vérité-là appartient à la sphère de l'idéal, ce qui veut dire qu'elle est tout autant affaire du savoir *philosophique* que l'était celle du premier principe des fondements ; et sa certitude à *elle* ne dépend pas du degré de certitude des projections scientifiques qui lui fournissent sa matière paradigmatique. Que cette vérité ait son ultime légitimation dans l'auto-évidence de la raison ou dans un a priori de la foi ou dans une décision métaphysique de la volonté, ses énoncés sont apodictiques, alors que les expériences de pensée hypothétiques ne peuvent dans le meilleur des cas que revendiquer une probabilité. Cela est suffisant là où ils ne doivent pas fournir des preuves, mais simplement des illustrations. On parle donc d'une casuistique imaginative qui ne sert pas, comme le fait d'habitude la casuistique en droit et en morale, à mettre à l'épreuve des principes déjà connus, mais à débusquer et à découvrir des principes encore inconnus. L'aspect sérieux de la « science fiction » réside justement dans l'effectuation de telles expériences de pensée bien documentées, dont les résultats plastiques [68] peuvent comporter la fonction heuristique visée ici (voir par exemple le *Brave New World* de A. Huxley).

8. Mais apparemment il est inutilisable pour appliquer les principes à la politique

Toutefois le caractère incertain des projections d'avenir qui n'est pas nuisible à la doctrine des principes devient une faiblesse sensible là où elles doivent jouer le rôle de pronostics, à savoir dans l'application pratique-politique (qui de manière générale, comme nous le verrons encore, est la partie la plus faible du système, non seulement du point de vue théorique, mais également du point de vue opératoire). Car dans ce cas la représentation de l'effet terminal doit entraîner la décision relativement à ce qu'il faut faire ou renoncer à faire maintenant et l'on exige déjà une certitude considérable de la prédiction si l'on doit renoncer à un effet à court terme souhaité et assuré au bénéfice d'un effet à long terme qui de toute façon ne nous concernera plus. Sans doute dans les cas réellement importants l'ampleur de l'effet à long terme non désiré dépasse-t-elle à ce point celle de l'effet à court terme que cela compense bien des différences dans le degré de certitude. Pourtant le caractère « simplement possible » des projections qui est inséparable de la faiblesse théorique de tous les procédés d'extrapolation disponibles en ce domaine devient facilement mortel, car il signifie naturellement qu'un autre résultat est également possible – et qui ne pourrait pas dire « tout aussi possible » ? – et alors à chaque fois l'intérêt, le parti pris ou l'opinion peuvent sélectionner dans le projet qui de toute façon a leur faveur le pronostic le plus bénin parmi tous ceux qui sont possibles ou les congédier tous à la faveur de la décision agnostique que de toute façon nous ne savons pas assez pour sacrifier le connu à l'inconnu et par ailleurs s'en tenir au fait qu'en « cours de route » ce sera toujours encore le temps lorsque « nous » (c'est-à-dire ceux qui viennent plus tard) verrons ce que cela donne. Mais ainsi les intuitions que la casuistique aura éventuellement acquises sont privées de leur application à temps en raison du caractère non probant des pronostics et les plus beaux principes sont condamnés à rester stériles, en attendant qu'il soit peut-être trop tard.

[70]

II. PRIORITÉ DU MAUVAIS PRONOSTIC SUR LE BON

Or cette même incertitude qui risque de rendre inopératoire l'intellection éthique pour la responsabilité pour l'avenir visée ici, et qui n'est évidemment pas restreinte à la prophétie de malheur, doit elle-même être incorporée à la théorie éthique et lui fournir l'occasion d'un nouveau principe qui de son côté peut devenir opératoire en tant que prescription pratique. C'est la prescription, pour l'exprimer en termes primitifs, qu'il faut *davantage prêter l'oreille à la prophétie de malheur qu'a la prophétie de bonheur.* On se contentera d'en indiquer brièvement les raisons.

1. Les probabilités dans les hauts risques

Tout d'abord, le simple taux de probabilité d'une issue heureuse ou malheureuse d'expériences inconnues se trouve généralement dans la même situation que le fait d'atteindre ou de rater un but : le coup au but est seulement l'une des innombrables alternatives qui toutes sont des coups manqués plus ou moins lointains ; et bien que dans les petits détails on puisse s'en permettre beaucoup au profit de la chance de succès plus rare, dans les grandes causes on peut s'en permettre seulement très peu et dans les très grandes qui concernent les racines de toute l'entreprise humaine et qui sont irréversibles, on ne peut à vrai dire s'en permettre aucune. C'est avec de petits détails que travaille l'évolution qui ne risque jamais son va-tout et qui de ce fait peut se permettre d'innombrables « erreurs » de détail parmi lesquelles sa procédure lente et patiente sélectionne les rares « impacts », petits eux aussi. L'entreprise à grande échelle de la technologie moderne qui n'est ni patiente ni lente, comprime – en sa totalité et en de nombreux projets particuliers – les nombreux pas infimes de l'évolution [71] naturelle en quelques pas colossaux et sacrifie ainsi l'avantage, garantissant la vie, du tâtonnement de la nature. A l'ampleur causale s'ajoute ainsi la vitesse causale des interventions technologiques dans l'organisation de la vie. Bien loin donc que le fait de « prendre soi-même en main sa propre évolution », c'est-à-dire remplacer le hasard aveugle et la lenteur de son travail par une planification consciente et agissant rapidement, en se fiant à la raison, donne à l'homme une chance plus sûre d'une réussite évolutive, cela engendre une incertitude et un danger entièrement nouveaux. Ces derniers augmentent proportionnellement à la montée des enchères et à l'abréviation du temps nécessaire pour réaliser les grands buts ; en abrégeant ce temps, l'homme ne prend plus non plus le temps de corriger les erreurs tout simplement inévitables et qui ne sont plus mineures. Concernant le caractère inévitable de ces dernières, on ne doit pas perdre de vue le remplacement du long terme de l'évolution naturelle par le relativement court terme de l'agir planificateur humain, et que ce qui est un laps de temps très court du point de vue de l'évolution est un laps de temps très long du point de vue humain, et qu'ici entre donc en jeu l'impuissance déjà mentionnée de notre savoir relatif aux pronostics à long terme. Si l'on y ajoute la disproportion des probabilités déjà mentionnée plus haut, il en résulte le commandement de donner un poids plus important dans les affaires relevant de ces éventualités capitales à la menace plutôt qu'à la promesse, et d'éviter des perspectives apocalyptiques, même au prix de rater ainsi le cas échéant des accomplissements eschatologiques. C'est le commandement de la pondération face au style révolutionnaire qu'adopte la mécanique évolutive du « ou bien – ou bien » sous le signe de la technologie avec son « jouer son va-tout » immanent et étranger à l'évolution.

2. La dynamique cumulative des développements techniques

A cette considération générale s'ajoute toutefois en second lieu que le « en cours de route », qui est toujours encore là et auquel [72] on croit pouvoir abandonner les rectifications, a un statut bien particulier. L'expérience a prouvé que les développements déclenchés à chaque fois par l'agir technologique afin de réaliser des buts à court terme ont tendance à se rendre autonomes, c'est-à-dire à acquérir leur propre dynamique contraignante, une inertie autonome, en vertu de laquelle ils ne sont pas seulement irréversibles, comme on l'a déjà dit, mais qu'ils poussent également en avant et qu'ils débordent le vouloir et la planification de ceux qui agissent. Ce qui a été commencé nous ôte l'initiative de l'agir et les faits accomplis que le commencement a créés s'accumulent pour devenir la loi de sa continuation. Même s'il se peut que « nous prenions en main notre propre développement » celui-ci échappera à nos mains simplement du fait qu'il s'est incorporé son impulsion et plus que partout ailleurs vaut ici la loi qu'alors que le premier pas relève de notre liberté, nous sommes esclaves du second et de tous ceux qui suivent. Ainsi au constat que l'accélération du développement alimenté technologiquement ne laisse plus le temps pour des corrections automatiques s'ajoute le constat ultérieur que pendant le temps que malgré tout nous avons encore à notre disposition, la correction devient de plus en plus difficile et la liberté pour la faire diminue continuellement. Cela renforce l'obligation de veiller aux commencements, accordant la priorité aux possibilités de malheur fondées de manière suffisamment sérieuse (et distinctes des simples fantasmes de la peur) par rapport aux espérances – même si celles-ci ne sont pas moins bien fondées.

3. Le caractère sacro-saint du sujet de l'évolution

En troisième lieu enfin, et à un niveau moins pragmatique, il faut considérer qu'il s'agit de conserver l'héritage d'une évolution antérieure, qui ne peut pas être tellement mauvaise, ne fût-ce que parce qu'elle est censée avoir transmis à ses détenteurs actuels la faculté (qu'ils s'attribuent à eux-mêmes) [73] de décider ce qui est bien et mal. Or cet héritage peut se perdre. Dans une situation générale misérable on peut attendre du changement comme tel une amélioration ou du moins (comme dans la déclaration : « Le prolétaire n'a rien à perdre si ce n'est ses chaînes ») risquer calmement le donné au profit de quelque chose qui, en cas de succès, peut seulement être meilleur et qui, en cas d'échec et de perte de la mise ne pèse pas lourd. Mais les avocats du risque utopique ne peuvent pas invoquer cette logique. Car leur entreprise est animée par tout l'orgueil du savoir et par sa capacité qui n'est pourtant que le fruit de l'évolution passée de la nature. Soit donc ils méprisent celle-ci par leur disposition à renverser ses résultats qui, par le fait même, sont déclarés insuffisants et dans ce cas ils se sont – alors qu'ils sont eux-mêmes un tel résultat – disqualifiés pour la tâche ; soit ils affirment la qualification et alors ils doivent accepter sa présupposition [1].

1. Ce n'est rien d'autre qu'une version de l'argument cartésien du créateur méchant ou imparfait de notre existence (auquel se laisse substituer d'après Descartes lui-même une nature aveugle étrangère aux valeurs) dont l'archétype est naturellement l'antique argument du Crétois qui déclare que tous les Crétois sont menteurs.

Il existe toutefois encore une troisième possibilité, à savoir renoncer en même temps à la déconsidération et à la revendication d'une qualification et dire simplement : puisque rien n'est sanctionné par la nature et que par conséquent tout est permis, il existe la liberté du jeu créatif qui se laisse guider par la seule humeur de la pulsion ludique et qui n'élève pas d'autre revendication que celle de maîtriser les règles de jeu, autrement dit celle de la compétence technique. Ce point de vue de la liberté nihiliste, soustraite à la justification, est intrinsèquement non contradictoire, mais nous n'avons pas besoin de le discuter, étant donné que nous ne confierons certainement pas notre sort à l'absence avouée de responsabilité. Pour déterminer des modèles de conduite une autorité quelconque doit être affirmée et elle peut seulement – à moins qu'on ne suppose en style dualiste l'hétérogénéité totale de l'origine du sujet de la connaissance par rapport au monde – s'appuyer sur la suffisance essentielle de notre être-devenu intramondain. Cette suffisance de la nature humaine qui doit être postulée comme présupposition de toute habilitation à diriger créativement [74] le destin et qui n'est rien d'autre que la suffisance pour la vérité, le jugement de valeur et la liberté, est cependant quelque chose d'énorme dans le flux du devenir dont elle émerge et qu'elle déborde par son essence, mais par lequel elle peut également être engloutie de nouveau. Sa possession, selon la mesure qui en est impartie, veut donc dire que dans le flux une *infinité* doit être conservée mais qu'une infinité peut aussi être perdue. Avant tout la procuration qu'elle confère ne peut jamais inclure sa propre défiguration, sa menace ou sa « recréation ». Nul gain n'en vaut le prix, nulle chance de succès n'en autorise le risque. Et pourtant c'est précisément cet élément transcendant qui risque d'être jeté dans le creuset de l'alchimie technologique, comme si la présupposition de tout pouvoir de réviser faisait partie du révisable. Abstraction faite de l'erreur de calcul que cela inclut, l'ingratitude à l'égard de l'héritage qui s'y manifeste est difficilement compatible avec la jouissance extrême de son don, que manifeste pourtant le risque de révision lui-même. Nous aurons ultérieurement à parler plus longuement de la gratitude, de la piété, du respect en tant qu'ingrédients d'une éthique qui doit protéger l'avenir dans la tempête technologique et qui ne saurait le faire en l'absence de passé. A présent il s'agit simplement de constater que parmi les mises en jeu se trouve un état de fait métaphysique, quoi qu'il en soit de sa provenance physique, un absolu qui en tant que bien fiduciaire suprême et vulnérable nous impose la suprême obligation de la conservation. Cette obligation dépasse incomparablement tous les commandements et tous les souhaits du méliorisme dans les secteurs périphériques, et là où elle est concernée, il ne s'agit plus de peser les chances finies de succès et d'échec, mais il s'agit du risque d'un échec infini en face de ma chance de succès fini qui ne peut plus être soumise à évaluation. Pour ce phénomène central qu'il faut conserver à tout prix dans son intégrité et qui n'a plus à attendre son salut d'aucun avenir parce qu'il est déjà « sain » dans sa constitution, c'est donc en effet le pronostic suffisamment plausible de malheur qui est plus déterminant que le [75] pronostic de salut peut-être non moins plausible, mais à un niveau essentiellement inférieur. Le reproche de « pessimisme » à l'adresse d'une telle partialité en faveur de la « prophétie de malheur » est réfutable par l'argument que le plus grand pessimisme est du côté de ceux qui tiennent le donné pour suffisamment mauvais ou non valable pour accepter n'importe quel risque au nom de son amélioration potentielle.

[76]

III. L'ÉLÉMENT DU PARI DANS L'AGIR

En ce qui concerne les raisons de cette prescription, cela est suffisant. Formulons maintenant le principe éthique qui la sous-tend et duquel seulement les raisons elles-mêmes tirent leur force. Nous sommes partis de l'idée que le *caractère incertain* de tous les pronostics à long terme qui par l'équilibre de ses alternatives semble cantonner l'application des principes dans la sphère des faits, doit être pris lui-même comme un fait, pour le traitement correct duquel l'éthique doit disposer d'un principe qui ne soit *plus lui-même incertain.* Ce que nous avons discuté jusqu'à présent était déjà la prescription pratique à travers laquelle s'exprime le principe, à savoir qu'en matière d'affaires d'un certain ordre de gravité – celles qui comportent un potentiel apocalyptique – on doit accorder un plus grand poids au pronostic de malheur qu'au pronostic de salut. La présupposition de toute cette considération était qu'aujourd'hui et à l'avenir nous avons précisément affaire à des interventions de cet ordre de gravité, ce qui est en soi un fait nouveau dans les affaires humaines. Ce fait nouveau dépasse le point de vue tacite de toute éthique antérieure consistant, compte tenu de l'impossibilité d'un calcul prévisionnel à long terme, à ne prendre en considération à chaque fois que le plus proche et à laisser l'avenir plus lointain prendre soin de lui-même. Cela vaut en outre pour la sphère de l'agir privé, dans laquelle des perspectives à long terme alléchantes ou menaçantes ne sont l'une et l'autre que de vaines fantaisies, dont on ne tolère pas qu'elles puissent influencer, ni pragmatiquement ni moralement, la décision relative au plus proche. Les ignorer, autrement dit ignorer l'espoir et la crainte vains, est ici la seule prescription conforme au caractère incertain et ne pas se faire du souci à propos de l'inconnu est une condition préalable de la vertu capable d'agir. Mais dans la nouvelle dimension de l'agir il ne s'agit plus de vaines fantaisies ; la projection au loin fait partie de son essence et de son obligation, et une autre prescription doit donc parer à *son* caractère incertain.

[77] Son contenu nous le connaissons ; nous faisons l'expérience de son principe en réfléchissant à l'élément de *jeu de hasard* ou de *pari*, contenu dans n'importe quel agir humain relativement à son issue et à ses effets secondaires et en nous demandant, pour parler en termes éthiques, quel est *l'enjeu* qui peut être risqué dans le pari.

1. Ai-je le droit de mettre en jeu les intérêts des autres dans mon pari ?

Une première réponse qui se dégage alors est qu'en toute rigueur, on n'a pas le droit de parier sur quelque chose qui ne nous appartient pas (la question de savoir si on a le droit de parier tout ce qui nous appartient restant ouverte). Mais on ne pourrait pas vivre avec cette réponse, puisque l'enchevêtrement indissoluble des affaires humaines ainsi que de toutes choses rend absolument inévitable que mon agir affecte le destin des autres, de sorte que risquer ce qui est mien est toujours déjà risquer quelque chose qui appartient à d'autres, sur quoi à proprement parler je n'ai pas de droit. Cet élément de la culpabilité doit être assumé dans tout agir (son omission quiétiste n'en étant qu'une variante) ; et cela ne vaut pas seulement pour la culpabilité qui nous reste inconnue, dont nous devons supposer en général le caractère inévitable, mais également de celle qui nous est connue et qui est prévisible. « Celui qui agit, disait Goethe, est toujours inconscient » et il voulait probablement dire par là la disponibilité à devenir coupable. Déterminer quel degré de cette inconscience la conscience éthique peut tolérer, c'est-à-dire jusqu'où nous pouvons aller dans l'endommagement ou simplement dans la mise en danger (en tant que « mise en jeu ») des intérêts étrangers dans nos projets, c'est à chaque fois une tâche relevant de la casuistique de la responsabilité et cela ne peut pas déjà être arrêté en sa généralité par la doctrine des principes. Par principe, il faut seulement rejeter le caprice et l'étourderie dans le fait de risquer le bien d'autrui ou le sien propre – autrement dit l'inconscience ne doit pas [78] être irréfléchie ; et risquer des choses importantes pour des fins futiles par exemple ce serait du caprice. Même alors, l'étourderie relativement au bien-être et même à la vie propre n'est pas un droit réellement contestable, dont on peut tout au plus dire qu'une obligation contraire le limite, mais non qu'elle l'abolit. Seule l'implication des autres dans mon « pari » rend l'étourderie inadmissible.

2. Ai-je le droit de mettre en jeu l'intégralité des intérêts des autres ?

Mais – à supposer que cette condition soit respectée – en ce qui concerne l'engagement de l'autre dans le jeu de l'inconscience on pourrait compléter la première réponse qui n'est pas acceptable à moins d'être précisée, en disant que l'enjeu ne doit jamais être l'*intégralité* des intérêts des autres concernés, surtout pas leur vie. Et en effet, cela vaut inconditionnellement pour la poursuite égoïste de mon intérêt ne fût-ce qu'en raison de la disproportion qui existe ici entre le caractère partial du but poursuivi et le caractère total de l'intérêt mis en jeu mais également là où il ne s'agit pas seulement de mon avantage mais de ma vie. Mais cela vaut-il ici pour la poursuite de buts désintéressés ? En particulier de buts qui sont poursuivis dans l'intérêt de ceux qui sont atteints par le risque ? On ne contestera pas à l'homme politique le droit de mettre en jeu l'existence de la nation au profit de l'avenir, si vraiment l'extrême est en jeu. Ainsi sont prises les décisions terribles, mais moralement défendables, concernant guerre et paix, là où l'avenir lui-même devient l'enjeu pour le bien de l'avenir. Seulement il faut ajouter que ceci ne doit pas se faire en raison de l'attrait d'un avenir glorieux, mais seulement sous la menace d'un avenir terrifiant : non pour acquérir un bien suprême (ce qui en général est peut-être une affaire de présomption), mais simplement pour [79] éviter un mal suprême. La dernière considération a toujours la priorité et elle seule excuse la nécessité. Car on peut vivre sans le bien suprême, mais non pas vivre avec le mal suprême. Il n'y a jamais de bonne raison justifiant l'alternative du tout gagner ou tout perdre ; mais tenter de sauver l'inaliénable au risque de tout perdre au cours de cette tentative, cela peut être moralement justifié ou même commandé. Donc, à cette réserve près, la thèse quc dans lc pari de l'agir l'enjeu ne doit jamais être l'intégralité des intérêts des autres concernés, ne vaut pas inconditionnellement.

5. Le méliorisme ne justifie pas l'enjeu total

Or cette restriction – à savoir que c'est seulement l'empêchement du plus grand mal et non la réalisation du plus grand bien qui peut justifier le cas échéant l'engagement total des intérêts étrangers dans leur propre intérêt – exclut de sa permission les grands risques de la technologie. Car ceux-ci ne sont pas pris dans le but de sauver ce qui existe ou d'abolir ce qui est intolérable, mais dans le but d'améliorer continuellement ce qui a déjà été atteint, autrement dit en vue du *progrès* qui, dans le cas le plus ambitieux, vise la production d'un paradis terrestre. Celui-ci et ses œuvres se placent donc plutôt sous le signe de l'arrogance que sous celui de la nécessité, et les renoncements dans les choses qu'il permet d'entreprendre concernent l'excès par rapport au nécessaire, alors que leur mise en œuvre peut toucher à l'inconditionnel lui-même. C'est donc ici où la protection du provisoire est insuffisante, qu'entre de nouveau en vigueur l'affirmation que mon agir ne doit pas mettre en jeu « l'intérêt *entier* » des autres également concernés (qui sont ici les générations futures).

[80]

4. L'humanité n'a pas droit au suicide

S'y ajoute encore comme sceau définitif que « la totalité » des intérêts mis en jeu dans le risque du pari a dans le cas du progrès technologique un sens incomparablement plus englobant que tout ce qui par ailleurs est en jeu dans les décisions humaines. Même si, lorsque sonne l'heure du destin, le chef politique met en jeu l'existence entière de sa tribu, de sa cité, de sa nation, il sait pourtant que même après leur disparition éventuelle il y aura encore une humanité et un monde de la vie ici-bas sur terre. C'est seulement dans le cadre de cette présupposition englobante que le grand risque singulier est moralement justifiable dans certains cas extrêmes. Mais même dans le but de sauver la nation l'homme politique n'a pas le droit d'utiliser un moyen qui pourrait détruire l'humanité. Or, les œuvres possibles de la technologie en comportent certaines qui, par effet cumulatif, possèdent précisément cette ampleur et cette profondeur englobantes, à savoir qu'elles *peuvent* mettre en danger soit l'existence tout entière, soit l'essence tout entière de l'homme dans le futur. L'homme politique peut supposer idéalement dans sa décision destinale l'accord de ceux pour qui il décide, en tant que leur chargé d'affaires. De l'humanité à venir on ne peut ni obtenir ni supposer un accord relativement à leur inexistence ou à leur déshumanisation ; et si l'on voulait malgré tout le supposer (une supposition presque démentielle) il faudrait la rejeter pourtant ; car il existe (ce qui reste toutefois encore à montrer) *l'obligation inconditionnelle* d'exister de l'humanité, qu'il ne faut pas confondre avec l'obligation conditionnelle d'exister de tout individu particulier. Le droit individuel au suicide cela se discute, le droit au suicide de l'humanité cela ne se discute pas.

[81]

5. L'existence « de l'homme » ne doit pas être mise en jeu

Ainsi avons-nous enfin trouvé un principe qui interdit certaines « expériences » dont la technologie est capable et dont l'expression pragmatique est précisément la prescription que nous avons discutée plus haut : accorder la préférence en vue de la décision aux pronostics de malheur sur les pronostics de salut. Le principe éthique dont la prescription tire sa validité s'énonce donc ainsi : jamais l'existence ou l'essence de l'homme dans son intégralité ne doivent être mises en jeu dans les paris de l'agir. Il en résulte automatiquement qu'ici les simples *possibilités* du type qui a été caractérisé sont à considérer comme des risques inacceptables qu'aucune des possibilités qui lui sont opposables ne rendent davantage acceptables. Concernant la vie de l'humanité vaut le principe (qui ne vaut pas nécessairement toujours pour le patient individuel) que même des palliatifs imparfaits doivent être préférés à la cure de cheval très prometteuse qui comporte le risque de la mort du patient.

Nous avons donc ici affaire à un renversement du

principe cartésien du doute. Pour établir le vrai indubitable, nous devons d'après Descartes tenir tout ce qui d'une façon ou d'une autre peut être mis en doute comme étant équivalent au faux démontré. Ici au contraire nous devons traiter ce qui certes peut être mis en doute, tout en étant possible, à partir du moment où il s'agit d'un possible de certain type, comme une certitude en vue de la décision. C'est aussi une variante du pari pascalien sans le caractère égoïstement eudémonique et en dernière instance non éthique de celui-ci. D'après Pascal, dans le pari qui oppose les plaisirs brefs et d'ailleurs ambigus de la vie ici-bas à la *possibilité* d'une béatitude éternelle ou d'une damnation éternelle dans l'au-delà, le simple calcul commande de miser sur la première possibilité, parce qu'une comparaison des chances de béatitude et de damnation respectives aboutit au résultat que le second choix, même dans l'hypothèse de l'inexistence de son objet, la vie éternelle, fait seulement perdre peu de chose avec le bien temporel, alors que dans l'autre cas quelque chose d'infini [82] aurait été gagné ; tandis que dans le meilleur des cas (c'est-à-dire si la vie éternelle n'existe pas) le choix en faveur de la vie temporelle ferait gagner simplement quelque chose d'infime, alors que dans l'autre cas quelque chose d'infini serait perdu. A cette spéculation sur le hasard – qui prend en considération le va-tout – il faut reprocher parmi bien d'autres choses, qu'en comparaison du *néant* qui est ici pris en compte au nombre des risques, n'importe quelle chose et même l'existence de la vie fugitive soumise au temps est une grandeur infinie et que donc ici même le second choix (miser sur la possibilité de l'éternité en sacrifiant la vie temporelle réellement donnée) comporte la possibilité d'une perte infinie. C'est déjà plus qu'une simple possibilité, c'est une foi qui doit soutenir que l'éternité nous attend et alors l'option en sa faveur n'est plus un pur pari. Or l'incertitude absolue ne se laisse aucunement mettre en balance avec les certitudes relatives de ce qui existe. *Notre* principe éthique du pari n'est pas soumis à cette objection. Car il interdit justement de parier sur le rien, c'est-à-dire d'en admettre la possibilité parmi les choix – bref, il interdit tout simplement le jeu du va-tout dans les affaires qui concernent l'humanité. D'autre part, il n'oppose pas l'inimaginable à ce qui se laisse imaginer, mais seulement le totalement inacceptable au plus ou moins acceptable dans le fini lui-même. Mais surtout il oblige et il ne présente pas à l'intérêt un calcul de ses avantages ; et il oblige en vertu d'une obligation première d'être face au néant.

Ce principe valable pour le traitement de l'incertitude n'a lui-même rien d'incertain et il nous lie inconditionnellement, c'est-à-dire non pas comme un simple conseil de la prudence morale, mais comme un commandement irrécusable ; à condition que nous acceptions la responsabilité pour ce qui va être. Dans l'optique d'une telle responsabilité, la circonspection, qui autrement n'est qu'une affaire de l'à-peu-près circonstancié, devient le noyau de l'agir éthique. Mais dans toutes les discussions qui précèdent, on supposait tacitement que nous sommes responsables, sans que cela [83] ait été démontré. Le principe de la responsabilité comme tel – le commencement de l'éthique – n'a pas encore été mis en évidence. C'est vers cette tâche que nous nous tournons maintenant. Pour y arriver on aurait autrefois invoqué la faveur céleste, ce dont elle a grandement besoin – d'autant plus que de nos jours elle ne peut même plus bénéficier du regard porté en cette direction-là.

[84]

IV. L'OBLIGATION DE L'AVENIR

1. Absence de réciprocité dans l'éthique d'avenir

Ici il faut tout d'abord dire que ce que nous devons exiger de notre principe n'est pas fourni par l'idée traditionnelle des droits et des obligations – l'idée, fondée sur la réciprocité, selon laquelle mon obligation est l'image à l'envers du droit d'autrui qui à son tour est vue à l'image de mon droit propre : de sorte que, une fois qu'on a établi l'existence de certains droits d'autrui, par le fait même on a établi mon obligation de les respecter et (en alléguant une idée positive de responsabilité) de les promouvoir également dans la mesure du possible. Cette idée échoue face au but que nous nous sommes fixé. Car n'a des revendications que ce qui élève des revendications – ce qui tout d'abord *existe.* Toute vie revendique de vivre et peut-être est-ce là un droit qu'il faut respecter. Ce qui n'existe pas n'élève pas de revendications, c'est pourquoi ses droits ne peuvent pas non plus être lésés. Il se peut qu'il les ait dès lors qu'il existe, mais il ne les a pas encore en vertu de l'éventualité de son existence future. Avant tout, il n'a pas le droit d'exister, avant même d'exister effectivement. La revendication d'être commence seulement avec l'être. Or c'est précisément à ce qui n'est pas encore que l'éthique cherchée a affaire et *son* principe de responsabilité doit être indépendant aussi bien de toute idée d'un droit que de celui d'une réciprocité – de sorte que dans son cadre la question qu'on a inventée à son intention en manière de boutade : « L'avenir, qu'a-t-il jamais fait en ma faveur ? est-ce qu'il respecte, lui, mes droits ? » ne peut absolument pas être posée.

[85]

2. L'obligation à l'égard de la postérité

Or même en morale traditionnelle il existe déjà *un* cas de responsabilité et d'obligation élémentaire *non réciproque* (qui émeut profondément même le simple spectateur) qui est reconnue et pratiquée spontanément : celle à l'égard des *enfants* qu'on a engendrés, et qui sans la continuation de l'engendrement par la prévision et la sollicitude devrait périr. Sans doute se peut-il qu'on attende d'eux un service rendu en échange de l'amour et de la peine pour le temps de sa propre vieillesse, mais cela n'en est certes pas la condition et moins encore celle de la responsabilité reconnue à leur égard et qui est au contraire inconditionnelle. C'est là l'unique classe que nous fournit la *nature* d'un comportement parfaitement désintéressé et de fait ce rapport à une *progéniture* non autonome, donné avec le fait biologique de la procréation lui-même, et *non* le rapport entre adultes autonomes (dont procède certes l'idée de droits et d'obligations mutuelles) est l'origine de l'idée de responsabilité en tant que telle et sa sphère d'agir qui nous sollicite en permanence est le lieu le plus originaire de son exercice. Sans ce fait et la relation sexuelle qui en est inséparable, ni la genèse d'une prévision regardant loin dans l'avenir, ni celle d'une assistance désintéressée entre êtres raisonnables, quelque sociaux qu'ils puissent être, ne pourrait être comprise. (Ultérieurement nous tirerons profit de cette observation qu'à ma connaissance la philosophie morale n'a jamais suffisamment prise en considération.) Ici est l'archétype de tout agir responsable, qui heureusement n'a pas besoin d'une déduction à partir d'un principe, mais que la nature nous a puissamment implanté (du moins dans la partie procréatrice de l'humanité).

Si pourtant nous prêtons attention, comme l'exige

la théorie éthique, au principe éthique qui est ici en vigueur (et sans doute doit-on malgré tout le rappeler parfois aux hommes) nous voyons que l'obligation à l'égard des enfants et l'obligation à l'égard des générations ultérieures ce n'est pas la même chose. L'obligation [86] de prendre soin de l'enfant que nous avons engendré et qui existe maintenant se laisse parfaitement fonder, même sans recourir à la stimulation du sentiment sur la base de la responsabilité effective contractée du fait que nous sommes *l'auteur* de son existence et ensuite du *droit* qui appartient maintenant à cette existence – donc en dépit de la non-réciprocité elle découle du principe classique des droits et des obligations, bien que dans le cas présent ceux-ci soient unilatéraux. Mais autre chose que l'obligation *résultant* du fait d'être auteur d'une existence qui nous fait face avec ses droits, serait l'obligation *de devenir* auteur, d'engendrer des enfants, celle de la procréation en tant que telle : si elle existe, cette obligation est incomparablement plus difficile à fonder et en tout cas elle ne peut pas être fondée sur le même principe ; et il est absolument impossible de fonder un *droit* à naître de ceux qui ne sont pas encore nés (plus précisément : le droit d'être engendré de ceux qui ne sont pas encore engendrés). Il s'agirait donc ici d'une obligation qui n'est pas l'image inversée du droit de quelqu'un d'autre – si ce n'est le droit du Dieu créateur à l'égard de ses créatures, auxquelles fut confiée la continuation de son œuvre, en même temps que le don de l'existence.

3. L'obligation de l'existence et de l'être-tel d'une progéniture comme telle

Or c'est d'une obligation de ce type qu'il s'agit avec l'obligation à l'égard de l'humanité future, car elle veut dire en premier lieu que nous avons l'obligation de *l'existence* de l'humanité future – indépendamment même de la question de savoir si notre propre postérité en fait partie – et en second lieu il s'agit également de l'obligation de son *être-tel*. La première obligation inclut celle de la procréation (même si ce n'est pas nécessairement celle de chaque individu particulier) et comme celle-ci elle ne peut pas être simplement déduite par extension de l'obligation de l'auteur à l'égard de l'existence dont il est la cause : si elle existe, ce que nous voudrions supposer, elle n'a pas encore trouvé son fondement jusqu'à présent.

[87]

a. *L'obligation d'avoir une postérité a-t-elle besoin d'être fondée ?*

Or on pourrait dire que nous pourrions laisser à elle-même la question de savoir si elle existe et par le fait même la tâche épineuse de la fonder, étant donné que nous n'avons pas à nous faire du souci relativement à la permanence de l'instinct de procréation et que les hypothétiques causes externes d'extermination (par exemple du fait de l'empoisonnement effectivement mortel de l'environnement) peuvent seulement, si jamais, être déclenchées par la combinaison la plus invraisemblable des bêtises les plus invraisemblables et les plus colossales de notre part – que nous n'avons pas à prendre en considération comme des possibilités sérieuses, quelque impressionnés que nous soyons par les proportions de la bêtise et de l'irresponsabilité humaines. Nous devrions donc simplement postuler le maintien futur et nous rendre ainsi libres pour la considération plus riche en contenu de la seconde obligation, celle de l'être-tel de l'humanité future, qui a l'avantage de se laisser déduire beaucoup plus facilement des principes de l'éthique déjà connus et dont l'observation contribue de toute façon à garantir le maintien pur et simple du genre humain que cette obligation présuppose.

L'un et l'autre argument est correct. Du moins peut-on dire que les dangers qui menacent *l'être-tel* futur sont en règle générale les mêmes qui menacent à une échelle plus vaste l'existence et c'est pourquoi éviter les uns veut dire a fortiori éviter les autres. Et concernant la déduction éthique à partir de l'idée des droits et des obligations, elle pourrait s'énoncer à peu près ainsi : puisque de toutes façons existeront des hommes à l'avenir, leur existence qu'ils n'ont pas demandée, une fois qu'elle est effective, leur donne le droit de nous accuser nous, leurs prédécesseurs, en tant qu'auteurs de leur malheur, si par notre agir insouciant et qui aurait pu être évité, nous leur avons détérioré le monde ou la constitution humaine. Alors qu'ils peuvent tenir pour responsables de leur existence seulement leur géniteur immédiat (et que même là ils ont seulement droit à la plainte s'il y a des raisons spécifiques permettant de contester leur droit à avoir une progéniture), [88] ils peuvent tenir des ancêtres lointains pour responsables des *conditions* de leur existence. Donc pour nous aujourd'hui, le *droit* qui se rattache à l'existence non encore actuelle, mais pouvant être anticipée, de ceux qui viendront plus tard, entraîne *l'obligation* correspondante des auteurs, en vertu de laquelle nous avons des comptes à leur rendre à propos de nos actes qui atteignent les dimensions de ce type d'effets.

b. *Priorité de l'obligation d'exister*

Quelle que soit la justesse et peut être même la suffisance pratique de tout ceci, ce n'est pas encore suffisant pour la théorie éthique. Car en premier lieu, confronté à un pronostic suffisamment sombre, le pessimiste consciencieux pourrait déclarer irresponsables ceux qui s'adonnent « malgré tout » à l'œuvre de la procréation et il pourrait quant à lui, décliner la responsabilité pour les résultats d'une irresponsabilité dont lui s'abstient. En d'autres termes, soutenant le point de vue qu'il n'est pas indispensable que des hommes existent à tout prix, il peut faire dépendre le caractère souhaitable ou obligatoire de l'humanité future des conditions prévisibles de leur existence au lieu de se laisser au contraire dicter les conditions par le caractère inconditionnellement obligatoire de leur existence. (C'est une extension de l'argument qu'au cours de l'ère hitlérienne j'entendais souvent dans la bouche de couples d'émigrés désespérés, qu'on n'avait « pas le droit de mettre au monde des enfants dans un monde pareil »).

En second lieu, et de manière plus décisive, la mise en accusation anticipée par nos victimes futures doit être ramenée à leur plainte hypothétique relativement à leur destin, de sorte qu'elle n'aurait plus de raison d'être à partir du moment où ceux-ci y consentiraient et même s'en accommoderaient très bien. Or un tel acquiescement et un tel sentiment de bien-être seraient la dernière chose que nous devons souhaiter à une humanité future, à partir du moment où elle est achetée au prix de la dignité et de la vocation de l'homme. Il se pourrait donc que nous ayons bien plutôt [89] à nous accuser du fait que *nulle* accusation contre nous ne provient de là-bas : l'absence de plainte serait alors elle-même la plus grande des accusations, mais l'accusateur ne serait précisément *pas* celui qui est lésé dans l'avenir, mais nous-mêmes.

Qu'est-ce que cela veut dire ?

Cela veut dire qu'en dernière instance nous ne consultons pas les *souhaits* anticipés de ceux qui viennent après nous (ils peuvent être notre propre produit), mais leur *devoir* qui n'est pas fabriqué par nous et qui nous transcende les uns et les autres. Rendre impossible leur devoir est le véritable crime par rapport auquel tous les empêchements de leur vouloir, quelle qu'en soit la gravité coupable, passent au second plan. Or cela veut dire que nous n'avons pas tant à veiller sur le *droit* des hommes à venir – à savoir leur droit au bonheur, ce qui, compte tenu du concept oscillant de bonheur, serait de toute façon un critère déplacé – que sur leur obligation, à savoir leur *obligation* d'être une humanité véritable : donc sur *la faculté* liée à cette obligation, la simple faculté de s'attribuer cette obligation, dont nous pouvons peut-être les priver avec l'alchimie de notre technologie « utopique ». Y veiller est *notre* obligation fondamentale à l'égard de l'avenir de l'humanité, dont dérivent seulement toutes les autres obligations à l'égard des hommes à venir. Il se peut que ces obligations matérielles se laissent ensuite subsumer sous l'éthique de la solidarité, de la sympathie, de l'équité, et même celle de la miséricorde, conformément auxquelles, grâce au transfert de nos propres souhaits et de nos craintes, de nos joies et de nos peines, nous reconnaissons, dans une espèce de contemporanéité fictive, à ces hommes du futur le même droit que cette éthique reconnaît également aux contemporains et dont elle nous impose le respect, lequel respect anticipé devient ici notre responsabilité particulière du fait de la causalité parfaitement unilatérale de notre être-auteur. Ici il s'agit donc, comme on l'a déjà dit, toujours encore d'une obligation qui répond à un droit « qui existe » de l'autre côté, autrement dit, dont on anticipe l'existence : le droit à un être-tel auquel il soit possible de consentir. Mais elle est placée sous la condition, mentionnée plus haut, de l'obligation de l'*existence* de sujets [90] de droits futurs, laquelle ne répond à aucun droit, mais qui entre autres nous donne seule le droit de faire exister des êtres semblables à nous sans leur demander leur avis. Le droit particulier résulte ici de l'obligation générale et non l'inverse. Et alors que l'exercice de ce droit entraîne ensuite des obligations particulières à l'égard de ceux qu'on a fait exister et dont le principe nous est bien familier, ces obligations, y compris leur principe, dépendent dans leur intégralité de cette obligation première qui nous autorise de façon parfaitement unilatérale, non seulement à faire don de l'existence à tous ceux qui viennent après nous (ce qui est difficilement compatible avec la contrainte), mais plutôt à la leur imposer – précisément une existence qui est capable de porter le fardeau que vise l'obligation. Même si nous le pouvions, nous ne leur demanderions nullement s'ils désirent aussi ce fardeau. Mais le leur imposer présuppose que nous présumons leur capacité de le porter. C'est donc là la première obligation à l'égard de l'être-tel des descendants, qui découle ainsi seulement de l'obligation de les faire exister et les autres obligations à leur égard, par exemple celles à l'égard de leurs possibilités de bonheur, en découlent également.

c. *Le premier impératif : qu'une humanité soit*

Ce n'est donc pas comme si nous pouvions laisser à elle-même la question de notre responsabilité à l'égard de l'existence d'une humanité future et que nous pourrions nous tourner simplement vers les obligations à l'égard de celle qui existera, autrement dit vers la sollicitude pour leur être-tel. Au contraire, la première règle pour l'être-tel exigé peut uniquement être tirée de l'impératif de l'existence et toutes les autres sont soumises à ce critère que nulle éthique eudémoniste, et pas non plus une éthique de la miséricorde, à elle seule ne peut fournir. Celle-ci tolère bien des choses que cet impératif interdit et bien des choses qu'il ordonne peuvent être récusées. La première règle est que n'est admissible aucun être-tel des descendants futurs de l'espèce humaine [91] qui soit en contradiction avec la raison qui fait que l'existence d'une humanité comme telle soit exigée. C'est pourquoi l'impératif *que* soit une humanité est le premier, dans la mesure où il s'agit seulement de l'homme.

4. La responsabilité ontologique à l'égard de l'idée de l'homme

Ainsi, avec ce premier impératif, nous n'avons pas à rendre des comptes à l'homme à venir, mais à l'*idée* de l'homme qui est telle qu'elle exige la présence de ses incarnations dans le monde. C'est en d'autres termes une idée *ontologique* qui ne garantit sans doute pas l'existence de son objet avec sa simple essence comme le fait soi-disant le concept de Dieu dans l'argument ontologique – loin de là ! – mais c'est une idée qui dit qu'une telle présence *doit* être, qui doit donc être protégée et qui nous en fait une obligation, à nous qui pouvons la mettre en péril. C'est cet impératif ontologique, résultant de l'idée de l'homme qui sous-tend l'interdiction de jouer au va-tout avec l'humanité, une interdiction affirmée jusqu'alors sans avoir été fondée. Seule l'idée de l'homme, en nous disant pourquoi des hommes doivent être, nous dit en même temps *comment* ils doivent être.

5. L'idée ontologique engendre un impératif catégorique et non hypothétique

La distinction kantienne d'un impératif catégorique et d'un impératif hypothétique qui concerne l'éthique de la simultanéité s'applique également à l'éthique qui est cherchée ici. L'impératif hypothétique (dont il existe de nombreuses versions) s'énonce ainsi : *Si* dans l'avenir il y a des hommes – ce qui dépend de notre qualité de géniteurs – *alors* valent telles et telles obligations à leur égard que nous devons observer par anticipation... ; l'impératif catégorique commande simplement [92] *qu'il y ait des hommes* en mettant l'accent aussi bien sur le « que » que sur le « comment » de ce devoir exister. A mes yeux, je l'avoue, cet impératif est le seul auquel s'applique vraiment la détermination kantienne du catégorique, autrement dit de l'inconditionnel. Or comme *son* principe n'est pas, comme dans le cas de l'impératif kantien, l'accord avec soi-même de la raison qui se donne des lois de l'agir, c'est-à-dire une idée du *faire* (dont on présuppose qu'il a lieu d'une manière ou d'une autre) mais l'idée d'acteurs possibles en tant que telle, exigeant l'existence de son contenu, une idée qui est en ce sens une idée ontologique, une idée de l'*être,* il s'ensuit que le premier principe d'une « éthique du futur » ne se trouve pas lui-même *dans* l'éthique en tant que doctrine du faire (dont font par ailleurs partie toutes les obligations à l'égard des générations futures), mais dans la *métaphysique* en tant que doctrine de l'être, dont l'idée de l'homme forme une partie.

6. Deux dogmes : « pas de vérité métaphysique » ; « pas de chemin du " il est " vers le " on doit " »

Cela se heurte aux dogmes les plus endurcis de notre époque : qu'il n'y a pas de vérité métaphysique et qu'on ne saurait tirer un devoir de l'être. La dernière thèse n'a jamais été examinée sérieusement et s'applique seulement à un concept d'être pour lequel – étant donné qu'il a déjà été conçu avec la neutralisation correspondante (en tant que « libre de toute valeur ») – la non-dérivabilité du devoir est une conséquence tautologique, mais dont l'extension qui en fait un axiome général équivaut à l'affirmation qu'aucun autre concept d'être n'est possible ou bien : que celui qui est pris pour base ici (en dernière instance il est emprunté aux sciences de la nature) est déjà le véritable concept et le concept intégral de l'être. Ainsi la séparation de l'être et du devoir, précisément en acceptant un tel concept de l'être, reflète-t-elle déjà une *métaphysique* déterminée, qui peut simplement revendiquer par rapport à d'autres concepts l'avantage critique (ockhamien) [93] de faire la supposition la plus parcimonieuse de l'être (mais par le fait même elle est naturellement également la plus pauvre du point de vue de l'explication des phénomènes, donc le prix à payer est celui de son propre appauvrissement).

Or, si le dogme qu'il n'y a pas de chemin de l'être vers le devoir est un énoncé métaphysique en vertu de sa présupposition ontologique, alors il tombe sous l'interdit du premier dogme plus fondamental qu'il n'y a pas de vérité métaphysique. *Cet* énoncé-*là* a sa propre présupposition dont dépend *sa* validité. De même que le dogme de « l'être et du devoir-être » présuppose un concept déterminé de l'être, de même la négation de la vérité métaphysique présuppose-t-elle un concept déterminé du savoir auquel il s'applique en effet : « Il est impossible d'acquérir un savoir scientifique relatif aux objets métaphysiques », c'est de nouveau une conclusion tautologique, étant donné que la science a précisément affaire à des objets physiques. Tant qu'il n'est pas décidé que ceci épuise le concept intégral du savoir, le dernier mot sur la possibilité de la métaphysique n'est donc pas encore prononcé. Mais quoi qu'il en soit, même si l'on concède sa contestation, celle-ci ne serait pas encore une objection *spécifique* contre l'éthique que nous cherchons, étant donné que toute autre éthique, même celle qui est la plus utilitariste, la plus eudémoniste, la plus immanentiste, etc., contient elle aussi tacitement une métaphysique (le « matérialisme » par exemple en serait une), que par conséquent aucune éthique n'est logée à meilleure enseigne. Notre cas a simplement ceci de particulier que la métaphysique qui l'habite ne peut pas rester cachée mais doit venir au jour – ce qui est un désavantage tactique pour l'entreprise purement éthique, mais ce qui est en fin de compte malgré tout sans doute un avantage pour la cause de la vérité. C'est l'avantage de l'obligation de rendre compte du fondement métaphysique du devoir-être. Car si la thèse négative relative à « être et devoir-être » implique sans doute elle aussi une thèse métaphysique, son défenseur peut en rester à l'ignorance *in metaphysicis* universellement partagée et en référer à la supériorité méthodologique de la supposition minimale, c'est-à-dire de la négation sur l'affirmation, [94] qui est valable dans ce cas. Ce recours est interdit à l'affirmation et son défenseur doit fournir, sinon une preuve, du moins un argument ontologique raisonnable en faveur de sa supposition exigeante. C'est pourquoi il a besoin de l'essai métaphysique dont le « minimaliste », invoquant Ockham, peut faire l'économie.

7. Nécessité de la métaphysique

En tout cas dans l'intérêt de notre premier principe – qui est censé nous dire pourquoi importent les hommes du futur, en montrant que « l'homme » importe – nous ne pouvons pas faire l'économie de l'excursion risquée dans l'ontologie, même si le sol que nous pouvons atteindre ne devait pas être plus sûr que n'importe quel autre sol auquel la théorie pure doit s'arrêter : il se peut qu'il soit toujours suspendu au-dessus d'un abîme de l'inconnaissable. On avait déjà laissé entendre que la foi religieuse dispose ici déjà de réponses que la philosophie ne peut que chercher avec une chance incertaine de succès. (Par exemple on peut déduire de « l'ordre créé » que la volonté de Dieu veut qu'existent des hommes à son image et qu'existe l'ordre entier dans son invulnérabilité.) La foi peut donc très bien procurer à l'éthique le fondement, mais elle-même n'est pas disponible sur commande et même en y mettant l'argument le plus fort de l'obligation, on ne peut pas faire appel à celle qui est absente ou discréditée. La métaphysique en revanche a été depuis toujours une affaire de la raison et celle-ci se laisse mobiliser quand il le faut. Sans doute une métaphysique valable ne peut-elle être fournie, pas plus que la religion, par le simple diktat de l'amère nécessité qui la réclame ; en revanche la nécessité peut nous imposer de la chercher et le philosophe séculier qui s'efforce d'établir une éthique doit au préalable admettre la *possibilité* d'une métaphysique rationnelle, nonobstant Kant, à moins que le rationnel ne soit déterminé exclusivement [95] d'après les critères de la science positive.

Cela suffit pour justifier l'essai qui suit. Dans cet essai, deux choses seulement sont sues par avance : qu'il faut remonter jusqu'à l'ultime (la première) question de la métaphysique, n'admettant plus de réponse, pour ensuite tirer du *sens* de l'être de « quelque chose comme tel », qui lui-même ne se laisse plus fonder, peut-être, malgré tout, un renseignement relatif au pourquoi du devoir de l'être déterminé ; et en second lieu, que l'éthique qui se laisse éventuellement fonder de cette matière ne peut plus s'arrêter à l'anthropocentrisme brutal qui caractérise l'éthique traditionnelle, en particulier l'éthique grecque-juive-chrétienne de l'Occident. Les possibilités apocalyptiques contenues dans la technologie moderne nous ont appris que l'exclusivisme anthropocentrique pourrait bien être un préjugé et qu'en tout cas il a besoin d'être réexaminé.

[96]

V. ÊTRE ET DEVOIR

Notre question est : l'homme doit-il être ? Pour la poser correctement nous devons d'abord répondre à cette question : que voulons-nous dire, quand nous disons de quelque chose que « cela doit être » ? Et cela ramène naturellement à la question de savoir si seulement quelque chose *doit* être plutôt que rien.

1. Le devoir-être de quelque chose

La différence entre les deux dernières questions n'est pas mince. La première, qui se rapporte au devoir-être de ceci ou de cela, peut recevoir une réponse relative dans la comparaison des possibilités qui se manifestent au sein de l'être donné : puisque quelque chose a à être, alors que ce soit plutôt ceci que cela, donc cela doit être. La deuxième question, où la possibilité alternative n'est pas un autre être, mais le non-être tout court, peut recevoir seulement une réponse absolue, par exemple que l'être en soi est « bon » car le néant n'admet pas de comparaison par degrés : donc l'existence comme telle « doit » avoir la préférence sur son opposé contradictoire (et non « contraire »).

La différence du point de vue éthique entre la réponse à l'une et à l'autre question se démontre aisément sur l'exemple de la question initiale appliquée à l'homme. On peut estimer qu'un état particulier de l'homme est meilleur qu'un autre et de cette manière il peut représenter un devoir à choisir ; mais devant l'une et l'autre possibilité, on peut choisir le non-être de l'homme qui est certainement libre de toutes les objections auxquelles s'exposent les deux possibilités du choix précédent (c'est-à-dire étant intrinsèquement parfait, le non-être est libre de toutes les imperfections qui se rattachent à toute possibilité de choix positive) – je dis qu'à la place de toutes les alternatives de l'être on peut choisir le non-être, à *moins que ne soit* reconnue [97] une prééminence absolue de l'être par rapport au non-être. La réponse à cette question plus générale a donc une importance effective pour l'éthique.

2. La prééminence de l'être sur le rien et l'individu

La reconnaissance de cette prééminence et par le fait même celle d'un *devoir* en faveur de l'être ne signifie évidemment pas du point de vue éthique qu'à tout prix l'individu doive décider en faveur de *sa propre* survie contre une mort possible ou certaine, c'est-à-dire qu'il doive se cramponner à la vie. Offrir sa propre vie pour en sauver d'autres, pour la patrie, pour une cause humanitaire est une option en faveur de l'être et non en faveur du non-être. Même le suicide prémédité dans le but de préserver sa propre dignité humaine face à l'humiliation extrême (comme le suicide stoïcien qui est toujours *aussi* un acte « public ») est accompli en dernière instance pour que survive la dignité humaine comme telle. Dans l'un et l'autre cas vaut le principe que « la vie n'est pas le bien suprême ». Même le droit de choisir son propre anéantissement que s'arroge le désespoir individuel, bien qu'étant éthiquement contestable, mais concédé par la miséricorde, ne nie pas le primat de l'être comme tel : c'est une concession à la faiblesse dans le cas particulier, en tant qu'exception à la règle universelle. En revanche la possibilité de choisir la disparition de l'humanité est une atteinte au devoir-être « de l'homme » et celle-ci ramène obligatoirement à la question de savoir si quelque chose doit exister plutôt que rien.

3. Le sens de la question leibnizienne : « Pourquoi y a-t-il quelque chose plutôt que rien ? »

Or c'est là l'unique sens acceptable de la question fondamentale [98] de la métaphysique leibnizienne, qui autrement paraît tellement gratuite : « Pourquoi *il y a* plutôt quelque chose que rien. » Car le *pourquoi* qui est ici en question ne saurait viser la cause précédente qui fait elle-même déjà partie de l'étant qui donc peut seulement devenir objet de questionnement à l'intérieur de celui-ci, mais qui ne peut pas le devenir relativement à la totalité de l'étant ou au fait d'être en tant que tel sans qu'on tombe dans un contresens. La doctrine de la création elle-même ne change pas cet état de choses logique qui, avec l'acte causal divin, détient certes la réponse pour le monde en sa totalité, mais qui, avec cette réponse même, suscite de nouveau la question relativement à l'existence de Dieu lui-même. On sait que la théologie rationnelle résout ce problème par l'argument de la *causa sui* de la cause de soi. Mais ce concept est au moins logiquement problématique ; et la confession de foi fervente : « d'éternité en éternité tu es Dieu » rend plutôt témoignage à l'ultime contingence logique d'un *factum brutum* qui réclame toujours un nouvel assentiment, qu'à une indéniable nécessité de pensée. Ceci, nous pouvons le laisser en suspens. Car même en supposant l'existence d'un Créateur, qu'elle soit nécessaire ou arbitraire, le monde auquel notre propos a véritablement affaire soulève de nouveau la question « pourquoi » il l'a créé ; et alors la réponse religieuse n'est nullement la réponse causale que la puissance du pouvoir-faire entraînait automatiquement l'acte (ce qui condamnerait la série entière à n'être qu'une factualité brute), mais qu'il l'a *voulu*, à savoir comme un « bien » (voir par exemple la *Genèse* ou le *Timée* de Platon). Mais alors nous devons dire que ce fait de trouver « que cela était bon » était l'affaire du jugement divin et non d'un vouloir aveugle, c'est-à-dire qu'il voulait le monde parce que son existence est bonne, et non que celui-ci est bon parce qu'il le voulait (bien que cela ait été l'opinion renversante de Duns Scot). Quel que soit donc le penchant de l'homme pieux à souscrire déjà par simple piété et non par l'intellect, au jugement divin auquel il croit, celui-ci doit pouvoir s'obtenir également indépendamment de cela (*fides quaerens intellectum)*. En d'autres termes : la [99] question du devoir-être d'un monde est *séparable* de toute thèse concernant son auteur, précisément en supposant que même pour un créateur divin un tel devoir-être conforme au concept du Bien était la raison de son acte créateur : il le voulait parce qu'il estimait qu'il devait être. On peut même affirmer que la perception d'une valeur dans le monde est une des motivations pour conclure à un auteur divin (autrefois c'était même une des « preuves » de l'existence de Dieu) et non pas qu'au contraire la postulation de l'auteur était la raison d'accorder de la valeur à sa création.

Notre argument n'est donc pas que c'est seulement avec l'éclipse de la foi que la métaphysique a dû s'atteler à une tâche à laquelle auparavant la théologie pouvait déjà pourvoir à sa manière, mais que cette tâche était depuis toujours déjà la sienne et la sienne seule – tant sous les conditions de la foi que sous celles de l'incroyance dont l'alternative n'affecte nullement la *nature* de la tâche. La seule chose que la métaphysique puisse apprendre de la théologie est une radicalité de l'interrogation inconnue auparavant de même qu'une question comme celle de Leibniz aurait été impossible dans la philosophie antique.

4. La question d'un possible devoir-être doit être résolue indépendamment de la religion

Pour en revenir encore une fois au *pourquoi* dans la célèbre question fondamentale, « pourquoi il y a quelque chose », nous avions trouvé que le comprendre au sens de la provenance causale rend la question insensée pour l'être en sa totalité, mais le comprendre au sens d'une norme justificatrice (« cela vaut-il la peine d'être ? ») lui confère un sens et en même temps le détache de tout rapport à un auteur, c'est-à-dire de la foi. Le sens de la question pourquoi il y a quelque chose et non rien doit donc être celui-ci : pourquoi quelque chose *doit* être de préférence au rien, quelle que soit la cause qui fait qu'elle advient. La seule chose qui importe, c'est le sens de ce « doit ».

[100] Avec ou sans foi la question d'un possible devoir-être devient ainsi – du moins hypothétiquement – la tâche d'un jugement indépendant, c'est-à-dire l'affaire de la philosophie, où la question de la *valeur* comme telle s'allie aussitôt à la question de la connaissance – et même celle de l'évaluation. Car la valeur ou le « bien », à supposer qu'une telle chose existe, est l'unique chose dont la simple possibilité réclame déjà l'existence (ou dont l'existence une fois donnée réclame légitimement la continuation de son existence) – qui fonde donc une revendication d'être, un *devoir-être* et qui en fait une obligation là où l'être dépend d'un agir impliquant un choix libre. Remarquons que la simple *imputabilité* de valeur à un étant, quelle qu'en soit la quantité actuelle, faible ou forte, a déjà tranché en faveur de la priorité de l'être sur le non-être – auquel on ne peut imputer rien du tout, ni valeur ni non-valeur – et qu'aucune prépondérance – passagère ou permanente – du mal sur le bien dans la somme des choses ne peut abolir cette prééminence, c'est-à-dire diminuer son infinité. L'imputabilité de principe en tant que telle formerait la distinction décisive qui ne serait soumise à aucune gradation. La faculté de valeur est elle-même une valeur, la valeur de toutes les valeurs, et par le fait même également la faculté de non-valeur, pour autant que le simple accès à la *distinction* de la valeur et de la non-valeur garantirait à elle seule déjà à l'être la priorité absolue du choix par rapport au rien. Donc non pas d'abord la valeur hypothétique, mais la possibilité de la valeur comme telle, formant elle-même déjà une valeur, a droit à l'être et apporte la réponse à la question pourquoi doit exister ce qui offre cette possibilité. Mais tout cela vaut seulement si le concept de valeur est lui-même garanti.

[101]

5. La question se transforme en celle du statut de la « valeur »

Tout se concentre ainsi sur la question de savoir s'*il y a* seulement quelque chose de tel que « la valeur », non comme ce qui est réel ici ou là, mais comme quelque chose qui est possible en vertu de son *concept*. Voilà pourquoi établir le statut ontologique et épistémologique de la valeur comme telle et élucider la question de son *objectivité* devient une tâche d'une importance incontestable. Car le simple fait incontesté des évaluations subjectives qui poursuivent leur œuvre dans le monde – le fait qu'il y a du désir et de l'angoisse, de l'attirance et de la répulsion, de l'espoir et de la crainte, de la jouissance et de la tourmente, des choses désirées et des choses non désirées, des choses estimées et des choses méprisées, et même le vouloir comme tel et dans tout cela le vouloir de l'être propre – y compris le renvoi à cette présence des attitudes évaluatives subjectives dans le monde, n'a de soi pas encore gagné quelque chose pour la théorie radicale et n'a encore rien soustrait au nihiliste. Car à ce niveau on peut toujours douter si tout ce drame pénible et effroyable en vaut la peine, si la grande attraction n'est pas une grande mystification. A ce niveau on peut toujours faire le compte des joies et des peines : le bilan que le pessimisme – vulgaire aussi bien que le pessimisme schopenhauerien – tire de leur somme est connu et même s'il manque de preuve, les phénomènes subjectifs permettent difficilement de le réfuter. Et même en l'absence de bilan on peut concéder le tourment de la volonté en tant que telle (également celle de la volonté de puissance invoquée pour remplacer la métaphysique déchue), par rapport à laquelle le non-vouloir et par le fait même le néant serait une délivrance. Ainsi l'intensité du sentir elle-même et précisément la puissance extrême de la pulsion peuvent-elles devenir un argument contre leur séduction. Pour le dire en un mot : rien, dans les sentiments qui y sont agissants comme tels, ne prémunit tout ce grandiose spectacle contre l'explication que c'est un « sound and fury »[1] creux et un « idiot's tale »[2]; et rien dans le fait [102] de son invocation n'empêche les acteurs forcés de chercher refuge dans le néant.

Si donc il s'agit d'éthique et de devoir, il est nécessaire de s'occuper de la théorie des valeurs ou plutôt de la théorie de la valeur en tant que telle dont l'objectivité seule permettrait d'inférer un devoir-être objectif et par le fait même une *obligation* de la conservation de l'être, une responsabilité à l'égard de l'être. Notre question éthico-métaphysique du devoir-être de l'homme dans un monde qui doit être se transforme donc en cette question logique du statut des valeurs en tant que telles. Compte tenu de l'état actuel précaire et embrouillé de la théorie des valeurs, avec son scepticisme en dernière instance nihiliste, ce n'est pas une entreprise pleine d'espoir. Mais du moins est-ce le souci de clarté qui exige qu'elle soit entreprise. C'est vers cette tâche que nous nous tournons maintenant.

1. « Bruit et fureur ». En anglais dans le texte *(N.d.T)*.
2. « Une histoire racontée par un idiot ». En anglais dans le texte *(N.d.T.)*.

CHAPITRE III

LES FINS ET LEUR POSITION DANS L'ÊTRE

[105]

Ce qui doit d'abord être clarifié c'est le rapport des valeurs et des fins (ou des buts) qu'on confond souvent mais qui ne sont nullement la même chose. Commençons par les fins.

Une fin est ce en vue de quoi une chose existe et pour la production ou la conservation de laquelle a lieu un processus ou est entreprise une action. Elle répond à la question « en vue de quoi ? ». Ainsi le marteau existe-t-il en vue du marteler, un tube digestif en vue de la digestion et en vue de conserver ainsi l'organisme en vie et en bonne santé ; on marche pour arriver quelque part ; une cour de justice siège en vue de rendre la justice. Remarquons que les fins ou les buts dont nous disons dans ces cas qu'ils définissent les choses et les actions correspondantes, le font indépendamment de leur statut en tant que valeur et que leur reconnaissance comme telle ne signifie pas encore l'approbation – que donc ma constatation que ceci est la fin de x, n'implique pas un jugement de valeur de ma part. Il se peut que je trouve un état de nature sans marteau meilleur qu'un état de civilisation dans lequel on enfonce des clous dans les parois ; il se peut que je regrette que les lions ne soient pas végétariens et je peux ainsi désapprouver des systèmes de digestion qui sont organisés en fonction d'un mode de vie carnivore ; il se peut que je préfère que les gens restent là où ils sont, au lieu de vouloir se rendre ailleurs ; il se peut que j'aie une piètre opinion de toute espèce de justice dispensée par des cours de justice – bref, il se peut que je décrète que de soi toutes ces fins sont *sans valeur*. Néanmoins je dois toujours encore les reconnaître *comme* les fins des choses correspondantes, prises pour elles-mêmes, à partir du moment où la *description* que j'en donnais était juste. En épousant pour ainsi dire le « point de vue » des objets eux-mêmes, je peux alors progresser de la reconnaissance de leurs fins intrinsèques à des jugements relatifs à leur adéquation plus grande ou moindre [106], autrement dit à des jugements relatifs à leur aptitude à atteindre ces fins et je peux parler d'un meilleur et d'un plus mauvais marteau, état de digestion, acte de se déplacer, système judiciaire. Ce sont *là* alors des jugements de *valeur* mais ils ne reposent certes pas sur des décisions de valeur ou des fixations de fins de ma part : ils sont dérivés de l'être des choses correspondantes elles-mêmes et reposent sur la compréhension que j'en ai et non sur mes sentiments les concernant. De cette manière nous pouvons donc former le concept d'un « bien » spécifique et de son contraire et celui des degrés intermédiaires à propos de choses et de liens entre choses différentes : *en présupposant* que – et dans la mesure où – nous pouvons percevoir des « fins » effectivement dans les choses elles-mêmes, comme faisant partie de leur nature. C'est le « bien » dans la mesure de son aptitude à une fin (dont le fait d'être bien lui-même n'est pas objet de jugement) – donc une valeur relative en vue de quelque chose.

Ici surgissent manifestement aussitôt deux questions : quelle est l'essence des fins que nous percevons dans les choses ? Et quelle est la *valeur* de ces fins elles-mêmes par rapport auxquelles les choses correspondantes ont de la valeur et peuvent être meilleures ou pires à savoir en tant que moyens? Peuvent-elles à leur tour être meilleures ou pires? La première de ces questions vise le concept d'une fin pour elle-même, la seconde celle d'une valeur en elle-même. Or comme nous n'avons d'abord affaire qu'aux fins et non encore aux valeurs, nous nous en tenons ici seulement à la première question.

[107]

I. LE MARTEAU

1. Constitué par la fin

Concernant la question de savoir « de qui » est la fin, il faut prêter attention au double sens contenu dans l'expression : « *avoir* une fin ». Le marteau « a » la fin du pouvoir-marteler-avec-lui : il a été créé avec elle et pour elle; et elle fait partie de son être organisé en fonction de cette fin tout autrement que la fin momentanée du lancer fait partie de la pierre tout juste ramassée et que celle d'atteindre quelque chose fait partie de la branche arrachée pour cela. La fin, pouvons-nous dire également, fait partie du *concept* du marteau et ce concept *précédait* son existence et était la cause de son devenir, comme c'est le cas pour tous les artefacts. Cela veut dire qu'ici le concept est sous-jacent à l'objet et non l'objet au concept, comme c'est le cas des concepts de classe qui ont été abstraits après coup des choses déjà existantes. Le concept de la mesure du temps par exemple était la cause efficiente de la montre et celle-ci est intégralement définie par cette fin. Elle est littéralement sa « raison d'être ». Ainsi donc elle « a » la fin comme détermination réelle de son essence et pas seulement comme hasard de l'utilisation (qui profite d'une aptitude contingente) – la mesure du temps est sa destination; elle est même tellement identique avec sa fin que sans elle elle ne serait pas du tout.

2. Le siège de la fin n'est pas dans la chose

Pourtant ce concept qui est la cause de son être et qui le constitue n'était pas le sien propre mais celui de son producteur, qui ne pouvait pas non plus le transférer sur la chose avec la production; la mesure du temps était « sa fin à lui » dans ce sens authentique [108] et elle le reste et ne devient jamais celle de la montre elle-même. Dans ce second sens du verbe « avoir » la montre ou le marteau n'*ont* donc pas leur fin en eux-mêmes, mais c'est seulement leur producteur et leur utilisateur qui l'*ont*. Il en va de même de tous les ustensiles inanimés : la fin qui leur est *essentielle* en tant qu'artefacts n'est pourtant pas la *leur*; nonobstant leur caractère totalement finalisé – ou précisément à cause de lui – ils sont dépourvus de fins propres.

[109]

II. LA COUR DE JUSTICE

Allons à l'autre bout de la série, la cour de justice. Elle aussi est un artefact, à savoir une institution humaine et bien entendu chez elle aussi le concept précède la chose : elle a été instituée *afin de* rendre la justice. Les concepts de justice et de juridiction sont sous-jacents à l'existence de cette configuration. Le concept, ici, non seulement précédait causalement la chose, mais il doit également s'être inscrit en elle, afin qu'elle puisse être ce *en vue de quoi* elle fut créée : amenée à l'existence par une causalité finale, une cour de justice est maintenue également dans l'existence par elle seule pour autant qu'elle agit en elle.

1. Immanence de la fin

Mais comment peut-elle agir *en* elle ? Par le fait que les parties agissantes elles-mêmes (autrement que dans le cas de la montre) sont animées par la fin, c'est-à-dire qu'elles la veulent et agissent en conformité avec elle – ce qui suppose d'abord qu'elles doivent être des êtres qui veulent la fin et qui agissent de manière autonome. Cela veut dire qu'ici la différence d'être du producteur et du produit n'a pas lieu : celui-là (par exemple le législateur) et celle-ci (l'institution humaine) sont ontologiquement le même sujet, même s'ils ne le sont pas en personne. Voilà pourquoi les deux « ont » la fin dans le même sens originel. Du moins est-ce ce qu'on attend et si dans l'exécution de la fonction d'autres fins s'interposent, cela aussi est possible seulement parce qu'il ne s'agit pas d'une configuration purement finalisée, comme c'est le cas des ustensiles, mais d'une configuration qui entretient elle-même des fins et l'écart par rapport à la fin première (le concept fondateur) devient une occasion de critique. La critique ne viserait pas ici le producteur, comme dans le cas de l'ustensile, mais le produit : [110] c'est l'horloger et non la montre qui porte la responsabilité de la défaillance de la montre ; en revanche c'est le juge et non les pères de la Constitution qui porte la responsabilité de l'échec de la cour de justice. La volonté du pouvoir instituant se prolonge dans la volonté de l'institution, sinon elle y est détournée de ses fins et ainsi de suite ; et nous n'avons nullement besoin de nous occuper de la question complexe de la substitution, de la confusion et de la superposition des fins et pas non plus de la question de savoir quel est le degré d'authenticité de l'identification des organes de décision avec les intentions du législateur, pour pouvoir dire qu'ici les fins tout au long de la série sont à l'œuvre dans le même sens primordial.

La fin de la « cour de justice », à la différence de celle du « marteau » et quoique l'une et l'autre soient en un certain sens des « outils », n'est pas seulement objectivement sa *raison d'être*[1], mais aussi subjectivement la condition permanente de son fonctionnement, pour autant que les membres de la cour de justice eux-mêmes doivent se l'être appropriée afin qu'elle puisse fonctionner comme telle.

2. Invisibilité des fins dans l'appareil physique

De plus ce côté subjectif, ou bien l'*idée* déterminée de l'intérieur, est même l'*unique chose* permettant d'identifier un tel « outil » social. Sans même nommer sa fin (sans même la connaître) je peux décrire adéquatement le marteau simplement d'après sa configuration physique, sa composition, son matériau et la forme de ses parties et de la même façon je peux décrire ma montre (même lorsqu'elle est arrêtée) ; et une telle inspection purement physicaliste par laquelle les choses correspondantes sont déterminées univoquement dans le domaine des purs objets permet déjà de connaître leur aptitude à telle ou telle fin – et elle permet alors de supposer avec la plus grande probabilité qu'elles furent créées précisément avec celle-ci, qu'elles furent *pensées* pour elle. Cela veut dire que l'intention invisible (« subjective ») du producteur résulte de la configuration visible (« objective ») de

1. En français dans le texte.

l'objet ; car naturellement je sais que de telles choses ne se font pas par hasard [1].

Mais nulle description de messieurs en robe et en perruque, groupés selon une disposition déterminée des sièges, comportant un ordre déterminé des prises de parole, d'écoute et d'actes d'écriture, etc., n'est capable de donner la moindre idée de ce qu'est une « cour de justice » et de ce qui est en jeu ici. Je dois déjà suivre *ce qui* se dit là pendant un certain temps en le comprenant, pour reconnaître qu'il s'agit ici de droit et de juridiction et je dois déjà comprendre ces *concepts* eux-mêmes, pour avoir une vue sur l'organisme « cour de justice » (et ensuite également sur le processus « audience »). De l'idée de fin totalement invisible toutes les visibilités externes – les robes, les perruques, les tables et les sièges, les feuilles de papier et les porte-plume tirent leur sens en tant que les véhicules plus ou moins contingents de sa réalisation. L'inventaire physique, quelle qu'en soit la complétude, ne permet pas ici la conclusion inverse.

3. Le moyen ne survit pas à l'immanence de la fin

La perfection avec laquelle dans le cas des institutions humaines « l'outil » non seulement est défini par son « en vue de quoi », mais constitué continuellement, se manifeste également en ceci qu'une fois qu'il existe il n'est pas, comme l'est l'outil matériel, un objet existant par soi, indépendant de l'usage et de la compréhension de la fin : le marteau inutilisé peut être

1. L'intelligence technique peut donc emprunter les deux chemins, de la fin vers le moyen et du moyen vers la fin et elle peut répondre aussi bien à la question : quel doit être l'aspect d'une chose pour qu'elle puisse remplir telle et telle fin (par exemple enfoncer des clous, mesurer le temps) qu'à la question inverse : quelle fin une chose qui a tel ou tel aspect peut-elle avoir ? C'est précisément un tel « aspect » purement objectif, encore neutre, qui fait défaut aux autres classes.

retrouvé encore des millénaires plus tard en tant qu'objet physique et peut-être même être reconnu ; le parlement abrogé a disparu dans le néant et a simplement laissé derrière lui son idée et non un objet au repos que le moment venu on pourrait de nouveau mettre au service de la fin. Ce n'est là qu'une extension de l'observation préalable. Sans même que soit indiquée sa fin, le marteau [112] peut être décrit comme une chose qui a « tel et tel aspect », précisément parce qu'il a une *existence* séparable de la fin ; un parlement, une administration fiscale, un système juridique n'ont pas un tel « aspect » descriptible de manière indépendante, précisément parce qu'ils n'ont pas d'existence distincte de la fin [1].

4. Indication de la fin au moyen des instruments matériels

Or il faut remarquer que les instrumentalités sociales immatérielles se servent d'instruments matériels du premier type, dont la finalité reconnaissable permet malgré tout de déchiffrer une partie de leur propre fin. Ici il y a des différences de degré qui dépendent du type de la fin : plus elle inclut un agir physique, plus on peut la reconnaître à partir de ses moyens physiques. En étudiant les fragments de tessère du tribunal athénien, leur distribution, leur mode de rassemblement, un visiteur extraterrestre n'aurait pu strictement rien déduire quant au sens et la visée de cette institution (pas plus qu'à partir des bulletins de vote modernes) ; mais l'examen de l'arsenal contemporain de l'armée athénienne aurait permis déjà de

1. On peut donc répondre à la question : « qu'est-ce qu'un marteau ? » par une image (comme c'est le cas dans les abécédaires et les dictionnaires) mais non à la question : « qu'est-ce qu'un parlement ? ». Dans ce cas nous ne pouvons même pas expliquer son nom sans indiquer sa fin.

déduire bien plus, sans mentionner son utilisation dans la bataille. Un arsenal moderne, dont les fins techniques peuvent être déchiffrées par son pur aspect physique, serait encore bien plus impressionnant. Pourtant, même dans un cas aussi clair que celui de l'entité « armée » dans son essence politico-sociale elle n'est pas réellement reconnaissable par de simples moyens physiques *(hardware)* et par des actions physiques, c'est-à-dire par le simple aspect externe et ici également la volonté conceptuelle interne d'une fin, du tout et de la partie (par exemple le savoir de ce qu'est « l'État », la « souveraineté » un « conflit national ») reste la dernière instance qui explique ce qu'est l'instrument social. Dans la plupart des cas cette volonté d'une fin est hautement abstraite, et même les instruments de torture les plus massifs de l'Inquisition ne nous apprennent pas [114] de quoi il s'agissait dans un procès d'hérésie, de même que n'importe quel échange de documents et de signatures ne nous apprend pas ce qu'est un contrat ni – concernant l'objet de ce dernier – ce qu'est la propriété. Et même la fin la plus claire de l'utilisation éventuelle des armes nucléaires – à savoir l'anéantissement – ne révèle pas que la fin de leur accumulation est la non-utilisation.

5. La cour de justice et le marteau : dans les deux cas le siège de la fin c'est l'homme

Interrompons ici la considération assez élémentaire des deux cas et résumons ce qu'ils nous ont appris. Qu'on se rappelle que nous avions commencé avec les deux termes extrêmes de la série « marteau, organe de digestion, marcher, cour de justice » et nous les avions groupés ensemble aussi bien en raison de leur différence cardinale que de leur communauté cardinale. La communauté consiste en ceci que l'un et l'autre ne laissent pas de doute qu'ils ont été créés en vue d'une fin et organisés en fonction d'elle, de sorte que leur aptitude n'est pas un hasard. Cela veut dire que l'un et l'autre sont des artefacts humains. Mais il en résulte que les fins qui leur sont confiées sont elles-mêmes humaines, à savoir celles de leurs fabricateurs et de leurs utilisateurs, qu'il s'agisse de l'individu ou de la société.

Pourtant, dans le cas de l'ustensile la fin était externe, alors que dans le cas d'une organisation de fins qui n'est pas seulement composée par des hommes, mais qui se compose également d'hommes, la fin est interne au sens qui vient d'être décrit – bien qu'elle continue elle aussi d'être un moyen et que l'intériorité de la fin n'en fasse pas elle-même une fin. Nous ne sommes donc pas encore arrivés à la fin en soi. Mais à la question de savoir « de qui » est la fin nous avons obtenu dans les deux cas la même réponse : celle de l'homme ; et si cela était le dernier mot, alors la fin en soi (qui par le fait-même serait la fin ultime) serait toujours l'homme ou bien elle se trouverait toujours dans l'homme. Cela correspondrait à [114] la conviction moderne que le concept de « fin » comme tel est un concept de part en part humain et un concept que l'homme communique simplement à d'autres choses par la production, ou que la fin leur est imputée au moyen d'un acte d'interprétation – qu'elle n'existe nulle part ailleurs dans le monde.

Pour les formations que nous avons examinées en tout cas vaut aussi bien la thèse qu'elles sont à *l'évidence des formations finalisées,* ainsi que la thèse que la fin est posée et entretenue par des *sujets humains.* Il faut simplement ajouter que « être à l'évidence une formation finalisée » ne signifie pas nécessairement l'univocité de la fin elle-même : plusieurs fins peuvent concourir dans sa conception originaire ou s'y agréger ou s'y introduire dans sa fonction ultérieure, etc., pouvant aller jusqu'à l'aliénation de la fin primitive ; et dans le cas du « moyen » personnel-social, la fonction, il n'est pas exclu qu'elle devienne une fin en soi, contrairement à l'intention première.

[115]

III. LA MARCHE

1. Moyens artificiels et moyens naturels

Dans les exemples qui restent il s'agit de choses et de fonctions non artificielles, autrement dit naturelles. Il s'agit d'examiner ce que veut dire la différence de l'artificiel et du naturel du point de vue de l'imputabilité de la « fin ». En outre, même à l'intérieur de cette classe d'exemples, représentée par l'organe de digestion et par la marche, apparaît la différence du caractère volontaire et du caractère involontaire de la fonction, quelle que soit l'identité de la naturalité des « instruments » respectifs : cette différence doit elle aussi être interrogée quant à la condition de fin, et on s'aperçoit alors qu'elle se recoupe avec la différence de l'homme et de l'animal. Le domaine de *l'intention* purement humaine et peut-être celui de l'intention et de la résolution comme telles, prises au sens rigoureux, est donc ainsi transgressé de plusieurs manières – il l'est dans tous les cas avec l'existence naturelle de l'organe et dans tous les cas non humains il l'est avec sa fonction, que ce soit involontairement ou volontairement. Nous commençons avec la marche, comme exemple de la classe « volontaire » dans laquelle l'intention humaine a au moins une place, à savoir pour autant que la chose qui marche peut être un organisme humain.

2. La différence du moyen et de la fonction (utilisation)

Nous disions : « On marche afin d'arriver quelque part. » Le « afin de » désigne la fin. On marche « avec » les jambes ; celles-ci (y compris tout l'appareil neuro-musculaire qui leur est coordonné) sont le moyen. Le moyen est donné par la nature et il est vivant, une partie de l'utilisateur vivant lui-même, mais [116] il ne se met pas lui-même en action et sa possession ne veut pas encore dire sa mise en action. Ce ne sont pas les jambes qui marchent, mais le marcheur marche avec elles ; ce ne sont pas les yeux qui voient, mais le voyant voit avec eux ; et, outre la fin, le « afin de » indique également un contrôle de la part du sujet, que nous appelons la volonté. C'est du moins ce qu'on suppose généralement concernant les opérations externes *motrices,* ou du moins concernant l'homme en se fiant à l'évidence subjective. Dans le cas des opérations des sens, cela se passe moins volontairement. On voit, on entend, on sent, sans le vouloir. La sensibilité est comprise depuis toujours comme un subir et comme un pâtir (« être affecté », « réceptivité »). Mais ici aussi l'élément actif et donc volontaire peut s'y ajouter ; regarder est plus qu'un voir passif, écouter plus qu'un entendre involontaire, flairer est plus que sentir, etc. ; et dans le palper qui inclut de soi l'activité motrice, la part volontaire-active dans la perception est manifeste. (De fait, même si pour la plus grande partie cela est involontaire et non remarqué, un élément moteur – par exemple l'ajustement de la pupille – intervient même dans l'acte visuel le moins intentionnel.) Ainsi le « pour » en tant que fin subjective s'intègre-t-il ici également à l'utilisation.

Le cas le plus clair d'une séparation entre la possession et l'utilisation de l'organe, donc entre la fin de l'organe lui-même et la fin de son actionnement, est fourni par les équipements moteurs où nous disons que celui qui est doté de jambes (« d'instruments de locomotion ») est libre de marcher ou de ne pas marcher, et quand il marche, d'aller ici ou là ; mais cela ne lui est pas prescrit par la possession et la capacité des jambes. « Il est libre » cela ne dit donc encore rien sur sa liberté globale mais cela veut dire qu'« il » (quel que soit ce sujet) est laissé libre de la part de l'organe correspondant – que celui-ci ne *décide* pas de son utilisation.

Ici nous sommes donc au plus près du marteau. Lui aussi est seulement [117] prêt pour l'utilisation, mais il n'en est pas la cause ; et on n'a pas besoin de se casser la tête au sujet de la liberté ou de la détermination de l'utilisateur pour pouvoir dire que l'outil peut être utilisé « à volonté » – cette « volonté » pouvant très bien avoir sa propre détermination. Et de part et d'autre cette séparation de l'outil et de la fonction a encore ceci de semblable que la fin de l'outil n'indique pas encore la fin de la fonction. Celle de l'outil est simplement la fonction elle-même, mais en tant que volontaire celle-ci doit avoir sa propre fin pour pouvoir être entreprise, et seulement dans les cas les plus rares cette fin est la fonction elle-même. Les jambes, tout comme le marteau, remplissent leur fin en marchant ou en martelant, mais il n'est pas encore décidé s'ils atteignent ou ratent *leur* fin ; et l'outil a rempli son office même s'il a été utilisé sans but et sans fin. On peut dire également que la fin de l'outil, respectivement celle de l'organe, est générique et la fin de son activation est spécifique : la spécification du pouvoir générique est actualisée dans l'action par son but particulier (naturellement également par les circonstances physiques).

3. L'outil, l'organe et l'organisme

Cette similitude entre les membres, c'est-à-dire entre les organes moteurs externes et les outils nous fournit la raison pour laquelle ceux-ci – et ensuite par extension *toutes* les structures fonctionnelles auxiliaires du corps, les structures internes aussi bien qu'externes, sensitives et chimiques pas moins que les fonctions motrices – furent appelés « organes », ce qui veut dire précisément « outil » : quelque chose qui accomplit une œuvre ou quelque chose grâce à quoi une œuvre est accomplie. Dans sa célèbre définition de l'être vivant, Aristote *définissait* carrément le corps vivant comme « organique » *(soma organikon)*, c'est-à-dire comme doté d'outils ou composé d'outils ; et il avait de bonnes raisons pour nommer la main humaine « l'outil des outils » parce que aussi bien elle est elle-même l'outil paradigmatique, de même que c'est par elle que les outils artificiels sont créés et manipulés comme son extension [1]. Et ainsi en parlant d'« organisme » conformément à la signification originaire du mot, nous parlerions déjà d'une formation finalisée, puisque le concept d'outil ne saurait être pensé sans celui de fin. Mais la trouvaille d'un nom n'est naturellement pas encore la preuve de la chose, et la question de savoir si dans le cas de l'outil naturel, comme dans celui de l'outil artificiel, indépendamment de son utilisation, la fin se trouve déjà dans son origine et dans son existence, reste encore ouverte. Nous serons confrontés à cette question, dont l'importance n'apparaît pas encore ici, avec notre dernier groupe d'exemples (représenté par « l'organe digestif »), où l'existence et la fonction sont pareillement soustraites au volontaire et où elles coïncident la plupart du temps, de sorte que la détermination du caractère de fin (si elles le possèdent) n'a nullement besoin de recourir à l'assignation subjective d'une fin.

1. Lorsque dans un passage du *De anima* (dont l'authenticité est certes contestée) Aristote va jusqu'à désigner le corps tout entier comme « outil de l'âme » il s'agit déjà d'une transposition douteuse qui ne concorde pas tout à fait avec son usage habituellement biologique de l'idée de l'outil, selon lequel les *parties* du corps vivant sont les outils de cette totalité, c'est-à-dire justement du corps animé. En outre, le fait de décrire le rapport de l'âme au corps à travers l'image de l'utilisateur d'un outil contredit le concept aristotélicien de l'âme en tant qu'« entéléchie » immanente du corps.

4. La chaîne subjective des fins et des moyens dans l'agir humain

Mais même dans la série présente d'exemples (représentée par la « marche »), nonobstant le caractère involontaire de l'action, le rôle de la fin subjective n'est nullement non problématique. Sans doute l'idée qu'on marche « *afin* d'arriver » quelque part est-elle convaincante, là où le sujet est un sujet humain. Dans ce cas on peut demander au marcheur *pourquoi* il marche et obtenir toute une série de réponses dans lesquelles l'indication du but est seulement la première et où un « afin » se transforme toujours en un autre : afin d'aller là-bas – afin de rencontrer un ami –, afin de discuter une affaire avec lui – afin d'aboutir à une décision –, afin de s'acquitter ainsi d'une obligation... et ainsi de suite. Pour tout objet dans la série vaut qu'il est *voulu* à chaque fois à sa place, à savoir dans le cas d'un agir à peu près rationnel l'ultérieur dans chaque cas [119] préalablement à l'antérieur et celui-ci « pour » l'ultérieur. La question de savoir si la série se termine nécessairement (comme on le prétend généralement depuis les philosophes de l'Antiquité) dans un objet final déterminé en tant que le « en vue de quoi » proprement dit, ou si au contraire elle ne se perd pas dans le labyrinthe général de l'existence, peut être laissée ouverte, de même que celle de savoir si les raisons conscientes sont toujours les seules raisons ou les véritables raisons ; celle de savoir si le voulu plus lointain détermine réellement toujours le plus proche comme son moyen ou si au contraire le voulu le plus proche n'inspire pas inversement la fiction du but plus éloigné – peu importe également si l'image linéaire de la série n'est tout simplement qu'un modèle idéalisé auquel correspond dans la réalité un réseau très enchevêtré : au milieu de toutes ces incertitudes il est pourtant certain qu'il s'agit d'une structure de finalité effective au sens subjectif, c'est-à-dire avec des buts représentés – d'ailleurs de toute façon le concept entier de but et de fin en procède – et qu'ici le « en vue de quoi », l'intention plus ou moins distincte, renseigne réellement sur le sens de l'événement, à savoir sur son sens en tant qu'agir.

5. Répartition et mécanique objective de la chaîne dans l'agir animal

Mais il est tout aussi clair (ou presque tout aussi clair) qu'on ne doit pas postuler une chaîne des fins et des moyens, articulée pareillement dans l'agir animal, qui est pourtant lui aussi orienté vers un but. Sans doute le couple d'oiseaux apporte-t-il les brindilles *afin d'*en fabriquer un nid, et plus tard les vers *afin de* nourrir leurs petits, mais personne ne prétendra que plusieurs semaines à l'avance le premier « afin de » a déjà « en vue » le second – y compris tout ce qui les sépare : pondre des œufs, couver, l'éclosion de l'œuf. Au contraire on dit qu'ici la série entière dans chacune de ses étapes a lieu « instinctivement » suivant une pulsion obscure, c'est-à-dire suivant une contrainte irrésistible qui [120] se manifeste à un moment déterminé et dans des circonstances déterminées, une contrainte qui à proprement parler *ne se satisfait qu'elle-même* et qui pour autant est aveugle ; mais qui d'autre part est également « clairvoyante » pour autant que dans l'exécution de ces pas sont en jeu une discrimination extrême des sens et le contrôle des mouvements et ceux-ci le sont très certainement de façon sentie et « voulue », si l'on observe l'excitation passionnée qui se manifeste en particulier en présence d'obstacles. C'est un état de choses énigmatique, devant lequel le mot magique « d'instinct » n'est pas d'un grand secours. Nul observateur ne peut ignorer l'énorme participation de « l'intérêt » qui imprègne l'agir « volontaire » des espèces animales plus conscientes, dotées d'un système nerveux central, l'émotivité profonde de la poursuite de leurs buts dans la sphère de la nourriture, de la sexualité, et de l'élevage de la progéniture, leur oui et non le plus extrême face à la menace physique : et postant il doit les dénier aussitôt, pour autant qu'il refuse que ces processus subjectifs puissent avoir une force qui les dirige et leur impose un but et qu'il n'y voit que de simples maillons dans la chaîne des nécessités de la stimulation et de la réaction, qui dans toutes les étapes est en dernière instance déterminée de façon purement objective. En cette matière, plusieurs niveaux d'interprétation sont possibles.

a. Lorsque le chat guette la souris, on peut dire qu'il le fait « afin de » bondir sur elle au moment propice et s'il bondit qu'il le fait afin de la tuer ; et qu'il la tue afin de la dévorer ; et qu'il la dévore afin d'assouvir sa faim : mais non qu'il s'apprête à guetter la souris afin d'assouvir sa faim – à condition de comprendre le « afin de » comme *anticipation représentative.* Cela veut dire que cette anticipation (pour autant seulement qu'elle existe) inclut tout juste à chaque fois le but direct et non le but intermédiaire et par le biais de plusieurs buts intermédiaires le but final – le guetter inclut donc tout juste encore le bond imminent – et le but final et global résulte simplement de l'addition de la suite des étapes particulières. Par rapport à l'agir humain la première restriction de l'agir animal, même chez les espèces supérieures du point de vue cérébral, serait donc la limitation [121] du « su » et du « voulu » au but à chaque fois le plus proche, c'est-à-dire la restriction de l'anticipation subjective et ainsi la segmentation de la série entière des fins sur les fins particulières qui assurent à chaque fois la transition vers le but suivant.

b. Mais la fin globale, en l'occurrence l'assouvissement de la faim, par quoi fut-elle « posée » si ce n'est pas par le savoir et par le vouloir ? La réponse naturelle est ici la suivante : précisément par la faim qui – prise maintenant comme sentiment – met en mouvement la série entière et la domine. S'agissant d'un sentiment qui, en tant que « pâtir », comporte une pulsion interne, à savoir celle de sa propre suppression, on peut dire que *cela* est le motif subjectif qui unifie la fin de la série entière, même sans la représentation anticipante et sans un choix des moyens qui en découle. *Avec* cette tendance à l'arrière-plan la série est inaugurée et maintenue « sérieusement »; sans elle les actes individuels peuvent également être exécutés de manière indépendante par mode de réflexe et « par jeu » et ils peuvent alors facilement se laisser détourner par d'autres stimulus, comme on l'observe souvent. Ainsi, de manière générale, le sentiment ordonné au besoin est-il l'agent psychique de la fin dans les comportements volontaires de la vie prérationnelle.

c. Mais le sentiment met seulement en marche et ne renseigne pas sur les moyens qui permettent de le satisfaire. D'où vient alors le comportement des animaux conforme à une fin dans ses différentes étapes et leur extension souvent très large (la nidification et ainsi de suite; le choix d'une proie et son approche et ainsi de suite) ? Ici la réponse est que les complexes d'agir plus petits dont se compose la chaîne plus longue, possèdent leurs *schèmes* préparés dans la disposition de l'organisme, grâce auxquels l'incitation du sentiment est canalisée. Le schème entre en action suivant son propre mot de passe (le stimulus externe et interne) et à petite échelle son exécution possède de nouveau la contrainte et la satisfaction affective que possède la série à grande échelle. La fin habite donc d'une part l'incitation et d'autre part les formes de comportement prêtes et préformées pour elle.

[122] d. Mais si de cette façon la série est à proprement parler davantage mue par l'impulsion despotique de l'affect que par la proposition de sa fin, consistant à le satisfaire – si elle se produit davantage *par* faim *qu'en vue* du rassasiement – et si pareillement les étapes particulières sont déclenchées davantage par le « mot de

passe » qui les a inspirées que par une fin, alors la position de la fin dans ce processus entre dans la pénombre du doute. Car le sentiment de faim n'est que l'équivalent psychique (ou même moins encore : la manifestation symbolique de surface) d'un état de manque physique dans le système du métabolisme, qui par ses propres mécanismes chimiques et neuronaux *en dessous* du sentiment produit également ces dispositions – de nouveau physiques – qui sont « réellement » sous-jacentes au comportement moteur imprégné par le sentiment. Or si c'est ceci et non le sentiment (réduit au simple état de symptôme) qui est la véritable cause du comportement alors la « fin », si du moins elle doit encore jouer un rôle efficient et non simplement décoratif, doit avoir son siège déjà précisément dans cette causalité-là et pas seulement dans le reflet du sentiment – et elle serait détachée du domaine psychique comme tel.

Surgit ainsi la question de savoir s'il existe une fin dans le monde objectif, physique ou seulement dans le monde subjectif, psychique – une question que nous réservons au dernier groupe d'exemples. Mais quelle que soit la réponse à cette question ontologique capitale, la question du statut de la subjectivité se pose dès à présent et de la manière la plus précise pour ces *actes individuels* que nous considérions à leur manière comme « clairvoyants » alors que le sentiment qui domine la séquence entière des actions est certainement aveugle aussi bien quant à sa fin ultime que quant aux chaînons intermédiaires. La « répartition » mentionnée de la série longue des fins en fins partielles brèves, ayant leur référence interne qui à chaque fois ont présent leur objet direct dans la perception et dans le vouloir, recommande cette interrogation des chaînons individuels, c'est-à-dire des unités de comportement nettement intentionnelles.

[123] e. Nous disons : le chat dévore la souris afin d'assouvir sa faim, il la tuait afin de pouvoir la dévorer, il l'attrapait afin de pouvoir la tuer, il la guettait, afin de

pouvoir l'attraper ; mais peut-être serait-il préférable de dire : il la dévore par instinct de dévoration (non afin de se rassasier), il la tuait par instinct de tuer, il l'attrapait par plaisir d'attraper, il la guettait par plaisir de guetter. Le résultat est le même, mais l'explication est différente. Car dans le second cas l'avidité ou la jouissance ressentie peut tout aussi bien être considérée comme une simple manifestation subjective secondaire (un symbole psychique) d'un état de tension physiologique que nous avions concédée pour le sentiment global de la « faim » ; et cette condition préalable physique dans l'état organique ensemble avec le « mot de passe » sensitif suffirait à *déclencher* le modèle de comportement approprié dans chaque cas. Ainsi par exemple la souris doit d'abord avoir été « appréhendée » (mot de passe !) pour qu'on puisse se mettre aux aguets et qu'ensuite l'acte de l'épier puisse tenir compte en permanence des mouvements observés de la proie, afin de conduire au but : dans cette mesure il est exact de dire que le processus est un processus clairvoyant et non pas aveugle – qu'il a le but « devant les yeux ». Mais jusqu'à quel point faut-il ici prendre au sérieux le « voir » en tant qu'appréhension *mentale* ? D'après l'interprétation cybernétique, l'appréhension peut seulement être comprise comme un simple influx nerveux objectif dans le rôle du *trigger* et les ajustements du comportement qui en découlent comme un mécanisme de feed-back sensori-moteur tout aussi objectif, de sorte que le processus complet doit être décrit à peu près ainsi : tension physiologique (« écart de tension » homéostatique) ; sécrétion interne et excitation nerveuse ; disposition au déclenchement sélectif du modèle de comportement ; excitation nerveuse externe (des sens) en tant que déclencheur du modèle de comportement adapté ; rétroinjection sensorimotrice en tant que conducteur du déroulement du comportement ; succès du comportement en tant qu'équilibre de la tension (équilibre homéostatique). Donc dans le cas de figure de notre exemple nous obtenons l'aller-retour suivant : souris appréhendée – être aux aguets, la souris dans la position appropriée – bond, la souris entre les griffes – la déchirer, la souris [124] déchirée – la manger; en présupposant l'état de manque homéostatique (dishoméostase) comportant son système d'information et d'excitation interne (« faim ») comme condition générale sous-jacente.

Conformément à cette conception, tout effort de la vie animale aurait seulement un but unique et un but négatif, à savoir la suppression d'une tension; ou plutôt, comme le mot « but » est devenu ici inadéquat, tout déroulement animal de l'action obéit à la loi de la compensation, c'est-à-dire à la mécanique de l'entropie : le *bonum desideratum* serait la figuration subjective de l'indifférence ou du néant qui guette à la fin; ce qui se présente comme une tendance de réalisation serait simplement la chute de potentiel de la détente à sens unique, la jouissance de son obtention serait le déguisement positif d'une disparition, c'est-à-dire de l'entrée en scène de l'absence (momentanée) de tension, ou de l'état de repos. Le déroulement en soi ne serait représenté qu'indirectement par ces ingrédients de l'affect et de la représentation, mais il ne serait pas vraiment décrit par elles.

f. Remarquons que dans sa description « proprement dite » ne figuraient pas des expressions psychologiques (concepts du sujet) : baisse de potentiel homéostatique, non-faim; excitation des sens, non-appréhension; compensation de différence de potentiel, non-satisfaction. Nous demandons : quel rôle faut-il alors encore accorder à l'élément subjectif du vécu dans le caractère de *finalité* de la totalité de l'action, alors qu'aucun témoin de l'intensité expressive de l'agir et du pâtir animal ne peut méconnaître la pure *présence* de ces éléments ?

On sait que l'histoire de la théorie n'a pas manqué de la violence dogmatique nécessaire pour nier malgré tout cette présence. Mais la raison totalement artificielle d'une telle négation, à savoir le décret de Descartes que la subjectivité comme telle peut seulement être raisonnable et doit donc exister seulement dans l'homme, ne lie pas l'observateur raisonnable et n'importe quel propriétaire de chien pourra s'en gausser.

Si donc la présence de l'élément subjectif comme telle est indubitable (quel que soit son commencement dans la courbe de l'évolution), ce qui pose ensuite question [125] est ce qu'elle veut dire. Ne veut-elle dire par exemple (comme l'affirment de manière différente le parallélisme psycho-physique et le matérialisme) rien d'autre qu'une musique d'accompagnement sans influence sur ce qu'elle accompagne ? C'est la question de la puissance et de l'impuissance du psychique qui se spécifie ici pour devenir la question de l'influence ou de l'absence d'influence de la *fin* subjective. Celle-ci est admise à partir du moment où l'on admet la subjectivité comme telle, avec sa jouissance et sa peine, ses visées et ses évitements ; mais la fin « vécue » ici est-elle également un facteur efficient dans le processus ? Remarquons que cette question concerne seulement le *rapport* au physique, et non la nature du physique lui-même. Cela veut dire que la question de savoir si la fin (prise en un sens non subjectif) peut être trouvée *là* ou non, n'est pas affectée par la décision relative à la question de la puissance ou de l'impuissance de la fin *mentale.* On se rappelle que la dernière question surgit seulement dans le contexte des membres du corps qu'on peut mouvoir *à volonté* : nous sommes toujours encore avec l'exemple de la « marche » et non encore avec celui de la « digestion ». L'expression « à volonté » ne doit pas être comprise comme si elle anticipait la réponse, c'est-à-dire le constat que la volonté subjective maîtrise l'usage de l'organe. Il n'est même pas nécessaire qu'il y ait seulement une volonté (et moins encore qu'elle soit « libre ») pour la distinction visée ici entre une fonction volontaire et involontaire de l'organe : comme on l'a remarqué plus haut, elle veut d'abord dire simplement que dans certains organes – les organes moteurs externes – l'usage est variable, occasionnel et laissé à la disposition du contrôle central de l'organisme, tandis que dans d'autres cas l'usage est donné en même temps que la possession et il est automatique : par exemple d'un côté serrer le poing et de l'autre le battement du cœur. Mais pour l'instant, avec l'hypothèse de la subjectivité comme telle, nous avons déjà fait l'hypothèse de la volonté (ou de son analogue animal) et nous nous interrogeons sur son rôle dans les mouvements involontaires.

Et enfin on peut encore ajouter (pour inquiéter [126] comme il convient ceux qui pensent pouvoir s'accommoder facilement de la nullité de l'âme dans la nature extra-humaine) que la réponse à la question s'étend de l'animal à l'homme – ce qui veut dire que la distinction établie antérieurement entre d'une part les chaînes des fins et des moyens, comprenant de multiples chaînons qui est propre à l'homme pensant et d'autre part l'obsession de la fin, ne comportant à chaque fois qu'un unique chaînon chez l'animal sentant, s'effondre devant la question fondamentale de la puissance ou de l'impuissance de la subjectivité comme telle. Car ce que nous disions (voir e) à propos de la suffisance cybernétique immanente de la série purement physique au niveau de l'agir animal se laisse transférer, moyennant un raffinement correspondant, également à la vie des motivations, des pensées et des décisions humaines et même à l'activité de représentation la plus réfléchie de la conscience qui comporte toujours encore son soubassement cérébral. Là aussi, en vertu de la théorie, le processus physiologique, une fois qu'il serait connu intégralement, serait suffisant pour l'explication causale du « comportement » (pris en son sens le plus englobant, incluant l'expression verbale), visible de l'extérieur, « physique » précisément, et l'aspect interne, éprouvé dans la conscience, qui s'offre au sujet comme explication ne serait dans l'optique causale rien de plus qu'un ornement superflu – et de plus un ornement mystificateur. En effet, seuls les postulats métaphysiques *ad hoc* les plus exorbitants (devant lesquels la spéculation qui est capable de tout ne recule certes pas) peuvent excepter l'homme de la règle, si dans le reste du monde de la vie le sujet n'est rien qu'une musique d'accompagnement inefficiente et donc une simple illusion dans sa propre proclamation. Le statut de la subjectivité dans ce domaine touche donc également au statut des fins humaines et ainsi à celui de l'éthique. Nous verrons ultérieurement qu'en outre il touche « vers en bas » également au statut de la fin dans l'être inconscient et même inanimé, donc à celui de la fin dans le monde comme tel.

En raison de cette position critique, à supposer que nous devions rendre justice à la systématique de la chose, un examen particulier de la question de la position causale [127] de la sphère de la conscience serait indiqué ici – en d'autres termes : un examen de tout le « problème psycho-physique », tellement retors, qui tourmente la philosophie à partir de Descartes. Mais nous ne pouvons pas surcharger l'investigation présente par un excursus aussi vaste et nous nous contentons donc simplement d'insérer carrément dans l'argument en cours le résultat d'une étude sur « Puissance et impuissance de la subjectivité » publiée indépendamment [1]. Que le lecteur frustré ici de cette démonstration l'accepte pour le moment à titre provisoire.

6. La puissance causale des fins subjectives

Pour faire bref, le résultat présupposé par la suite est la réhabilitation de l'auto-attestation primitive de la subjectivité, c'est-à-dire de son activité autonome

1. « On the Power or Impotence of Subjectivity » in *Philosophical Dimensions of the Neuro-Medical Sciences,* édité par S. F. Spicker et H. T. Engelhardt, D. Reidel Publishing Co., Dordrecht, Pays-Bas/Boston, États-Unis, 1976, p. 143-161. Une édition allemande, agrandie d'un développement sur la mécanique quantique, est publiée sous le titre *Macht oder Ohnmacht der Subjektivität? Das* Leib-Seele-Problem im Vorfeld des Prinzips Verantwortung, Suhrkamp, 1987.

contestée par le matérialisme et dégradée au rang d'un « épiphénomène ». Celle-ci est aussi « objectivement » dans le monde que les choses corporelles. Son effectivité veut dire efficience, à savoir celle de la causalité vers l'intérieur et vers l'extérieur, donc le pouvoir de l'autodétermination de la pensée par la pensée *et* de sa détermination corporelle par son agir. Or par la détermination corporelle qui se prolonge dans le monde est posé également le rôle objectif des fins subjectives dans l'architectonique intégrale du processus ; une marge de jeu est donc laissée pour sa dynamique dans la nature. Que celle-ci la refuse par principe est une surinterprétation de son déterminisme que la physique la plus récente n'admet plus.

Voilà l'essentiel du résultat de cette recherche sur la puissance causale de la subjectivité. En ce qui concerne la procédure de démonstration nous disons simplement que pour l'essentiel elle est conduite négativement : l'hypothèse contraire, celle de l'impuissance du subjectif, s'avère être logiquement, ontologiquement et épistémologiquement absurde ; d'autre part elle n'est *pas* non plus *nécessaire* pour la fin visée, à savoir le respect de l'intégrité des lois de la nature. La mise en évidence de ce caractère non nécessaire entraîne au-delà de l'argumentation simplement négative, [128] en illustrant la *compatibilité* de l'interaction psycho-physique avec la validité des lois naturelles au moins sur un modèle de pensée hypothétique. On affirme non pas la vérité, mais simplement la possibilité du modèle librement construit en ce sens qu'il ne contredit ni les phénomènes ni lui-même. Or comme l'impossibilité – à savoir le caractère impensable, d'une interaction sous la validité du principe causal physicaliste – était l'unique motif du coup de force du parallélisme ou de l'épiphénoménisme, la mise en évidence sur un exemple fictif suffit à établir la non-nécessité de l'échappatoire désespérée qui emprunterait le chemin d'une théorie de l'impuissance et de l'illusion du subjectif et par le fait même lui enlève son unique excuse. L'expérience fondamentale de la vie sentante est ainsi réinstallée dans son droit de primogéniture précisément parce qu'aucune situation de détresse théorique (qui même dans le cas du déterminisme naturaliste le plus radical n'était jamais plus contraignante que sa présupposition elle-même essentiellement indémontrable) ne contraint la pensée à adopter la monstruosité de l'hypothèse alternative : l'« âme » et avec elle la « volonté » est reconnue comme un principe faisant partie des principes de la nature, sans pouvoir se réfugier dans le dualisme (un refuge qui n'est sans doute pas aussi désespéré que le monisme matérialiste, mais qui est pourtant extrêmement insatisfaisant du point de vue théorique). Nous pouvons donc dire avec quelque assurance que le domaine des mouvements corporels volontaires chez l'homme et chez l'animal (que nous avons illustré à l'aide de la marche) est un lieu de détermination réelle par des fins et des buts qui sont accomplis objectivement par les mêmes sujets qui les entretiennent subjectivement : qu'il existe donc un « agir » dans la nature. Cela implique que l'efficience des fins n'est pas liée à la rationalité, à la réflexion et au libre arbitre, donc à l'homme.

Mais dans l'argument développé jusqu'à présent et correspondant à la sphère d'exemples à laquelle il se rapportait, l'efficience des fins est liée à la « conscience », prise dans un sens ou un autre, à la « subjectivité » et à « l'arbitraire » [129] ; et la question se pose de savoir si même en deçà de tout cela, dans les processus de la vie inconscients et involontaires (sans même mentionner ce qui est encore en deçà, la nature en général qui porte la vie), quelque chose telle qu'une fin est à l'œuvre. C'est vers cette question qui est fondamentale pour une fondation ontologique en dernière instance de la « valeur », et par le fait même de l'obligation éthique, mais pour laquelle nous ne devons pas attendre le même degré de certitude dans la réponse que pour la question précédente (et par ailleurs nous avons contre nous tous les préjugés de la modernité), que nous nous tournons maintenant.

[130]

IV. L'ORGANE DE DIGESTION

1. La thèse du caractère purement illusoire de la fin dans l'organisme physique

Chaque organe dans un organisme sert une fin qu'il accomplit par son fonctionnement. La fin englobante, au service de laquelle se trouve la fonction particulière, est la vie de l'organisme en sa totalité. Le fait que celui-ci possède une telle fin peut s'énoncer de plusieurs manières. La façon la plus neutre et la plus innocente de l'énoncer consiste à dire que dans un organisme tout est disposé *de facto* de manière à ce que par ses effets il contribue à sa conservation, etc., de même que dans une machine tout est disposé de manière à contribuer à sa fonction globale. Mais de cette façon rien n'est encore dit quant à l'espèce de causalité, par exemple quant à la question de savoir si une téléologie (causes finales : *causae finales)* est à l'œuvre. Concernant la machine nous savons que cela est certes le cas lors de sa fabrication, mais que ce n'est pas le cas dans son fonctionnement. Concernant l'organisme, la théorie dominante estime que cela n'est même pas le cas dans ce qui correspond ici à la « fabrication », dans sa genèse. La genèse a ici un double sens : la croissance de l'individu (ontogenèse) et l'émergence de l'espèce (phylogenèse). L'ontogenèse est comprise comme le déploiement causalement contraignant des déterminations génétiques contenues dans le germe, pour lequel il ne faut pas faire appel à une téléologie (entéléchie). La phylogenèse est expliquée par le mécanisme de l'imbrication des mutations contingentes de ce genre de déterminations et de la sélection naturelle de ses résultats, donc également en écartant toute téléologie. Concernant le

« fonctionnement » des configurations nées de cette façon vaut de toute manière le principe de cette exclusion : la genèse, l'équipement et la fonction ont toutes *seulement l'air* d'être régies par des fins. D'après cette théorie, l'organisme serait encore moins téléologique que la machine, dans laquelle du moins la fabrication était téléologiquement déterminée.

[131] Or *cette* téléologie de la machine, qui est un emprunt extérieur, avait son siège originaire dans les organismes fabricateurs, dans les constructeurs humains qui ne peuvent donc pas être de nature totalement non téléologique. Cependant, comme nous l'avions vu, *leur* téléologie est placée par la théorie dominante dans leurs simples représentations, et non dans leur causation effective : cela aussi a seulement l'air d'être régi par des fins subjectives (et même d'après la théorie de l'épiphénomène les représentations elles-mêmes en ont seulement l'air !). La subjectivité de la fin est censée accompagner d'une façon ou d'une autre l'objectivité de l'action purement causale, sans lui conférer plus qu'une apparence téléologique [1]. En revanche le sujet, dont la pensée et l'agir propres « ont l'air » d'être régis par des fins, est le même auquel – justement pour cette raison – l'être et l'agir des organismes dans le monde ont également l'air d'être régis par des fins.

2. La causalité finale se limite-t-elle aux êtres doués de subjectivité ?

Comme nous l'avons dit, nous postulons que cette conception qui voit dans la subjectivité un « comme-si » et un mensonge, a été réfutée. Mais en postulant

1. Par le fait même la téléologie qu'on avait d'abord concédée pour la fabrication de la machine retombe naturellement dans le royaume de l'illusion : les fabricateurs sont des machines qui font des machines.

un agir subjectivement déterminé nous avons simplement postulé la *fin* dans le vivant à l'intérieur des limites de l'extension de la « conscience », c'est-à-dire seulement pour les espèces vivantes qui en sont pourvues et parmi celles-ci seulement pour les actes qui dépendent de la conscience, qui sont « volontaires » d'une manière ou d'une autre. Mais non par exemple pour la digestion et pour toute fonction inférieure à la conscience, involontaire, chez les espèces en question, ni pour la totalité de la vie des organismes dépourvus de conscience (par exemple non cérébraux). Si nous nous arrêtions à cela, cela nous laisserait face à un curieux partage qui en soi n'est pas impossible. Avec le surgissement de la subjectivité au cours de l'évolution, un principe d'action totalement nouveau, hétérogène, entrerait dans la nature ou bien se manifesterait en elle, et il y aurait une différence *radicale* (et pas seulement graduelle) – pas seulement entre les créatures, qui participent à ce principe « conscience » [132] (dans ce cas selon des degrés variables), et ceux qui n'y participent pas, mais même chez ceux qui y ont part, entre ce qui est soumis à ce principe (ou ce qui y est soumis avec autre chose) et la partie bien plus large de leur être qui ne lui est pas soumise.

a. L'interprétation dualiste

Comme on l'a dit, de soi cela n'est pas impensable et cela peut être pensé de deux manières, comme cela s'est d'ailleurs fait. Soit le principe étranger (« l'âme ») s'empare de certaines configurations de la matière qui lui sont favorables, mais qui sont disponibles également ailleurs et non « pour lui » (à moins qu'il ne les ait apportées avec lui) et qu'il les exploite dans la mesure de leur aptitude à le servir – il s'introduit donc *dans* la nature quand l'*occasion se présente* ; soit *avec* l'« occasion » il *sort* de la nature qui est arrivée à ce point. La première possibilité est celle du dualisme qui est intrinsèquement irréprochable, mais elle est grevée de toutes les objections qui s'opposent au dualisme comme tel. Une telle objection résulte par exemple du caractère progressif des transitions et du caractère minimal des débuts de l'évolution : transporter le dualisme et par le fait même une participation à la transcendance déjà dans l'amibe ou partout où commence le « sentir » est gênant, pour ne pas dire grotesque [1]. Mais surtout cette théorie de « l'ingression » présuppose que l'âme ou quoi que ce soit existe déjà et attend pour ainsi dire de pouvoir s'introduire dans les occasions qui se présentent – en d'autres termes qu'elle jouit d'une transcendance indépendante qui a simplement besoin de conditions physiques déterminées pour pouvoir se manifester physiquement. Or nous nous rappelons ce qui d'un point de vue purement empirique doit être considéré comme l'argument probablement le plus fort du matérialisme : que toute l'expérience humaine montre qu'il y a certes de la matière sans esprit, mais non de l'esprit sans matière et qu'on ne connaît aucun exemple d'un esprit incorporel. Or c'est précisément cela, à savoir un royaume autonome [133] d'une transcendance efficiente et immatérielle, que doit postuler la théorie de l'ingression et même si c'est logiquement irréprochable, c'est pourtant la plus indémontrable et en outre ontologiquement la plus violente de toutes les hypothèses concevables – ce qui ne l'a pas empêchée d'être la plus puissante dans l'histoire de l'effort pour penser l'énigme de l'âme.

b. La théorie moniste de l'émergence

Il reste donc l'autre possibilité alternative que l'âme et l'esprit procèdent de la nature elle-même lors du surgissement indépendant (bien que non accidentel)

1. Descartes a eu raison, bien que ce soit par ailleurs totalement inacceptable, de limiter le dualisme et par le fait même la présence la plus élémentaire du sentir au rapport corps-âme chez *l'homme.*

des conditions matérielles adéquates, comme leur *propre* modalité d'être supplémentaire. C'est là en effet la théorie de l'*emergent evolution* de Lloyd Morgan et d'autres, d'après laquelle de nouvelles structures causales plus englobantes – par exemple des structures atomiques, moléculaires, cristallines, organiques... – se superposent par sauts aux couches antérieures dans lesquelles elles n'étaient pas préfigurées, à partir du moment où certains seuils critiques d'organisation sont atteints [1]. La *nouveauté* qualitative réelle de ces « émergences » est accentuée en même temps que sa *non-transcendance*, c'est-à-dire son origine strictement immanente. Concernant la conscience il s'agit d'une tentative héroïque de posséder les avantages du dualisme – à savoir la reconnaissance de l'être propre irréductible de chaque couche – sans les désavantages de sa métaphysique – à savoir son enchaînement à la thèse de la transcendance. Pour notre problème cette suggestion veut dire que l'avènement de la subjectivité est un tel « saut » évolutif et que la conception des niveaux précédents qui lui sont sous-jacents n'a pas besoin d'être contaminée par l'imputation d'une « fin » qui appartient précisément seulement au nouveau niveau. Alors l'agir conscient serait certes un agir conforme à des fins, comme nous l'affirmons, mais une fonction d'organe sans conscience (ce dont il s'agit à présent) ne le serait pas. C'est précisément cela la signification du « saut qualitatif ».

[134] La thèse est séduisante, mais alors que celle qui précédait était ontologiquement bancale, celle-ci l'est logiquement. Non seulement parce que ici aussi le caractère progressif des transitions est en contradiction avec l'image du saut – mais aussi parce qu'elle n'est cohérente qu'à condition d'escamoter le problème de la causalité. Si le principe nouveau doit avoir du pouvoir il soumet sa source plus primitive à la condition que rien ne saurait tirer de soi ce qui lui est *totalement* étranger, ce qui est contraire à sa propre loi

1. Le « holisme » d'un Jan Smuts doit également être mentionné ici.

et qui de ce fait pourrait se faire violence à lui-même. (Dans le cas contraire on devrait introduire un concept d'être et également de la « matière » et de la nature entière, par exemple un concept dialectique, que les théoriciens de l'émergence n'ont même pas rencontré en rêve.) On pourrait encore tolérer l'idée qu'avec la conscience il s'agissait simplement d'une *qualité* nouvelle qui est ajoutée à celle qui la précède (qui lui est pour ainsi dire surimposée). Or nous avions découvert qu'il s'agit également d'une *causalité* nouvelle qui interfère par rétroaction avec celle qui la précède, qui la transforme donc. Les choses physiques à l'intérieur de la sphère d'influence de la subjectivité ne se déroulent plus comme elles se dérouleraient sans elle. Le niveau nouveau a donc le pouvoir de faire violence au soubassement d'où il est issu, en tout cas le pouvoir de contribuer à le déterminer. Or cela est incompatible avec l'idée de l'émergence d'après laquelle le nouveau vient précisément *s'ajouter* à ce qui précède, mais sans le changer, comme expression supplémentaire du niveau d'organisation atteint avec lui. Une simple qualité pourrait le faire, mais elle devrait être innocente du point de vue causal, autrement dit, nonobstant des *formes* d'action nouvelles (y compris elle-même) dans lesquelles la structure causale plus complexe s'exprime maintenant dans l'infrastructure, elle ne devrait pas elle-même devenir un facteur dans cette structure. La théorie peut seulement rendre compte de nouvelles structures d'effets et non de nouveaux effets. Par exemple le caractère de finalité de la conscience, étrangère au soubassement, devrait se limiter à la conscience elle-même et ne pourrait pas avoir d'effet rétroactif sur le soubassement lui-même. La *domination* de la conscience est exclue ici. Or cela ne veut rien dire d'autre sinon que la théorie de l'émergence, à partir du moment où elle soutient sérieusement l'altérité essentielle [135] de la superstructure, doit se combiner avec une forme du parallélisme psycho-physique ou de l'épiphénoménisme – de manière générale avec la thèse de l'impuissance de la conscience en tant que pure qualité ; et ce point de vue, nous l'avons réfuté.

Ou bien elle devrait dire : ce qui a l'air d'un saut est en réalité une continuation ; le fruit est préfiguré dans la racine ; la « fin » qui devient *visible* dans le sentir, le vouloir et la pensée était déjà là de façon invisible et non seulement au sens d'une éventuelle ouverture permissive pour elle, à supposer qu'il doive tout d'abord intervenir d'en haut dans la causalité physique, mais déjà comme disposition positive et tendance sélective en vue de sa manifestation finale, pour autant que les conditions en frayaient le chemin : la croissance se faisait alors réellement vers elle. En d'autres termes, à ce qui y conduit il faut attribuer une potentialité préalable au « nouveau » qui surgit à un moment donné, qui de ce fait n'est pas totalement nouveau ; celui-ci doit être compris comme actualisation, comme *telos,* comme accomplissement d'un mouvement dirigé vers elle. Bref, la théorie de l'émergence est logiquement défendable seulement en lien avec une ontologie globalement « aristotélicienne ». Or c'est précisément celle-ci qu'il s'agissait d'éviter : l'infrastructure était censée être protégée contre le danger d'une interprétation à partir de la superstructure ; les catégories explicatives de cette dernière étaient censées *ne pas* devoir être importées dans la première, la causalité qui s'y manifestait de manière nouvelle ne devait pas être conçue comme y étant déjà préfigurée et la visant. Or, comme nous l'avions montré, cela conduisait à l'impasse du saut absolu et de l'impuissance de l'esprit.

Nous pouvons donc dire que le principe – théoriquement valable – de la *nouveauté* qui surgit, s'il ne doit pas être totalement arbitraire et par le fait même irrationnel, doit être tempéré par celui de la *continuité,* à savoir celui d'une continuité matérielle et pas seulement formelle – de sorte que nous devons accepter d'être *enseignés par le plus élevé, le plus riche* [136] *relativement à tout ce qui est inférieur.* Or cela n'est nullement une correction marginale, mais une correction touchant au noyau de la chose : on sait que le terme « continuité » veut dire aujourd'hui qu'au contraire on accepte d'être enseigné par le plus inférieur sur tout ce qui est supérieur ! C'est précisément à ce réductionnisme que la théorie de l'émergence avait voulu échapper sans être obligée d'opter en faveur de la direction opposée, c'est-à-dire en évitant un choix pénible. Or ici vaut le principe : *tertium non datur.*

3. La causalité finale même dans la nature préconsciente

Par le fait même se trouve indiquée notre propre position. L'être, ou la nature, est un et il rend témoignage de lui-même dans ce qu'il *laisse* procéder de lui. Ce qu'est l'être, cela doit donc être déduit de son témoignage et naturellement de celui qui en dit le plus, du plus manifeste, et non du plus caché, du plus développé et non du moins développé, du plus plein et non du plus pauvre – donc du « plus élevé » qui nous soit accessible.

a. L'abstinence des sciences de la nature

Le témoignage de notre propre être est délibérément ignoré par les sciences de la nature en invoquant l'interdiction bien fondée de l'anthropomorphisme tout comme le principe d'économie ockhamien et en tout dernier lieu déjà le caractère non quantifiable des « buts » ; et d'un point de vue *méthodologique,* cela est bien justifié. Dans l'étude des processus élémentaires de la vie, par exemple au niveau moléculaire, le biologiste procède *comme s'il* ignorait l'existence de l'organisme complet dans lequel ces processus se déroulent ; dans l'étude des organismes inférieurs, comme s'il ignorait l'existence des organismes supérieurs ; et dans l'étude des organismes plus élevés comme s'il ignorait qu'ils sont doués d'une subjectivité ; dans l'étude de [137] l'organisme le plus élevé (et de son cerveau) comme s'il ignorait que la pensée détermine son être. Cela veut dire qu'il se place du point de vue de ces « commencements » dans lesquels en effet personne, hormis Dieu, ne pouvait prévoir ce qui au cours de l'évolution en résulterait un jour, ou du point de vue de ces composantes élémentaires du résultat lui-même, dont rien en effet, ne permet de « deviner », si ce n'est par Dieu, ce qu'ils comportent accessoirement comme élément non visible. Et cela sied au savoir humain.

b. *Le caractère fictif de l'abstinence et son autocorrection par l'existence scientifique*

Mais il ne lui convient pas moins de garder en mémoire que cela est une fiction. L'utilité méthodologique de la fiction est manifeste et n'a pas besoin d'être commentée ici, puisqu'elle n'est pas mise en question ici comme telle. Mais l'utilité méthodologique ne doit pas être confondue avec une décision ontologique. Naturellement le scientifique qui s'occupe des origines de la vie est au courant de la série entière de l'évolution et celui qui s'occupe du métabolisme cellulaire est au courant de l'organisme entier, celui qui s'occupe du cerveau est au courant de la pensée. C'est même de ce savoir que vient son *intérêt* pour l'investigation de l'élémentaire. Surtout il est conscient de ce sien intérêt et de son activité pensante qui s'y rapporte. Cet intérêt, il doit le prendre au sérieux en son autonomie, sinon il ne pourrait pas espérer atteindre la vérité, ni même seulement la distinguer de la non-vérité, ni créditer sa pensée d'une quelconque validité. Mais en présupposant l'autonomie de sa pensée, c'est-à-dire sa puissance intrinsèque, il a logiquement (comme on l'a montré ailleurs) déjà reconnu sa puissance extrinsèque, donc également la puissance de l'intérêt motivant, puisque l'autodétermination mentale est possible seulement en union avec [138] la détermination corporelle causale – la pensée seulement en union avec une liberté intérieure *et* extérieure : par exemple en mettant par écrit les résultats de sa pensée. Mais par le fait même (sauf à se réfugier dans un dualisme fantasmatique) il a reconnu l'esprit et même la subjectivité et l'*intérêt* comme tel comme principe agissant dans la nature – donc il a élargi implicitement son concept de la nature au-delà de son propre modèle. Se prenant lui-même au sérieux (comme il est obligé de le faire) et en même temps non pas comme l'exception absolument singulière (ce qu'il ne peut pas faire comme membre de la communauté humaine), il ne peut pas ne pas créditer la *nature* de la production d'une causalité finale, donc ne pas estimer que celle-ci n'est pas totalement étrangère à celle-là. Dans l'analyse de la pure matière (une abstraction de la *plenitudo entis)* il peut toujours encore s'en tenir au constat minimal choisi, purement « externe », comme l'exige l'entreprise de la physique, et il doit seulement résister à la tentation de devenir un métaphysicien réductionniste sur la foi de l'évidence minimale artificiellement réduite – ce qui semble être plus difficile que de résister à la tentation inverse de l'anthropomorphisme.

c. *Le concept de fin par-delà la subjectivité : compatibilité avec les sciences naturelles*

Il reste simplement au philosophe à montrer ce que veut dire pour le statut de la fin le fait que l'attestation de son existence par la subjectivité ne se limite pas à elle-même, mais qu'elle affecte le concept de nature en sa totalité. Remarquons que nous nous intéressons au concept de nature au nom de la théorie de la fin et non que nous nous intéressons au concept de la fin au nom de la théorie de la nature. Nous voulons – en dernière instance au nom de l'éthique – élargir le *site onto-*

logique de la fin comme telle en allant de ce qui se manifeste à la fine pointe du sujet vers ce qui est latent dans l'épaisseur de l'être, sans utiliser ensuite le latent pour l'*explication* de ce qu'elle abrite – et ce qui est [139] manifeste sous un tout autre visage. A cela suffit la considération suivante.

De même que la subjectivité est en un certain sens un phénomène de surface de la nature – la pointe visible d'un iceberg bien plus grand – de même elle parle au nom de l'intérieur muet. Puisque la subjectivité manifeste une fin agissante, et qu'elle vit entièrement de cela, l'intérieur muet qui accède à la parole seulement grâce à elle, autrement dit la matière, doit déjà abriter en elle de la fin sous forme non subjective, ou un de ses analogues.

Mais parler d'une « fin » qui ne soit pas subjective, c'est-à-dire mentale. cela a-t-il un sens ? Et la fin dans la matière ne ruinerait-elle pas l'explication causale de la physique ? Pour répondre d'abord à la seconde question, il n'est naturellement tout simplement pas vrai qu'une compréhension « aristotélicienne » de l'être est en contradiction avec l'explication moderne de la nature ou qu'elle est incompatible avec elle, à plus forte raison qu'elle ait été réfutée par elle. L'objection contre celle-ci était qu'elle « n'explique » pas que l'explication causale peut se passer de recourir à des causes finales, que donc leur supposition est superflue – que par contre leur invocation est même dangereuse, puisqu'elle incite l'ignorance des vraies raisons à prendre refuge dans un pseudo-savoir et qu'elle dispense de la recherche ultérieure (un cas de ce que Spinoza appelait *l'asylum ignorantiae)*. Cela est tout à fait juste du point de vue de la méthode et cela est confirmé continuellement par la suffisance exclusive des « causes efficientes », c'est-à-dire par celle des simples constantes de force soumises à des lois immuables, dans toutes les explications *de détail.* La question de savoir si le caractère suffisant s'étend également des cas particuliers à l'explication de l'ensemble, reste ouverte. A proprement parler il n'est prouvé que pour les simplifications artificielles de l'expérience ou pour les simplifications les plus extrêmes, à savoir astronomiques, de la nature elle-même [1]. L'attente, tout comme l'obligation du chercheur, va au-delà *ad infinitum* et nous n'avons pas besoin de risquer une prédiction quant au succès de cette continuation [140] interminable de l'analyse réductive. De toute façon, expliquer et comprendre la nature ce n'est pas la même chose. Rappelons que nous ne voulons pas expliquer la nature au moyen de fins hypothétiques, mais que nous voulons interpréter l'existence démontrée de fins en elle (ce qui n'est donc pas en contradiction avec elle) en vue du concept de nature et que ce faisant nous laissons entièrement ouverte la *manière* dont une « finalité » généralisée de la nature se manifeste inconsciemment dans son mécanisme causal déterministe – non pas tant contre lui que par lui : de même que les sciences de la nature doivent laisser ouverte la question de savoir quelle est la densité ou la souplesse, l'univocité ou la plurivocité du réseau causal à la base la plus élémentaire des choses (en dessous d'un certain seuil quantitatif). Il lui suffit que dans les régions *mesurables* le calcul quantitatif-déterministe aboutisse toujours, c'est-à-dire que ses équations soient justes ou que sa méthode ne soit pas désavouée. Et cela est bien compatible avec une téléologie sous-jacente du processus. En réalité nous n'affirmons donc à vrai dire rien d'autre sinon que les sciences de la nature ne nous disent pas tout sur la nature : ce dont leur incapacité à rendre jamais raison de la conscience à partir de leurs prémisses, et même du cas le plus élémentaire du sentir (donc du

1. Les principaux ordres de l'évolution par exemple ne peuvent même pas être « prédits » rétrospectivement, en connaissance des résultats disponibles, c'est-à-dire qu'ils ne se laissent pas déduire. En cette matière une théorie adéquate est jusqu'à présent hors de portée. En toute rigueur des termes on ne sait même pas *pourquoi* les atomes se sont pour la première fois agrégés pour former la double hélice de l'ADN ; on peut seulement apprendre après coup la possibilité à partir du fait qu'ils *se sont agrégés* et en tirer quelque enseignement sur les lois gouvernant la structure moléculaire.

phénomène le mieux attesté de tout l'univers), est le témoignage universellement admis – précisément la pointe de l'iceberg. C'est là une incapacité essentielle, et un de ses effets secondaires paradoxaux est que les sciences de la nature elles-mêmes, en tant qu'événement dans l'univers qui est à expliquer, sont à jamais exclues de ce qu'*elles* peuvent expliquer.

d. Le concept de fin par-delà la subjectivité : sens du concept

Reste donc la question de savoir quel sens il peut y avoir à parler d'une « fin » qui ne soit pas entretenue par un sujet dans sa subjectivité, qui ne soit donc pas [141] « pensée » d'une manière ou d'une autre : si parler d'une fin non mentale a du sens. Car naturellement ce serait le comble du ridicule que de vouloir affirmer l'immanence de la fin et du but dans l'organe de digestion, dans les cellules du corps, dans les organismes primitifs ou encore dans le processus de l'évolution si cela incluait *du mental* d'un type ou d'un autre – sans même mentionner l'intention consciente avec la représentation correspondante du but. Mais la polémique dirigée contre le *concept* de téléologie (à distinguer de son statut explicatif) au nom des sciences de la nature a toujours abusivement recouru à l'argument du caractère ridicule de cette position. Sans doute avons-nous d'abord et directement une connaissance du but comme tel à travers ce que nous *savons,* ce qui est donc conscient – donc du but conscient (même dans chaque cas seulement du but personnel) : dire cela, c'est presque une tautologie. Mais même au sein de la clarté de notre mentalisme exacerbé nous avons un savoir de choses plus ou moins conscientes, un savoir de degrés de la représentabilité ; et même dans notre propre cas, parler d'une tendance obscure, d'un vouloir et d'un désir inconscients cela n'est nullement réputé être dépourvu de sens. Et si nous redescendons la série animale, en partant de l'homme, le principe de la continuité exige l'admission d'une gradation infinie, dans laquelle le « représentable » disparaît sans doute à un moment donné (probablement là où il n'y a plus d'organes de sens spécifiques) ; alors que l'appétitif, lié à la sensibilité, ne disparaît probablement jamais [1]. Sans doute sommes-nous ici également encore en présence de la « subjectivité », mais en présence d'une subjectivité tellement élargie que le concept d'un sujet individuel y disparaît progressivement et quelque part la série se perd dans ce qui est sans sujet. Sommes-nous par le fait même dans ce qui est sans but et dépourvu de fin ? Pas nécessairement. Au contraire : dans la direction opposée, ascendante, on ne pourrait pas du tout comprendre que la tendance subjective avec sa particularisation aurait émergé en dehors de toute tendance. Quelque chose de son espèce doit déjà l'avoir portée de l'obscurité vers la clarté plus grande.

Certes, la « tendance » comme telle conserve toujours un aspect « psychique ». Et pourquoi pas d'ailleurs ? « Psychisme » et [142] « ipséité » ne sont pas identiques et sous forme généralisée ; le premier peut très bien être un accessoire de toute matière ou de tous les agrégats de matière de certaines formes d'organisation, bien avant que dans des unités hautement organisées, comportant le métabolisme, se détachant de l'environnement, des organismes « autonomes », il ne conquière l'individuation et par le fait même l'horizon de l'*ipséité*. Si l'on attribue également une espèce de « subjectivité » au psychique diffus en deçà de ce seuil, nous ne voulons pas disputer à ce sujet : ce psychique soit n'aurait alors pas de « sujet », soit la « nature » pourrait être dite son sujet impersonnel – un sujet total dépourvu de conscience, quoi que cela veuille dire, non pas un sujet individuel se distinguant d'autres sujets. Mais l'appétition, pensée dans

1. Tout ceci, Leibniz l'avait déjà vu, même si dans la dualité de la *perceptio* et de l'*appetitus* il accordait le rôle prépondérant à la première notion.

son caractère diffus, ne me semble nullement exiger une telle hypostase et, en me fiant à l'indication de la matière inanimée et à sa distribution dans l'univers, je crois plutôt à une subjectivité sans sujet, c'est-à-dire à la dissémination d'une intériorité appétitive germinale à travers d'innombrables particules individuelles, plutôt qu'à son unité originaire à l'intérieur d'un sujet métaphysique total. (Cela veut dire que le panthéisme n'est pas un complément nécessaire du panpsychisme.) Des « unités » d'associations discrètes du divers, organique ou inorganique, seraient alors déjà un résultat évolué, une cristallisation pour ainsi dire, de cette visée dispersée et elles seraient inséparables de la différence ou de l'individuation. Mais de telles spéculations excèdent de loin ce dont nous avons besoin ici.

En tout cas, répétons-le, de même que le subjectif manifeste (qui est toujours également particulier) est quelque chose comme un phénomène de surface émergé de la nature, de même il prend également racine en celle-ci et est en continuité essentielle avec elle : de sorte que l'une et l'autre participent à la « fin ». Sur la foi du témoignage de la vie (que nous, qui sommes ses rejetons devenus capables de prendre conscience d'eux-mêmes, nous devrions être les derniers à nier), nous disons donc que la fin comme telle est domiciliée dans la nature. Et nous pouvons dire encore quelque chose de plus par rapport aux contenus : qu'avec la production de la vie la nature manifeste au moins une fin [143] déterminée, à savoir la vie elle-même – ce qui ne veut peut-être rien dire d'autre que la libération de la « fin » comme telle au service de fins définies, qu'on poursuit et dont on jouit également subjectivement. Nous nous gardons de dire que la vie est « la » fin ni même la fin principale de la nature, ce dont nous ne pouvons pas avoir une conjecture ; il suffit de dire : une fin. Mais si (selon une conjecture qui n'est pas déraisonnable) « l'être-fin » était lui-même la fin fondamentale, pour ainsi dire la fin de toutes les fins, alors en effet la vie, dans laquelle la fin est libérée, serait une forme distinguée, permettant d'aider *cette* fin-*là* à s'accomplir.

e. Le vouloir, l'occasion et la canalisation de la causalité

Ajoutons encore un mot d'explication à propos du type de « vouloir » qui est ici attribué à la nature. C'est un vouloir de dépassement de soi-même, mais qui n'a pas besoin d'être lié à un « savoir » et certainement pas à un savoir anticipatif ni à la représentation d'un but : mais bien à une capacité de discernement – de telle sorte que quand elle rencontre la configuration physique favorable la causalité n'est pas indifférente à son invitation, mais lui obéit préférentiellement et elle se glisse dans l'ouverture qui s'offre à elle pour ensuite se frayer son lit à travers les différentes occasions ultérieures [1]. Savoir dans quelle mesure la « visée d'un but » peut elle-même susciter de telles occasions – c'est-à-dire savoir où commence le pouvoir direct de l'intérêt à la différence de la simple exploitation indirecte de la chance – est une question à part. La réponse prudente consiste à dire qu'il existe une orientation vers un but qui s'empare de ses occasions. Inversement il faut également compter avec la possibilité que seules de nouvelles occasions suscitent de nouveaux buts auparavant inconnus et qu'il serait donc peut être préférable (en tout cas encore plus prudent) de parler d'une disposition au but plutôt que d'une orientation vers le but. (Combien d'entreprises humaines se déroulent ainsi !) Mais [144] une telle

1. Ici on peut se servir du modèle des points d'indifférence causale qui a été proposé dans l'étude du problème psychophysique mentionnée plus haut (note 1, p. 130 de ce chapitre). Selon ce modèle l'évolution pourrait elle aussi être comprise comme une série dans laquelle des seuils critiques d'équilibre figuraient des milliers de fois, sur lesquels, nonobstant l'équivalence causale des différentes possibilités alternatives, une tendance latente pouvait exercer sa « préférence » et trancher l'indifférence momentanée à chaque fois en faveur d'une des différences laissées ouvertes. Ce serait alors là le sens du concept d'« occasion ».

« proposition » de buts et la nouveauté de ce qui est proposé concernerait sans doute davantage l'individuel que le sens de la totalité ; et au surgissement même de l'occasion proposée pourrait déjà avoir pris part une orientation préalable vers le but qui serait sans doute alors surprise par les possibilités qui se manifestent dans son résultat. On peut seulement se livrer à des spéculations sur ce rapport, on ne peut pas parvenir à des conclusions fermes – en particulier concernant la « première » occasion avec laquelle a commencé « la vie ». Mais même si le premier commencement, l'association des molécules organiques, a été un pur hasard qui ne fut précédé par aucune tendance qui s'y accomplit (ce qui me semble déjà être incohérent) – à partir de là en tout cas la tendance devient toujours plus visible : et je ne veux pas seulement dire la tendance à l'évolution (qui peut rester en veille pendant un laps de temps indéterminé), mais surtout la tendance de l'existence *dans* ses produits. Dans une étude ontologique spéciale à laquelle je ne peux que renvoyer ici [1], j'ai essayé de montrer comment ensuite dans l'*organisme* réel « le plus simple » – c'est-à-dire l'organisme doué d'un métabolisme et comme tel simultanément indépendant et dépendant du point de vue de ses besoins – les horizons de l'ipséité, du monde et du temps, commandés par l'alternative sévère de l'être et du non-être s'esquissent déjà sous une forme préspirituelle.

Pour répondre enfin à la question formulée dans le titre de IV, 2 (p. 133) : parler d'une *fin* immanente, même si elle est complètement inconsciente et non volontaire, de la digestion et de son appareil dans l'ensemble du corps vivant et parler de la vie comme de la fin immanente de ce même corps, cela a un bon sens et il ne s'agit pas seulement d'une métaphore empruntée à notre subjectivité. Parler d'un « travail » immanent à la nature et dire que dans ses chemins

1. *Organismus und Freiheit : Ansätze zu einer philosophischen Biologie*, Göttingen, 1973, chapitre 5, « Vom Sinn des Stoffwechsels », particulièrement p. 125-137.

compliqués « elle » travaille vers quelque chose ou qu'en elle « ça » travaille de multiples manières en cette direction, cela a du sens et cette affirmation a pour elle une plus grande probabilité [1] que le contraire. Même si cela commençait seulement avec le « hasard » de la vie, ce serait suffisant : par le fait même, la « fin » a été étendue par-delà toute forme de conscience, humaine [145] aussi bien qu'animale, au monde physique comme un principe qui lui appartient en propre dès l'origine ; et la question de savoir jusqu'où s'étend son règne en bas vers les formes élémentaires de l'être, peut rester ouverte. L'être de la nature comme telle doit être crédité de la disponibilité pour elle.

[146]

V. LA RÉALITÉ DE LA NATURE ET LA VALIDITÉ : DE LA QUESTION DE LA FIN À LA QUESTION DE LA VALEUR

Mais la « fin » est-elle délivrée de la malédiction de la « subjectivité » par cette extension au-delà de la réalité de la « subjectivité » ? L'universalité de son avoir-lieu signifie-t-elle la sanction de la validité ? Avec la preuve que la fin est factuellement déjà présente dans la nature et qu'elle est même contenue dans la nature des choses, avons-nous gagné quelque chose pour l'éthique qui a besoin de la validité objective des valeurs qui précisément pour cela *doivent* devenir des fins ? Par le fait d'avoir des fins, la nature peut-elle les

1. Nous avions annoncé (p. 132) qu'ici on doit s'attendre à un degré de certitude moindre que dans la réponse à la question de la vertu finale des actes volontaires. Celui-ci, nous pouvions déjà le *démontrer* par la réfutation rigoureuse de la thèse contraire (cf. p. 130 sq.) ; ici nous avons simplement plaidé pour le caractère éminemment raisonnable de l'hypothèse face à sa négation.

légitimer ? C'est la vieille question de savoir si l'être comme tel peut fonder un devoir. Cette question doit être prise en charge au prochain chapitre consacré au statut des *valeurs*. Mais pour amorcer la transition nous voulons déjà dire ici une première chose à propos du rapport de l'universalité et de la validité, de même qu'à propos du rapport de la « simple » subjectivité à une subjectivité qui règne à travers la nature.

1. Universalité et légitimité

Tous les hommes, dit-on, cherchent le bonheur et on ne le dit pas seulement comme un constat statistique, mais l'on ajoute que cela est dans leur nature, donc comme un constat essentiel. L'universalité ainsi stipulée du but de la béatitude n'est tout d'abord rien qu'un fait : on n'a pas nécessairement besoin, semble-t-il, d'approuver sa recherche qu'elle rend ainsi nécessaire ; on peut la mépriser ou la rejeter. Du moins doit-on lui concéder qu'elle n'est pas choisie arbitrairement et le fait qu'elle soit implantée si universellement dans notre nature engendre une présomption forte que c'est une tendance légitime et que là où elle n'indique pas une obligation elle indique au moins un droit à son but : que donc nous [147] avons sinon l'obligation, du moins le droit (en respectant un certain nombre de conditions) de tendre vers lui. Mais alors en résulterait également l'obligation – autrement dit malgré tout un devoir – de respecter ce droit dans les autres, donc de ne pas l'entraver, peut-être même de le promouvoir. Et l'intérêt d'autrui que je devrais respecter aurait pour moi indirectement la conséquence de l'obligation (si elle n'existe pas déjà immédiatement) de favoriser également ma propre béatitude, dont l'appauvrissement serait une perturbation de la béatitude générale... A supposer qu'on puisse argumenter de cette manière ou de manière semblable, alors l'universalité factuelle, déterminée par la nature, de la recherche du bonheur, qui profite à la présomption mentionnée de sa légitimité, contribue malgré tout en partie à sa légitimation. Nous ne parlons de rien de plus que d'une présomption, car il s'agit ici simplement d'une considération provisoire et non encore d'une preuve philosophique sérieuse. Car qu'il y ait quelque chose comme un droit et une obligation, un pouvoir et un devoir, cela ne découle nullement de l'argument lui-même, mais cela y est déjà présupposé. Mais *si* cela existe, l'avis de la nature devient une indication importante et peut-être même une sanction en vue de sa détermination. Cette question doit attendre.

Par contre, dans notre exemple sélectionné uniquement par convention et en guise d'illustration, prêtons attention à la différence de l'universel et du particulier : ce sont les buts et les vouloirs particuliers des sujets individuels et leurs conflits éventuels à l'occasion desquels surgit normalement la *question* du droit et de la valeur, tandis que l'un et l'autre sont volontiers concédés à ce qui est commun à tous ; et c'est là, dans les tendances particulières, où nous parlons le plus facilement d'une « simple subjectivité » des fins et des évaluations, et c'est seulement là, que nous parlons d'un arbitraire qui doit d'abord se justifier. Et à présent il faudrait certainement dire à propos d'une « subjectivité » de la nature qu'elle n'est ni particulière ni arbitraire, et que par rapport à nos désirs et à nos opinions privées elle a tous les avantages du tout par rapport à la partie, du durable par rapport au transitoire, de l'immense par rapport à l'infime.

[148]

2. La liberté de nier le décret de la nature

Pourtant on peut contredire son décret, c'est-à-dire la partialité de ses fins, même si ce faisant nous nous servons encore d'*une* de ces fins, à savoir de la *liberté.* C'est la prérogative de la liberté humaine de pouvoir dire non au monde. Que le monde ait des valeurs cela découle certes directement du fait qu'il a des fins (et en ce sens, compte tenu de ce qui précède, il ne peut plus être question d'une nature « libre de toute valeur ») mais je n'ai pas besoin de partager ses « jugements de valeur » et je peux même estimer « voilà pourquoi mieux vaudrait que rien ne naisse » [1]. Et il faut concéder que *per se* la supériorité de la nature du point de vue de la grandeur, de la durée et de la puissance, même de la splendeur de ses productions, ne fonde pas encore une *autorité,* même après que son prétendu « désenchantement » (Max Weber) ait été remis en cause en son point le plus décisif, celui de l'ignorance des fins et des valeurs – de même que, aimerait-on ajouter démagogiquement, chez les humains aussi la supériorité numérique de l'opinion de la masse sur celle de la minorité ne fonde pas encore une vérité.

Mais premièrement c'est sans doute qualitativement et non seulement quantitativement une chose très différente que de se mettre en contradiction avec le décret le plus profondément fondé et depuis longtemps manifesté de la nature, plutôt qu'avec l'opinion fluctuante et « superficielle » des humains. Mais avant tout je peux seulement avoir *légitimement* le droit d'entrer en dissentiment avec la nature, si je peux invoquer une instance en dehors d'elle, c'est-à-dire une transcendance qui à son tour possède l'autorité

1. Ce sont les paroles de Méphisto dans le *Faust* de Goethe *(N.d.T).*

qui est refusée à celle-là : donc sous la condition de quelque dualisme. (Car le dissentiment du simple goût serait frivole.) Ce dualisme devrait travailler avec la théologie d'un dieu qui, soit ne serait nullement responsable pour le monde, soit qui serait contrecarré par un principe contraire lors de la création de celui-ci, soit qui le créerait lui-même de travers, dans un dessein supérieur. De plus il devrait travailler avec la théologie d'un monde corrélativement mauvais (et pas seulement indifférent). En outre, il devrait travailler dans tous les cas avec une théorie de l'âme transcendante qui accomplit cet acte de dissentiment : une théorie « gnostique » de l'être, qui est sans doute la dernière chose qu'accepterait n'importe quel protagoniste de ce débat. Sous des conditions monistes par contre, ne serait possible qu'un dissentiment légitime au niveau du particulier mais non pas au niveau de la totalité.

3. Le caractère non prouvé de l'obligation d'affirmer le décret

Mais l'impossibilité d'une *négation* légitime ne suffit toujours pas à légitimer l'objet lui-même, c'est-à-dire à exiger légitimement son *affirmation*. (On pourrait au moins imaginer à titre de fiction le point de vue d'une neutralité généralisée, tout comme dans le cas d'une nature libre de valeur qui laisserait alors en effet tout au goût personnel pour les cas particuliers.) Le fait qu'en nous dissociant de la totalité, ce qui est un exercice de notre liberté, nous fassions malgré tout usage de la décision de valeur de la nature en faveur de la liberté, ne nous oblige pas à l'affirmer, comme cela pourrait le sembler en vertu de la simple conséquence logique : la logique peut seulement nous tenir grief de la contradiction entre notre jugement de négation ou notre jugement d'indifférence et l'affirmation qu'implique ce jugement, de l'instant présent, accentué en fonction de l'intérêt (comme lors de tout usage de la vie hormis du suicide), sans pouvoir transformer au nom de la rigueur logique cette affirmation *de facto* inconséquente en une authentique affirmation *de jure*. Pour cela, c'est-à-dire pour une affirmation effective, obligatoire, est requis le concept du *bien* qui n'est pas identique avec celui de la valeur ou si l'on veut, qui désigne la différence entre le statut objectif et le statut subjectif de la valeur (ou le plus brièvement possible : entre la valeur en soi et la valorisation par quelqu'un – et c'est l'élucidation de ce rapport du bien et de l'être de *bonum* et *esse)* qui donne l'espoir qu'une théorie des valeurs puisse fonder le caractère éventuellement obligatoire des valeurs, précisément comme fondation du bien dans l'être. C'est seulement [150] de ce point de vue qu'on pourrait montrer qu'en s'attachant à des valeurs, la nature a également l'autorité de les sanctionner et qu'elle est habilitée à exiger leur reconnaissance de nous et de tout vouloir conscient en son sein.

Notre démonstration précédente que la nature cultive des valeurs, puisqu'elle cultive des fins et que donc elle est tout sauf libre de valeurs, n'a pas encore apporté la réponse à la question de savoir si consentir à sa « décision de valeur » est laissé à notre bon plaisir ou si c'est notre obligation : si donc, pour l'exprimer sous forme paradoxale, les valeurs qui incontestablement sont posées par elle et pour elle sont également valables (ou même simplement le fait comme tel d'avoir des valeurs !) – auquel cas seul notre consentement serait une obligation. Cette question ne peut plus recevoir de réponse par la théorie des fins qui établissait cette démonstration, mais seulement par la théorie des valeurs vers laquelle nous nous tournons maintenant. Mais seule cette démonstration – l'immanence des fins dans l'être – rendait possible de se poser cette question et il apparaîtra que de cette façon la théorie de l'éthique a déjà gagné sa bataille la plus décisive.

CHAPITRE IV

LE BIEN, LE DEVOIR ET L'ÊTRE : THÉORIE DE LA RESPONSABILITÉ

I. ÊTRE ET DEVOIR

Fonder le « Bien » ou la « Valeur » dans l'être, cela veut dire enjamber le prétendu gouffre entre l'être et le devoir. Car le bien ou ce qui a de la valeur, pour autant qu'il l'est de son propre fait et non du fait d'un désir, d'un besoin ou d'un choix, est justement, d'après son concept, ce dont la possibilité contient l'exigence de sa réalité et ce qui devient ainsi un devoir à condition qu'existe une volonté capable de percevoir l'exigence et de la traduire en agir. Nous disons donc que le « commandement » ne peut pas émaner seulement d'une volonté qui commande, par exemple celle d'un Dieu personnel, mais également de la revendication immanente d'un bien en soi qui revendique sa propre effectivité. Or parler de l'être-en-soi du bien ou de la valeur cela veut dire que le bien ou la valeur font partie de l'équipement de l'être (pas nécessairement pour autant de l'actualité particulière de l'existant), l'axiologie devenant ainsi une partie de l'ontologie. Quel rapport cela a-t-il avec le résultat déjà acquis concernant l'essence de la nature ?

1. « Bien » ou « mal » relativement à la fin

En entretenant des fins ou en ayant des buts, comme nous le supposerons maintenant, la nature pose également des valeurs ; car devant une fin donnée de quelque manière que ce soit et recherchée *de facto,* son obtention dans chaque cas devient un bien et son empêchement un mal, et avec cette différence commence l'imputabilité de la valeur. Mais *à l'intérieur* de l'orientation vers un but, décidée au préalable, dans laquelle il ne s'agit plus que de réussite ou d'échec, aucun jugement relatif à la bonté du but lui-même n'est possible et c'est pourquoi aucune obligation qui irait au-delà de l'intérêt ne peut en être déduite. Pour autant donc que les buts sont effectivement prédisposés dans la nature, y compris dans la nôtre, ils ne semblent pas jouir d'une autre dignité que celle de leur avoir lieu effectif et [154] ils devraient simplement être mesurés d'après leur force motivante et peut-être d'après la prime de plaisir liée à leur obtention (ou de la douleur qui résulte de leur refus). Nous pourrions alors simplement dire que dans leur sphère d'influence il y a un mieux et un pire, mais non qu'un bien en soi y réclame notre assentiment. Dire que quelque chose *doit* être, peu importe que cela poursuive sa réalisation en influençant la pulsion, l'instinct ou la volonté, cela fait-il alors sens ? Un « bien en soi », disions-nous, serait une telle chose. Mais jusqu'à présent Bien et Mal sont apparus simplement comme les corrélats d'une orientation vers une fin *qui est déjà là* au préalable, à laquelle il appartient d'exercer précisément ce pouvoir sur la volonté qui se dégage *ex post facto* dans ses « décisions » – dans son résultat. La fin implantée s'impose et n'a besoin d'aucun devoir et de soi elle serait d'ailleurs incapable de le fonder. Au mieux, elle se servirait de la fiction d'un « devoir » comme instrument de son pouvoir.

2. La finalité comme bien en soi

Mais ce qui vaut pour une fin déterminée – à savoir que sa facticité est première et la validité de « bien » ou de « mal » qui s'y rapporte vient en second, sans doute déterminée par celui-ci *(de facto)*, mais non légitimée *(de jure)* – cela vaut-il également pour la « finalité » elle-même en tant que caractère *ontologique* d'un être ? Ici, me semble-t-il, la situation est malgré tout différente. Dans la faculté comme telle d'avoir des fins, nous pouvons voir un bien-en-soi, dont il est intuitivement certain qu'il dépasse infiniment toute absence de fins de l'être. J'ignore si ceci est une proposition analytique ou synthétique, mais il est absolument impossible de revenir en deçà de l'auto-évidence qu'elle comporte. On peut seulement lui opposer la doctrine du Nirvana qui conteste la valeur du fait d'avoir des fins, tout en affirmant malgré tout la valeur d'en être délivré, et qui en fait une fin de son côté. [155]. Or, comme ici l'indifférence est manifestement impossible (ce qui est nié devient une valeur négative), au moins celui qui n'adhère pas au paradoxe de la fin négatrice des fins doit accepter la loi de l'auto-justification de la fin en tant que telle dans l'être et il doit la présupposer en tant *qu'axiome ontologique* [1]. Sans doute le fait que cela entraîne un devoir – à supposer que ce bien premier ayant valeur pour lui-même soit soumis du point de vue de son existence à l'influence d'une volonté –, résulte-t-il analytiquement du concept *formel* du bien en soi. Mais sa première détermination quant à son *contenu,* et par le fait même sa domiciliation dans la réalité, ne résulte de

1. Cela a l'air d'un argument *ad hominem* pour autant qu'il exploite une préférence spontanée pour une des deux branches logiquement possibles de l'alternative, mais ce faisant cela permet à l'axiome de faire valoir ses droits alors qu'il n'avait pas réellement réussi à s'imposer sur les chemins à part qu'emprunte la pensée théorique, dans la longue solitude qui lui est propre.

rien d'autre que de l'intuition de ce même contenu dans sa dignité axiomatique, déjà exemplifiée par l'être : la suprématie de la fin en soi sur l'absence de fin. Que dans sa reconnaissance en tant qu'axiome (ce qui n'est d'abord qu'un acte de la théorie pure) il puisse s'agir d'un ultime choix métaphysique qui est incapable de fournir d'autres preuves (pas moins que le choix de soi-même de l'être qu'il adopte) il dispose malgré tout de sa propre intuition ayant une évidence propre et celle-ci se laisse articuler à peu près de la manière suivante.

3. L'auto-affirmation de l'être dans la fin

Dans la tendance vers une fin comme telle, dont l'effectivité et l'efficience dans le monde doivent être considérées comme étant acquises, compte tenu de ce qui précède (chapitre 3) nous pouvons voir une auto-affirmation fondamentale de l'être qui le pose *absolument* comme étant meilleur que le non-être. Dans toute fin l'être se déclare en faveur de lui-même et contre le non-être. Contre cette déclaration de l'être il n'y a pas de contre-déclaration puisque la négation de l'être trahit elle-même un intérêt et une fin. Cela veut dire que le simple fait que l'être ne soit pas indifférent à l'égard de lui-même fait de sa différence avec le non-être la valeur de base de toutes les valeurs, et même le premier « oui » comme tel. Cette [156] différence ne réside donc pas tant dans la différence entre un quelque chose et le rien (laquelle dans le cas de l'indifférence du quelque chose serait simplement la différence elle-même indifférente entre deux indifférences), mais dans la différence entre un intérêt pour une fin comme telle et l'indifférence, dont nous pouvons considérer que la forme absolue est le rien. Un être indifférent serait simplement une forme du rien plus imparfaite, entachée du défaut du non-sens et à proprement parler elle serait inconcevable. Que pour l'être il y va de quelque chose, autrement dit qu'il y va au moins de lui-même, c'est la première chose que peut nous apprendre à son sujet la présence de fins en lui. Alors la maximalisation du caractère de finalité, c'est-à-dire la plénitude des fins recherchées et par le fait même celle du bien ou du mal possibles, serait la valeur la plus proche qui résulte de la valeur fondamentale de l'être comme tel dans l'accentuation de sa différence par rapport au non-être. Plus la fin est diverse, plus est grande la différence ; plus elle est intensive, plus sont vigoureuses son affirmation et simultanément la justification de celle-ci : en elle l'être montre qu'il en vaut la peine.

4. Le « oui » de la vie : un « non » sans réserve opposé au non-être

Dans la vie organique la nature a déclaré son intérêt, et dans la diversité monstrueuse de ses formes, dont chacune est une manière d'être et de tendre vers un but, elle le satisfait progressivement au prix d'un empêchement et de la destruction correspondante. Le prix est nécessaire, puisque chaque fin ne peut être réalisée qu'au prix d'autres fins. La diversité générique est elle-même une telle sélection, au sujet de laquelle il est impossible de dire si elle était toujours la « meilleure », mais dont la conservation est certainement un bien face à l'alternative de la destruction et du dépérissement. Mais plus encore que dans l'extension du spectre générique, l'intérêt se manifeste dans l'intensité des [157] fins propres des vivants eux-mêmes, dans lesquelles la fin de la nature devient progressivement subjective, c'est-à-dire davantage la fin propre de l'exécutant correspondant. En ce sens tout être sentant et mû par une tendance est non seulement une fin de la nature mais également une fin en soi, à savoir sa propre fin [1]. Et c'est précisément ici, par la lutte de la vie contre la mort, que devient « emphatique » l'auto-affirmation de l'être. La vie c'est la confrontation explicite de l'être au non-être, car dans sa soumission constitutionnelle aux *besoins* qui est donnée avec la nécessité du métabolisme, auxquels la satisfaction peut être refusée, elle porte en elle la possibilité du non-être comme son antithèse qui lui est toujours présente, à savoir en tant que menace. Le mode de son être est la conservation par l'agir. Le oui de toute tendance est ici aiguisé par le non actif opposé au non-être. Par la négation du non-être l'être devient une tâche positive, à savoir celle du perpétuel choix de soi-même. La vie en tant que telle est l'expression de ce choix face au risque du non-être qui fait partie de son essence. C'est donc, et ce n'est qu'un paradoxe apparent, la *mort*, c'est-à-dire le fait de pouvoir mourir, à savoir le fait de pouvoir mourir à tout moment et également le fait de le différer à tout moment, dans *l'acte* de la conservation de soi, qui marque de son sceau l'auto-affirmation de l'être : celle-ci se transforme ainsi dans les efforts individualisés des étants.

1. Le fait que l'être vivant soit sa propre fin ne veut pas encore dire qu'il soit capable de se *proposer* des fins : il les « a » de par sa nature, au service de la fin autonome qu'il n'a pas choisie. Le service quelconque rendu aux fins des autres êtres, même de sa propre progéniture, est inclus seulement de façon médiate et conditionnée par l'hérédité, dans la poursuite de la fin autonome : les fins vitales sont égoïstes du point de vue du sujet. (La subordination de ces fins individuelles à des fins plus englobantes de l'ordre biologique est un problème à part.) La liberté humaine seule autorise la position et le choix de fins et par le fait même l'incorporation délibérée d'autres fins dans les fins immédiatement propres, allant jusqu'à leur appropriation complète dans l'abandon total de soi.

5. Pour l'homme le « oui » ontologique a la force d'un devoir

Mais ce « oui » qui agit aveuglément gagne une force obligatoire seulement dans la liberté lucide de l'homme qui, comme résultat suprême du travail de finalisation de la nature, n'est pas simplement son agent supplémentaire, mais peut également devenir son destructeur grâce au pouvoir que procure le savoir. Il doit assumer le « oui » dans son vouloir et imposer à son pouvoir le « non » opposé au non-être. Mais cette transition du [158] vouloir au devoir est précisément le point critique de la théorie morale et dont la fondation échoue si facilement. Comment ce dont depuis toujours déjà l'être s'occupe pour le bien de l'ensemble à travers chaque vouloir individuel, devient-il une obligation ? Pourquoi ce dépassement de la nature par l'homme qui l'oblige à secourir son action en restreignant pour cela son propre héritage naturel singulier, le libre arbitre ? L'exercice le plus plénier de celui-ci ne serait-il pas précisément l'accomplissement de la fin naturelle qui l'a engendré – où qu'elle le conduise ? Ce serait précisément cela la valeur en soi vers laquelle tendait le mouvement de l'être ; cela serait son décret qui pourrait exiger l'adhésion, mais qui n'en a nullement besoin.

6. Caractère problématique d'un devoir différent du vouloir

Admettons donc que la finalité comme telle soit le premier des biens et qu'elle a comme telle, pour l'exprimer abstraitement. « droit » à la réalité. Malgré tout cette finalité signifie déjà *vouloir* des fins et à travers celles-ci, en tant que conditions de sa propre subsistance, se vouloir elle-même comme fin fondamentale : la finalité donnée par nature se charge de la réalisation de sa revendication d'être qui se trouve donc avec elle entre de bonnes mains. Pour le dire très simplement : l'autoconservation n'a pas besoin d'être commandée et elle n'a pas besoin d'aucune autre persuasion que celle de la simple jouissance qui l'accompagne ; son vouloir, avec son oui et son non, est toujours déjà là en premier et vaque à sa tâche – mieux ou moins bien dans le cas individuel, mais toujours à la mesure de sa capacité. Donc même si le concept d'un « vouloir devoir » faisait sens, il serait malgré tout superflu ici et par le fait même également le concept (qui fait effectivement sens) du « devoir faire », étant donné que le vouloir déjà présent entraîne automatiquement son faire. Mais là où un mieux ou un pire (c'est-à-dire un plus ou moins efficacement) fait l'objet d'un *choix*, comme c'est le cas avec l'homme, [159] on peut sans doute parler au nom du vouloir de la fin d'un devoir du meilleur chemin, donc (avec Kant) de « l'impératif hypothétique » de la prudence qui concerne les moyens et non la fin elle-même. Mais quelle que puisse être l'importance de cet impératif dans le maquis des affaires humaines – il a peu de chose en commun avec l'impératif inconditionnel de la moralité. Celui-ci doit s'étendre aux fins elles-mêmes et même tout d'abord à celles-ci. (Qu'il soit sa propre fin, comme le pensait finalement Kant, est une construction intenable – voir plus loin.) Invoquer la suprématie des fins « supérieures » sur les fins « inférieures » comme motif déterminant du choix n'est d'aucun secours non plus, tant que cette distinction n'aura pas déjà été définie en termes d'éthique et que n'aura pas été identifié quelque chose comme une obligation de suivre la fin supérieure. On peut avoir de bonnes raisons d'appeler le fait de peindre la chapelle Sixtine une fin supérieure à l'assouvissement de la faim dévorante, mais qu'on consulte les *Rats d'égout* de Heine, si l'on veut savoir s'il est possible d'en déduire une loi de l'agir valable pour eux. Il y a toujours encore un pas supplémentaire de l'être en soi de la valeur et du bien que nous pouvons déjà présupposer ici, y compris sa « revendication » abstraite, à la *tâche* qui incombe ici et maintenant comme *sienne* à l'agir : c'est le pas qui conduit de l'atemporel au temporel. Mais sur ce pas pèse le soupçon que même l'étrange automystification de la morale, également celle de la morale la plus ascétique avec toutes ses « tâches » et ses « renoncements », est encore une forme déguisée de l'autosatisfaction de la pulsion élémentaire (par exemple : « la volonté de puissance », « le principe de plaisir ») – que donc tout devoir apparent qu'on s'impose à soi-même, n'est qu'un déguisement du vouloir, son attrait par un appât plus efficace que celui de la jouissance commune. Dans ce cas ce ne serait ni la « valeur » ni le « bien » qui auraient l'autorité de commander, mais la force des causes – naturellement celle des causes finales, mais néanmoins une force causale. Alors tout vouloir en tant que tel, et en tant que partie immanente de la téléologie de l'être comme telle, serait *eo ipso* justifié (à évaluer peut-être d'après son intensité, mais non d'après [160] son but) et l'effort pour parvenir à une doctrine des principes serait vain. Le « oui » tonitruant de *l'amor fati* lui-même, le vide vouloir-encore une fois tout ce qui a déjà été voulu et fait, ne lui ajouterait rien. Nous devons une nouvelle fois nous interroger sur le sens de la « valeur » et du « bien ».

7. « Valeur » et « bien »

a. Du point de vue linguistique le « bien » face à la « valeur » possède la plus grande dignité de l'être-en-soi : nous inclinons à le comprendre comme quelque chose qui est indépendant de nos désirs et de nos opinions. La notion de « valeur » en revanche s'associe volontiers à la question « pour qui ? » et « combien ? » : le terme a son origine dans la sphère de l'estimation et du troc. Il désigne donc pour commencer simplement un degré du vouloir, à savoir du vouloir investir et non du devoir. Je me fixe quelque chose comme fin, parce que cela a de la valeur pour moi ou cela a de la valeur pour moi parce que cela s'est déjà imposé comme fin à ma nature d'être de besoin, antérieurement à tout choix : dans l'agir, pour autant qu'il soit libre dans la concurrence des fins, je me fixe encore une fois la fin naturelle comme fin [1]. *N'importe quelle* fin donc que je me fixe est par cela seul identifiée comme « valeur », à savoir quelque chose qui vaut la peine que je la poursuive à présent (y compris renoncer à celles qui ne peuvent pas être poursuivies dans ce but). La valeur d'échange de la peine – sa « récompense » – est ici la jouissance, y compris ses espèces les plus subtiles. Si la fin une fois atteinte me déçoit en cela et si elle conduit au jugement que malgré tout elle n'en valait pas la peine, mon désir mieux instruit se consultera à l'avenir seulement lui-même à propos du choix plus rentable de fins et sans consulter ces fins ni leur droit à être choisies par moi. Ce jugement révisé lui-même, même s'il est mieux instruit et qu'il a ainsi peut-être plus de chances de succès, n'a pas besoin d'être moins subjectif ; il n'est donc pas plus normatif que le premier.

1. Naturellement les fins ne sont pas choisies par nécessité et encore moins dans une évaluation comparative : l'agir comme tel (y compris l'agir animal) est guidé par des fins, même antérieurement à tout choix, puisque des fins élémentaires – et le fait comme tel d'avoir des fins – sont implantées en nous du fait de notre nature d'êtres de besoin. Et la jouissance qui les accompagne les rend également subjectivement « valables ». Mais la discussion présente a affaire à la sphère subjective des fins élues, dans laquelle ce n'est pas simplement le vouloir qui est une création de la fin donnée, mais où dans un certain sens la fin – en tant que mienne – est une création du vouloir. Même là « l'être une valeur » de la fin, le corrélat du désir, est prédéterminé de multiples manières – par la vie pulsionnelle, l'environnement, l'exemple, l'habitude, l'opinion et le moment.

b. Pourtant nous ne renonçons pas à distinguer entre des fins valables et des fins non valables et cela indépendamment du fait de savoir si notre désir y a trouvé son compte ou non. Avec cette distinction nous postulons que ce qui en vaut la peine ne coïncide pas nécessairement avec ce qui en vaut la peine précisément *pour moi.* Par contre ce qui en vaut réellement la peine *devrait* devenir ce qui en vaut également la peine pour moi et ce qui pour cela est *transformé* par moi en une fin. Or en valoir « réellement » la peine, cela doit vouloir dire que l'objet de ma peine est *bon,* indépendamment de l'appréciation de mes penchants. C'est précisément cela qui en fait une source d'un devoir par lequel il interpelle le sujet au milieu de la situation dans laquelle est concrètement en cause la réalisation ou la conservation de ce bien-ci par ce sujet-ci. Nulle théorie volontariste ou appétitive, qui définit le bien comme ce vers quoi on tend, ne rend justice à ce phénomène originaire de la requête. Comme simple émanation de la volonté le bien est dépourvu de l'autorité qui lie la volonté. Au lieu de déterminer son choix, il lui est soumis et à chaque fois il est ceci ou cela. Seul son enracinement dans l'être en fait le vis-à-vis de la volonté. Le bien indépendant réclame de devenir une fin. Il ne peut pas forcer le vouloir libre à en faire sa fin, mais il peut lui extorquer l'aveu que telle serait son obligation. Si ce n'est dans l'obéissance, c'est dans le sentiment de culpabilité que se manifeste l'aveu : nous avons manqué de respect au bien.

8. Faire le bien et l'être de celui qui le fait : la prévalence de la « cause »

a. Or, pas plus que la distinction du désir et du devoir, notre sentiment ne se laisse arracher la certitude que faire le bien pour lui-même profite pourtant d'une façon ou d'une autre à celui qui le fait, et cela indépendamment du succès de l'acte. Qu'il participe au bien accompli ou non, qu'il en ait [162] seulement l'expérience ou non, et même s'il le voit échouer, son être moral a gagné du fait de répondre à l'appel de l'obligation en s'y pliant. Pourtant, cela ne doit pas avoir été le bien qu'il voulait. Le mystère ou le paradoxe de la morale est que le soi doit être oublié au profit de la cause, afin de laisser advenir un soi d'ordre supérieur (qui est en effet également un bien en soi). Sans doute a-t-on le droit de dire « je veux pouvoir me regarder en face » (ou affronter le jugement de Dieu) mais précisément cela ne me sera possible que si c'est la « cause » et non moi-même qui m'importait : cette dernière chose ne saurait devenir la cause même et l'objet de l'acte en sera seulement l'occasion. L'homme bon n'est pas celui qui s'est rendu bon, mais celui qui a fait le bien pour lui-même. Or le bien est la « cause » dans le monde et même la « cause » du monde. La moralité ne peut jamais se prendre elle-même pour fin.

b. Ce n'est donc pas la forme, mais le contenu de l'agir qui vient en premier. En ce sens la morale est « reniement de soi », même si elle peut parfois également avoir pour objet un état du soi – à savoir un état conforme à l'obligation et faisant partie de la cause du monde (et sans que le reniement de soi soit moral en soi). Ce n'est pas l'obligation elle-même qui est l'objet ; ce n'est pas la loi morale qui motive l'agir moral, mais l'appel du bien en soi possible dans le monde qui se dresse face à mon vouloir et qui exige d'être écouté – *conformément* à la loi morale. Écouter cet appel c'est précisément ce qu'ordonne la loi morale : celle-ci n'est rien d'autre que l'inculcation générique de l'appel de tous les biens dépendant de l'action et de leur droit respectif à *mon* action. Elle m'impose comme obligation ce dont l'intellection me montre que de soi cela mérite d'être et que cela a besoin de ma performance. Pour que cela m'atteigne et m'affecte de manière à ébranler la volonté, je dois être capable d'être affecté par de telles choses. Notre côté émotionnel doit entrer en jeu. Or l'essence de notre nature morale implique que l'appel, tel que l'intellection nous le transmet, trouve [163] une réponse dans notre sentiment. C'est le sentiment de responsabilité.

c. Comme toute théorie éthique, la théorie de la responsabilité doit elle aussi envisager les deux choses : le fondement *rationnel* de l'obligation, c'est-à-dire le principe légitimant derrière la revendication d'un « on doit » qui oblige, et le fondement *psychologique* de sa faculté d'ébranler le vouloir, c'est-à-dire de devenir pour un sujet la cause qui fait qu'il *laisse* déterminer son agir par lui. Cela veut dire que l'éthique a une face objective et une face subjective, dont l'une a affaire à la raison et l'autre au sentiment. Historiquement c'est tantôt l'une, tantôt l'autre qui se trouvait davantage au centre de la théorie éthique ; et traditionnellement c'est le problème de la *validité,* c'est-à-dire la face objective, qui a davantage occupé les philosophes. Mais les deux faces sont mutuellement complémentaires et l'une et l'autre sont des parties intégrantes de l'éthique comme telle. Si nous n'étions pas, du moins inchoativement, *réceptifs* à l'appel de l'obligation grâce à un sentiment qui lui répond, meme la preuve la plus contraignante de son droit, auquel la raison doit consentir, serait pourtant impuissante à transformer en force motivante ce qui est prouvé. Inversement, sans une *légitimation* de son droit notre réceptivité factuelle à des appels de ce type *serait* un jouet des prédilections contingentes (elles-mêmes conditionnées de multiples manières) et le choix qu'elle aurait fait manquerait de justification. Sans doute cela laisserait-il toujours encore de l'espace pour un comportement moral inspiré par une bonne volonté naïve, dont l'auto-assurance immédiate ne réclame aucune légitimation ultérieure – et qui en effet n'en a pas non plus besoin dans ces cas heureux où les intuitions du cœur sont « par nature » en accord avec les commandements de la loi morale. Une subjectivité à ce point comblée (et qui voudrait en exclure la possibilité ?) pourrait agir totalement de son propre cru, c'est-à-dire en se laissant guider par le sentiment. La face objective ne saurait jamais posséder pareille autosuffisance ; son impératif, quelque évidente qu'en soit la vérité, [164] ne peut pas du tout devenir efficace à moins qu'elle ne rencontre une sensibilité réceptive à quelque chose de son espèce. Cette donation *factuelle* du sentir, probablement un potentiel humain universel, est donc le *datum* cardinal de la morale et comme telle elle est également déjà impliquée dans le « on doit ». En effet du *sens* le plus propre du principe normatif *fait* partie le fait que son appel s'adresse à des êtres qui y sont réceptifs de par leur constitution, c'est-à-dire de par leur nature (ce qui naturellement ne garantit pas encore qu'on lui obéisse). Sans doute peut-on dire qu'il n'y aurait pas de « tu dois » s'il n'y avait personne qui puisse l'entendre et qui de soi soit accordé à sa voix et même qui cherche à l'écouter. Cela ne veut dire rien d'autre sinon que les hommes *sont* potentiellement déjà des « êtres moraux », parce qu'ils possèdent cette *capacité d'être affectés,* et que c'est seulement ainsi qu'ils peuvent également être immoraux. (Celui qui y est sourd par nature ne peut ni être moral ni être immoral.) Mais il est tout aussi vrai que le sentiment moral lui-même réclame une autorisation venant d'au-delà de lui-même et pas seulement afin de le mettre à l'abri des contestations venant du dehors (y compris celles des motifs concurrents dans la même âme), mais en vertu d'un besoin interne de ce sentiment en soi, d'être plus qu'une simple impulsion. Ce n'est donc pas la validité, mais bien l'efficacité du commandement moral qui dépend de cette condition subjective : celle-ci est simultanément sa prémisse et son objet, invoqué, réclamé, poussé par lui – avec succès ou en vain. En tout cas la faille entre la sanction abstraite et la motivation concrète doit être enjambée par l'arche du sentiment qui seul peut ébranler la volonté. Le phénomène de la moralité repose a priori sur ce couplage, bien que l'un de ses membres ne soit donné qu'a posteriori en tant que fait de notre existence : la présence subjective d'un intérêt moral [1].

D'après l'ordre logique la validité des obligations viendrait d'abord et le sentiment qui leur répondrait en second. Mais dans l'ordre de l'accès, [165] commencer par le côté subjectif présente des avantages parce que non seulement il est ce qui est donné et connu de façon immanente, mais qu'il est également déjà covisé dans l'appel transcendant qui lui est adressé. – Ce n'est qu'un regard extrêmement bref que nous voulons jeter sur l'aspect émotionnel de la moralité dans la théorie éthique antérieure.

9. L'aspect émotionnel de la moralité dans la théorie éthique du passé

a. *L'amour du « bien suprême »*

Que le sentiment doive s'ajouter à la raison pour que le bien objectif puisse dominer notre volonté – que donc la morale qui doit commander aux affects ait

1. Le fait que la volonté humaine soit ouverte à des fins par-delà celles inscrites dans sa propre vie – un miracle lié au miracle naturel de la raison, mais distinct de celui-ci – fait de lui un être moral. Cette ouverture complète et limite la liberté d'indifférence de la raison. En tant qu'intellect pur, c'est-à-dire en tant que faculté de connaître indépendante du vouloir elle peut contempler le monde avec la distance neutre du savoir n'impliquant pas de prise de position : en tant qu'entendement technique, elle peut inventer les moyens appropriés à n'importe quelle fin dont s'empare la volonté ; mais comme faculté de juger instruite par le sentiment, la raison évalue les fins possibles selon leur dignité et les prescrit à la volonté. Mais en définitive la volonté se tient déjà derrière toutes ces formes de la raison : c'est la volonté d'objectivité qui rend possible la prétendue neutralité de la connaissance ; et c'est la volonté de la fin comme telle et pour commencer celle des fins propres qui prescrit à l'entendement technique de chercher des moyens ; et

elle-même besoin d'un affect – les philosophes moralistes en avaient conscience depuis toujours ; et parmi les grands, Kant fut sans doute le seul qui eut besoin de s'extorquer cela comme une concession faite à notre nature sensible, au lieu d'y voir une partie intégrante de l'élément éthique en soi. Explicitement ou implicitement cette intuition habite toute doctrine des vertus, quelle que soit la différence dans la détermination du sentiment qui est postulé ici. La « crainte de Dieu » juive, « l'eros » platonicien, « l'eudémonie » aristotélicienne, la « charité » chrétienne, « *l'amor Dei intellectualis* » de Spinoza, la « bienveillance » de Shaftesbury, le « respect » de Kant, « l'intérêt » de Kierkegaard, la « jouissance de la volonté » de Nietzsche, sont des modes de détermination de cet élément affectif de l'éthique. Nous ne pouvons pas ici entreprendre leur discussion, mais nous observons que le « sentiment de responsabilité » n'y figure pas. Nous devons ultérieurement rendre compte de cette absence afin de défendre notre choix. Nous observons en outre que la plupart des sentiments mentionnés (mais pas tous) sont du type de ceux qui sont inspirés par et orientés vers un *objet* représentant une valeur suprême, un « bien suprême ». Traditionnellement ce *summum bonum* avait souvent la signification [166] complémentaire ontologique (un corollaire de l'idée de perfection) que cela devait être quelque chose d'intemporel, qui présente à notre mortalité l'appât de l'éternité. Le but de l'effort éthique est alors de rendre son propre état adéquat à cet objet suprême et en ce sens à se l'« approprier » ainsi qu'à favoriser son appropriation chez autrui, de manière générale à lui ménager une place dans le monde du temporel. L'impérissable invite le périssable à participer à lui et suscite en lui son *envie*.

c'est la volonté de fins valables qui prescrit à la faculté de juger d'écouter ce que lui dit le sentiment. – A la volonté en tant que « toute première instance » s'applique peut-être ce que Nietzsche disait d'elle : qu'elle voudrait le rien plutôt que ne pas vouloir. Mais pour pouvoir vouloir *quelque chose,* elle (ou le « jugement » auquel elle accepte d'obéir) a précisément besoin du sentiment qui inonde ce quelque chose de la lumière de ce qui vaut d'être choisi.

Mais tout au contraire l'objet de la *responsabilité* est le périssable en tant que périssable – nonobstant cette *communauté* entre moi et lui, un « autre » face à moi avec une moindre chance de participation que n'importe lequel des objets transcendants de l'éthique classique : un « autre », non comme une chose incomparablement meilleure, mais comme rien que lui-même dans son droit le plus propre et sans que cette altérité-là doive être enjambée par l'assimilation de moi à lui ou de lui à moi. C'est précisément l'altérité qui s'empare de ma responsabilité et nulle appropriation n'est visée ici. Et pourtant cet objet totalement éloigné de la « perfection », tout à fait contingent dans sa facticité, appréhendé précisément *dans* son caractère périssable, dans son état de besoin et dans son incertitude, est censé avoir la puissance de mobiliser par sa simple existence (non par des qualités particulières) la mise-à-sa-disposition de ma personne, à l'abri de tout désir d'appropriation. Et il le peut manifestement, sinon il n'y aurait pas de *sentiment* de responsabilité à l'égard d'une telle existence. Or ce sentiment existe en tant que fait d'expérience est il n'est pas moins réel que les sentiments *appétitifs* de l'expérience du *summum bonum*. Nous en parlerons ultérieurement. A présent, prêtons seulement attention à ce que ces deux types contrastés ont malgré tout en commun : le pouvoir d'obliger émane de l'exigence d'un *objet* et la soumission se fait à un objet, qu'il soit temporel ou éternel. Dans les deux cas quelque chose doit être accompli dans le royaume des choses.

[167]

b. *Agir pour agir*

A ces attitudes éthiques tournées vers un objet, dans lesquelles domine au plus haut degré la *teneur* du but au-dehors de moi, s'opposent les types dépourvus d'objet, dans lesquels la forme ou l'esprit de l'acte lui-même est le thème de la norme et où l'objet externe que fournit la situation est davantage l'occasion que le but réel de l'action. Ce n'est pas le « quoi » mais le « comment » de l'agir qui importe ici. L'extrême moderne de cette éthique de l'intention subjective est l'existentialisme (cf. la « volonté de vouloir » de Nietzsche, la « décision authentique » de Sartre, « l'authenticité » et la « résolution » de Heidegger et ainsi de suite), dans lequel l'objet dans le monde ne comporte pas de lui-même une revendication à notre égard, mais dans lequel il reçoit sa signifiance par le choix de notre intérêt passionné. Ici règne au plus haut point la liberté du soi. Peut ici rester en suspens la question de savoir si ce point de vue est encore soutenable à la lettre ou s'il n'attribue pas malgré tout secrètement une valeur à l'objet (pour lequel on *doit* donc se décider) et si ce n'est pas *cela* précisément la vraie raison du choix prétendument non fondé. Ce qui importe à la théorie de l'éthique c'est la négation de principe de tout ordre de préséance ou de droit immanent aux choses elles-mêmes et ainsi l'idée d'obligations objectivement valable à leur égard, dont elles pourraient être elles-mêmes la source [1].

1. En dépit d'une ressemblance nominale, la distinction de Max Weber entre une éthique de la responsabilité et une éthique de la conviction ne relève pas de la dichotomie d'une éthique de l'objet et du sujet opérée ci-dessus. Car ce qu'il décrit comme « éthique de la conviction » et ce qu'en politique il oppose à « l'éthique de la responsabilité » n'est que la poursuite inconditionnelle d'une cause comprise dans son inconditionnalité, qui ne s'intéresse à nulle autre conséquence que celle du succès possible, qui estime que nul prix (que la collectivité doit payer) n'est trop élevé et que le risque d'un échec lui-même, y compris sa débâcle intégrale, vaut la peine d'être couru. Le « politicien de la responsabilité » en revanche soupèse les conséquences, les coûts et les chances et ne dit jamais à *aucun* but : « *pereat mundus, fiat justitia* » (ou quel que soit le bien absolu). Mais celui qui dit cela est naturellement déjà voué à une *cause* et il ne pense pas moins – puisqu'il estime qu'il est réalisable – au bien commun que son adversaire plus pondéré. Et en effet, les spartakistes que Weber avait alors en vue se prenaient parfaitement pour des réalistes ; et Rosa Luxemburg ne recherchait nullement la pureté de sa conviction ni la fidélité au programme, mais elle cherchait à s'emparer d'une chance, grande ou petite, alors que ne pas s'en emparer aurait été à ses yeux la trahison de la plus grande des causes objectives. Qu'elle l'ait payé de sa vie ne rend pas son entre-

c. *Le « respect de la loi » de Kant*

Unique, comme si souvent, est la position de Kant dans ce débat entre les principes « matériels » et « formels », « objectifs » et « subjectifs » de l'acte moral. Tandis que d'une part il ne nie pas que des objets puissent nous affecter par leur valeur, il nie pourtant d'autre part (au nom [168] de « l'autonomie » de la raison morale) qu'une telle affection « pathologique » du sentiment puisse constituer le véritable motif de l'agir moral ; et tandis qu'il insiste sur l'objectivité d'une loi morale universelle, fondée sur la raison, il concède pourtant un rôle nécessaire au sentiment dans la conformation de la volonté particulière à la loi. Mais la chose tout à fait exceptionnelle est que ce sentiment ne concerne pas quelque chose d'objectif, mais la loi comme telle. En effet c'est la découverte profonde de Kant – d'autant plus impressionnante qu'elle vient du défenseur de l'autonomie inconditionnelle de la raison en matière de morale – qu'à côté de la raison le sentiment doit lui aussi être en jeu pour que la loi morale puisse s'imposer à notre volonté. Selon lui,

prise irresponsable (bien que peut-être irréfléchie). Ce que Weber exprimait par le couple conceptuel « éthique de la conviction – éthique de la responsabilité » n'est donc que la différence entre un politicien radical et un politicien modéré, entre celui qui connaît seulement un but et celui qui cherche à en harmoniser plusieurs, entre celui qui met tout sur une seule carte et celui qui répartit les risques. (Il reste que l'unilatéralité et le fanatisme sont des conditions défavorables à la responsabilité qui réclame un jugement circonstancié.) Cette distinction est suffisamment importante et elle nous occupera encore à l'intérieur de l'éthique de la responsabilité (par exemple à propos de l'idéal utopique), mais elle tombe d'*un* côté de la dichotomie que nous avions mise en évidence plus haut. Par contre la contribution de Max Weber au problème du subjectivisme éthique qui y est soulevé (mais qui n'interfère nullement avec sa dichotomie que nous venons de mentionner), est sa thèse de la « science libre de toute valeur » et son « désenchantement du monde ». En effet derrière le nihilisme de la philosophie de l'existence et son éthique de l'arbitraire inventant des valeurs, tout comme derrière le subjectivisme moderne en entier, se tiennent les sciences de la nature modernes avec leur illusion d'un monde libre de valeur.

c'est un sentiment que ne suscite pas en nous un objet (ce qui rendrait la morale « hétéronome ») mais *l'idée* de l'obligation ou de la loi morale : le sentiment du *respect*. Kant voulait dire : le respect de la loi, de la sublimité du « tu dois » inconditionnel qui émane de la raison. En d'autres termes : la raison elle-même devient la source d'un affect et en est l'objet ultime ! Non pas évidemment la raison comme faculté de connaître, mais comme principe de l'universalité auquel la volonté doit se conformer ; et cela non par le choix de ses objets, mais par la forme de son choix, c'est-à-dire par la modalité de l'autodétermination en vue de l'universalisation possible de sa maxime. Cette forme interne du vouloir seule est le contenu de l'impératif catégorique, dont la sublimité inspire le respect.

Mais bien que cette pensée elle-même ne manque pas de sublimité, elle conduit à une absurdité. Car le sens de l'impératif catégorique est, comme le montrent toutes ses applications dans la casuistique, non pas la position de fins, mais l'autolimitation de la liberté par la règle de l'accord avec soi-même de la volonté, dans la poursuite des fins. Mais si c'est cela l'idée de la loi morale, alors la formule kantienne équivaut à une [169] « autolimitation de la liberté par respect de l'idée de l'autolimitation de la liberté » – ce qui manifestement est incohérent. Ou bien, étant donné que l'autolimitation est censée se produire en vue de la capacité d'universalisation, on peut également dire : « universalisation du vouloir particulier par respect devant l'idée de l'universalité », ce qui vaut à peine mieux. Car sans doute une universalité plus large est-elle une vertu des énoncés théoriques dans un système de la vérité, et leur validité pour n'importe quel autre entendement va de soi ; mais dans les décisions d'agir individuelles la certitude qui les accompagne le cas échéant, celle que tout être de raison doit y souscrire du fait de l'universalité de leur principe est sans doute une confirmation bienvenue (peut-être même un critère de leur justesse) mais il est impossible qu'elle soit le premier fondement de mon choix, et très certainement pas la source du *sentiment* – que ce soit du respect ou autre chose, qui ici et maintenant scelle mon alliance avec la chose. Ce sentiment, seule la chose elle-même, et nulle idée de l'universalité peut le susciter, à savoir par sa validité propre parfaitement unique. Il se peut bien que cette dernière soit soumise à des principes plus englobants, mais ce seraient alors des principes ontologiques et si des principes de ce type affectent le sentiment, alors c'est par leur *contenu* et non par le degré de leur universalité. (N'importe quelle tentative de comprendre la loi morale comme étant sa propre fin doit conduire à des incohérences comparables à celles de cet exemple majeur.)

En vérité, doit-on ajouter, l'intuition morale de Kant était plus grande que ce que dictait la logique du système. Le vide particulier auquel conduit « l'impératif catégorique » purement formel avec son critère de la possibilité d'universaliser sans contradiction la maxime du vouloir, a été remarqué maintes fois [1]. Mais Kant lui-même rachetait le simple formalisme de son impératif catégorique par un principe de comportement « matériel », qui prétendument en découle, alors qu'en vérité il lui est surajouté : le respect de la dignité des personnes en tant qu'elles sont leurs propres fins. Le reproche de vide ne vaut certainement pas pour cela ! Or la valeur propre inconditionnelle [170] des sujets raisonnables ne découle d'aucun principe formel, mais elle doit convaincre le sens des valeurs de l'observateur qui juge en se basant sur *l'intuition* de ce qu'est un soi agissant librement dans un monde de la nécessité.

d. Le point de vue de l'analyse suivante

Qu'il nous soit permis d'avancer simplement notre contre-position qui est sous-jacente aux réflexions suivantes relatives à la responsabilité : ce qui importe ce

1. Pour une critique vigoureuse, cf. Max SCHELER, *Le Formalisme en éthique et l'éthique matériale des valeurs,* trad. par Maurice de Gandillac, Paris, Gallimard, 1955.

sont en premier lieu les choses et non les états de ma volonté. En engageant la volonté, les choses deviennent des fins pour moi. Les fins peuvent tout au plus être sublimes – par *ce* qu'elles sont ; même certaines actions ou des vies entières peuvent l'être : mais non pas la règle de la volonté dont l'observation est la condition pour que n'importe quelle fin soit une fin morale – plus précisément : qu'elle ne soit pas une fin immorale. La *loi* en tant que telle ne peut être ni la cause ni l'objet du respect ; mais *l'être,* reconnu dans sa plénitude ou dans une de ses manifestations individuelles, dès lors qu'il rencontre une capacité de perception qui n'est pas rétrécie par l'égoïsme, ni brouillée par l'abrutissement, peut bien susciter du respect – et il peut par l'*affection de notre sentiment* secourir la loi morale qui sinon serait sans force, cette loi qui commande que notre propre être satisfasse la *revendication* immanente de l'étant. Être « hétéronome » en ce sens, à savoir se laisser ébranler par l'interpellation légitime des entités perçues, ne mérite pas qu'on recule devant lui ou qu'on le nie au profit du principe de l'autonomie. Mais le respect lui-même ne suffit pas, car il se peut qu'un tel consentement du sentiment à la dignité perçue de l'objet, quelle qu'en soit la vivacité, reste totalement inopérant. Seul le *sentiment de responsabilité* qui vient s'y ajouter en liant *tel* sujet à tel objet nous fera agir en sa faveur. Nous affirmons que c'est ce sentiment, plus qu'aucun autre qui [171] peut susciter en nous une disponibilité à soutenir la revendication d'exister de l'objet par notre propre agir. Souvenons-nous enfin que la sollicitude pour la progéniture (voir chap. 2, p. 87 sq.) est l'archétype humain élémentaire de la coïncidence entre la responsabilité objective et le sentiment de responsabilité subjectif, tellement spontanée qu'elle n'a pas besoin d'invoquer la loi morale, et que la nature nous a par avance éduqués en vue des types de responsabilité qui manquent de l'assurance de l'instinct et qu'elle y a préparé notre sentiment. Tournons-nous donc vers ce phénomène « responsabilité », sur lequel la théorie éthique dans son ensemble a été tellement muette.

[172]

II. THÉORIE DE LA RESPONSABILITÉ : PREMIÈRES DIFFÉRENCIATIONS

1. La responsabilité comme imputation causale des actes commis

a. La condition de la responsabilité est le pouvoir causal. L'acteur doit répondre de son acte : il est tenu pour responsable de ses conséquences et le cas échéant on lui en fait porter la responsabilité. Cela a d'abord une signification juridique et non à proprement parler une signification morale. Le dommage commis doit être réparé, même si la cause n'était pas un méfait, même si la conséquence n'était ni prévue ni voulue. Il suffit que j'aie été la cause active. Mais cette condition vaut pourtant seulement en lien causal étroit avec l'acte, de sorte que son imputation sera univoque et que la conséquence ne se perdra pas dans l'imprévisible. Le fameux clou de sabot manquant ne rend pas réellement l'apprenti forgeron responsable de la bataille perdue et de la perte du royaume. Mais le messager direct, le cavalier qui chevauche le cheval, aurait bien un droit de recours contre le forgeron qui porte la « responsabilité » de la négligence de son apprenti, sans que lui-même encoure un reproche. La négligence est ici l'unique chose qui doit éventuellement être dite moralement coupable et elle l'est en un sens trivial ; mais l'exemple montre (comme la responsabilité quotidienne pour leurs enfants encourue par les parents) qu'une responsabilité donnant droit à un dédommagement financier peut être libre de toute culpabilité. Le principe de l'imputabilité causale est toujours encore conservé dans la relation en vertu de laquelle le supérieur hiérarchique condense en général en sa personne la causalité de ses subordonnés (pour la performance fiable desquels il récolte également l'éloge).

b. Or très tôt s'est mêlée à l'idée de la compensation juridique celle de la punition qui a une signification morale [173] et qui qualifie l'acte causal comme étant moralement coupable. Ici l'explication : « coupable ! » a un autre sens que « Pierre doit des dommages et intérêts à Paul ». C'est l'acte, plus que les conséquences, qui est puni, s'il s'agit d'un crime et c'est d'après lui qu'est évalué le châtiment. Pour cela l'acte lui-même doit être analysé – la décision, la préméditation, le motif, l'imputabilité : l'acte était-il criminel « en soi » ? Le complot en vue de commettre un crime qui est resté sans suite grâce à sa découverte au moment opportun est lui-même un crime et punissable. Le châtiment occasionné ici, permettant de demander des comptes au malfaiteur, ne sert pas à la compensation du dommage ou du tort subis par d'autres, mais il sert à rétablir l'ordre moral perturbé. Ici c'est donc la qualité et non la causalité de l'acte qui est le point décisif dont on porte la responsabilité. Pourtant, c'est un pouvoir au moins potentiel qui reste la *conditio sine qua non.* Personne ne doit des comptes pour l'imagination impuissante des méfaits les plus atroces et les sentiments de culpabilité qui surgissent éventuellement ici sont tout aussi privés que le délit psychologique. Un acte doit avoir été exécuté ou du moins commencé à avoir été commis dans le monde (comme dans le complot). Et il reste vrai que l'acte réussi pèse plus lourd que l'acte raté.

c. La différence indiquée entre la responsabilité légale et la responsabilité morale se reflète dans la différence entre droit civil et droit criminel, au cours de l'évolution divergente desquels les concepts à l'origine mélangés de la compensation (du fait d'encourir la responsabilité juridique) et de la punition (du fait de la faute) furent dissociés. Mais l'un et l'autre ont en commun que la « responsabilité » se rapporte à des actes commis et qu'elle devient réelle dans le fait que l'acteur est *tenu* pour responsable de l'extérieur. L'éventuel *sentiment* concomitant chez l'acteur, en vertu duquel il assume intérieurement la responsabilité (sentiment de culpabilité, remords, acceptation du châtiment, mais également orgueil têtu) est tout aussi rétroactif que l'est le fait de devoir objectivement porter la responsabilité ; et même son anticipation au début de l'agir ne sert pas de motif à l'acte, mais (s'il possède une efficacité) de [174] sélection de l'acte, c'est-à-dire de motif d'admission ou d'élimination. En fin de compte, moins on fait des choses, moins on porte la responsabilité, et en l'absence d'obligation positive éviter l'action peut devenir un conseil de prudence. Bref, la « responsabilité » comprise ainsi ne fixe pas elle-même des fins, mais elle est l'imposition tout à fait formelle sur tout agir causal parmi les hommes, exigeant qu'on puisse demander des comptes. Elle est ainsi la condition préalable de la morale, mais non encore elle-même la morale. Le sentiment qui s'identifie avec elle – le sentiment après coup aussi bien que le sentiment préalable – est certes moral (disposition à assumer son agir) mais dans sa pure formalité il ne saurait fournir le principe affectif de la théorie éthique qui en première et en dernière instance a affaire à la présentation, la validation et la motivation de fins positives en vue du *bonum humanum.* L'inspiration de telles fins, l'effet du bien sur le sentiment peuvent faire naître la disposition à la responsabilité ; sans elles, c'est-à-dire sans des valeurs qui obligent, la crainte de la responsabilité est peut-être regrettable (étant donné que la prudence, d'un point de vue purement hédoniste, peut être une mauvaise affaire), mais elle n'est pas condamnable [1].

1. La disposition de l'amoralité à payer le prix extrême au moment de l'affreux règlement de comptes final est l'unique trait éthique ou anoblissant du Don Giovanni de Mozart : il manifeste que le consentement formel à la responsabilité, même s'il peut

2. La responsabilité pour ce qui est à faire : l'obligation du pouvoir

Or il y a encore un tout autre concept de responsabilité qui ne concerne pas le calcul *ex post facto* de ce qui a été fait, mais la détermination de ce qui est à faire ; un concept en vertu duquel je me sens donc responsable non en premier lieu de mon comportement et de ses conséquences, mais de la *chose* qui revendique mon agir. Par exemple la responsabilité pour la prospérité d'autrui « n'envisage » pas seulement des projets d'action donnés du point de vue de leur acceptabilité morale, mais elle oblige à entreprendre des actions qui ne poursuivent pas d'autre fin. Le « pour » de l'être responsable a ici [175] manifestement un tout autre sens que dans la classe précédente, qui ne se rapporte qu'à soi. Le « pourquoi » se trouve en dehors de moi, mais dans la sphère d'influence de mon pouvoir et il en a besoin ou il est menacé par lui. Il lui oppose son droit à l'existence, découlant de ce qu'il est ou de ce qu'il peut être et il se soumet le pouvoir par la volonté morale. La cause devient la mienne parce que le pouvoir est le mien et qu'il a un lien causal précisément avec cette cause. Ce qui est dépendant avec son droit propre devient ce qui commande, le puissant avec son pouvoir causal devient ce qui est soumis à l'obligation. Le pouvoir devient objectivement responsable pour ce qui lui est confié de cette manière et il est engagé affectivement par la prise de parti du sentiment de responsabilité : dans le sentiment ce qui oblige découvre son lien avec la volonté subjective. Or la prise de parti du sentiment a son origine première non dans l'idée de responsabilité en général, mais dans la reconnaissance de la bonté intrinsèque de la chose, telle qu'elle affecte la sensibi-

avoir sa grandeur propre, n'est pas un principe suffisant de la morale.

lité et telle qu'elle humilie le pur égoïsme du pouvoir. La première chose est le devoir-être de l'objet, le second le devoir-faire du sujet appelé à être le chargé d'affaires de la cause. La requête de la chose d'une part, avec le caractère non garanti de son existence, et la conscience du pouvoir d'autre part, avec la responsabilité de sa causalité, s'unissent dans le sentiment de responsabilité affirmatif du soi actif, intervenant toujours déjà dans l'être des choses. Si l'amour s'y ajoute, la responsabilité reçoit l'élan de la dévotion de la personne qui apprend à trembler pour le sort de ce qui est digne d'être et de ce qui est aimé.

C'est ce type de responsabilité et de sentiment de responsabilité, et non pas la « responsabilité » formelle et vide de n'importe quel acteur à l'égard de son action que nous avons en vue lorsque nous parlons de l'éthique de la responsabilité pour l'avenir dont nous avons besoin aujourd'hui. Et c'est elle que nous devons comparer au principe moteur des systèmes moraux d'autrefois et de leurs théories. La meilleure façon empirique d'aborder ce concept substantiel de responsabilité, lié à des fins, consiste à nous demander (étant donné qu'au sens des deux concepts distincts de responsabilité nous pouvons dire sans nous contredire [176] qu'on est responsable même pour ses actes les plus irresponsables) ce que peut vouloir dire « un agir irresponsable ». Doit être exclu ici le sens formaliste du terme « irresponsable » = être incapable de porter la responsabilité, donc ne pas pouvoir être tenu pour responsable.

3. Que veut dire « agir de façon irresponsable » ?

Le joueur qui au casino met en jeu sa fortune agit avec étourderie ; si ce n'est pas la sienne, mais celle d'un autre, il le fait de façon criminelle ; mais s'il est père de famille, alors son agir est irresponsable, même s'il s'agit incontestablement de son propre bien et indépendamment du fait qu'il perde ou qu'il gagne. L'exemple veut dire : seul celui qui a des responsabilités peut agir de façon irresponsable. La responsabilité qui est niée ici est du type le plus englobant et le plus durable. Le conducteur casse-cou est étourdi à son propre égard, mais il est irresponsable dès lors que sa manière de conduire met en danger également des passagers : en les accueillant à bord il a assumé une responsabilité pour un temps et limitée à une seule prise en charge, une responsabilité qu'il n'a pas par ailleurs à l'égard de ces personnes et de leur bien-être. Le comportement irréfléchi, innocent et parfois agréable dans d'autres circonstances, devient ici une faute en soi, même si tout devait bien se passer. Dans les deux exemples il y a un *rapport* définissable, non réciproque de la responsabilité. Le bien-être, l'intérêt, le sort d'autrui a été remis entre mes mains du fait des circonstances ou d'une convention, ce qui veut dire que mon contrôle sur *cela* inclut en même temps mon obligation *pour* cela. Exercer le pouvoir sans observer l'obligation est alors « irresponsable », c'est-à-dire une rupture dans le rapport de confiance de la responsabilité. Une claire délimitation du pouvoir ou de la compétence fait partie de ce rapport. Le capitaine est maître du navire et de ses passagers et il en porte la responsabilité ; le millionnaire parmi les [177] passagers qui est par hasard l'actionnaire principal de la compagnie maritime et qui peut engager ou renvoyer le capitaine a dans l'ensemble un pouvoir plus grand, mais non à l'intérieur de la situation. Le capitaine agirait de façon irresponsable si, obéissant à l'homme de pouvoir, il agissait contrairement à son avis plus éclairé, par exemple afin de battre un record de vitesse, bien que sous un autre rapport (celui de l'employé), il ait « des comptes à lui rendre » et que son irresponsabilité obséquieuse puisse être récompensée par lui, tandis que sa responsabilité désobéissante puisse être punie. Dans le rapport présent, il est le supérieur et c'est pourquoi il peut porter la responsabilité.

4. La responsabilité : une relation non réciproque

Peut-il y avoir responsabilité au sens strict entre des pairs parfaits (à l'intérieur de la situation correspondante) ? Ce n'est pas évident. La réplique de Caïn à la question de Dieu concernant Abel : « Suis-je le gardien de mon frère ? » n'a pas tout à fait tort de récuser l'imputation (feinte) d'une responsabilité pour celui qui est son égal et qui est indépendant. En effet Dieu ne veut pas l'accuser d'irresponsabilité, mais de fratricide. Sans doute peut-on également décrire des rapports de responsabilité réciproques, comme dans une entreprise collective dangereuse, par exemple l'ascension d'une montagne, dans laquelle chacun doit pouvoir se fier à l'autre pour sa sécurité, de sorte qu'ils deviennent tous mutuellement « gardiens de leur frère ». Mais de tels phénomènes de solidarité (par exemple la camaraderie dans la guerre, dont des soldats rapportent des témoignages impressionnants) relèvent sans doute d'une autre page de l'éthique et du sentiment ; et le véritable objet de responsabilité est ici en fin de compte la réussite de l'entreprise collective, non le bien- ou le mal-être des compagnons, par rapport auxquels je n'ai aucun avantage [178] qui fasse de moi le sujet d'élection d'une responsabilité particulière à leur égard [1]. Le compagnonnage en vue d'une fin a des comptes à rendre à cette fin ; entre

1. Le risque partagé entraîne sans doute des *obligations réciproques* d'un type particulier ; mais tant que je ne suis pas devenu unilatéralement la cause de ce risque ou d'une mise en péril particulière au cours de l'entreprise (et qu'en un sens formel je suis déjà devenu « responsable » *de* cela) ces obligations sont généralement celles d'une situation dans laquelle chacun doit pouvoir « compter sur les autres ». Échouer ici par faiblesse est un péché contre la fidélité et les autres vertus que peut exiger le fait de faire ses preuves dans la situation (telles que courage, pouvoir de décision, fermeté) mais non vraiment un péché contre la responsabilité. En revanche, j'agis de façon strictement « irresponsable » si je mets en danger les compagnons et toute l'entreprise par un acte positif

frères au sens naturel du mot, la responsabilité intervient seulement si l'un d'eux est dans la détresse ou s'il a besoin d'une aide particulière – donc de nouveau avec l'unilatéralité qui caractérise la relation de responsabilité non réciproque. Cette responsabilité familiale « horizontale » sera toujours plus faible, moins inconditionnelle que la relation « verticale » des parents pour les enfants qui n'est pas spécifique mais globale à l'égard de son objet momentané (c'est-à-dire qui s'étend à tout ce qui en eux peut être pris en charge) et qui n'est pas occasionnelle mais permanente, tant qu'ils restent des enfants. Ici également le danger d'un manquement à la responsabilité est donc permanent – une forme « d'irresponsabilité » qui n'implique pas d'acte positif de dénégation comme celui du joueur, pas de comportement non éthique au sens habituel. Cette forme imperceptible, inattentive, non voulue d'irresponsabilité qui est d'autant plus dangereuse et qui ne se laisse pas identifier avec un acte déterminé (puisqu'elle consiste précisément dans le « laisser faire » inactif) nous occupera encore ultérieurement dans un contexte plus large.

5. Responsabilité naturelle et responsabilité contractuelle

La responsabilité instituée par la nature, c'est-à-dire la responsabilité qui existe par nature est, dans l'unique exemple allégué jusqu'ici (et qui est le seul familier), celui de la responsabilité parentale. Celle-ci ne dépend d'aucun consentement préalable, elle est irrévocable et non résiliable ; et elle est globale. La responsabilité instituée « artificiellement », par l'attribution et l'acceptation d'une charge, par exemple la

d'étourderie – mais qui alors me place également au-dessus de tous les autres dans l'ordre causal.

charge d'une fonction (mais également celle qui découle d'un accord tacite ou de la compétence) est circonscrite par la tâche quant à son contenu et quant à sa durée ; l'acceptation contient un élément de choix, par rapport auquel une rétractation est possible, de même que l'est de l'autre côté [179] la possibilité d'être déchargé de l'obligation. Plus importante encore est la différence qu'ici la responsabilité tire sa vertu d'obligation de l'accord, dont elle est la création et non de la validité propre de la cause. Celui qui a la charge du prélèvement des impôts et celui qui a accepté qu'on lui confie cette charge est responsable pour *l'exécution*, quel que soit le jugement qu'on peut porter sur la valeur de tel ou de tel système d'imposition. Face à de telles responsabilités simplement stipulées, non dictées par la requête propre de la chose, est sans doute possible un comportement contraire aux obligations ou oublieux des obligations, mais pas à proprement parler un comportement « irresponsable ». Ce concept, pris dans son sens fort, est réservé à la trahison des responsabilités possédant une validité indépendante qui met en danger un bien véritable. Pourtant, même dans le cas du fonctionnaire des impôts qui relève directement de la classe faible, se laisse justifier notre thèse générale que le devoir-être de la chose vient en premier dans la responsabilité, pour autant que l'ultime objet de la responsabilité, par-delà l'objet direct, autrement dit la véritable « chose », est le maintien des rapports de confiance comme tels, sur lesquels reposent la société et le vivre ensemble des humains : et cela *est* un bien substantiel, comportant sa propre force d'obligation. (L'impératif catégorique formel arrive ici à la même conclusion, mais sur la base d'une autre justification – en particulier en laissant de côté la dernière proposition !) Or notre responsabilité pour ce bien, dont l'existence n'est jamais garantie et qui dépend intégralement de nous, est tout aussi inconditionnelle et irrévocable que n'importe quelle responsabilité imposée par la nature – à moins qu'elle n'en soit une elle-même. Ainsi le fonctionnaire malhonnête, auquel on peut directement reprocher seulement d'avoir trahi ses obligations, est indirectement également irresponsable.

[180]

6. La responsabilité librement choisie de l'homme politique

Il reste encore le cas qui excède la différence entre la responsabilité naturelle et la responsabilité contractuelle de manière originale, distinctive de la liberté humaine. Jusqu'ici nous avions trouvé qu'un bien de premier ordre, *dès lors que* et pour autant qu'il se trouve dans le champ d'action de notre pouvoir et particulièrement dès lors qu'il se trouve dans celui de notre activité qui effectivement et de toute façon se produit déjà, engage notre responsabilité sans avoir été choisi et n'admet pas qu'on en soit déchargé. La responsabilité qui a été au moins choisie à titre secondaire, la responsabilité pour ainsi dire contractuelle de la mission qui a fait l'objet d'un accord (ou qui a été imposée) n'a pas *per se* pour objet immédiat un tel bien contraignant et elle est révocable. Or il y a encore le cas éminent où un bien de premier ordre et de dignité inconditionnelle qui ne se situe *pas* de lui même déjà dans la sphère d'action actuelle de notre pouvoir, pour lequel nous ne *pouvons* donc pas encore être responsables, peut devenir l'objet d'une responsabilité *librement choisie* – de sorte que le choix vient d'abord et qu'ensuite, *pour le bien* de la responsabilité choisie, elle se procure seulement le pouvoir qui est nécessaire à son appropriation et à son exercice. Le cas paradigmatique est celui de l'homme politique qui convoite le pouvoir afin d'avoir des responsabilités et qui convoite le pouvoir suprême afin d'exercer la suprême responsabilité. Sans doute le pouvoir comporte-t-il ses propres attraits et ses récompenses –

l'estime, le prestige, le plaisir de commander, d'avoir de l'influence, de prendre l'initiative, de graver sa propre trace dans le monde et même la jouissance d'en avoir simplement conscience (sans mentionner les avantages bassement matériels) – et les motifs de l'ambitieux qui convoite le pouvoir sont sans doute toujours mélangés. Mais mis à part la tyrannie la plus crue et la plus égoïste qui relève à peine encore de la sphère du politique (si ce n'est sous la prétention hypocrite qu'il y va du bien public) la responsabilité liée au pouvoir, *rendue possible* par lui, est voulue en même temps qu'est convoité le pouvoir, et elle est voulue en premier lieu par l'authentique *homo politicus*; et l'homme [181] d'État authentique estimera que sa gloire (qu'il peut très bien rechercher) consistera précisément en ceci qu'on peut dire de lui qu'il a agi au mieux des intérêts de ceux sur lesquels il exerçait le pouvoir, *pour* lesquels donc il le détenait. Que le « sur » devienne un « pour » forme l'essence de la responsabilité.

Ici nous avons un privilège unique en son genre de la spontanéité humaine : sans qu'on le lui ait demandé, « sans en avoir besoin », sans mission et sans accord (qui peuvent venir s'ajouter à titre de légitimation), le prétendant brigue le pouvoir afin de se charger de responsabilité. L'objet de la responsabilité est la *res publica*, la « chose publique » qui dans une république est potentiellement l'affaire de tous, mais qui n'est actuelle qu'à l'intérieur des limites qu'impose l'observation des obligations générales du citoyen. Se charger de la direction des affaires publiques n'en fait pas partie : personne n'est formellement tenu de briguer des fonctions publiques [1]; la plupart du temps il

1. La charge « publique », autrement dit politique (celle du député, du ministre, du président) doit être distinguée de la charge technique du fonctionnaire. C'est la distinction entre le gouvernement et l'administration, et c'est de la première qu'il s'agit dans les procédures plébiscitaires. Le droit de vote actif peut tout au plus encore être défini comme l'obligation de l'exercer; le droit passif désigne seulement la qualification formule de se porter candidat, mais nullement l'obligation de le faire. Celui qui pose sa candida-

n'est même pas tenu d'accepter l'appel à les assumer quand il ne l'a pas demandé. Mais celui qui s'y sent appelé recherche précisément cet appel et le réclame comme son droit. En particulier le péril qui menace la communauté, coïncidant avec la conviction de *connaître* la voie du salut et de pouvoir y *mener*, devient une puissante impulsion de l'homme de courage à proposer sa candidature et à s'emparer de la responsabilité. Ainsi l'heure de Churchill vint-elle en mai 1940, alors que dans une situation complètement fourvoyée et presque désespérée, il assumait la direction des affaires qu'aucun homme pusillanime ne pouvait convoiter. Après qu'il eut pris les premières dispositions nécessaires, raconte-t-il, il allait se coucher avec la certitude que la tâche qu'il fallait avait rencontré l'homme qu'il fallait et il dormait sur ses deux oreilles. Ici nous rencontrons un concept très différent du plaisir d'exercer des responsabilités (et d'autre part de la peur de les exercer) que celui qui a été mentionné plus haut. Et pourtant, il aurait été possible que Churchill n'eût pas été l'homme de la situation ; qu'il se fût trompé, sinon sur la situation, du moins sur lui-même. Si cela s'était manifesté plus tard, l'histoire le tiendrait pour coupable, y compris sa conviction erronée.

[182] Mais pas plus que celle-ci ne saurait lui servir d'excuse, pas plus le fait de parier sur sa vérité en s'emparant du pouvoir qui enlève la tâche à des postulants peut-être plus capables, ne saurait être transformé en simple obligation morale. Car nulle

ture aux élections le fait de son propre choix et il s'est d'abord élu lui-même. Sans doute la démocratie athénienne connaissait-elle l'obligation que celui qui avait été élu annuellement par tirage au sort devait accepter sa charge. Mais cette procédure se situe avant la distinction entre la fonction politique et la fonction administrative de la magistrature : *toute* charge était « politique », ce qui veut dire qu'en supposant la même aptitude de tous les citoyens concernant les affaires communes elle pouvait être exercée par chacun. Cependant le véritable pouvoir concernant la politique de la cité se trouvait entre les mains des « démagogues » (pris au sens pré-péjoratif du mot : les guides du peuple), qui en dernière instance s'étaient désignés eux-mêmes.

prescription morale générale ne peut rendre obligatoire la possibilité de commettre l'erreur la plus fatale au détriment d'autrui en vertu du simple critère de la certitude subjective – une éventualité qui ne se laisse jamais totalement écarter et que celui qui parie sur sa propre certitude doit prendre sur lui en son âme et conscience. Il n'y a pas de loi universelle pour cela, mais seulement l'acte libre qui, devant l'absence de garantie d'une justification encore à venir (et même déjà devant la simple présomption de sa confiance en soi qui ne saurait nullement être contenue dans une prescription morale) est intégralement son propre risque moral. Après ce moment d'arbitraire la loi retrouve de nouveau ses droits. L'homme libre s'empare de la responsabilité qui attend son maître et par la suite, il est certes soumis à son exigence. En se l'appropriant, il lui appartient et il ne s'appartient plus à lui-même. La suprême et la plus démesurée liberté du soi conduit au devoir le plus exigeant et le plus implacable.

7. Responsabilité politique et responsabilité parentale : contrastes

Or, il est du plus haut intérêt théorique de voir comment cette responsabilité issue du choix le plus libre et celle issue du rapport naturel le moins libre, celle de l'homme d'État et celle des parents, par-dessus le spectre complet aux extrémités les plus opposées duquel elles se situent, ont précisément le plus de choses en commun et que prises *ensemble*, elles peuvent nous en apprendre le plus long sur l'essence de la responsabilité. Les différences sautent aux yeux. L'une est l'affaire de tout le monde, l'autre celle de l'individu unique en sa distinction. L'objet de l'une est formé par les quelques individus que nous avons nous-mêmes engendrés et qui sont le plus étroitement reliés entre eux, valant chacun [183] dans son identité individuelle, mais encore immatures; l'objet de l'autre est formé par les nombreux individus anonymes de la société déjà existante, dont chacun a déjà atteint son autonomie, et qui sont pourtant méconnus précisément dans leur identité singulière (« sans égard aux personnes »). L'origine de la première est le fait d'être soi-même immédiatement l'auteur – volontaire ou involontaire – de l'acte de procréation passé, en lien avec le caractère totalement dépendant du fruit de cette procréation; l'origine de l'autre est la prise en charge spontanée de l'intérêt collectif, pouvant seulement conduire le cas échéant au fait d'en devenir l'auteur, en lien avec la concession – plus ou moins librement consentie de la part des intéressés *(negotiorum gestio)*. Se distinguent ainsi la naturalité la plus élémentaire de l'une et l'extrême artificialité de l'autre; donc l'une exercée dans le commerce intime direct, l'autre par le moyen et dans la distance des instrumentalités organisationnelles : dans le premier cas, l'objet est charnellement présent au responsable, dans l'autre il l'est seulement en idée. Et même lorsque l'homme d'État comprend également le législateur, la forme la plus abstraite de la responsabilité, la plus éloignée du véritable objet, s'oppose ici à la forme contraire, la plus concrète et la plus proche de l'objet. Dans une différence aussi extrême, que peut-il y avoir de commun qui leur permette de confluer dans la représentation intégrale du phénomène originaire de la responsabilité?

[184]

III. THÉORIE DE LA RESPONSABILITÉ : PARENTS ET HOMME D'ÉTAT COMME PARADIGMES ÉMINENTS

1. Ce qui est premier c'est la responsabilité de l'homme envers l'homme

L'élément commun se laisse résumer dans les trois concepts de « totalité », de « continuité », et « d'avenir », référés à l'existence et au bonheur des êtres humains. Prenons d'abord le pôle de référence « l'être humain » comme étant le plus fondamental. Il possède le caractère précaire, vulnérable, révocable – le mode tout à fait particulier du *périssable* – propre à tout *vivant*, auquel seul se laisse appliquer quelque chose comme une protection ; et de plus il partage avec l'homme responsable la communauté de *l'humanum* qui a le droit le plus originaire, même si ce n'est pas le droit exclusif sur lui. Tout être vivant est sa propre fin qui n'a pas besoin d'une autre justification, et de ce point de vue l'homme n'a aucun avantage sur d'autres vivants – si ce n'est que *lui* seul *peut* également avoir une responsabilité pour eux *aussi*, autrement dit celle de garder leur fin propre. Mais les fins de ceux qui partagent avec lui le son humain, qu'il les partage lui-même ou qu'il les leur reconnaisse seulement, ainsi que la fin propre ultime de l'existence comme telle, peuvent être incorporées de manière singulière dans la fin propre : l'archétype de toute responsabilité est celle de l'homme envers l'homme. Ce primat de la parenté sujet-objet dans la relation de responsabilité est inscrit irrévocablement dans la nature des choses. Il veut dire entre autres que la relation, quelle qu'en soit l'unilatéralité en soi dans chaque cas particulier, est pourtant réversible et inclut la réciprocité possible.

Et même du point de vue générique la réciprocité est toujours là pour autant que moi, qui suis responsable pour quelqu'un, vivant parmi les hommes, je suis à chaque fois l'objet de la responsabilité de quelqu'un. Cela découle de la non-autarcie de l'homme ; [185] et la responsabilité originaire de la sollicitude parentale, *chacun* l'a *d'abord* éprouvée dans sa propre chair. Dans ce paradigme de base la liaison de la responsabilité avec le vivant devient claire de la manière la plus convaincante. Seul le vivant, dans sa structure d'être de besoin et dans son caractère menacé – et en principe tout le vivant – *peut* être objet comme tel de la responsabilité, mais il ne doit pas encore l'être pour autant : être un vivant n'en est que la condition nécessaire au niveau de l'objet. Mais le signe distinctif de l'homme, le fait que lui seul puisse *avoir* la responsabilité signifie en même temps qu'il *doit* également l'avoir pour d'autres qui lui sont *semblables* – eux-mêmes des sujets potentiels de responsabilité – et que sous l'un ou l'autre rapport il l'a déjà : la faculté de l'avoir est la condition suffisante de son effectivité. Avoir *de facto* pour n'importe qui, n'importe quand, n'importe quelle responsabilité (mais pas pour cela la remplir ni même la sentir) fait partie aussi inséparablement de l'être de l'homme que le fait qu'en général il est capable de responsabilité – en effet tout aussi inséparablement que le fait qu'il est un être capable de parole – et cela doit donc être incorporé à sa définition, à supposer que quelqu'un s'intéresse à cette entreprise problématique. En ce sens un devoir est contenu très concrètement dans l'être de l'homme existant ; sa qualité de sujet capable de causalité comme telle entraîne l'obligation objective sous forme de la responsabilité externe. Ce faisant il n'est pas encore moral, mais un être moral, c'est-à-dire un être qui peut être moral ou immoral. De même le fait des responsabilités manifestes déterminées avec leur devoir à chaque fois concret n'est-il pas encore identique au devoir abstrait qui à partir de la revendication ontologique de l'idée de l'homme (voir chap. 2,

p. 94-95), s'adresse secrètement à tous, et qui cherche parmi eux ses exécutants ou ses gardiens.

[186]

2. L'existence de l'humanité : le « premier commandement »

Au sujet de la priorité de l'homme parmi les candidats à la responsabilité humaine il faut encore dire qu'elle n'a rien à voir avec un bilan évaluatif du comportement de l'humanité sur terre. A l'existence de Socrate ou à celle de la symphonie de Beethoven qui peuvent bien être citées afin de justifier l'ensemble, on peut toujours opposer un catalogue comparable d'atrocités constantes (dont la désignation ferait injure aux noms des animaux) de sorte que selon la disposition du juge le bilan peut être très négatif. La commisération et l'indignation du pessimiste ne peuvent pas être réfutées ici. Dans tous les cas le prix est énorme, la mesquinerie humaine est au moins équivalente à sa grandeur, et globalement, je crois, le défenseur de l'humanité, même s'il a pour lui les grands purificateurs comme François d'Assise, est dans la plus mauvaise position. Mais le constat ontologique n'a rien à voir avec de telles comptabilités évaluatives, pas plus qu'avec le bilan hédoniste des joies et des peines (qui lui aussi est généralement négatif, une fois qu'on s'y livre – et *parce* qu'on s'y livre). S'il est question de la « dignité de l'homme » *per se*, elle peut toujours être comprise seulement potentiellement, sinon on parle d'une vanité impardonnable. Face à tout cela l'existence de l'homme a toujours la priorité, peu importe qu'il la mérite au vu de ce qui a été fait jusqu'ici *et* au vu de sa continuation probable : c'est la *possibilité*, comportant sa propre exigence, toujours transcendante, qui doit être maintenue ouverte par l'existence. Précisément le maintien de cette possibilité en tant que responsabilité cosmique signifie l'obligation d'exister. Sous forme pointue, on peut dire : la possibilité qu'il y ait de la responsabilité, est la responsabilité qui a la priorité absolue.

L'existence de l'humanité, cela veut dire simplement : que des hommes vivent ; qu'ils vivent bien, c'est le commandement qui vient après. Le fait ontique brut qu'ils existent comme tels devient pour ceux à qui on n'avait pas demandé leur avis auparavant un commandement [187] ontologique : qu'ils doivent encore exister ultérieurement. Ce « premier commandement », qui reste de soi anonyme, est contenu, sans être mentionné, dans tous les autres (à moins que ceux-ci n'aient fait du non-être leur affaire). Confié dans son exécution immédiate à l'instinct de procréation, il peut passer à l'arrière-plan de sa prise en charge médiate par les commandements particuliers de la venu humaine, qui explicitent sa signification plus développée. Il faut déjà des circonstances très particulières, par exemple celles d'aujourd'hui, pour que ce commandement primitif devienne explicite en sa teneur élémentaire. Mais il se tient toujours en arrière de ceux-ci comme leur prémisse commune qui les sanctionne. Dans sa propre absence de fondement (car il ne pouvait pas y avoir de commandement d'inventer de tels êtres), le commandement ontologique qui a fait irruption ontiquement, institue la « chose au monde » fondamentale – pour autant naturellement pas encore la chose unique – qui oblige désormais l'humanité, une fois qu'elle s'est mise à exister effectivement, même si c'est un hasard aveugle qui l'a fait apparaître au sein de la totalité des choses. C'est là la « cause » originaire de toutes les choses qui puissent jamais faire l'objet de la responsabilité communément humaine.

3. « La responsabilité » de l'artiste à l'égard de son œuvre

A l'intérieur de ce cadre générique, qui rattache ainsi originairement à la vie n'importe quel type de responsabilité, sans doute le non-vivant peut lui aussi devenir la chose dont il s'agit, et même pas, du moins subjectivement, au service d'une fin favorisant la vie, mais totalement pour elle-même, et même au mépris de tout ce qui s'appelle habituellement intérêt vital. On pense à l'artiste. Il y a ainsi quelque chose, telle que la suprême « responsabilité » difficilement saisissable du génie à l'égard de son œuvre qui s'empare de façon impérative de celui qui possède le don ou qui en est affligé. Ce qui peut exister ici comme « devoir » devient pour lui une nécessité qui fait oublier tout le reste. Il n'a pas à s'occuper du bonheur ou [188] de l'édification des mortels ; l'égoïsme de son abandon désintéressé à la chose peut être parfait. Cela se situe par-delà la morale, et si le créateur détruit son œuvre, avant que quiconque l'ait vue, il n'a de compte à rendre à personne. Même alors on pourrait dire qu'un des sens de l'essai ontologique que l'être a entrepris avec l'homme s'accomplit dans le fait qu'il existe de tels êtres et qu'il s'explicite à travers ce qu'ils font, même si cela ne laisse pas de trace. Ou mieux peut-être, que c'est précisément ainsi que l'essai d'une possibilité ouverte trouve rétrospectivement un sens qu'il ne pouvait pas posséder par anticipation : car une chose semblable n'était nullement inscrite dans les astres ou dans les gènes, quand le premier créateur d'outils s'arrachait à l'animalité. Le pur *opus supererogativum* (ce que la morale n'est certainement pas) est en lui-même un témoignage en faveur de la transcendance de l'homme, quoi qu'il en soit de son effet ultérieur dans le monde. Mais en tant que partie du monde, une fois qu'elle le devient (et ce à quoi en règle générale elle était également destinée), l'œuvre d'art existe pourtant seulement pour les hommes et à leur intention et seulement tant qu'ils existent eux-mêmes. Le plus grand des chefs-d'œuvre devient un morceau muet de matière dans un monde sans hommes. D'autre part, sans ce chef-d'œuvre et sans ce qui lui ressemble le monde qu'habitent les humains est un monde moins humain et la vie de ses habitants est plus pauvre en humanité. Ainsi la production de l'œuvre d'art fait-elle malgré tout partie de l'agir instaurateur d'un monde de l'homme, et sa présence fait-elle partie de l'équipement d'un monde librement créé, dans lequel seule la vie humaine peut avoir son site. Naturellement on ne saurait pas imputer à l'artiste lui-même un motif comme l'augmentation du capital esthétique ou la promotion de la culture ; il vaut mieux pour lui ne penser à rien d'autre qu'à son œuvre. Mais concernant ensuite la conservation du créé par d'autres, comme bien commun de l'humanité (incontestablement une obligation), *elle* ne bénéficie pas de l'immunité au nom de laquelle son créateur, qui était *seulement* responsable de l'œuvre, pouvait peut-être passer outre à d'autres obligations. Dans le fameux [189] dilemme casuistique (pervers à mon avis) de la maison qui brûle et dont on peut seulement sauver l'une des deux choses : la madone de la chapelle Sixtine de Raphaël ou un enfant, la décision morale qui va de soi en faveur de l'enfant [1] ne dépend

1. La décision va moralement de soi, parce que l'œuvre d'art ne peut pas me poser la question : « Que m'as-tu fait ? » alors que l'enfant peut me l'adresser dans mon esprit, par exemple comme accusateur devant le trône de Dieu, et je dois lui répondre. Dans le cas de l'œuvre d'art j'ai seulement à répondre aux amateurs d'art qui ont subi un préjudice et je *peux* leur répondre, à savoir de cette façon-ci : telle fut la situation, et malheureusement vous devrez dorénavant vous contenter de reproductions. Mais à l'enfant je ne peux pas répondre : « Tu devras te passer de ta vie » et je ne peux absolument pas lui donner cette réponse, donc je ne peux pas assumer mon choix. Face à cette impossibilité de comparer les droits, la considération que l'enfant deviendra peut-être un vaurien qui ne valait pas la peine qu'on sacrifie la madone Sixtine, est tout aussi impertinente que la considération qu'il deviendra peut-être

d'aucune comparaison de la « valeur » respective pour l'homme futur (ce qui est moralement tout à fait compatible avec le fait que quelqu'un se sacrifie *lui-même* pour sauver l'œuvre d'art, ce que faisait peut-être déjà l'artiste pour sa production). – *In summa,* mis à part le cas difficilement catégorisable de la création

un génie plus grand encore que Raphaël. Rien du tout ne découle de ces deux considérations, et rien non plus des ordres de probabilité relative (les vauriens sont plus répandus que les génies). Je mentionne ce jeu de l'esprit parce qu'il joue un rôle dans la littérature (cf. Arnold Brecht, *Political Theory*, p. 154 de l'édition anglaise, où est cité Radbruch, qui cite sir George Birdwood qui décidait quant à lui – sous couvert d'un cas purement hypothétique – en faveur du tableau) et parce que récemment, au cours d'une conversation, un homme de science de grande réputation et d'une grande probité éthique se montrait sérieusement écartelé entre les deux possibilités et qu'il essaie au moins de donner raison à ce sir George.

En réalité, la fiction théorique montre que le concept de valeur ne peut pas servir de base à une doctrine des obligations. La vie de l'enfant n'est ni pour soi ni pour autrui une « valeur » comme l'est l'œuvre d'art dans la conception humaine, et comme elle peut éventuellement le devenir un jour pour l'enfant. Si au sujet de l'homme on parle, comme on le fait communément aujourd'hui dans le monde occidental, de la « valeur infinie de toute vie singulière » (un reflet de ce que la religion chrétienne avait dit de l'âme, envisagée du point de vue divin), cela ne peut pas avoir d'autre sens que de viser le droit qu'a chaque vie d'être elle-même, son droit à être cette fin en soi qu'elle est, qui sans doute n'est pas infini – car son objet est fini – mais qui est « inconditionnel » au sens que (a) il n'est dérivé de rien d'autre, (b) indépendant de qualifications (y compris de « la valeur ») et (c) que personne d'autre n'a droit à la même chose. Il peut y avoir un droit à la valeur de l'œuvre d'art ; par exemple celui de tous les bénéficiaires potentiels, mais à côté du sien propre il n'y a aucun droit à la vie de l'enfant (bien que naturellement sur le mode de sa vie). Le fait qu'un droit d'ordre supérieur, par exemple le destin de la collectivité, ou celui du témoignage pour la foi, et même le commandement de l'honneur, peut demander à l'individu de faire passer à l'arrière-plan son droit premier (par exemple en temps de guerre) ne le contredit pas, ni qu'un crime passible de mort le fait perdre. Au contraire fait partie du droit premier propre, précisément dans la mesure où il exige d'être reconnu, la reconnaissance du droit d'autrui et ainsi l'acceptation d'obligations pouvant aller jusqu'à l'obligation d'être prêt à mourir. Tout cela n'a rien à voir avec une théorie des valeurs, bien que des valeurs puissent naturellement devenir des obligations.

artistique, il demeure que ce à quoi se rapporte la responsabilité conformément à son sens, c'est la vie actuelle et potentielle, et en tout premier lieu la vie humaine.

4. Parents et homme d'État : totalité des responsabilités

De cela se détachent, disions-nous, deux espèces de responsabilité, la responsabilité parentale et celle de l'homme d'État qui ont en commun certaines propriétés dans lesquelles l'essence de la responsabilité se présente de la manière la plus complète et qui les placent avant toutes les autres. Passons en revue ces propriétés. En premier lieu nous mentionnions la *totalité.* Nous voulons dire par là que ces responsabilités enveloppent l'être total de leurs objets, c'est-à-dire tous les aspects de ceux-ci, allant de la simple existence, jusqu'aux intérêts les plus élevés. Pour la responsabilité parentale qui est effectivement – dans le temps et par essence – l'archétype de toute responsabilité (et en outre, à mon avis, également génétiquement l'origine de toute disposition pour elle, certainement son école élémentaire) cela est clair. L'enfant en sa totalité et en toutes ses possibilités, pas seulement les besoins immédiats, est son objet. Naturellement le corporel vient d'abord, au début peut-être exclusivement ; mais ensuite vient s'ajouter toujours davantage tout ce qui tombe sous « l'éducation », prise dans tous les sens : les aptitudes, les relations, le comportement, le caractère, le savoir, dont la formation [190] doit être surveillée et encouragée ; et ensemble avec tout cela si possible également le bonheur. En un mot : le pur être comme tel et ensuite le meilleur être de ces êtres est ce que le souci parental a *in toto* en vue. Mais c'est là précisément ce qu'Aristote disait de la *ratio essendi* de l'État lui-même : il en vint à existter afin que la vie humaine devienne possible et il continue à exister afin qu'une vie bonne soit possible. Et ainsi, c'est cela même qui est également le souci du véritable homme d'État.

Le souverain archaïque se complaisait à se laisser considérer par ses subordonnés comme leur « père » (le « petit père », le tsar) et cela contient une forme de mise sous tutelle qui ne fait pas partie de l'essence du politique. Mais même dans les républiques les plus éclairées le symbole conserve une certaine légitimité, partout où l'équipe gouvernementale gouverne et où elle n'exécute pas seulement la volonté de la majorité. Si nous laissons de côté le monarque héréditaire, « l'homme d'État » au sens plénier du terme porte pendant la durée de son mandat ou de son pouvoir la responsabilité pour la totalité de la vie de la collectivité, ce qu'on appelle le bien public. (Le terme « homme d'État » peut à volonté être remplacé par « l'équipe gouvernementale ».) Savoir comment il a accédé à son mandat est dans tout ceci un problème à part. L'usurpation elle-même procure avec le pouvoir la responsabilité ; et prendre le pouvoir afin d'exercer la responsabilité peut très bien être le motif du coup d'État. Mais même si l'on avait seulement cherché le pouvoir, celui-ci entraîne quand même objectivement la responsabilité. Son ampleur la rapproche de l'analogie avec la responsabilité parentale : de nouveau elle s'étend de l'existence physique aux intérêts les plus élevés, de la sécurité à la plénitude d'être, de la conduite conforme jusqu'au bonheur.

5. Leur recoupement dans l'objet

Et maintenant les deux s'interpénètrent de la façon la plus remarquable à partir des deux pôles opposés de la plus grande singularité et de la plus grande universalité. [191] D'abord dans l'objet : élever l'enfant inclut son introduction dans le monde des hommes qui commence avec le langage et qui se continue dans la transmission du code entier des convictions et des normes sociales, dont l'appropriation fait de l'individu un membre de la communauté plus vaste. Le privé s'ouvre par essence au public et il l'inclut dans sa propre complétude comme faisant partie de l'être de la personne. En d'autres termes, le « citoyen » est un but immanent de l'éducation, et il fait donc partie de la responsabilité parentale, et cela pas seulement en venu de son imposition par l'État. D'autre part, de même que les parents éduquent les enfants « pour l'État » (quoique pour bien d'autres choses encore), l'État prend de soi en charge la responsabilité de l'éducation des enfants. La phase la plus précoce est dans la plupart des sociétés confiée au seul foyer familial, mais toutes les phases ultérieures sont placées sous la surveillance, la prescription et l'assistance de l'État [1] – de sorte qu'il peut donc y avoir une « politique de l'éducation ». En d'autres termes, l'État ne veut pas seulement prendre en charge ses citoyens sous forme achevée, mais il veut participer à leur formation. Et même en cas de besoin il peut se charger de la défense de l'enfant *contre* ses parents, il peut leur imposer de s'acquitter de la responsabilité parentale, et ainsi de suite, et cela particulièrement au cours des phases précoces qui normalement (sauf en cas de collectivisation extrême ; voir plus loin) sont libres de l'immixtion publique. Mais le principal exemple est évidemment l'instruction scolaire obligatoire pour tous, et quoi que la théorie (par exemple le postulat de « l'absence de préjugés ») voudrait faire croire en l'occurrence, un certain degré d'indoctrination idéelle comme préparation à l'insertion sociale ne se laisse tout simplement pas séparer de la transmission d'une « matière à enseigner ».

Ainsi la sphère de l'éducation montre-t-elle de la

1. C'est là une évolution moderne de l'État séculier, mais auparavant l'Église par exemple – elle-même une institution publique – se chargeait de la même tâche.

façon la plus claire comment la responsabilité parentale et celle de l'État – la plus privée et la plus publique, la plus intime et la plus universelle – se recoupent précisément par la totalité de leurs objets respectifs (et que par ailleurs elles se complètent). En revanche, dans le cas [192] d'une collectivisation extrême, la totalité du côté public peut l'amener à se substituer intégralement à la responsabilité privée et à abolir la responsabilité parentale en même temps que son pouvoir. Ce serait l'extrême opposé de la situation archaïque où le pouvoir des parents et de la famille était total et où personne ne pouvait s'immiscer si ce n'est la coutume qui à l'époque était certes puissante. Ce que l'abolition de la famille comme forme de la cohabitation humaine englobant plusieurs générations – c'est de cela qu'il s'agirait – voudrait dire à long terme pour l'homme, devrait seulement apparaître. Sans doute un rétrécissement énorme de la sphère privée (qui d'ailleurs n'a pas nécessairement besoin d'être seulement la sphère individuelle), pour ainsi dire l'abolition de sa différence d'avec la sphère publique. « L'homme d'État » devrait veiller alors à *tout*. C'est là *un* des sens du « totalitarisme » qui semble alors inséparable d'un communisme radical. Mais ce cas extrême renforce simplement ce que nous avons dit de la responsabilité de l'homme d'État comme tel et de sa parenté avec la responsabilité parentale. Et même à sa lumière on peut sans doute dire que l'histoire du politique fait apparaître un déplacement croissant de la répartition des compétences au bénéfice de l'État, donc la délégation croissante de la responsabilité parentale à celui-ci : de sorte que l'État moderne, qu'il soit capitaliste ou socialiste, libéral ou autoritaire, égalitaire-démocratique ou élitiste, devient en dernière instance toujours plus « paternaliste ».

6. Leur analogie dans le sentiment

a. Mais ce n'est pas seulement du point de vue de l'objet, mais encore du point de vue de la condition dans le sujet que les deux responsabilités totales sont liées. Chacun sait quelles sont les conditions subjectives dans le cas des parents : la conscience d'être soi-même totalement l'auteur de la nouvelle vie ; le spectacle immédiat de l'appel, émanant du besoin de l'enfant, de s'occuper de lui ; et [193] l'amour spontané – d'abord sous forme de la contrainte affective « aveugle » post-parturale qui dirige la mère du mammifère vers le nouveau-né comme tel, ensuite, une fois que la personne devient visible, toujours davantage l'amour lucide, personnel, des parents pour ce sujet possédant une individualité unique. Face à une telle force de l'immédiat, soustrait à tout choix, la condition subjective pas plus que la condition objective ne se laissent copier dans d'autres relations moins immédiates et en dépit de toutes les analogies la relation de procréation conserve une primauté dont rien d'autre dans les rapports humains ne saurait égaliser l'évidence et la responsabilité. L'homme d'État n'est pas le géniteur de la communauté dont il s'attribue la responsabilité ; au contraire c'est le fait que celle-ci existe déjà qui est une des raisons pourquoi il le fait et qu'il se procure le pouvoir de le faire. Il n'est pas sa source nourricière (comme l'est littéralement la mère qui allaite le bébé et fonctionnellement le père qui s'en occupe), mais au mieux le préservateur et l'organisateur de sa capacité de s'auto-alimenter – ce qui veut dire en termes plus généraux qu'il a affaire à des êtres autonomes qui, en cas de besoin, pourraient également subsister sans lui ; et « l'amour » proprement dit envers quelque chose d'universel et de non individuel est impossible. Pourtant – pour commencer avec l'ultime et le plus fondamental – il existe chez l'individu politique un rapport affectif comparable à l'amour à l'égard de la communauté dont il souhaite influencer le destin pour son plus grand bien, car c'est « sa » communauté en un sens bien plus originaire que la communauté d'intérêt. Il est (dans le cas normal) issu d'elle et devenu lui-même grâce à elle. Il est donc non pas sans doute le père, mais le « fils » de son peuple et de son pays (également de son milieu et ainsi de suite) et en ce sens, lié par les liens de la « fraternité » à tous les autres qui en font partie – les vivants, ceux qui viendront et même ceux qui ont été. Cela fonde, comme dans le cas de la famille, à laquelle est empruntée la symbolique, plus qu'une simple relation d'obligation, à savoir cette identification émotionnelle avec l'ensemble, la « solidarité » ressentie qui est analogue à l'amour à l'égard de l'individu. Et même la solidarité de destin peut du point de vue du sentiment prendre la place de [194] l'origine commune [1]. Quand les deux se rencontrent – l'une et l'autre dépendant d'un hasard métaphysique – la combinaison est surpuissante. Le fait du sentiment rend alors le cœur réceptif à l'obligation qui de soi ne le demande pas et elle anime la responsabilité assumée par son impulsion. Il est difficile, même si ce n'est pas impossible, de porter la responsabilité pour quelque chose qu'on n'aime pas, de sorte qu'on suscite en soi-même cet amour plutôt que l'obligation de le faire « libre de toute inclinaison ». Naturellement la partialité de l'amour (toujours particulier) peut, et peut-être doit, également faire tort à la totalité encore supérieure de la responsabilité humaine. Mais l'assomption est sélective dans tous les cas, et choisir ce qui tient à cœur est conforme à la finitude humaine. Ainsi un élément naturel est-il également contenu dans l'*officium* artificiellement créé de l'homme d'État, dès lors que, se détachant de la communauté des frères et des citoyens, il assume pour eux tous un rôle dont les res-

1. Le cas de Moïse est inverse : la commune provenance lui faisait désirer la solidarité de destin avec les membres de sa tribu réduits à l'esclavage.

ponsabilités ressemblent à celles d'un père – bien que la parenté naturelle n'ait rien à voir avec la solidarité.

b. Et même pour le spectacle de la *dépendance* totale de l'enfant il existe un *analogon* dans le sujet politique, bien qu'il soit plus abstrait : le savoir général, mais qui devient toujours concret face au particulier, que les affaires du bien public ne « se font pas toutes seules », qu'elles ne « marchent pas toutes seules », mais qu'elles ont besoin d'une direction et d'une décision délibérées, qu'elles ont presque toujours besoin d'être améliorées et parfois d'être sauvées – en un mot, que la *res publica* elle aussi est une création du besoin. Donc ici aussi nous avons la situation de la vulnérabilité et de la menace au niveau de ce avec quoi le sentiment s'identifie et dont il faut « qu'on » s'occupe. Ce « on » qui concerne tout le monde se transforme dans le « moi » auto-électif de l'homme d'État, qui croit qu'en ce moment précis il sait le mieux ce qui est le meilleur pour « tous » ou qu'il est le mieux placé pour traduire en acte un consensus correspondant déjà existant. Savoir si cette croyance est justifiée est une question [195] qui reste objectivement toujours en suspens (car le fait qu'il a assumé le rôle a empêché qu'on en essaie d'autres), mais subjectivement cette croyance fait partie sans aliénation possible du caractère totalitaire de la responsabilité de l'homme d'État en réponse à l'appel de la nécessité publique. Le fait que celui qui s'élit lui-même est lui-même soumis à cette nécessité comme membre de la communauté, le fait qu'en dernière instance il est quand même égal parmi des égaux, et que, poursuivant la cause publique, il poursuit également la sienne propre, distingue son rôle de celui des parents qui ne partagent pas le besoin de l'enfant, mais qui doivent déjà lui avoir échappé, pour pouvoir s'en occuper : en dehors de cette condition déjà remplie n'est pas requise une distinction par une compétence propre, compétence par laquelle seule l'homme d'État doit légitimer son rôle.

c. Ce qui dans la sphère politique n'a donc aucune espèce d'équivalent, c'est la relation unilatérale et absolue de *géniteur* qui fonde, sans que rien d'autre s'y ajoute, la qualification plénière et l'obligation d'assumer le rôle de parent ; aucun sentiment comparable n'unit la responsabilité politique avec la responsabilité parentale. L'homme d'État, quoi qu'il en soit du caractère instaurateur de son action, n'est jamais le créateur premier, mais toujours déjà lui-même une création de la communauté dont il prend les affaires en main. Il n'a donc pas d'obligation à l'égard de ce qu'il a fait, mais à l'égard de ce qui l'a fait – les ancêtres qui ont permis à la collectivité d'arriver à l'époque présente, la communauté d'héritiers que forment les contemporains qui sont ses mandataires immédiats, et la continuation de l'héritage vers un avenir indéterminé. Quelque chose de tout cela vaut également pour le rôle des parents, mais à la réserve près de la qualité absolue de géniteur ayant fait naître une vie nouvelle qui jamais auparavant n'a encore été. En disant cela, nous avons toutefois déjà abordé les deux autres éléments de nos modèles de la responsabilité, la « continuité » et « l'avenir » qui découlent presque automatiquement de la « totalité », et dont nous pouvons traiter très brièvement le premier.

[196]

7. Parents et homme politique : continuité

La continuité résulte de la nature totale de la responsabilité, d'abord au sens presque tautologique que son *exercice* ne doit pas s'interrompre. Ni la charge parentale ni celle du gouvernement ne peuvent se permettre de prendre des vacances, car la vie de l'objet se poursuit sans s'interrompre et elle ré-engendre ses requêtes d'un instant à l'autre. Mais plus importante encore est la continuité de cette *existence* elle-même dont on s'occupe en tant que *préoccupation* que les deux responsabilités ici envisagées doivent avoir présentes sous les yeux lors de chaque occasion particulière de leur actualisation. La responsabilité particulière ne se limite pas seulement à un aspect partiel, mais encore à un segment temporel partiel d'une telle existence. Le capitaine ne se demande pas ce que ses passagers ont fait avant, ni ce qu'ils feront après, s'ils entreprennent leur voyage dans une bonne ou une mauvaise intention, pour leur bien ou leur malheur, au bénéfice ou au détriment d'un tiers – tout cela ne le regarde pas. De même que son affaire est simplement de les transporter en toute sécurité d'un endroit à un autre, sa responsabilité commence et finit également avec leur présence à bord du bateau. Ou bien, pour prendre l'exemple le plus courant d'une responsabilité en même temps élevée et strictement circonscrite, la responsabilité du médecin, commencée avec la relation thérapeutique, s'étend à la guérison, l'atténuation de la souffrance, le prolongement de la vie du patient, à l'exclusion de tout autre bien-être ou mal-être et sans égard à la question de la valeur de l'existence ainsi obtenue ; elle aussi prend fin avec la fin du traitement. La responsabilité totale en revanche doit toujours demander : « Qu'est-ce qui vient après ? A quoi cela mènera-t-il ? » et en même temps aussi : « Qu'est-ce qui venait avant ? Comment ce qui arrive maintenant s'unit-il à l'ensemble de l'être devenu de cette existence ? » En un mot : la responsabilité totale doit procéder « historiquement », saisir son objet dans son historicité, et c'est là le véritable sens de ce que nous désignons ici avec l'élément de la « continuité ». [197] En ceci la responsabilité politique a naturellement l'ampleur incomparablement la plus vaste dans les deux directions du temps, correspondant à la communauté historique et nous ne voulons pas ici faire de grandes phrases à propos des revendications manifestes de la tradition – tout l'héritage fait des œuvres (mais également des omissions et des péchés) des ancêtres – ni au sujet des revendications tout aussi manifestes d'un avenir de la collectivité par-delà les vivants actuels. L'aspect d'avenir nous occupera de toutes façons à part. Disons simplement que dans la continuité à travers le temps il s'agit de préserver une *identité* qui est une partie intégrante de la responsabilité collective.

Dans la responsabilité parentale qui est dirigée d'une manière si terriblement concentrée vers l'individu à chaque fois unique, les horizons de la responsabilité se dédoublent dès lors. Le premier horizon, plus étroit, englobe le devenir individuel de l'enfant qui possède sa propre historicité personnelle et qui acquiert son identité de manière historique. Chaque éducateur en est averti. Mais par-delà ce point et sans qu'il soit possible de l'en séparer, se trouve la communication de la tradition collective, commençant avec le premier son articulé de la langue et la préparation à la vie en société, et de cette façon l'horizon de la continuité s'élargit en direction de celle du monde historique : l'une fusionne avec l'autre et ainsi la responsabilité éducative ne peut-elle pas s'empêcher d'être encore une responsabilité « politique », même dans les choses les plus privées.

8. Parents et homme politique : avenir

Mais avant tout c'est *l'avenir* auquel la responsabilité pour une vie, qu'elle soit individuelle ou collective, a affaire. En un sens banal, à savoir concernant l'évolution et l'issue de la cause dont on a assumé la charge, cela vaut pour n'importe quelle responsabilité, même la plus particulière : la courbe de température du lendemain, le trajet du voyage [198] encore à accomplir, sont inclus dans le souci du moment. Mais cette inclusion, qui va de soi, du lendemain dans le souci de l'aujourd'hui, une inclusion qui est donnée avec la temporalité comme telle, acquiert une dimension et une qualité tout autre en lien avec la « responsabilité » telle que nous l'envisageons ici. Ici l'avenir de l'existence entière, par-delà l'influence directe du responsable et, par le fait même, par-delà la possibilité d'un calcul concret, devient un objet complémentaire de tous les actes individuels de responsabilité qui à chaque fois se soucient de l'immédiat le plus proche. Ceci appartient au domaine de la prévision avertie; l'autre échappe à sa prévision et pas seulement du fait des inconnues dont on ignore le nombre, qui entrent dans l'équation des circonstances objectives, mais tout aussi bien du fait de la spontanéité et de la *liberté* de la vie correspondante – la plus grande des inconnues qui doit pourtant être comprise dans la responsabilité totale. Donc précisément ce dont le responsable lui-même ne peut plus porter la responsabilité quant à ses *effets* : la causalité propre de l'existence prise en charge est un objet ultime de l'obligation de la prendre en charge. Concernant cet horizon transcendant la responsabilité, précisément dans sa totalité, ne peut pas tellement être déterminante que rendre possible (c'est-à-dire apprêter et maintenir ouvert). Le caractère futurible propre de ce dont on a la responsabilité est le véritable aspect d'avenir de la responsabilité. Son accomplissement suprême, dont elle doit pouvoir prendre le risque, est son abdication devant le droit de ce qui ne fut pas encore, dont elle a favorisé le devenir. A la lumière d'une telle ampleur qui se transcende elle-même il devient clair que la responsabilité comme telle n'est rien d'autre que le complément moral de la constitution ontologique de notre être *temporel*.

[199]

IV. THÉORIE DE LA RESPONSABILITÉ : L'HORIZON DE L'AVENIR

1. Le but de l'éducation : être adulte

Certaines différences du rapport à l'avenir entre la responsabilité parentale et la responsabilité politique sautent aux yeux. Le fait d'être parent a affaire à des hommes qui sont seulement en devenir et ce devenir a ses phases prédéterminées, qui doivent être traversées chacune en son temps, et il a sa fin prédéterminée, être adulte, avec lequel cesse le statut d'enfant et par le fait même la responsabilité parentale. (Ce qui lui succède ne fait plus partie du débat présent.) Tout ceci est su par avance dans sa généralité structurelle et également voulu par avance à travers le consentement au dynamisme biologique autonome. L'éducation a donc un but matériel déterminé – l'autonomie de l'individu, qui inclut essentiellement la faculté d'être responsable – et une fois qu'il est atteint (ou qu'est atteinte sa présomption) elle atteint une fin déterminée dans le temps. Cette fin arrive suivant sa loi propre et non suivant l'avis favorable des éducateurs – pas même suivant la mesure de leur succès, car la nature y collabore et elle concède une unique fois un laps de temps déterminé à l'intérieur duquel l'éducation doit avoir accompli sa besogne. Après cela l'objet des responsabilités antérieures devient lui-même un sujet de responsabilités et quoique cela précisément ait été inclus dans son ouverture non anticipable dans l'horizon d'avenir de la responsabilité parentale, son ouverture veut dire précisément que la responsabilité n'existe plus maintenant en tant que tâche et qu'elle peut tout au plus se demander, au vu de l'évolution de l'existence ainsi émancipée, si jadis elle s'est bien ou mal acquittée de sa tâche. Mais bien ou mal, elle a dû se plier au rythme temporel de la croissance organique, à laquelle est liée également la [200] croissance personnelle, de telle sorte qu'ici l'historicité et la nature s'interpénètrent profondément dans l'objet.

2. Le devenir historique ne se laisse pas comparer au devenir organique

La sphère collective publique n'offre rien de réellement comparable à ces faits du devenir individuel définitif. Confessons tout de suite que cette négation de principe doit être défendue contre des théories de l'histoire influentes et contre une métaphoricité séduisante. Nous laissons cela pour plus tard ; nous contentant ici d'une simple remarque négative : l'histoire des sociétés, des nations et des États – bref : « l'histoire » – n'a pas de but prédéterminé vers lequel elle tendrait ou vers lequel elle devrait être conduite ; en aucun cas il ne saurait être légitime de parler à son sujet d'enfance, de maturité, de sénescence ; toutes les comparaisons organiques, en particulier celles de la croissance, quelque grande que soit la tentation d'y recourir, sont déplacées ici et en fin de compte elles sont trompeuses. Chaque société s'est composée dès l'origine de tous les âges de la vie, mais toujours n'ont exercé le pouvoir que les adultes et la plupart du temps, particulièrement dans les sociétés primitives, les « vieux », qui étaient ceux qui possédaient la plus grande maturité d'expérience, de savoir et de jugement. Cela n'a rien à voir avec la « primitivité » du niveau culturel (un concept hautement relatif) ni avec le caractère anhistorique de certaines sociétés. D'une « enfance » de l'humanité on peut parler seulement en langage mythologique ou par licence poétique. L'homme du paléolithique, et même la fameuse « horde primitive » qui restera à jamais inconnue, devait affronter les dures exigences de son existence ; et si elle l'avait fait à la manière des enfants, nous n'existerions pas aujourd'hui. Les mythes des peuples sont tout sauf infantiles, les rites tout sauf de simples jeux, la magie tout sauf naïve, la peur de l'inconnu tout sauf immature, l'ordre du tabou et l'ordre social (systèmes de parenté, exogamie etc.) tout sauf [201] pas compliqué ou simpliste ; et – pour ne pas l'oublier – la technique est *toujours*, à n'importe quel niveau de l'évolution, ingénieuse, la ruse qui déjoue la nature est la plupart du temps supérieure à ce dont le citadin moyen moderne est encore capable. La condescendance des missionnaires et des explorateurs d'autrefois (également celle des esclavagistes) qui parlaient de leurs primitifs ou de leurs « sauvages », comme s'il s'agissait d'enfants, a disparu depuis longtemps de l'anthropologie. Mais on ne devrait pas moins se méfier de ceux qui prétendent avoir un savoir de la destination future de leur société ou de n'importe quelle société, qui prétendent être avertis d'un but de l'histoire, en comparaison duquel tout ce qui fut n'est que la préparation et ce qui est actuel n'est qu'une phase de transition. On voit déjà de quel côté on peut s'attendre à la contestation de notre point de vue : elle vient des eschatologies politico-utopiques de l'histoire [1] et de la croyance non politique au progrès indéfini. Comme nous l'avons dit, nous nous occuperons de cela plus tard. Notre thèse est claire : l'avenir (sans mentionner son caractère essentiellement inconnu) n'est ni plus, ni moins « lui-même » que ne l'était n'importe quelle étape partielle dans le passé [2]. Le devenir dans l'histoire qui existe naturellement, bien que ce ne soit pas de manière ininterrompue – le devenir de l'humanité si l'on veut – a un tout autre sens que la croissance de l'individu, de l'embryon jusqu'à

1. N'est pas visée l'eschatologie religieuse (par exemple le messianisme juif), qui n'est justement pas une théorie immanente de l'histoire.

2. « Chaque époque est immédiate par rapport à Dieu » Ranke contre Hegel.

l'adulte. L'humanité, depuis qu'elle existe (ce qui la précède du point de vue de l'histoire de l'évolution se dérobe à toute représentation immanente), est toujours déjà là et elle n'a jamais besoin d'être seulement produite [1]; et quoique *dans* son être elle soit soumise à un multiple devenir sous la contrainte des circonstances et de l'agir libre, c'est-à-dire sous la contrainte de l'histoire qui est toujours déjà pleinement humaine, elle n'est pourtant pas ici l'objet d'un devenir total programmé, allant de l'inachevé à l'achevé, du provisoire au définitif, comme le sont ses membres individuels qui recommencent à chaque fois à nouveau. De l'humanité on ne peut jamais dire (sinon dans un discours oiseux-spéculatif) ce qu'elle « n'est pas encore »; on peut seulement dire rétrospectivement ce qu'elle n'était pas encore à tel ou tel moment : par exemple [202] que l'homme médiéval n'était pas « encore » un homme scientifique, que l'enluminure n'était pas « encore » une représentation perspectiviste de l'espace, que le nomade n'était pas « encore » un agriculteur sédentaire. Mais à chaque fois, l'être humain, même s'il fut autrement, n'était pas plus « inachevé » qu'il ne l'est aujourd'hui.

3. « Jeunesse » et « vieillesse » comme métaphores historiques

Mais si l'on veut parler de jeunesse et de vieillesse dans un sens collectif, on doit d'abord rappeler que l'humanité existe depuis longtemps déjà et que n'importe quelle société qui peut tomber sous notre regard est déjà vieille, en particulier les sociétés statiques, « anhistoriques », que sont de façon caractéris-

1. L'analogie biblique pour cela est l'Adam *créé* « à l'image de Dieu » – très certainement pas une figure à venir sur terre, quelle que soit l'attente d'une transfiguration supraterrestre qui se rattache au « nouvel Adam » des temps derniers.

tique les sociétés « primitives ». (Avec la notion de « vieillesse » nous visons naturellement plus que le fait trivial que la lignée généalogique biologique est la même chez tous.) Plus ou moins débutantes – et en ce sens jeunes – sont tout au plus des sociétés que des colonisateurs d'un espace relativement vide ont nouvellement créées au beau milieu du cours de l'histoire, comme celle des colons blancs en Amérique du Nord – une situation qui est sans doute définitivement révolue depuis que le globe a été totalement sédentarisé, mais c'est pourtant une situation qui a pu se produire encore très « tard » dans l'histoire jusqu'à présent. Sont « jeunes » dans un sens comparable les États nouvellement fondés, en particulier ceux des peuples qui jusqu'alors n'avaient pas d'État ou qui viennent tout juste d'être libérés ; là où la fraîcheur des impulsions, le manque d'expérience et le risque s'unissent par la force des choses pour former un état de quasi-jeunesse, avec les vertus et les faiblesses qui le caractérisent et où par exemple la comparaison avec les « maladies infantiles » s'impose. Et pourtant, même ici, dès le début, cela se passe de façon sérieuse et adulte, comme presque toujours lorsqu'il s'agit visiblement de l'existence collective. D'autre part, à n'importe quel moment, même dans la civilisation la plus évoluée, une génération infantile peut pour une brève période (et toujours par la faute du système politique) envahir la scène publique et alors récolter au détriment de [203] tous les fruits amers de son incompétence – ce que notre génération devrait savoir à satiété. Ailleurs aussi on peut parler de maturité et d'immaturité politique de communautés entières. Mais ce ne sont pas de telles fluctuations brèves que vise la comparaison avec les âges de la vie et d'autres formules empruntées aux lois de l'évolution, mais des unités bien plus longues de la « biographie » historique et là, ce discours devient faux pour de bon.

C'est le candide privilège de l'historien (ainsi que de l'imagination poétique), contemplant par exemple les commencements de l'empire armé d'un savoir acquis plus tard, de parler de l'enfance de Rome et de découvrir dans la primitive cité des sept collines le plan, le « germe » de la grandeur future. Mais l'homme politique du temps des Tarquiniens et même encore celui du temps des lois agricoles Liciennes, qui aurait proclamé que la domination sur l'Italie, la Méditerranée et pour finir sur l'*orbis terrarum*, était la destination de sa cité d'origine, et qui aurait voulu conduire la politique romaine selon ce principe, on l'aurait exclu à juste titre des charges de l'État pour motif de folie. Et alors que cela faisait au moins partie de l'horizon de compréhension de l'époque (car la domination d'un peuple sur d'autres avait déjà existé), de sorte que non pas un homme d'État, mais au moins un visionnaire, aurait pu le proférer « avec une bouche démente », à l'époque de Calvin même pas un prophète n'aurait pu concevoir l'idée de l'Europe industrielle du XIXe siècle. Et pourtant, qui voudrait le nier, il existe une « connexion », mais précisément pas celle de la prévision, ni d'une quelconque prévisibilité. Cela ne peut donc pas être l'horizon d'avenir de la responsabilité politique, pour laquelle le savoir préalable et le contrôle causal – du moins en tant que visée du sujet – sont des conditions préalables essentielles.

[204]

4. L'occasion historique : une reconnaissance sans savoir préalable (Philippe de Macédoine)

S'emparer des *occasions* historiques, tout en ayant parfaitement conscience que cela décide du destin collectif pour des générations, et peut-être même des siècles à venir, c'est tout à fait autre chose. Ainsi Philippe de Macédoine avait-il compris clairement ce qui était maintenant possible, compte tenu de l'état du royaume perse, du monde grec et du pouvoir macédonien, et le succès de la campagne d'Alexandre qu'il avait soigneusement préparée politiquement et militairement lui donna raison ; même son échec, qui était au moins possible, ne lui aurait pas absolument donné tort. Ce que furent les conséquences ultérieures de son succès, il ne pouvait pas le prévoir, ni en détail, ni au niveau de la totalité de l'histoire mondiale et l'idée qu'il a pu en avoir, quelle qu'elle fût, était certainement fausse. Mais il était réellement devenu visible qu'un grand changement des rapports de pouvoir au profit de sa propre monarchie et de la Grèce unifiée sous son hégémonie était un trophée qui s'offrait comme un but à portée de main. Et même le caractère souhaitable de ce trophée – au sujet duquel déjà des contemporains du côté grec lui-même étaient d'un avis contraire (Démosthène par exemple), sans mentionner la cour de Perse et les peuples asiatiques – ne faisait aucun doute à ses yeux. L'homme au regard rétrospectif, qui ne peut nullement construire les alternatives historiques permettant de comparer les choses souhaitables, devra dire qu'une occasion de la plus haute portée fut saisie avec le regard juste et l'agir décidé, sans pour autant oublier la vérité – à vrai dire allant de soi – que le hasard et la chance ont dû ici encore y contribuer. (Par exemple le génie d'Alexandre était absolument impossible à prévoir dans les calculs de Philippe, son assassinat aurait, sinon, très bien pu signifier la fin de son rêve.)

[205]

5. Le rôle de la théorie dans la prévision : l'exemple de Lénine

La *théorie* en revanche n'intervenait nullement dans cette connaissance du bon moment. Pour l'Antiquité, qui ne connaissait pas de théorie de l'avenir politico-social, cela va de soi. Apparemment il en va autrement avec l'exemple moderne – par exemple celui d'un

Lénine en *son* heure, celle de l'année 1917. Mais c'est en apparence seulement. Sans doute la théorie marxiste lui fournissait-elle la certitude du but à atteindre, mais non pas celle du moment de l'action en vue de sa réalisation. Au contraire : la théorie avait prévu tout à fait autre chose, et c'est après coup que la doctrine dut être ajustée à la preuve, par l'action, d'une possibilité de réalisation moyennant cette voie, en ce moment précis et en cet endroit. Le génie politique de Lénine se manifeste précisément dans le fait que le moment venu il découvrit une possibilité non orthodoxe d'atteindre le but orthodoxe (à savoir en partant de l'échelon le plus rétrograde de l'échelle industrielle-capitaliste) et, contrairement à la lettre de la théorie, il saisissait la chance unique de faire débuter la révolution communiste. Le succès de l'action apportait la preuve de la justesse de sa vision, à cet instant critique, et rien d'autre que le succès ne pouvait distinguer son action d'une aventure aux yeux du jugement ultérieur. La question de savoir jusqu'où s'étendait sa prévision globale (dans tous les cas le particulier doit être laissé à l'improvisation) doit rester en suspens. Ce qui est certain, c'est que par exemple la non-réalisation de la révolution allemande obligeait à soumettre le programme global à une révision considérable ; très certainement quant à la voie ; même si ce n'est pas celle de la vision finale directrice, dont le simple éloignement (presque comme « l'idée régulatrice » de Kant) est à l'abri de telles contaminations par le réel. Mais, face à une route aussi longue, ce qui peut déjà être atteint pour commencer devient lui-même le but, auréolé par la promesse qui entraîne au-delà. Enfin, savoir si ce qui fut effectivement atteint était en fin de [206] compte ce que Lénine avait voulu ou ce qu'il considérerait encore aujourd'hui comme étant cela – sans mentionner le caractère souhaitable de l'un et de l'autre en soi : voilà une question qui restera à jamais discutable. Mais qu'avec son action eut lieu un tournant historico-mondial qui donnait pour des générations, si ce n'est pour toujours, une nouvelle direction au cours des choses, à savoir vers un but défini et voulu – en cela Lénine ne s'est pas trompé. Ainsi nous aurions ici un cas, sans doute le premier dans l'histoire, où l'homme d'État pratique pouvait avoir en vue des avenirs lointains, du moins abstraitement, et dont il devait aussi porter la responsabilité, alors que ceux-ci restaient totalement scellés à l'art de gouverner d'autrefois.

6. La prédiction sur la base d'un savoir analytique des causes

Le rôle de la théorie dans tout cela ne saurait être méconnu, mais il est complexe. Manifestement, de prime abord et globalement, l'analyse moderne des causalités sociales et économiques est incomparablement supérieure à tout savoir antérieur et permet des extrapolations en direction de l'avenir qui, quel que soit leur degré d'incertitude, libèrent la pensée de l'avenir comme telle de la simple analogie avec le passé, et qui font passer de l'induction répétitive de l'expérience à la déduction de ce qui ne fut pas encore ; donc de la divination au calcul de l'avenir. Simultanément – non sans lien avec le savoir, mais en tant que fait *sui generis* – le pouvoir des contrôles publics exercés sur l'événement social, c'est-à-dire l'intervention de la causalité propre du vouloir politique, bref, le pouvoir de l'État sur la société, a connu une croissance extraordinaire, ce qui de nouveau profite à la puissance de la prédiction et de la programmation. Construire les conditions futures à la manière des ingénieurs semble être devenu en principe possible et les modèles de pensée correspondants sont disponibles. A cela s'oppose pourtant la complexité, [207] chaque jour moins transparente, des processus sociaux qu'il faudrait maîtriser théoriquement et pratiquement (et donc celle des modèles requis) ; le nombre des inconnues s'accroît à proportion de l'inventaire des grandeurs connues – une étrange course de compétition entre le savoir et le mouvement propre de l'objet, le feedback psychologique du savoir momentané (présumé ou effectif) venant de surcroît encore s'ajouter aux inconnues de son propre calcul. La question de savoir si le résultat final est que la prédiction qui est tellement mieux informée est de fait devenue plus sûre, reste en suspens [1]. Mais cela ne change rien au fait qu'aujourd'hui un apport bien plus grand de savoir théorique, comprenant un horizon temporel bien plus ample vers l'avant, est enchevêtré avec la direction des destins collectifs, et qu'il doit l'être, conformément à la responsabilité qu'aucun art de gouverner d'autrefois ne pouvait rêver.

7. La prédiction sur la base d'une théorie spéculative : le marxisme

S'y ajoute cependant encore un phénomène prédictif, illustré par l'exemple de Lénine, qui a très peu affaire avec l'analyse causale de détail : la théorie spéculative englobante de l'histoire qui a une espèce de savoir des lois générales de son objet dans le temps et qui en déduit les traits principaux de l'avenir qui lui est prédestiné. Une telle chose n'a été rendue possible que par la sécularisation intégrale, c'est-à-dire par le principe de l'immanence totale qui prend la place de l'histoire du salut transcendante ; du point de vue historique c'est un phénomène [2] à peine moins inédit que l'analyse causale plus sobre des sociétés concrètes qui s'oriente sur le modèle des sciences de la nature. Son exemple

1. Mon avis personnel est : non.

2. Les premiers à avoir soutenu cette théorie à peu près à la même époque sont Hegel et Comte.

éminent est naturellement le marxisme. Ici nous avons un pronostic historico-mondial sur une base rationnelle – et en même temps, par l'extraordinaire équation de ce qui doit [208] nécessairement être avec ce qui devrait être, l'assignation d'un but pour la *volonté* politique, dont on fait ainsi elle-même un facteur dans la vérification de la théorie, après que sa vérité reconnue au préalable l'a elle-même motivée. Pour l'agir politique ainsi déterminé qui fait arriver ce qui doit arriver, cela a pour résultat un mélange extraordinairement étrange de la responsabilité la plus colossale pour l'avenir, combinée avec une absence déterministe de responsabilité. L'éthique de l'eschatologie de l'histoire nous occupera ailleurs. A présent nous avons simplement affaire à la fonction de la théorie dans la projection de l'avenir qui mène à l'immense expansion de l'horizon de la responsabilité possible qu'on a indiquée.

La théorie marxiste, comme théorie de l'histoire totale, l'histoire du passé et celle qui viendra encore, définit l'avenir en union avec l'explication du passé à partir d'un principe homogène, donc comme ce qui doit encore venir, suite à ce qui a déjà été parcouru. Toute l'histoire jusqu'à présent, une histoire des luttes des classes du point de vue de sa dynamique essentielle, sera abolie dans la société sans classes qui est maintenant à l'ordre du jour du processus global. Et elle doit également l'être : la volonté politique doit s'identifier avec la nécessité de l'histoire, du moins auprès de la classe qui est appelée à la réaliser, le prolétariat. La coïncidence de l'intérêt avec le but a dans le cas présent pour conséquence que l'intérêt – lui-même une partie de la nécessité – assume la fonction du devoir, ce qui permet de contourner le vilain gouffre de l'être et du devoir et d'éviter l'idéalisme de l'exigence éthique abstraite (qui du point de vue de la théorie doit elle-même être impuissante). Pourtant – étant donné que cette coïncidence n'est pas automatiquement évidente, et que chacun n'agit pas non plus conformément à son « plus grand intérêt » qui lui est déjà devenu évident, et qu'en outre l'expérience prouve que ceux qui peuvent lui en démontrer l'évidence doivent venir d'autres classes, de sorte qu'ils ne jouissent donc pas eux-mêmes du privilège de la coïncidence – ce « devoir » avec son caractère d'inéluctabilité rémanente est une énigme à l'intérieur du déterminisme de [209] la théorie (voir plus loin). Mais en toute hypothèse, compte tenu du caractère total de la théorie, la question de la vérité joue ici un rôle plus décisif que dans le savoir analytique particulier dont les projections, qui de toutes façons sont déjà qualifiées par la collaboration d'innombrables autres facteurs, peuvent être à tout instant corrigées sans dommage pour l'ensemble de la méthode. Le système intégral par contre, tient debout et s'écroule avec sa justesse inconditionnelle, autrement dit la vérité de son principe et sa fécondité, tant pour l'explication sans ambiguïté de ce qui fut que pour la prédiction de ce qui viendra. Mais que signifie ici la « vérité » et comment se démontre-t-elle ?

8. La théorie auto-accomplissante et la spontanéité de l'agir

En toute rigueur de termes la théorie peut seulement être vérifiée par sa confrontation avec le passé qui la précède et qu'elle ne pouvait pas encore influencer. Et quelle que soit la procédure adoptée lors de cet examen, la simple inférence de ceci à l'avenir est déjà un saut qui, du point de vue logique, ne peut pas produire plus qu'une hypothèse ; du point de vue psychologique par contre, compte tenu de la finalité qu'on y observe, des facteurs extra-théoriques de la sphère du sentiment et du vouloir doivent contribuer à lui donner des ailes

– donc un saut de la foi [1]. (De fait quelque chose de comparable était déjà à l'œuvre au niveau de l'interprétation du passé, et même de manière décisive, car aucune personne non prévenue ne prétendra que celle-ci *peut* être vue seulement *de cette façon* par l'intellect.) Ainsi, en ce point de l'extrapolation de ce qui fut vers ce qui viendra, un élément de liberté est-il déjà en jeu. Mais comment alors la justesse de l'hypothèse ou de la foi est-elle prouvée dans l'évolution des choses ? Non pas comme dans les sciences naturelles par la réalisation des prédictions déduites. Car ici, où les hommes réfléchissent sur les hommes, et où ils le font publiquement, *l'existence de la théorie en tant que fait lui-même historique modifie les conditions* [210] *de l'objet de connaissance.* Puisqu'elle acquiert elle-même une force causale afin de permettre à sa vérité de devenir réalité, que donc en intention elle contribue à la réalisation des pronostics, elle pourrait faire partie des prophéties qui s'accomplissent elles-mêmes : le fait d'avoir raison ne prouverait pas sa vérité, mais son pouvoir sur les âmes, grâce auquel elle devient la cause d'actions déterminées. Le devenir pratique de la théorie qui, dans ce cas précis, est d'ailleurs parfaitement prévu par elle, crée donc des conditions de vérification d'un type tout à fait particulier. (D'ailleurs également des conditions de falsification : tout comme la réussite, l'échec se laisserait lui aussi attribuer à l'influence de la théorie – par exemple de la manière suivante : si cette théorie n'avait pas été divulguée, le

1. Il en va autrement dans les sciences naturelles. Si toute l'expérience du passé, y compris celle qui est contrôlée par l'expérimentation, a prouvé l'existence d'une certaine régularité, celle-ci est prouvée par le fait même également pour le futur. Car la nature, c'est ce que nous avons raison de supposer, ne change pas (sans son uniformité qui n'est pas soumise à des sautes d'humeur il n'y aurait pas de science naturelle) et en outre elle n'est pas influencée par mon opinion à son sujet. Or dans l'histoire cette uniformité est au moins une supposition problématique et le fait qu'elle soit influencée par les opinions des sujets de l'histoire eux-mêmes, et donc également par les théories sur elle, fait partie de sa « causalité » propre. Cf. plus bas.

capitalisme n'aurait pas pu si bien se défendre contre sa menace.)

A cela on peut pourtant rétorquer que c'est précisément ce pouvoir sur les âmes qui confirme déjà de son côté la théorie qui est capable de démontrer la disponibilité pour elle à partir de sa logique de l'histoire ; et même de démontrer que le surgissement de la théorie elle-même, précisément en ce temps, étant maintenant à l'ordre du jour historique, est « prédit » dans son propre raisonnement, que c'est donc pour ainsi dire son existence qui confirme déjà sa justesse. On ne contestera pas qu'une théorie qui s'implique elle-même et qui est capable d'expliquer son propre caractère pensable et même le caractère du « précisément maintenant » de son actualisation (l'invention spéculative de Hegel) se trouve dans une position logiquement impressionnante. Nous ne voulons pas perdre du temps en examinant jusqu'à quel point éventuellement est répétée[1] ici l'illusion de la « preuve ontologique », parce que au fond cela n'importe pas. Car même si l'on concède à la théorie sa logique, il reste néanmoins le fait, déjà brièvement évoqué, que certains acceptèrent la vérité, certains non, et l'un et l'autre soit en accord soit en désaccord avec leur intérêt, de sorte que pour le moins règne de nouveau ici un élément de liberté non déterminé théoriquement. Mais *pourquoi* le message fut-il accepté ou refusé ? Les termes généraux de la réponse sont hors de doute. [211] Indépendamment de toute interprétation du passé, la théorie fixe un *but* dont elle avait mis en évidence la possibilité qu'il soit proche, la nécessité historique et le caractère souhaitable. Est-il exagéré de supposer que le *caractère souhaitable* en soi, donc l'appel propre du but comme option personnelle était en règle générale la raison qui faisait consentir à la théorie qui la légitimait ? La simple nécessité historique n'est pas

1. Une allusion simpliste seulement : nulle démonstration de la nécessité de l'existence du monde n'est confirmée par le fait qu'il existe.

la carotte qui fera avancer l'âne. Et naturellement aucun tribunal moral ne saurait accepter l'auto-absolution de celui qui agit politiquement, affirmant qu'il n'est que l'exécuteur de la nécessité historique et qu'à proprement parler, ce n'est pas lui-même, mais « l'histoire » qui agit à travers lui. Au contraire, l'acteur doit porter la responsabilité non seulement de son faire, mais également de la conviction qui le lui fait apparaître dans cette lumière. Cette imputation lui rend davantage justice qu'il ne le fait lui-même et le protège contre la déconsidération de soi. Car on ne pourrait pas faire de plus grand tort à ceux qui s'étaient groupés autour de la bannière du socialisme qu'en méconnaissant le fait qu'ils étaient animés par l'indignation morale, la commisération, l'amour de la justice et l'espérance d'une vie meilleure plus conforme à la dignité humaine (et la plupart du temps sans espoir d'être encore témoins de l'accomplissement). Le slogan du « socialisme scientifique » par lequel les marxistes voulaient se distinguer des autres socialistes « utopistes » ne doit pas être pris trop au sérieux. « Socialisme » reste le mot d'ordre principal – un *idéal* qui peut susciter le dévouement et qui ensuite accueille également volontiers le soutien scientifique. Il est impossible de s'imaginer Lénine, Trotski, Rosa Luxemburg sans un suprême degré de passion – la passion du *bien* qui était l'objet de leur vision : c'étaient des natures morales, vouées à la fin transpersonnelle (avec sans doute la conviction moralement dangereuse que la fin sanctifie les moyens), et en dehors de cette source de la spontanéité la plus libre, qui se moque de toute condition, n'importe quelle cause, que sa doctrine soit déterministe ou l'inverse, se trouverait en mauvaise posture.

[212] Une telle passion, tempérée par le jugement, fait l'homme d'État. Le jugement à son tour, c'est la liberté. Le jugement s'émancipe de la recette de la théorie. Dans le cas de Lénine, nous l'avons vu, le jugement élisait l'instant non orthodoxe de l'action. A partir de là, plus moyen de revenir en arrière, et le

déroulement autonome des événements lui dictait, de même qu'aux dialoques, l'exercice toujours renouvelé du jugement libre, souvent troublé. Si tout se déroulait selon le livre de la théorie qui, dans le cas présent, avait tracé d'avance le chemin en même temps que le but, il n'y aurait point besoin d'art de gouverner : le détenteur du pouvoir, un simple fonctionnaire, n'aurait qu'à consulter le livre. L'histoire de la Russie post-révolutionnaire, peut-être le cas du plus grand culte officiel de la lettre dans l'histoire politique, démontre le contraire de manière d'autant plus impressionnante. La théorie qui demeure officiellement toujours sacro-sainte est ajustée à la récalcitrance du réel (un art spécial de l'herméneutique au service de l'art de gouverner), et le détour devient le seul chemin praticable vers le but plus ou moins maintenu. Or le détour est l'enfant des circonstances et non du programme. L'industrialisation par exemple comme performance socialiste et au service du socialisme, la théorie ne l'avait jamais prévue, au contraire elle avait prévu le socialisme comme fruit dialectique de l'achèvement de l'industrialisme capitaliste [1].

La question de ce qui est « correct » n'intéresse personne ici, sinon les exégètes officiels. Nous ne savons pas dans quelle mesure elle aurait intéressé Lénine. Mais qu'il ait été davantage un pragmatique ou un dogmatique cela fait à peine une différence quant à la constatation qu'il est impossible que même son génie, nonobstant le savoir concernant la *dimension* d'avenir énorme de son entreprise, ait pu prévoir la majeure partie de ce qui advint réellement. La seule certitude paradoxale, qu'il y a ici, est celle de l'incertitude. Elle veut dire que l'élément toujours imprévisible, essentiellement non anticipable des affaires humaines ne rend jamais caduc l'homme d'État, même pas dans la société sans classes « réalisée » – de sorte [213] qu'à

1. Autres désaccords avec la théorie : l'idée de la « patrie du socialisme », et celle encore totalement imprévisible qu'un conflit avec le frère communiste en Chine puisse devenir plus probable que celui avec l'antagoniste capitaliste d'Amérique.

propos de la lavandière souvent citée qui pourrait alors vaquer aux affaires de l'État dans ses heures de loisir, nous pouvons dire sans hésitation : ici Lénine s'est trompé (ceci, notons-le, c'est encore une prédiction !) [1]

1. Des théories de l'histoire à prétention prédictive, la théorie marxiste est la seule qui ait des implications *pratiques*, par conséquent la seule qui doit être prise en considération à propos du thème de la responsabilité politique. Comment des théories de l'histoire en dehors de cet élément d'une activité auto-accomplissante s'y prennent avec leurs prédictions, on peut le voir sur l'exemple de Oswald Spengler, qui avait pour ambition d'élever la science historique de la simple connaissance du passé à la prédiction de l'avenir et qui pensait l'avoir atteint avec sa méthode morphologique-organique. Ici est domiciliée la comparaison biologique des « âges de la vie » et l'avenir est aussi arrêté que le vieillissement que rien ne saurait changer, qu'on en soit averti au préalable ou non. Du point de vue logique, Spengler avait raison de penser que seul un schème historique fataliste autorise des prévisions d'avenir. Mais qu'en est-il de ses prédictions ? Une prédiction aussi générale que celle de l'ascension de la Russie avait déjà été formulée à titre d'hypothèse au cours du XIXe siècle par des gens avec ou sans théorie de l'histoire (ou à titre de prophétie par des prophètes panslavistes tels que Dostoïevski) – quelque chose qui s'esquissait à l'horizon pour des gens capables de jugement, dont certaines conditions étaient déjà présentes et qui entre-temps s'est en effet produit à l'aune brève de l'histoire contemporaine. La prédiction principale de Spengler qui lui est particulière d'un millénaire de la « Russie » doit encore attendre son heure. Tout ce qu'on peut dire aujourd'hui est que dans un monde qui ne vient qu'un demi-siècle plus tard, toute cette représentation donne l'impression d'être fossile. En revanche là où se laisse vérifier à court terme quelque chose qui découle véritablement de la théorie et de rien d'autre, le résultat est tout simplement pitoyable. Ainsi l'affirmation née de la théorie que les mathématiques occidentales avaient épuisé leurs possibilités était faite exactement au moment même où commençait un des développements les plus créateurs de cette mathématique qui ouvrait de tout nouveaux horizons. Il en va de même de la thèse de l'extinction, de la « fellachisation » définitive de populations entières autrefois historiques, par laquelle Arnold Toynbee, l'épigone par ailleurs tellement sobre, se laissait contaminer. Sans mentionner l'immense exemple de la Chine, il ne peut pas pardonner aux petits juifs que contrairement à sa théorie, ils osèrent de nouveau devenir un sujet actif de l'histoire et il s'efforce, devant le fait accompli, d'apporter la preuve ingrate que ce qui ne doit pas être ne peut pas être. (D'ailleurs Spengler, suivant en cela l'exemple de Nietzsche, avait une vision plus ouverte concernant les juifs.) Heureusement

[214]

V. JUSQU'OÙ LA RESPONSABILITÉ POLITIQUE S'ÉTEND-ELLE VERS L'AVENIR?

1. Tout art de gouverner porte la responsabilité de la possibilité d'un art de gouverner futur

Qu'en est-il donc de la portée d'avenir de la responsabilité politique qui, à la différence de la responsabilité parentale, n'a pas de terme défini par la nature de l'objet, mais qui d'autre part est accablée par l'excès de la portée causale au détriment de celle du savoir anticipatif, qui prend donc dans les causes majeures toujours plus sur elle que ce qui est encore formellement imputable à celui qui agit ? Ici notre dernière observation nous fournit au moins un indice. Car nos considérations sceptiques ont au moins mis à jour *un savoir* très général, très principiel relativement au degré de certitude des prédictions historiques, en l'occurrence le savoir relatif à la *nécessité* toujours rémanente (en raison du processus qui par principe bouscule les programmes) *de la liberté de l'homme d'État*. Et il en résulte un impératif à son tour très général, mais nullement vide, concernant précisément l'homme d'État dont l'agir a consciemment cette dimension d'avenir qui déborde colossalement vers l'inconnu : à savoir ne rien faire qui puisse empêcher

Ben Gourion ne se souciait pas de Toynbee, pas plus que les mathématiciens du XXe siècle ne se soucièrent de Spengler.

A la lumière du toujours surprenant, dont nous, les vivants (souvent les survivants) d'aujourd'hui avons été les témoins, on estimera ensuite également que la partie *ex posta facto* des constructions de l'histoire qui prouvent que tout est arrivé comme cela devait arriver, ont une amusette de la raison – nonobstant le fait qu'entre des mains intelligentes elles peuvent parfois contribuer à l'intelligence du passé. On a montré plus haut en quel sens le marxisme représente ici un cas particulier.

le surgissement ultérieur de ses semblables ; donc ne pas boucher la source indispensable, même si elle est imprévisible, de la spontanéité dans la collectivité, dans laquelle devront se recruter les hommes d'État futurs – donc ne pas produire, ni au niveau du but, *ni au niveau du chemin vers ce but*, une situation dans laquelle les candidats possibles à la répétition de son propre rôle seront devenus des laquais ou des robots. Bref, *une* des responsabilités de l'art de gouverner consiste à veiller à ce que l'art de gouverner reste encore possible dans l'avenir. Personne ne peut dire que ce principe – un savoir arraché au non savoir – [215] est vide de contenu et qu'il n'est pas susceptible d'une infraction délibérée, ce qui est précisément un des critères de la non-trivialité d'un principe. Le principe est ici que chaque responsabilité totale à côté de ses tâches particulières comporte également la responsabilité que par-delà son propre accomplissement subsiste encore la possibilité d'un agir responsable dans l'avenir. Par ailleurs, sous forme généralisée, le principe de la responsabilité en vue du *maintien de sa propre présupposition* (dont la ressemblance formelle avec le principe de l'accord avec soi-même de l'impératif catégorique n'est qu'apparente, en raison de la perspective d'avenir qui en l'occurrence décide de tout le reste) nous occupera encore de manière exhaustive dans le contexte concret de la « politique » économique, écologique, technologique, biologique, psychologique, etc., en particulier dans la partie casuistique.

2. Les horizons proches et lointains sous le règne d'un changement continuel

Que peut-on encore dire d'autre à propos de l'ampleur temporelle de la responsabilité politique ? Elle a naturellement toujours d'abord affaire au plus immédiat, car les besoins du moment exigent une réponse, de même que l'occasion du moment exige qu'on s'en empare. Mais la largesse de vue en fait elle-même partie et elle est par ailleurs commandée par la portée causale spécifique, d'ampleur inédite, des actions *modernes*. Or, comme cela découle de ce qui a été dit jusqu'ici, cette ampleur de la largesse de vue a deux horizons différents : l'horizon plus proche, à l'intérieur duquel, grâce au savoir analytique disponible et qui permet des extrapolations, les effets des initiatives singulières (par exemple l'abaissement ou l'élévation des impôts) se laissent hypothétiquement calculer par avance par-delà la situation immédiate ; et l'horizon plus vaste, dans lequel la force d'impact de ce qui est commencé maintenant mène à des grandeurs cumulatives de l'interaction avec *tous* les facteurs [216] de la condition humaine, au sujet de laquelle, compte tenu des nombreuses inconnues de l'équation, rien de concluant ne se laisse plus établir – à l'exception de deux choses : certaines *possibilités* évidentes du point de vue causal (des éventualités), qui auront alors échappé au contrôle ; et *l'ordre de grandeur* énorme de ces possibilités, affectant l'espèce humaine tout entière. Cet horizon lointain du pouvoir humain en sa singularité moderne et par conséquent celui de la responsabilité humaine (avec les risques particuliers du mépris des hommes, même quand il est animé par les meilleurs sentiments) que nous avons simplement effleuré jusqu'ici, nous le laissons à plus tard, quand nous considérerons de telles possibilités qui se laissent d'une manière ou d'une autre déjà distinguer à titre projectif, et que nous discuterons leurs enjeux éthiques pour le moment actuel – à la recherche d'une éthique pouvant faire l'objet d'un savoir de l'excès du pouvoir sur le savoir (et qui est par conséquent compris dans la responsabilité politique).

D'autre part, concernant l'horizon plus proche, nous avons déjà dit que lui aussi excède aujourd'hui de beaucoup tout ce qui fut autrefois accessible à l'art de gouverner et de manière générale à la planification humaine. Mais ici un paradoxe saute aux yeux. D'une part nous savons plus, d'autre part moins, sur l'avenir, que nos ancêtres prémodernes. Plus, parce que notre savoir analytique-causal avec son application méthodique au donné est bien plus grand ; moins, parce que nous avons affaire à un état constitutionnel de *transformation,* alors que les hommes du passé avaient affaire à un état qui se maintenait globalement (ou qui en donnait l'impression). Ils pouvaient être sûrs que les mœurs, les sentiments, les idées, les rapports de domination, les structures économiques et les ressources naturelles, la technique de guerre et de paix ne seraient pas très différents dans la prochaine génération de ce qu'ils étaient dans la leur. Nous savons, même si nous ne savons rien d'autre, que la plupart des choses seront différentes. C'est la différence entre une situation statique et une situation dynamique. La dynamique est le signe distinctif de la modernité ; elle n'est pas un accident mais une propriété immanente de l'époque, et jusqu'à nouvel ordre elle est notre destin [1]. Elle veut dire que nous devons toujours compter avec du nouveau, sans pouvoir le calculer ;

1. Naturellement la dynamique ne fait pas partie en et pour soi de la situation humaine collective : sa domination est elle-même un phénomène historique, et donc en principe elle est également soumise à la possibilité historique de laisser de nouveau la place à une autre situation. Sous cette forme le phénomène est unique jusqu'à présent et il a beaucoup – dans son taux de croissance exponentiel peut-être tout – à voir avec l'éruption et « l'automouvement » de la technique. Cela ne veut pas dire que l'histoire antérieure se soit écoulée de façon uniforme. Mais même ses soubresauts et ses crises dramatiques, déclenchées par exemple par les grandes migrations, dans lesquelles tout se passait pendant un certain temps de manière suffisamment « dynamique », ne sauraient être confondus avec la dynamique immanente, qui se recrée elle-même, de notre époque. La contrainte externe bien plus que la pulsion interne était l'élément moteur et, une fois effectuées la migration et la conquête, tout tendait dès que possible à la stabilité. Des changements éclatants, visibles, du mode de vie étaient l'exception, et d'autres contingences étaient la plupart du temps des calamités pour une des parties du jeu au profit des gagnants. Les transformations de longue durée même dans les cultures statiques, qu'un regard rétrospectif à longue distance décèle, mais

que la transformation [217] est certaine, mais non ce qui sera différent. Les inventions et les découvertes futures par exemple ne se laissent pas anticiper et voilà pourquoi elles ne peuvent pas déjà être incluses dans le calcul. Simplement, qu'il y en aura en permanence quelques-unes et parmi celles-ci certaines d'une grande portée pratique, parfois même de portée révolutionnaire, cela est presque certain. Mais aucun calcul ne saurait être fondé sur cette certitude. Cet x inconnu de l'innovation permanente est le fantôme qui hante toutes les équations. Toutes nos projections, dont nous avons fait un art, grâce à notre analytique et grâce à l'ordinateur, sont soumises à ce *caveat.* Elles nous prédisent davantage et de façon plus précise et plus loin dans l'avenir que ne pouvaient le faire les estimations d'avenir d'autrefois, mais elles doivent également laisser plus de choses en suspens. Elles s'énoncent donc peu ou prou ainsi : en partant des données et des tendances actuelles (la dynamique comme telle est comprise dans le calcul) il découle pour l'année 1985 [1] telle ou telle situation de l'alimentation en énergie, pour l'année 2000 approximativement celle-là ; compte tenu de certains progrès d'une technique qui est seulement en cours de développement, par exemple celle de l'atome – le calcul précédent fournissant alors la motivation pour travailler à son accélération – le tableau d'ensemble pourra s'améliorer de telle ou telle manière. L'expérience prouve que moyennant l'effort adéquat on peut compter sur de tels progrès : non pas sans doute de façon absolument certaine, mais avec une marge de certitude suffisante pour imposer l'effort et pour justifier (devant l'importance correspondante de la cause)

dont les contemporains n'avaient pas conscience, ne relèvent pas du présent contexte où nous traitons de l'ampleur de vue de la planification politico-sociale – l'ampleur de vue d'une génération. Et là le fait décisif est que la transformation *et* la conscience de la transformation, l'innovation qui se produit et celle à laquelle il faut encore s'attendre, font partie de notre vie quotidienne.

1. Rappelons que la première édition de cet ouvrage est de 1979 *(N.d.T.)*.

le risque d'expériences infructueuses qui coûtent très cher. Ainsi la prédiction se convertit-elle en politique pratique (cf. le « projet Manhattan »), au sens que l'agir dicté par la prédiction doit favoriser ou empêcher sa réalisation. Cette dernière chose en particulier est en règle générale la prima *causa*, puisque la prédiction comme avertissement est à juste titre un motif plus puissant des dispositions des hommes d'État, en tout cas un commandement adressé à la responsabilité plus contraignant que la promesse. En tout cas, ce dont on a dit déjà bien des choses plus haut (cf. chapitre 2) est devenu réalité aujourd'hui. C'est ainsi qu'il faut comprendre la fonction des estimations démographiques pour les prochaines décennies et jusqu'au prochain millénaire. Ce qui en est [218] irréversible (sinon par un génocide de masse), compte tenu des grandeurs qui sont déjà engagées dans la course, exige qu'on se préoccupe à temps des besoins en alimentation qui existeront alors, en évitant de ruiner l'environnement. Ce qui au-delà se laisse encore influencer requiert une politique qui fait dévier à temps la trajectoire qui prend la direction de la catastrophe. La prophétie de malheur est faite pour éviter qu'elle ne se réalise; et se gausser ultérieurement d'éventuels sonneurs d'alarme en leur rappelant que le pire ne s'est pas réalisé serait le comble de l'injustice : il se peut que leur impair soit leur mérite.

3. L'attente des progrès scientifiques-techniques

Pour en revenir encore une fois à la budgétisation des progrès futurs, c'est là nécessairement une zone de pénombre dans laquelle les frontières du licite, c'est-à-dire de ce qui est responsable, ne peuvent pas être tracées de façon trop précise. Par-delà le progrès méthodique du connu qui fait presque déjà partie de la routine du complexe scientifique-technologique et qui se laisse diriger de manière très délibérée (par exemple moyennant la subvention financière correspondante) dans les directions souhaitées, l'expérience de la recherche prouve que de temps en temps on peut s'attendre également à ce qu'on appelle des « percées », dès lors qu'on oriente déjà le travail vers celles-ci, une fois que la théorie a indiqué la direction et confirmé la possibilité de principe (comme par exemple aujourd'hui pour le cas de la fusion nucléaire contrôlée) ; mais on ne peut pas déjà les intégrer dans la planification. En revanche l'espoir non dénué de fondement de les voir arriver et se produire continuellement peut jouer un rôle dans l'évaluation philosophique des chances à l'intérieur du grand pari qu'est devenue l'entreprise humaine dans son ensemble. Mais l'homme d'État qui dans un cas particulier peut partager l'espoir, ne doit, dans la mesure du possible, pas faire des paris, même si parfois il ne lui reste plus d'autre solution. Ici aussi il n'en a [219] pas besoin et pourtant il peut inclure ce qui ne se laisse absolument pas anticiper dans l'orbite de sa prévoyance. Car au moins les « percées » concrètement espérées sont déjà quelque chose sur le seuil de quoi on se trouve pour ainsi dire, et bien des choses peuvent être faites en leur faveur, comme en faveur des progrès qui font davantage partie de la routine [1]. De cette façon ce sur quoi on ne peut pas encore parier, à plus forte raison pas compter, devient pourtant déjà l'objet d'une politique prévoyante. Ou bien, si l'on veut, le « pari » est contracté seulement avec l'engagement de moyens excédentaires et pas avec celui du fonds, ce qui veut dire avec l'engagement du bien public lui-même, qui est l'objet de la planification politique : en elle, la chance qu'a le joueur de gagner ce pari accessoire ne doit justement pas jouer de rôle. De façon totalement

1. Même alors ils peuvent faire défaut. Il n'y a sans doute pas (pour prendre un exemple non politique) de recherche plus consciente de ses buts et mieux dotée de talents et de moyens que la recherche actuelle sur le cancer aux États-Unis. Et pourtant il se pourrait que son but final ne soit jamais atteint, parce que peut-être il ne peut pas y avoir « le remède contre le cancer ».

indéterminée et non anticipable cela vaut ensuite pour la subvention que l'État accorde à ce qu'on appelle « recherche fondamentale », c'est-à-dire à la théorie pure dans laquelle aucun but du tout n'est défini, mais dont on attend simplement « quelque chose » en général qui un jour pourra profiter à quelque intérêt pratique-public. Il est impossible de s'imaginer un horizon de la responsabilité politique plus indéterminé et malgré tout encore réaliste.

Les attentes de miracles, inspirées par le désir ou par la détresse, souvent nourries par la croyance superstitieuse en la toute-puissance de la science, sont tout à fait autre chose. Que par exemple des sources d'énergie totalement inédites soient découvertes, ou des gisements entièrement nouveaux des sources déjà connues – que de façon générale il n'y ait pas de fin aux surprises agréables du progrès et que l'une ou l'autre de celles-ci nous sortira à temps de l'embarras : tout ce que nous avons vécu au cours du siècle passé ne permet nullement de l'exclure, mais y compter serait totalement irresponsable [1]. Tabler sur la prédiction que l'homme est capable de s'habituer à tout (respectivement, qu'on peut l'y amener) serait tout aussi irresponsable, même si cette assurance-*là* est très probablement juste et qu'en effet, à supposer que la vie signifie principalement la faculté d'adaptation, elle représente la meilleure et la plus terriblement fiable des garanties [220] de survie que les apôtres de la transformation technologique irrésistible des conditions d'existence aient à nous offrir. Nous disons que tabler sur cette assurance (une fois qu'on l'a admise) est au moins aussi irresponsable que se fier à l'incertain dans la sphère précédente d'exemples. Car ici la question n'est pas : cela marchera-t-il? (on doit craindre que si), mais : à quoi l'homme doit-il s'habi-

1. En fait également partie l'assurance que « la technique » de son côté maîtrisera les problèmes qu'elle a créés : qu'il suffit simplement d'une technique plus perfectionnée pour trouver des remèdes contre les maux que celle qu'on connaît nous a procurés (« Seul le fer qui a fait la blessure est capable de la réparer »).

tuer ? à quoi a-t-on le droit de le forcer ou de l'autoriser à s'habituer ? Par conséquent : quelles conditions de son adaptation a-t-on le droit de laisser naître ? Ces questions font entrer en jeu l'idée de l'homme : elle aussi fait partie de la responsabilité de l'homme d'État, c'est son contenu ultime et en même temps son contenu le plus proche, le noyau de sa totalité, le véritable horizon de son avenir. Mais nous en parlerons plus tard.

4. L'ampleur temporelle généralement élargie de la responsabilité collective actuelle

Il découle de tout ceci qu'il n'y a sans doute aujourd'hui pas encore de recette pour l'art de gouverner, mais que pourtant les ampleurs temporelles de la responsabilité, tout comme celles de la planification en connaissance de cause, se sont considérablement élargies. L'excédent des premières sur les dernières, le corollaire moral de l'excédent de la force causale universelle a été mentionné et il nous occupera encore. Mais déjà la portée de la fixation concrète et bien définie des buts, qui est modeste en comparaison des éventuels buts « utopiques » lointains, a pris des dimensions entièrement nouvelles. A supposer que le régime politique rende possible ce type de manipulation, des plans quinquennaux font presque partie du lot quotidien et dès le départ ils envisagent déjà leur répétition à partir du niveau suivant. Les gouvernants des nations récemment libérées dans les soi-disant « pays en voie de développement » peuvent leur fixer le but de rattraper le progrès des nations industrialisées et y consacrer deux générations ou davantage. [221] Bien que dans ce cas on imite des modèles qui ont fait leur preuve et que le risque d'une conception nouvelle est évité, de même que les étapes du chemin sont plus ou moins prédéfinies, il y a pourtant assez d'inconnues dans le calcul, et ce qui serait surprenant ce serait que tout se passe sans surprises pour les planificateurs. Naturellement les besoins du moment seront toujours prioritaires, à l'exception des régimes les plus impitoyables, qui sont prêts à sacrifier des parties entières de la population formée de leurs propres sujets afin de réaliser le but final. Mais assez de ces choses bien connues. Le point décisif dans tout cela est que la nature de l'agir humain s'est transformée au point que c'est ainsi seulement qu'une *responsabilité* en un sens inapplicable jusqu'alors, comportant des contenus entièrement nouveaux et une portée d'avenir jamais encore connue, est entrée dans la sphère d'action de l'agir politique et ainsi également de la morale politique.

[222]

VI. POURQUOI JUSQU'À PRÉSENT LA « RESPONSABILITÉ » N'OCCUPAIT PAS LE CENTRE DE LA THÉORIE ÉTHIQUE

1. La circonscription plus étroite du savoir et du pouvoir ; le but de la permanence

Et ici nous avons une première réponse à la question que nous avons soulevée et que nous avions ensuite laissée de côté, pourquoi le *concept* de responsabilité, auquel nous voulons ici attribuer une position centrale dans l'éthique, ne joue pas ce rôle, ni même aucun rôle explicite, dans les théories morales traditionnelles, et pourquoi nulle part non plus le *sentiment* de responsabilité n'apparaît comme moment affectif de la formation morale de la volonté, mais que de tout autres sentiments, tels que l'amour, le respect, etc., remplissent cette fonction. (cf. p. 171-172). Nous avions vu que la responsabilité est une fonction du pouvoir et du savoir, l'un et l'autre n'étant nullement reliés par une relation simple. Mais l'un et l'autre étaient autrefois tellement limités que, concernant l'avenir, la plupart des choses devaient être abandonnées au destin et à la stabilité de l'ordre naturel et que toute l'attention se dirigeait vers la tâche de bien faire ce qui s'imposait ici et maintenant. Or la droiture de l'agir est la mieux abritée dans la droiture de l'être : voilà pourquoi l'éthique avait principalement affaire à la « vertu », laquelle représente précisément le meilleur être possible de l'homme et qui regarde peu au-delà de son propre exercice en direction de l'après plus lointain. Sans doute y eut-il le souci de certains souverains que leur dynastie perdure « éternellement », mais ce qui devait être fait dans ce but consistait pour l'essentiel dans la consolidation des rapports de pouvoir institutionnels et sociaux (y compris leurs sanctions idéelles), à même de garantir une telle perdurance, donc dans la consolidation de la situation actuellement donnée, et à côté de cela, dans la bonne éducation du successeur au trône, qui allait répéter la même chose auprès de son propre successeur. En fin de compte [223] c'est toujours la génération suivante qui est préparée et les générations à venir sont considérées comme la répétition de celle-ci, qui pourront habiter la même maison avec les mêmes installations. Cette maison doit justement être bien bâtie dès le début : et le concept de vertu s'oriente lui aussi d'après le but de sa conservation.

Il n'en allait pas autrement avec les systèmes de gouvernement qui ne reposaient pas sur le principe de l'hérédité ou avec les systèmes républicains. Partout où les philosophes classiques, auxquels nous devons la science de l'État comme tel, réfléchissaient à la qualité relative des constitutions, la perdurance était un critère décisif et le juste équilibre de la liberté et de la discipline était pour ainsi dire le moyen naturel pour la garantir. La meilleure constitution est la plus durable, et la vertu est la meilleure garantie de la perdurance. Par conséquent, la bonne constitution doit d'elle-même promouvoir la vertu des citoyens. Le fait qu'ainsi le bien véritable de l'individu (même si ce n'est pas obligatoirement celui de tous les individus) et le bien pragmatique de l'État coïncident, fait de l'État une institution intrinsèquement morale, et pas seulement utilitaire. Le citoyen vertueux développera ses meilleures capacités (ce qui requiert la liberté) et sera prêt, chaque fois que cela est nécessaire, à les mettre au service du bien de l'État, tout en restant en mesure de jouir *per se* également de leur possession et de leur exercice comme d'un accomplissement de soi-même. La communauté politique en profitera en permanence, sans se mettre à la place de l'eudémonie personnelle. Toutes les vertus – les modes de l'excellence personnelle – présentent cet aspect double. Le courage met à la disposition de l'État les défenseurs contre les ennemis de l'extérieur et le sentiment d'honneur les candidats aux postes suprêmes ; la prudence l'empêche de s'engager dans des aventures trop audacieuses ; la tempérance bride la soif de pouvoir qui pourrait y inciter ; la pondération tourne le regard vers les biens dont la possession ne se laisse pas acheter, qui ne peut donc pas faire l'objet d'un litige (chose que « la seule religion vraie » a changée de fond en comble !) ; la justice, « qui accorde à chacun son dû », empêche ou atténue les sentiments d'être traité injustement [224] qui peuvent conduire à la révolte et à la guerre civile. La justice comme telle est une des conditions privilégiées de la durée mais jamais on ne recommande l'ébranlement de l'édifice entier au profit de la justice absolue : elle est simplement une vertu, c'est-à-dire une manière de se comporter, non un idéal de l'état de choses objectif. En revanche est parfaitement valable le principe : ce qui est maintenant bon pour l'homme comme être personnel et public, le sera également à l'avenir ; c'est pourquoi la meilleure préparation de l'avenir se trouve dans la bonté de l'état de choses actuel dont les propriétés intrinsèques en promettent la continuation. Ce bien, l'art de gouverner ne peut donc pas le remettre jusqu'à la génération suivante ou jusqu'à celle qui lui succède, mais il doit y veiller pour autant qu'il est là, et le réaliser à chaque fois maintenant dans la mesure où il fait défaut. Par ailleurs on avait conscience de l'incertitude des affaires humaines, du rôle du hasard et de la chance, qu'on ne pouvait pas devancer mais contre lesquels on pouvait s'armer avec une bonne constitution des âmes et une constitution aussi résistante que possible de l'être commun.

2. L'absence de dynamique

La présupposition de ce compter sur ce qui reste essentiellement le même et qui est seulement menacé par l'imprévisibilité du destin est naturellement *l'absence de cette dynamique* qui domine tout l'être et la conscience modernes. Les affaires humaines, on ne les voyait pas autrement en flux que celles de la nature, c'est-à-dire comme toute chose dans le monde du devenir. Ce « flux » n'a pas de direction déterminée, si ce n'est vers le déclin, et c'est contre celui-ci qu'il faut précisément consolider ce qui est, grâce à de bonnes lois (de même que le cosmos consolide son ordre de conservation par des lois circulaires). Voilà pourquoi pour nous autres hommes d'aujourd'hui, tant que notre être est placé sous le signe de la transformation s'engendrant continuellement elle-même et qui doit toujours produire du réellement nouveau, du jamais encore vu comme son produit [225] « naturel », la sagesse politique des anciens ne peut plus être imitée. Et voilà pourquoi pour ceux dont le présent ne projetait pas de telles ombres d'avenir, mais comptait essentiellement pour lui-même, « la responsabilité pour ce qui viendra » n'était pas une norme naturelle de l'agir – elle n'aurait pas eu d'objet comparable au nôtre et elle aurait dû être considérée comme une *hybris* plutôt que comme une vertu.

3. L'orientation « verticale », non « horizontale » de l'éthique antérieure (Platon)

Mais on peut aller encore un peu plus en profondeur que vers le manque de pouvoir (de contrôle du destin et de la nature), le savoir anticipatif limité et l'absence de dynamique – tous traits négatifs. Si la condition humaine, composée de la nature de l'homme et de la nature de l'environnement, est pour l'essentiel toujours la même, et que d'autre part le flux du « devenir » dans lequel elle est immergée est pour l'essentiel irrationnel et n'est pas un processus créateur, ni orienté ni transcendant d'une manière ou d'une autre, alors l'être véritable vers quoi l'homme doit orienter sa vie, ne peut pas être vu sur la ligne « horizontale », la continuation du temporel, mais à la « verticale », dans l'Éternel qui surplombe la temporalité et qui est naturellement intégralement présent dans chaque maintenant. Examinons Platon de ce point de vue, lui qui est toujours encore l'antitype le plus puissant de la compréhension de l'être et de l'éthique de la modernité. Pour la démarcation de notre propre position il est également la meilleure pierre de touche parce que son « eros », comme incitation affective au bien est, de tous les concurrents, celui qui est le plus déterminé par la « chose » et ne se transforme pas lui-même en vertu – or nous disions également du « sentiment de responsabilité », auquel nous accordons maintenant notre voix pour cet office décisif dans la subjectivité, qu'à chaque fois il vise une chose reconnue comme un bien et comme une obligation – en ajoutant toutefois : une « chose dans le monde » et même hyperboliquement : la « chose [226] du monde ». Et c'est ici que se trouve la différence. La « chose » de l'eros est le bien en soi et celui-ci n'est pas de ce monde, c'est-à-dire du monde du devenir et du temps. L'eros est relativement une tendance vers le meilleur, absolument une tendance vers l'être parfait. Un des critères de la perfection est la durée permanente. C'est ce qui poussait déjà l'eros aveugle dans la reproduction animale. Le « toujours le même » est la première approximation de l'être véritable. L'eros clairvoyant de l'homme la dépasse par des approximations plus directes, et finalement par l'intention la plus directe chez le sage. D'après son origine et son objet l'eros a donc un fondement ontologique, ce que nous exigeons également de l'éthique. Mais l'ontologie est devenue une autre. La nôtre n'est pas celle de l'éternité, mais celle du temps. Ce n'est pas la durée permanente qui est le critère de la perfection : c'est presque le contraire. Voués au « souverain devenir » (Nietzsche), condamnés à lui, une fois que nous nous sommes « débarrassés » de l'être transcendant, nous devons chercher l'essentiel en lui, c'est-à-dire au sein du périssable. C'est seulement ainsi que la responsabilité devient le principe moral dominant. L'eros platonicien, orienté vers l'éternité et non vers la temporalité, n'est pas responsable de ses objets. Ce vers quoi il tend est une quiddité supérieure, qui ne « devient » pas, mais qui « est ». Mais une chose que le temps ne saurait affecter, à laquelle rien n'arrive, ne peut pas être un objet de responsabilité. L'Éternel, l'*aei on*, n'en a pas besoin ; il attend qu'on participe à lui et son apparaître diffracté dans le milieu du monde en suscite le désir. On peut seulement être responsable pour ce qui change, pour ce qui est menacé de dépérissement et de déclin, bref pour le périssable dans son caractère périssable (de même que de manière significative notre sentiment estime que seule peut être aimée une chose périssable). Si cela seul subsiste et qu'en même temps notre pouvoir sur lui a augmenté si énormément, alors les conséquences pour la morale sont incommensurables, bien qu'elles soient pour l'heure encore imprécises, et c'est justement de cela que nous nous occupons. Le point de vue platonicien était [227] clair : il ne veut pas que l'Éternel devienne temporel, mais que par la médiation de l'eros le temporel devienne éternel (« dans la mesure du possible »). En dernière instance. c'est cela le sens de l'eros, quoi qu'il en soit des images périssables qui l'aiguillonnent : la soif d'éternité. Notre souci de la préservation de l'espèce est au contraire soif de temporalité dans ses temporalisations toujours nouvelles, non déductibles à partir d'un savoir de l'essence, à chaque fois sans précédent. Une telle soif impose ses propres obligations inédites parmi lesquelles on ne trouve pas la visée du parfait, de l'intrinsèquement définitif.

4. Kant, Hegel, Marx : le processus de l'histoire comme eschatologie

a. Le renversement du point de vue antérieur (« platonicien » au sens élargi d'une typologie millénaire) vers le point de vue qui domine maintenant, devient particulièrement clair dans « l'idée régulatrice » de *Kant* qui est un équivalent de « l'idée du bien » de Platon pour autant que celle-ci (bien qu'elle soit « constitutive ») peut elle aussi être comprise pratiquement comme but limite d'une approximation infinie. Mais l'axe de l'approximation a basculé de la verticale vers l'horizontale, l'ordonnée est devenue l'abscisse : le but visé, par exemple le « Souverain Bien », se situe dans la série temporelle qui s'étend indéfiniment vers l'avenir en avant du sujet et ce but doit être approché progressivement par l'activité cumulative – cognitive et morale – de nombreux sujets le long de cette série. Ici on confie donc au cours externe de l'histoire, ou on lui demande, ce qui dans le schème platonicien incombait à l'élévation interne de l'individu ; et la participation du sujet individuel au résultat global du processus peut toujours seulement être fragmentaire, comme c'est le cas avec tous les modèles du « progrès ». Sans doute même ainsi Kant ne pouvait-il pas encore admettre que le processus historique soit le véhicule adéquat de l'idéal. Car le temps, lui-même pas vraiment [228] réel, fait seulement partie du monde phénoménal et on ne peut pas attendre de sa causalité qu'elle réalise jamais comme un état général la coïncidence de la béatitude et de la dignité morale qu'exige « le bien suprême », ni même qu'elle en favorise seulement la direction, étant donné son indifférence aux valeurs. Voilà pourquoi ici c'était l'espérance de la foi, moyennant un « postulat de la raison pratique », qui devait contribuer à ce que la cause *transcendante* (un vestige de l'ordre vertical de l'être) avec sa causalité non phénoménale, morale, puisse tromper la causalité phénoménale-physique pour ainsi dire avec ses propres moyens, afin que la volonté morale dans le monde ne soit pas vaine. La sécularisation est ici encore consentie comme à contrecœur et sous l'idéal régulateur le sujet peut au moins envisager son comportement moral *comme si*, par-delà sa qualité intrinsèque, il contribuait encore à rendre le monde plus moral. C'est, si l'on veut, une responsabilité fictive, non causale qui peut se permettre d'ignorer le cours probable des choses terrestres, et qui pourtant dote l'acte individuel d'un horizon quasi eschatologique.

b. C'est d'abord *Hegel* qui accomplit le pas vers l'immanentisation radicale. Par-dessus les têtes de ceux qui veulent et qui agissent, l'idée régulatrice devient constitutive et le temps, nullement un simple phénomène, devient le véritable médium de sa réalisation qui s'effectue par l'automouvement de l'idée. La « ruse de la raison » n'agit pas du dehors, mais par la dynamique de l'histoire elle-même et moyennant les intentions toutes différentes des sujets qui l'exécutent : le but moral est en sécurité auprès du pouvoir autonome de cette dynamique et n'en est pas responsable, de même que personne ne peut se rendre responsable de son éventuel empêchement. Ici est reconnu le principe de l'automouvement de l'histoire, mais celui de la causalité concrète des sujets y est englouti.

c. Vint ensuite, avec *Marx*, le fameux : remettre la dialectique hégélienne « sur ses pieds » et en lien avec cela [229] l'insertion de l'agir conscient comme coauteur de sa poussée révolutionnaire maintenant devenue inévitable. La ruse de la raison coïncide enfin avec le vouloir des acteurs qui se sont identifiés à son intention jusqu'alors cachée, mais devenue maintenant manifeste ; que l'intention soit reconnue au bon moment et par les bons sujets était le dernier acte de la ruse, après quoi elle pouvait abdiquer, parce qu'elle était dorénavant inutile. Et bien que les acteurs de la révolution qui assument maintenant leur mandat en toute lucidité ne déterminent pas la direction du processus dont ils estiment être plutôt les exécuteurs, ils peuvent (et « doivent » !) jouer des rôles d'accoucheurs lors de sa prochaine naissance. Ici pour la première fois *la responsabilité pour l'avenir historique sous le signe de la dynamique* est inscrite sur la carte éthique avec une transparence rationnelle, et rien que pour cela, le marxisme doit toujours de nouveau devenir un interlocuteur dans notre effort de constituer une éthique de la responsabilité historique. Mais, en estimant qu'il a un savoir de la direction et du but, le marxisme est encore l'héritier de l'idée régulatrice kantienne, qui est dépouillée de son infinité et transposée totalement dans la finitude, et que l'immanentisation hégélienne a rédimée de la séparation avec la causalité du monde, c'est-à-dire qu'elle est déclarée être la loi logique de sa dynamique. Nous autres post-marxistes (peut-être un terme qui paraît encore audacieux et que beaucoup n'aiment certainement pas entendre) nous devons voir les choses autrement. Avec la prise de pouvoir de la technologie (qui est une révolution que personne n'a programmée, totalement anonyme et irrésistible) la dynamique a pris des aspects qui n'étaient contenus dans aucune de ses représentations antérieures et qui ne pouvaient être prévus dans aucune théorie, même pas dans la théorie marxiste – une direction qui pourrait conduire à une catastrophe universelle au lieu de conduire à un accomplissement, et une vitesse, dont l'accélération torrentielle, exponentielle, dont on se rend compte avec effroi, menace d'échapper à tout contrôle. Ce qui est sûr c'est que nous ne pouvons plus faire confiance à une « ruse immanente de la raison dans l'histoire », [230] que parler d'un « sens » auto-efficient du devenir serait de la frivolité pure et simple : que donc nous devons prendre en main de façon entièrement nouvelle le processus qui pousse en avant *sans savoir préalable* du but. Cela rend caduques toutes les intuitions antérieures et impose à la responsabilité des tâches en comparaison desquelles la grande question qui excite les esprits, de savoir si une société socialiste ou individualiste, autoritaire ou libérale serait meilleure « pour l'homme » se transforme dans la question secondaire de savoir laquelle de ces sociétés est la plus apte à venir à bout des situations futures : une question d'opportunité, peut-être d'impératif de survie, mais plus une question d'idéologie [1]. Mais cette remarque n'est pas notre dernière rencontre avec le marxisme.

5. L'inversion contemporaine de l'énoncé : « Tu dois, donc tu peux. »

La nouveauté éthique de notre situation peut encore être illustrée par une autre confrontation, à savoir celle avec la maxime de Kant : « Tu dois, donc tu peux. » Comme nous le répétons toujours, la responsabilité est un corrélat du pouvoir de sorte que l'ampleur et le type du pouvoir déterminent l'ampleur

1. Cela peut toujours encore déterminer une différence pratique, dans la manière dont la consigne correspondante est acceptée – par exemple si l'on s'engage de bon gré ou à contrecœur dans l'ordre autoritaire dont on aurait compris le caractère inévitable.

et le type de la responsabilité. Si le pouvoir et son exercice courant croissent au point d'atteindre certaines dimensions, ce n'est pas seulement la taille mais également la nature qualitative de la responsabilité qui se transforme de telle sorte que les actes du pouvoir engendrent le *contenu* du devoir, que donc celui-ci est essentiellement une réponse à ce qui arrive. Cela retourne la relation habituelle du devoir et du pouvoir *(Können)*. N'est plus premier ce que l'homme peut être et ce qu'il doit faire (le commandement de l'idéal) et qu'ensuite il peut ou qu'il ne peut pas, mais est premier ce qu'il fait déjà *de facto*, parce qu'il le peut et l'obligation découle du faire : elle lui est signifiée par le *fatum* causal de ses actes. Kant disait : « Tu dois, donc tu peux. » Nous devons dire aujourd'hui : « Tu dois, car tu fais, car tu peux », [231] autrement dit ton pouvoir exorbitant est déjà à l'œuvre. Sans doute dans l'un et l'autre cas vise-t-on un autre sens et un autre objet du pouvoir ; chez Kant : subordonner le penchant à l'obligation, et ce pouvoir interne non causal doit généralement être présupposé chez l'individu auquel seul s'adresse l'obligation (auprès du collectif par contre, à supposer que celui-ci devienne le destinataire d'obligations, un tel pouvoir est hautement douteux, de sorte que la coercition gouvernementale devient ici nécessaire). Dans notre contre-proposition le « pouvoir » veut dire : laisser se déployer dans le monde les effets causaux qui se confrontent ensuite avec le « on doit » de notre responsabilité. Dès lors que ces effets mettent en jeu les conditions de l'existence comme telle, il se pourrait que pour un certain temps la tendance supérieure à la perfection, à la meilleure vie, et même seulement à la « volonté bonne » (Kant) doive hisser place aux obligations plus vulgaires que notre causalité dans le monde tout aussi vulgaire nous impose. Personne ne peut dire pour le moment si la voie de Platon sera une fois encore utilisable par les hommes à venir et la question de savoir si elle correspond plus à la vérité de l'être que la nôtre doit rester en suspens. Provisoirement « nous tient » la dynamique horizontale que nous avons déchaînée nous-mêmes. Même le soupçon que ce que j'appelais l'évacuation de la transcendance ait pu être éventuellement l'erreur la plus colossale de l'histoire ne nous dispense pas pour le moment et jusqu'à nouvel ordre d'accorder la priorité à la responsabilité pour ce qui est en cours et ce dont nous entretenons *nous-mêmes* la marche.

6. Le pouvoir de l'homme – racine du « on doit » de la responsabilité

Mais avec ce que nous a appris notre cheminement tortueux à travers le paysage de la responsabilité nous avons également appris la réponse à la question que nous avions désignée au début (p. 161 sq.) comme étant « le point critique de la théorie [232] morale » et qui nous barrait la route, la question de savoir comment de manière générale on passe *du vouloir au devoir* : du vouloir qui vaque pourtant déjà dans chaque cas, en tant que poursuivant des fins, à la fin naturelle de la finalité comme telle qui est donc un « bien » en soi, au devoir qui lui ordonne ou qui lui interdit seulement des fins déterminées. La transition est médiatisée par le phénomène du *pouvoir* dans son sens exclusivement humain, où la force causale s'allie au savoir et à la liberté. « Le pouvoir » en tant que force finale causale est répandu à travers tout le domaine du vivant. Grand est le pouvoir des tigres et des éléphants, plus grand celui des termites et des sauterelles ; plus grand encore celui des bactéries et des virus. Mais il est aveugle et non libre, bien qu'il soit mû par des fins et il trouve sa limite naturelle dans l'antagonisme de toutes les forces qui vaquent tout aussi aveuglément et sans le choisir à leur fin naturelle et qui par cela même maintiennent l'ensemble diversifié en équilibre symbiotique. Ici, peut-on dire, la fin naturelle est gérée sévèrement, mais bien, ce qui veut dire que le devoir intrinsèque de l'être s'accomplit de lui-même. Chez l'homme seul le pouvoir est émancipé de l'ensemble par le savoir et par le libre arbitre et il peut lui devenir fatal ainsi qu'à soi-même. Son pouvoir est son destin et il devient toujours plus le destin général. Chez lui, et chez lui seul, le devoir se dégage donc du vouloir en tant qu'auto-contrôle de son pouvoir qui agit consciemment ; et d'abord en référence à son propre être : puisqu'en lui le principe de la finalité a atteint son point culminant et en même temps le point qui le menace lui-même en vertu de la liberté de s'assigner des fins et du pouvoir de les exécuter, conformément au principe l'homme devient pour lui-même le premier objet du devoir, à savoir en vertu de ce « premier commandement » mentionné, qui exige que ce qu'il a atteint ne soit pas compromis par le mode de son utilisation, ce qu'il *peut* faire *également*. En outre il devient le gérant de toutes les autres fins en soi qui tombent d'une manière ou d'une autre sous la loi de son pouvoir. Nous ne mentionnons pas ce qui va au-delà de cette préservation : le devoir relatif à [233] des fins qu'il crée pour ainsi dire seulement à partir de rien ; car la création tombe en dehors du cercle de la responsabilité qui ne s'étend pas plus loin que ce qui la rend possible, à savoir la préservation de l'être homme comme tel. C'est là son « on doit » plus modeste, mais plus sévère. Ce qui noue donc partout ensemble le vouloir et le devoir, le *pouvoir*, est la même chose qui place la responsabilité au centre de la morale.

[234]

VII. L'ENFANT – L'OBJET ÉLÉMENTAIRE DE LA RESPONSABILITÉ

1. Le « on doit » élémentaire au cœur du « est » du nouveau-né

Pour achever ces réflexions relatives à la théorie de la responsabilité, en partie liées au contexte contemporain, nous retournons encore une fois à l'archétype intemporel de toute responsabilité, celle des parents à l'égard de l'enfant. Elle est un archétype du point de vue génétique et typologique, mais également pour ainsi dire du point de vue « épistémologique », à savoir du fait de son évidence immédiate. Le concept de responsabilité implique celui de devoir, pour commencer celui du devoir-être de quelque chose, ensuite celui du devoir-faire de quelqu'un en réponse à ce devoir-être. Le droit interne de l'objet a donc la priorité. Seule une revendication immanente à l'être peut fonder objectivement l'obligation d'une causalité d'être transitive (allant d'un être à l'autre). L'objectivité doit réellement venir de l'objet. C'est pourquoi, de même que (d'après Kant) les preuves de l'existence de Dieu se ramènent à la preuve ontologique ou qu'on peut montrer qu'elles en dépendent, de même toutes les preuves de la validité des prescriptions morales se ramènent en dernière instance à l'éventuelle mise en évidence d'un devoir « ontologique ». Si la possibilité de cette mise en évidence n'était pas dans une meilleure position que ladite preuve ontologique, la théorie éthique se trouverait en mauvaise position, ce qui est précisément le cas aujourd'hui. Car la *crux* contemporaine de la théorie est précisément le prétendu gouffre entre l'être et le devoir, qui pourrait seulement être enjambé par un *fiat* soit divin, soit humain

– l'un et l'autre étant des sources hautement problématiques de validité, le premier du fait de la contestation de l'existence de Dieu, lors même que son autorité est concédée à titre hypothétique, le second du fait du manque d'autorité alors même que l'existence est effectivement donnée. Ce qui est contesté, c'est que d'un quelconque étant en soi, qu'il s'agisse de son être déjà donné ou seulement possible, [235] puisse émaner quelque chose comme un « devoir ». Ce qui est pris ici pour base est le concept de « l'est » en sa nudité – ce qui est actuellement, ce qui fut ou ce qui adviendra encore. Il faut donc un paradigme *ontique* dans lequel le simple « est » factuel coïncide à l'évidence avec un « doit » qui n'admet pas par conséquent le concept d'un « simple est ». Y a-t-il un tel paradigme ?, se demandera le théoricien rigoureux, obligé de faire comme s'il ne le savait pas. La réponse sera oui : ce qui fut le commencement de chacun d'entre nous, alors que nous ne pouvions pas le savoir, mais qui s'offre toujours au regard dès lors que nous pouvons regarder et savoir. Car en réponse à l'injonction : montrez-nous un seul cas – un seul suffit à briser le dogme ontologique !–où cette coïncidence se produit, on peut renvoyer à ce qui est le plus familier : le nouveau-né dont la simple respiration adresse un « on doit » irréfutable à l'entourage, à savoir : qu'on s'occupe de lui. Vois et tu sauras. Je dis « irréfutable » et non pas « irrésistible » : car naturellement il est possible de résister à la force de ce « on doit » comme à n'importe quel autre [1], on peut faire la sourde oreille à son appel (bien que, du moins dans le cas de la mère, on y voie une dégénération) ou il peut être étouffé par d'autres « appels », comme par exemple l'abandon légal des enfants, le sacrifice du premier-né et des choses du même genre ; il peut même être étouffé par la simple pulsion d'autoconservation – mais tout cela ne change rien au caractère irréfutable de cette injonction ni à son évidence immédiate. Je ne dis pas non

1. Un devoir absolument irrésistible n'en serait plus un, mais précisément une nécessité.

plus : une « demande » adressée à l'entourage (« occupez-vous de moi »), car le nourrisson est encore incapable de demander ; et surtout, une demande, même la plus émouvante, n'oblige pas encore. De même il n'est pas non plus question ici de commisération, de miséricorde ou de quelque sentiment que ce soit entrant en jeu de notre part ; même d'amour il n'est pas question. J'estime vraiment strictement qu'ici l'être d'un simple existant ontique inclut de manière immanente et visible un devoir pour autrui, et qu'il le ferait même si la nature ne venait pas au secours du devoir avec de puissants instincts et sentiments et alors même que dans la plupart des cas elle se charge elle-même complètement de l'affaire. [236] De nouveau, le théoricien mentionné plus haut demandera : mais pourquoi « à l'évidence » ? : ce qui est « là » objectivement et réellement, c'est un conglomérat de cellules qui de leur côté sont des conglomérats de molécules, avec leurs transactions physico-chimiques, qui peuvent être connues comme telles en même temps que les *conditions de leur continuation* ; mais que cette continuation *doive* être et que quelqu'un doive faire quelque chose en sa faveur, cela ne fait pas partie des données et n'y est aucunement « visible ». Certes non. Mais est-ce le nourrisson qui est vu ici ? *Lui-même,* le regard du physicien mathématique ne réussit pas du tout à l'envisager, mais à dessein, il ne voit que la frange la plus extérieure de sa réalité dont le reste est masqué[1]. Et bien évidemment la visibilité la plus claire requiert encore l'usage de la faculté de voir pour laquelle elle existe. C'est à elle que s'adresse notre « Vois et tu sauras ». Que ce voir de la chose complète ait une valeur de vérité moindre que celle de son ultime résidu dans le filtre de la réduction est une superstition, qui se nourrit seulement du prestige du succès des sciences de la nature au-delà du champ de connaissance qu'elles se sont fixé elles-mêmes.

Il reste simplement à détailler *ce* qui est vu ici : quels

1. Cf. L'analyse de l'auteur : « Dieu est-il mathématicien ? » (dans : *Organismus und Freiheit,* chapitre 5) en vue d'une dis-

sont les traits distinctifs – indépendamment de l'immédiateté indubitable elle-même – qui distinguent l'évidence proposée ici des autres manifestations d'un devoir au sein de l'être et qui en font non seulement le paradigme empiriquement premier et intuitivement le plus manifeste, mais également le plus parfait du point de vue de la teneur, littéralement le prototype d'un objet de la responsabilité. Nous verrons que la distinction se trouve dans la relation unique entre la possession et la non-possession de l'existence, qui n'appartient qu'à la vie commençante et qui oblige la causalité de son engendrement, comme causalité qui elle aussi ne vient que de commencer, à cette continuation qui forme précisément l'objet de la responsabilité. Il faut montrer ce que cette situation a de particulier et d'exemplaire.

[237]

2. Les appels moins insistants d'un devoir-être

a. Demander si le monde doit être n'est pas une chose insensée, mais n'a pas grand sens, étant donné que la réponse, qu'elle soit positive ou négative, est sans conséquences : le monde existe déjà et continue à le faire ; son existence n'est pas en danger et même alors nous ne pourrions rien y faire. Si Dieu l'a créé, c'est sans doute qu'il « devait » être, mais nous ne participons pas à l'accomplissement de ce devoir. En termes généraux : ce qui existe par soi et en totale indépendance de nous, son devoir-être, une fois qu'il est connu, peut sans doute importer à notre conscience métaphysique – certainement dès lors que, comme c'est le cas ici, il inclut notre existence – mais non à notre responsabilité. Autre chose est la question de savoir si le monde doit être plutôt de cette façon ou

cussion détaillée des questions méthodologiques et épistémologiques qui surgissent ici.

de cette autre, plutôt ainsi ou ainsi, car là il pourrait y avoir de l'espace pour une collaboration de notre part, et donc également pour une responsabilité et cela nous renvoie au domaine plus étroit de la causalité humaine. Mais un tel devoir-être quantitatif, à supposer qu'il existe à l'égard du monde ou du moins d'une de ses parties (et si c'est à l'égard d'une partie, alors à travers la partie également à l'égard de l'ensemble), n'est certes pas immédiatement évident et il devrait être mis en lumière seulement par un argument ontologique, de la fragilité logique innée duquel notre propre tentative au début de ce chapitre a fourni un échantillon. Et pour l'essentiel, la nature prend soin d'elle-même et n'a que faire de notre approbation ou de notre désapprobation évaluative. Du moins l'obligation hypothétique de la secourir en ceci ou cela est-elle anonyme et dépourvue de l'urgence de l'instant. « On » devrait s'occuper de ceci ou de cela, mais non précisément et seulement moi ; et pas nécessairement aujourd'hui, mais éventuellement après-demain ou n'importe quand dans les années à venir, car ce qui subsiste par sa propre force – le monde tel qu'il est – peut attendre au-delà des nécessités présentes de l'homme et en règle générale il maintient lui-même ouverte la chance que son être-tel reçoive « tôt ou tard » un soutien contre le pire. Le « meilleur » est ici, *nota bene*, pas nécessairement ce qui est seulement à venir : ce meilleur [238] peut être également ce qu'il faut préserver contre une chose à venir qui serait pire (comme par exemple l'extinction des espèces animales supérieures provoquée par inconscience).

b. Qu'en est-il alors, à l'opposé de ce déjà-être en pleine possession de ses moyens, de ce qui n'est pas encore, de ce qui n'a encore jamais existé au monde, mais qui pourrait être et qui peut seulement le devenir grâce à nous ? Ici aussi il faudrait qu'il s'agisse d'un *état* futur, que ce soit celui de la nature ou de la société, et non d'existences individuelles (voir plus loin). Si un tel état est pressenti comme étant réalisable – et il n'est pas nécessaire qu'il s'agisse précisément du « bien suprême » – son devenir, à la mesure du savoir relatif à son devoir-être, pourrait bien être la tâche de la responsabilité humaine, à savoir en faveur de l'ensemble déjà existant et connu. De soi, rien de ce qui n'existe pas (encore) n'a de droit à l'existence et de revendication à ce que nous l'aidions à venir à l'existence (à moins que nous n'hypostasions sa possibilité en en faisant un déjà-être en attente dans un royaume intemporel). La cause du monde en revanche qui requiert que cet état existe, se tient de nouveau dans l'imprécision indiquée et doit d'abord être prouvée dans le cas déterminé. Mais avant tout, cet état est quelque chose de général : les individus déterminés qui n'existent pas encore maintenant, dont il se composera, ne peuvent d'aucune manière être anticipés. La question d'un « devoir-être » n'a ici aucun sens et l'existence au préalable d'aucun d'entre eux – qui du point de vue de l'état se laissent permuter à volonté – n'est incluse dans aucune responsabilité pour l'avenir imaginable. Et même la planification d'un état (qui n'est pas réalisable sur-le-champ), par exemple « de la société », n'est possible que sous la condition qu'il ne dépend pas de l'identité singulière de ses constituants. Ainsi, dire qu'il faut qu'il y ait des hommes à venir, étant donné que « l'homme » existe déjà, cela fait sans doute sens, [239] mais « quels » seront les hommes en question, cela doit heureusement rester en suspens ; et dire qu'un tel ou un tel doit exister, avant qu'il n'existe, cela n'a pas de sens [1]. De même peut-on dire avec raison qu'il faut qu'il y ait encore actuellement de la « liberté » dans le monde (ou de la « responsabilité », etc.) étant donné que sa possibilité ontologique est rendue manifeste par son fait ; et avec la reconnaissance de ce « devoir » abstrait on peut, si les circonstances s'y prêtent, également admettre une responsabilité concrète de la réaliser ; mais ce que vont être à chaque fois les actes de cette

1. Cela vaut pour « l'homme moyen » aussi bien que pour le génie.

liberté, la nature même de ce qui a besoin d'être assuré ici n'admet strictement aucune responsabilité. Ou bien, en prenant un dernier exemple, on peut dire qu'il faut qu'il y ait des arts et de la science, une fois qu'ils existent (avant cela, on ne le pouvait pas) et y mettre du sien pour qu'ils puissent continuer à exister; mais les œuvres issues des artistes à venir, les découvertes des chercheurs futurs, ne se laissent pas déterminer par avance et ne sont donc pas un objet possible de la responsabilité – l'impossibilité de les planifier est justement une composante essentielle de ce dont on se sent ici responsable (un mémento à l'intention des mécènes à l'origine des fondations). Or, sous cette même condition de l'abstraction se place aussi la planification et la préparation des états de l'homme qui n'ont encore jamais existé et qui outrepassent tout ce qui existait jusqu'ici, une fois que nous présupposons le droit de l'utopie et un pouvoir humain qui lui soit adéquat. Ainsi notre dette à l'égard de l'avenir anonyme concerne-t-elle dans tous ces cas seulement le trait le plus général, non le particulier; la possibilité formelle et non la réalité matérielle déterminée. Sans doute l'homme politique qui se trouve au cœur du foyer de condensation de la situation et de l'impossibilité de la remettre à plus tard, a-t-il habituellement davantage affaire à des responsabilités bien plus concrètes à l'intérieur de ces horizons-cadres aussi abstraits, et pourtant lui aussi ne rencontre que dans les rares instants de décision les plus pointus, là où il s'agit de l'être ou du non-être de la communauté, un devoir pratique ayant une immédiateté à force absolument contraignante. Or cela précisément n'est pas [240] l'exception, mais la règle incessante dans l'unique contre-exemple archaïque que nous voulons maintenant mettre en évidence comme étant le prototype de toute responsabilité.

3. L'évidence archétypique du nourrisson pour cerner l'essence de la responsabilité

En effet, de l'arrière-plan qui vient d'être esquissé, celui des responsabilités plus vagues, se détache dans son caractère parfaitement incomparable la responsabilité à tout moment aiguë, univoque et ne laissant aucun choix, que réclame le nouveau-né. Le nourrisson unit en lui-même la violence du déjà-être-là qui s'accrédite elle-même et l'impuissance, pleine des exigences du n'être-pas-encore, la fin en soi inconditionnelle de tout vivant et le seulement-devoir-le-devenir de la faculté de lui correspondre. Le devoir-devenir est un état intermédiaire – l'être sans défense suspendu au-dessus du non-être – qu'une causalité étrangère doit exaucer. Dans l'insuffisance radicale de l'engendré en tant que tel est pour ainsi dire prévu ontologiquement que les géniteurs l'empêchent de retomber dans le néant et qu'ils prennent en charge son devenir ultérieur. Consentir à cette prise en charge était contenu dans l'acte de procréation. La mettre en œuvre (même si c'est par d'autres) devient une obligation irrécusable à l'égard de l'être qui existe maintenant de manière autonome du fait qu'il en dépend totalement. De cette manière, le devoir-être immanent du nourrisson qu'il proclame avec chacun de ses souffles, devient le devoir-faire transitoire des autres qui seuls permettent à la revendication ainsi proclamée d'être exaucée et qui peuvent rendre possible la vérification progressive de la promesse téléologique contenue en lui. Ils doivent faire cela continuellement pour que la respiration continue et pour qu'en elle se renouvelle continuellement la revendication jusqu'à ce que l'accomplissement de sa promesse immanente-téléologique d'une autonomie définitive les en dispense. Leur pouvoir sur l'objet en tout cela n'est pas seulement celui du faire, mais également celui de l'omission, qui à elle seule serait déjà mortelle.

[241] Ils sont donc totalement responsables et cela est plus que le devoir communément humain de venir au secours de la misère du prochain, dont le fondement est autre chose que la responsabilité. La responsabilité au sens le plus originaire et le plus massif découle du fait d'être auteur de l'être auquel participent, par-delà les géniteurs actuels, tous ceux qui consentent à l'obligation de la procréation en ne rétractant pas leur *fiat* dans leur propre cas, donc tous ceux qui s'autorisent à vivre – bref, la famille humaine comme telle à chaque fois existante. C'est pourquoi l'État a une responsabilité à l'égard des enfants qui relèvent de son domaine bien différente de celle du bien-être des citoyens en général. L'infanticide est un crime comme n'importe quel autre meurtre [1], mais un enfant qui meurt de faim, c'est-à-dire accepter qu'il meure de faim, est un péché contre la première et la plus fondamentale de toutes les responsabilités qui puissent exister pour l'homme comme tel.

Avec tout enfant qui est mis au monde, l'humanité recommence face à la mortalité et de ce point de vue, c'est la survie de l'humanité qui est également en jeu ici. Mais cela est déjà trop abstrait en comparaison du phénomène originaire d'extrême concrétude qu'il s'agit de considérer maintenant. Cette responsabilité abstraite, qui nous occupera encore plus loin, entraînait certes (c'est ce que nous supposons) l'obligation d'engendrer « un enfant », mais non pas l'obligation la plus minime possible d'engendrer cet enfant-ci, parce que son être-tel était totalement imprévisible. Or c'est sur cet enfant-ci, dans sa singularité absolument contingente que porte maintenant la responsabilité – l'unique cas où la « chose » n'a rien à voir avec un jugement sur sa dignité, rien avec une comparaison,

1. Mais c'est un fait psychologique que la plus grande crainte de l'automobiliste est d'écraser un enfant.

rien avec un contrat. Un élément de culpabilité impersonnelle accompagne la causation d'être (la plus radicale des causalités d'un sujet) et il pénètre toute responsabilité personnelle à l'égard de l'objet auquel on n'a pas demandé son avis [1]. Tous participent à cette culpabilité, car l'acte des géniteurs fut générique et il ne fut pas inventé par eux (peut-être même a-t-il eu lieu à leur insu) et le reproche d'un manque de responsabilité émanant des enfants et des petits enfants – la plus englobante et pratiquement la plus vaine de toutes les accusations – peut s'adresser à n'importe lequel des vivants actuels. De même les remerciements.

Ainsi le « devoir » qui se manifeste dans le nourrisson possède-t-il une évidence indubitable, une concrétude et une urgence. La facticité extrême de l'être-tel, le droit le plus extrême à cette facticité et l'extrême fragilité de l'être coïncident ici. En lui se manifeste de façon exemplaire que le lieu de la responsabilité est l'être plongé dans le devenir, livré au caractère périssable et menacé de périr. Ce n'est pas *sub specie aeternitatis*, mais *sub specie temporis* qu'elle doit envisager les choses et elle peut perdre son tout en un seul instant. Dans le cas d'une vulnérabilité d'être durable et critique, comme celle qui existe ici, la responsabilité devient un continuum de tels instants.

On n'exposera pas ici en détail en quel sens cet exemple originaire n'est pas seulement l'archétype de la responsabilité du point de vue de l'évidence et de la teneur, mais également son germe [2] ni com-

1. Sans doute l'enfant ne peut-il pas demander aux parents, sur le mode du reproche ou autrement : « Pourquoi m'avez-vous mis au monde, moi ? », car ils n'avaient aucune influence sur l'être-tel de ce « je », mais seulement : « Pourquoi avez-vous mis au monde un enfant ? », et la réponse est alors que contracter cette dette était une obligation, non à l'égard de l'enfant qui n'existait pas encore (il n'y a pas d'obligation pareille), mais à l'égard de la cause de l'humanité comme telle, qui comporte des obligations. Nous en traiterons ultérieurement.

2. Savoir si elle l'est également du point de vue génétique-

ment il se déploie conformément à son sens en direction d'autres horizons de responsabilité ; mais l'explication suivante de ces horizons en donnera une idée. C'est vers ces horizons que nous devons nous tourner maintenant.

psychologique (ce qui est mon hypothèse) est une question de fait qui serait susceptible d'une vérification empirique à partir du moment où existerait le premier homme-éprouvette artificiel asexué et où l'on pourrait observer si des sentiments de responsabilité se développent en lui.

CHAPITRE V

LA RESPONSABILITÉ AUJOURD'HUI : L'AVENIR MENACÉ ET L'IDÉE DE PROGRÈS

[245]

I. L'AVENIR DE L'HUMANITÉ ET L'AVENIR DE LA NATURE

1. Solidarité d'intérêt avec le monde organique

L'avenir de l'humanité est la première obligation du comportement collectif humain à l'âge de la civilisation technique devenue « toute-puissante » *modo negativo.* Manifestement l'avenir de la nature y est compris comme condition *sine qua non*, mais même indépendamment de cela, c'est une responsabilité métaphysique en et pour soi, depuis que l'homme est devenu dangereux non seulement pour lui-même, mais pour la biosphère entière. Même si les deux choses se laissaient séparer – c'est-à-dire si, avec un environnement ravagé (et remplacé en grande partie par des artefacts), une vie digne d'être appelée humaine était possible pour nos descendants – la plénitude de vie produite pendant le long travail créateur de la nature, et maintenant livrée entre nos mains, aurait droit à notre protection pour son propre bien. Mais puisqu'en effet les deux choses sont inséparables, sans caricaturer l'image de l'homme, et qu'au contraire dans le plus décisif, à savoir l'alternative « préservation ou destruction », l'intérêt de l'homme coïncide avec celui du reste de la vie qui est sa patrie terrestre au sens le plus sublime de ce mot, nous pouvons traiter les deux obligations sous le concept directeur de *l'obligation pour l'homme* comme une seule obligation, sans pour autant succomber à une réduction anthropocentrique. La réduction à l'homme seul, pour autant qu'il est distinct de tout le reste de la nature, peut seulement signifier un rétrécissement, et même une déshumanisation de l'homme lui-même, le rapetissement de son essence, même dans le cas favorable de sa conservation biologique – elle contredit donc son but prétendu, cautionné précisément par la dignité de son essence. Dans une optique véritablement humaine la nature [246] conserve sa dignité propre qui s'oppose à l'arbitraire de notre pouvoir. Pour autant qu'elle nous a produits, nous devons à la totalité apparentée de ses productions une fidélité, dont celle que nous devons à notre propre être est seulement le sommet le plus élevé. Celle-ci en revanche, à condition d'être bien comprise, comprend tout le reste en elle.

2. L'égoïsme des espèces et son résultat symbiotique global

Dans le choix entre l'homme et la nature, tel qu'il se pose toujours à nouveau dans chaque cas particulier de la lutte pour l'existence, l'homme vient sans doute toujours en premier et la nature, même une fois admise sa dignité, doit lui céder le pas, ainsi qu'à sa dignité supérieure. Ou bien, à supposer qu'on conteste ici l'idée d'un quelconque droit « supérieur », c'est pourtant la nature elle-même qui veut que l'égoïsme des espèces vienne d'abord, et l'exercice du pouvoir humain à l'encontre du reste du monde vivant est un droit naturel, résultant seulement de sa capacité. C'était pratiquement là le point de vue de toutes les époques au cours desquelles la nature paraissait globalement invulnérable, et la raison pour laquelle elle paraissait être à la libre disposition de l'homme pour qu'il en use à sa guise. Mais même si l'obligation à l'égard de l'homme continue encore à avoir une valeur absolue, elle n'en inclut pas moins désormais la nature comme condition de sa propre survie et comme un des éléments de sa propre complétude existentielle. Nous allons encore plus loin et nous disons que la solidarité de destin entre l'homme et la nature, solidarité nouvellement découverte à travers le danger, nous fait également redécouvrir la dignité autonome de la nature et nous commande de respecter son intégrité par-delà l'aspect utilitaire. Il est à peine nécessaire de dire qu'une interprétation sentimentale de ce commandement est exclue par la loi de la vie elle-même, qui est manifestement comprise dans « l'intégrité » de la vie qui doit donc elle-même être préservée. Car l'intervention dans d'autres vies est *eo ipso* donnée avec l'appartenance au domaine de la vie, [247] étant donné que chaque espèce vit d'autres espèces ou qu'elle contribue à déterminer leur environnement, et que donc la simple auto-conservation de chacun que poursuit la nature représente une intervention continuelle dans le reste de l'équilibre de la vie. Exprimé en termes simplistes : manger et être mangé est le principe d'existence de cette même diversité qu'affirme le commandement en faveur de cette diversité elle-même. (Le simple échange de métabolisme avec la nature inorganique – avec quoi tout a dû commencer un jour – n'a lieu qu'à la limite la plus inférieure.) La somme de ces interventions qui se limitent réciproquement est dans l'ensemble symbiotique, bien qu'elle ne soit pas statique, comportant ces allées et venues et cette permanence qui nous est familière dans la dynamique de l'évolution pré-humaine. La dure loi de l'écologie (que Malthus fut le premier à entrevoir) empêchait tout pillage excessif d'une forme de vie particulière au détriment de l'ensemble, tout développement excessif d'un « plus fort » et le maintien de l'ensemble était assuré, nonobstant la mutation de ses parties. Jusqu'à récemment l'intervention unilatérale de l'homme elle-même ne constituait pas encore une exception décisive.

3. Perturbation de l'équilibre symbiotique par l'homme

C'est seulement la supériorité de la pensée et le pouvoir de la civilisation technique qu'elle a rendu possible qui mettaient *une* forme de vie, « l'homme », en état de mettre en danger toutes les autres (et ainsi également lui-même). « La nature » ne pouvait pas prendre de risque plus grand que de laisser naître l'homme ; et toute conception aristotélicienne de la téléologie de la nature intégrale *(physis)* qui est à son propre service et qui s'intègre pour former un tout est réfutée par ceci que même un Aristote ne pouvait pas encore pressentir. Pour lui c'était la raison *théorique* dans l'homme qui transcende la nature, sans assurément l'endommager par sa contemplation. [248] L'intellect pratique émancipé qu'a produit la « science », un héritage de cet intellect théorique, n'oppose pas seulement sa pensée, mais encore son agir, à la nature d'une manière qui n'est plus guère compatible avec le fonctionnement inconscient de l'ensemble : dans l'homme, la nature s'est perturbée elle-même, et c'est seulement dans sa faculté morale (que nous pouvons encore lui imputer comme le reste) qu'elle a laissé ouverte une issue incertaine à l'assurance ébranlée de l'autorégulation. Le fait que sa cause soit dorénavant suspendue à cela – ou disons plus modestement : le fait que tant de choses dépendent de ce que l'homme peut voir de cette cause – a quelque chose d'effrayant. Après les dimensions temporelles de l'évolution et même celles bien plus petites de l'histoire humaine, ceci est un tournant presque subit dans le destin de la nature. Sa possibilité était contenue dans l'essence du savoir et du vouloir indépendants du monde qui firent irruption dans le monde avec l'homme, mais sa réalité a lentement mûri et ensuite, brusquement, elle fut là. En ce siècle fut atteint le point depuis longtemps préparé, où le danger devient manifeste et critique. Le pouvoir, associé à la raison, entraîne de soi la responsabilité. Cela allait de soi depuis toujours concernant le domaine intersubjectif. Le fait que depuis peu la responsabilité s'étende au-delà jusqu'à l'état de la biosphère et la survie future de l'espèce humaine est simplement donné avec l'extension du pouvoir sur ces choses qui est en premier lieu un pouvoir de destruction. Le pouvoir et le danger dévoilent une obligation qui, par la solidarité avec le reste, une solidarité soustraite au choix, s'étend de l'être propre à l'être général sans même un consentement particulier.

[249]

4. La menace dévoile le « non » opposé au non-être comme une obligation première

Répétons-le : l'obligation dont nous parlons ici est apparue seulement avec la mise en danger de ce qui est en jeu ici. Auparavant, parler de choses semblables n'aurait pas eu de sens. Ce qui est en jeu demande à prendre la parole. Brusquement ce qui est tout bonnement donné, ce qui est pris comme allant de soi, ce à quoi on ne réfléchit jamais dans le but de l'action : qu'il y ait des hommes, qu'il y ait la vie, qu'il y ait un monde fait pour cela, se trouve placé sous l'éclairage orageux de la menace émanant de l'agir humain. C'est dans cette même lueur d'orage qu'apparaît la nouvelle obligation. Née de la menace, elle insiste nécessairement avant tout sur une éthique de la conservation, de la préservation, de l'empêchement et non sur une éthique du progrès et du perfectionnement. Malgré cette modestie du but, ses commandements peuvent être suffisamment difficiles, réclamant peut-être plus de sacrifices que tous ceux qui jusqu'ici visaient l'amélioration du sort humain. Nous disions au début du chapitre précèdent que l'homme, qui n'est plus simplement l'agent exécutif, mais également le destructeur potentiel du travail téléologique de la nature, doit prendre en charge dans son vouloir le « oui » général de celle-ci et qu'il doit imposer à son pouvoir le « non » opposé au non-être. Le pouvoir négatif de la liberté a pour conséquence qu'avoir le droit et ne pas avoir le droit viennent avant le devoir positif. Ce n'est que le commencement de la morale et naturellement cela ne suffit pas pour une doctrine positive des obligations. Heureusement pour notre entreprise théorique et malheureusement pour notre situation actuelle, nous n'avons pas à nous engager dans une théorie du *bonum humanum* et du « meilleur homme » qui devrait se déduire de son essence. Pour l'instant tout travail sur l'homme « véritable » passe derrière le simple sauvetage de sa *présupposition* – celle de *l'existence* d'une humanité au sein d'une nature satisfaisante. De la *question* toujours en suspens portant sur *ce que* l'homme doit être, une question qui peut recevoir une réponse variable, nous sommes ramenés, devant la menace totale du [250] présent historico-mondial, au premier commandement, qui était toujours sous-jacent à cette question, mais qui n'était jamais encore devenu actuel, le commandement *que* l'homme doit être – mais sans doute en tant qu'homme. Cet « en tant que » conduit l'essence, pour autant que nous en ayons un savoir ou une intuition, à l'impératif du « il faut que », comme fondement ultime de son inconditionnalité et son observation doit empêcher que l'abîme de ses sacrifices n'engloutisse en même temps la sanction ontologique – que donc l'existence ontiquement sauvée ne soit plus une existence humaine. Compte tenu de la dureté des sacrifices, qui pourraient être nécessaires il se peut que ceci devienne l'aspect le plus précaire d'une éthique de la survie qui nous incombe à présent et dont il y aura encore beaucoup à dire : une crête entre deux abîmes, où les moyens peuvent détruire la fin. Nous devons marcher sur cette crête, à la lumière incertaine de notre savoir, et en respectant ce que l'homme a fait de lui-même pendant des millénaires d'efforts culturels. Mais ce qui importe maintenant ce n'est pas de perpétuer une image déterminée de l'homme, ni de la susciter, mais d'abord de tenir ouvert l'horizon de la *possibilité* qui, dans le cas de l'homme, est donné avec l'existence de l'espèce comme telle et qui – puisque nous devons faire confiance à la promesse de « *l'imago Dei* » – offrira toujours à nouveau une chance à l'essence humaine. Le *non opposé au non-être* – et d'abord à celui de l'homme – est donc pour l'instant et jusqu'à nouvel ordre la première décision par laquelle une éthique de l'état de crise de l'avenir menacé doit traduire dans l'acte collectif le *oui à l'être*, dont les choses dans leur ensemble font une obligation à l'homme.

[251]

II. LA MENACE DE MALHEUR CONTENUE DANS L'IDÉAL BACONIEN

Tout ceci vaut s'il est vrai, comme nous le supposons ici, que nous vivons dans une situation apocalyptique, c'est-à-dire dans l'imminence d'une catastrophe universelle, au cas où nous laisserions les choses actuelles poursuivre leur cours. Nous devons en dire quelque chose, bien qu'il s'agisse de choses bien connues. Le danger a son origine dans les dimensions excessives de la civilisation scientifique-technique-industrielle. Ce que nous pouvons appeler le programme baconien, à savoir orienter le savoir vers la domination de la nature et utiliser la domination sur la nature pour l'amélioration du sort humain, n'a sans doute possédé dès l'origine dans sa mise en œuvre capitaliste ni la rationalité ni la justice avec lesquelles il aurait de soi pu être compatible ; mais sa dynamique de succès conduisant nécessairement à la démesure de la production et de la consommation aurait, compte tenu de la brièveté de la fixation humaine des buts et de l'imprévisibilité réelle des proportions du succès, probablement envahi n'importe quelle société (car aucune ne se compose de sages).

1. La menace de catastrophe du fait du succès excessif

La menace de catastrophe contenue dans l'idéal baconien de la domination sur la nature par la technique scientifique tient donc à la taille de son *succès*. Celui-ci est principalement de double type, économique et biologique : leur relation mutuelle qui conduit nécessairement à la crise est aujourd'hui patente. Le succès économique qui pendant longtemps fut la seule chose qu'on voyait, démultipliait *per capita* la production des biens en masse et en variété, en réduisant la quantité du travail humain requis, d'où une aisance accrue d'un nombre croissant d'hommes, et même une consommation involontairement accrue de [252] tous à l'intérieur du système – donc du côté du corps social entier un échange métabolique avec l'environnement naturel énormément accru. Rien que cela comportait des risques de surcharge des réserves naturelles finies (ici on fera abstraction des risques de corruption interne). Mais ces risques sont démultipliés et accélérés par le succès biologique, dont on avait moins conscience au début : l'augmentation numérique de ce même corps collectif engagé dans l'échange métabolique, c'est dire la multiplication exponentielle de la population à l'intérieur de la sphère d'influence de la civilisation technique, donc depuis peu à travers la planète entière. Non seulement cela accélère encore le taux de la première évolution, pour ainsi dire du dehors et cela multiplie son effet, mais encore cela lui ôte presque toute possibilité de se donner l'ordre d'arrêter. Une population statique pourrait dire, parvenue à un certain point : assez ! mais une population croissante est obligée de dire : davantage ! Aujourd'hui il commence à devenir effroyablement clair que le succès biologique non seulement met en question le succès économique, qu'il ramène donc de la fête fugitive de la richesse au quotidien chronique de la pauvreté, mais qu'il risque également de conduire vers une catastrophe aiguë de l'humanité et de la nature et cela dans une proportion gigantesque. L'explosion démographique, envisagée comme un problème de métabolisme planétaire, arrache l'initiative à la recherche du niveau de vie et contraindra une humanité qui s'appauvrit à faire pour sa simple survie ce qu'elle pouvait faire ou négliger en vue du bonheur : un pillage toujours plus effronté de la planète jusqu'au moment où celle-ci prononcera son verdict et se dérobera à la surexploitation. Combien de morts et de génocides accompagneront une telle situation du « sauve qui peut ! » cela défie toute imagination. Les lois de l'équilibre écologique qui, dans l'état de nature, empêchent le développement excessif d'une espèce, qu'on a si longtemps artificiellement négligées, réclameront d'autant plus atrocement leur dû : et cela lorsqu'on sera arrivé à l'extrême limite de leur tolérance. Savoir comment après cela un reste [253] d'humanité sur une terre dévastée pourra recommencer, cela échappe à toute spéculation.

2. Dialectique du pouvoir sur la nature et de l'obligation de l'exercer

Voilà la perspective apocalyptique qui est inscrite de manière calculable dans la dynamique du cours actuel de l'humanité. On doit comprendre qu'on est ici en présence d'une dialectique dont on ne viendra à bout que par un niveau supplémentaire de pouvoir et non par un renoncement quiétiste au pouvoir. La formule baconienne dit que le savoir c'est du pouvoir. Or ce qui plaide en faveur du programme baconien, c'est-à-dire quand il s'accomplit lui-même, c'est qu'au comble de son triomphe il manifeste son insuffisance et même son autocontradiction, à savoir qu'il perd le contrôle sur lui-même, ce qui veut dire l'incapacité de protéger non seulement l'homme contre lui-même, mais également la nature contre l'homme. Le besoin de protection de l'un et de l'autre est advenu précisément par la dimension du pouvoir qui a été atteinte en poursuivant le progrès technique et qui, en raison de la nécessité de son usage qui s'accroît parallèlement, a conduit à l'étrange *impuissance* d'imposer encore un frein au progrès toujours accru et dont l'autodestruction ainsi que la destruction de ses œuvres est prévisible. Le paradoxe profond du pouvoir que procure le savoir, un paradoxe non entrevu par Bacon, consiste en ceci que sans doute il a conduit à quelque chose comme une « domination » sur la nature (c'est-à-dire à son exploitation accrue) mais qu'en même temps il a conduit à la *soumission la plus complète à lui-même.* Le pouvoir s'est rendu maître de lui-même, alors que sa promesse a viré en menace et sa perspective de salut en apocalypse. Ce qui est devenu nécessaire maintenant, à moins que l'arrêt ne soit dicté par la catastrophe elle-même, c'est un pouvoir sur le pouvoir – le dépassement de l'impuissance face à la contrainte de son exercice progressif qu'entretient le pouvoir lui-même. [254] Une fois que le pouvoir de premier degré qui visait directement une nature qui semblait être inépuisable, est passé à un pouvoir de second degré qui arrachait celui-ci au contrôle de l'usager, l'autolimitation de la domination qui entraîne le dominateur, en attendant de se fracasser contre les limites de la nature, est devenue l'affaire d'un pouvoir de troisième degré : autrement dit, d'un pouvoir sur ce pouvoir de deuxième degré qui n'est déjà plus celui de l'homme, mais celui du pouvoir lui-même de dicter à son détenteur apparent son usage, d'en faire l'exécuteur involontaire de son pouvoir, donc de réduire l'homme à l'esclavage au lieu de le libérer.

3. A la recherche d'un « pouvoir sur le pouvoir »

De quoi peut-on attendre ce pouvoir de troisième degré qui restituera de nouveau – et encore à temps – à l'homme le contrôle de « son » pouvoir et qui en brise le pouvoir propre, devenu tyrannique ? Les choses étant ce qu'elles sont, il doit prendre son départ avec la société, étant donné que nulle intellection privée, nulle responsabilité et nulle peur ne sont à la hauteur de la tâche. Et puisque l'économie « libre » des sociétés industrielles occidentales est précisément le foyer de la dynamique qui dérive vers le danger mortel, le regard se tourne naturellement vers l'alternative du communisme. Peut-il nous apporter le secours dont nous avons besoin ? Est-il équipé pour cela ? C'est uniquement de ce point de vue que nous voulons examiner l'éthique marxiste – donc du point de vue de ce qui sauve du malheur, non de celui de l'exaucement d'un rêve de l'humanité. Notre regard se tourne vers le marxisme, parce que l'orientation vers l'avenir de toute l'entreprise humaine lui est particulière (puisqu'il parle de « révolution mondiale »), avenir pour lequel il ose demander n'importe quel sacrifice au présent; et là où il règne, il peut également y contraindre. C'est au moins bien plus difficile de voir comment l'Occident capitaliste pourrait réaliser cela.

[255] Ce qui est clair en tout cas, c'est que c'est seulement un maximum de discipline politiquement imposée qui est capable de réaliser la subordination de l'avantage du moment au commandement à long terme de l'avenir. Mais puisque le marxisme est lui aussi une forme du progressisme, c'est-à-dire que lui-même n'estime nullement être une mesure d'urgence mais une voie vers une réalisation supérieure « de l'homme », les chances que, sans le vouloir, il offre éventuellement d'empêcher aujourd'hui la catastrophe, doivent elles aussi être examinées dans le cadre de ce vouloir inné d'une fin dont il partage le « méliorisme » avec une tendance fondamentale de la modernité. Par cet examen, nous reprenons donc une question que nous avions laissée de côté lors de son premier surgissement (p. 50), à savoir comment l'éthique de l'obligation à l'égard de l'avenir, que nous visons, se rapporte à celle de l'idéal progressiste.

[256]

III. DU MARXISME ET DU CAPITALISME, LEQUEL PEUT-IL LE MIEUX PARER AU DANGER?

1. Le marxisme en tant qu'exécuteur testamentaire de l'idéal de Bacon

La formule de Ernst Bloch : « S n'est pas encore P » peut jouer le rôle d'une expression de base d'une vision du monde progressiste, dans laquelle « P » est le souhaité et ce qui nous incombe comme état universel et le réaliser est notre tâche [1]. L'état dont il s'agit est celui de l'homme. Le « ne pas encore être » de « P » comme état de *l'homme comme tel* veut dire alors que l'homme véritable est seulement encore à venir et que l'homme passé et actuel ne l'est pas encore et ne l'a jamais été. Toute histoire jusqu'à présent est la préhistoire de l'homme véritable, tel qu'il peut être et tel qu'il doit être. En laissant de côté la croyance vague au progrès éthique de l'humanité grâce à la culture, qui ne définit pas un programme d'agir (sans mentionner l'escapade nietzschéenne du surhomme qu'il s'agit d'espérer d'une manière ou d'une autre) il existe deux formes historiques pratiques-prescriptives de l'idéal : d'abord l'idéal baconien du pouvoir croissant sur la nature que nous avons examiné jusqu'ici ; ensuite l'idéal marxiste, *présupposant déjà le premier*, de la société sans classes. Mais seul le programme marxiste qui intègre l'idéal naïvement baconien de la domination sur la nature et celui de la transformation de la société et qui attend de celle-ci l'homme définitif, peut aujourd'hui être sérieusement pris en considération comme source d'une éthique qui dirige principalement l'agir vers l'avenir et qui y puise les normes qu'elle impose au présent. On peut dire qu'il veut placer le bilan de la révolution baconienne sous le contrôle des meilleurs intérêts de l'homme, et ainsi exaucer sa promesse originelle d'une exaltation du genre humain entier qui se trouvait avec le capitalisme entre de mauvaises mains. [257] Le marxisme est par là une eschatologie active à laquelle participent à parts égales la prédiction et la volonté, une eschatologie qui a en vue un bien à venir éminemment obligatoire et qui est placée entièrement sous le signe de l'espérance. Nous ne pouvons pas ne pas comparer cette

1. La formule « S n'est pas encore P », « Le sujet n'est pas encore le prédicat » se rencontre comme expression logique la plus brève de sa philosophie chez Ernst BLOCH, *Philosophische Grundfragen I. Zur Ontologie des Noch-nicht-seins*, Frankfurt, 1961, p. 18. Cf. la discussion par Adolph LOWE de « S n'est pas encore P » dans : *Ernst Bloch zu ehren*, éd. Sigfried Unseld, *ibid.*, 1965, p. 135-143.

puissante conception de l'obligation à l'égard de l'avenir qui est supérieur à tout ce qui par ailleurs dans l'existence collective réclame notre consentement sur la base d'une présupposition purement séculière, avec la doctrine des obligations parfaitement non eschatologique qui paraît résulter pour nous de l'urgence du moment présent. Déterminer leur rapport ne porte pas sur leur justesse abstraite, mais sur leur priorité concrète – quoique quelques mots critiques doivent être consacrés également à l'hybris prométhéenne de l'idéal utopique en soi.

2. Marxisme et industrialisation

Ce qui est commun aux deux points de vue – celui qui préserve et celui qui promet – c'est à côté de l'orientation « horizontale » comme telle, la prémisse de la civilisation technique-industrielle et sa signification comme point de départ de tout pronostic. Concernant le point de vue « promissif » il faut commenter cela rapidement. Ce n'est pas un hasard si le socialisme apparaît avec le début de la technique des machines et que sa légitimation scientifique par Marx repose sur la situation du capitalisme qui en résulte. Car, en simplifiant grossièrement, on peut dire que c'est seulement cette situation qui donnait l'impression qu'une socialisation serait *rentable*, même abstraction faite du fait qu'elle donnait également l'impression qu'elle était nécessaire et politiquement réalisable d'après la théorie des crises du capitalisme et la théorie de la paupérisation du prolétariat. Le premier point de vue est plus indubitable que les deux autres. Seule la technique moderne rend possible une multiplication du produit social telle que sa répartition équitable (uniforme) n'aboutit pas à la généralisation de la pauvreté – [258] ce qui mettrait simplement fin au sentiment d'iniquité, mais à rien d'autre. Dans une économie de pénurie la répartition équitable de la pénurie fait simplement une différence minimale en faveur du grand nombre et il faut même dire que dans de telles circonstances l'injustice de la concentration de la richesse et de la liberté entre les mains d'un petit nombre pouvait au moins profiter à la culture, pour laquelle en des époques à technique primitive il fallait toujours payer un prix atroce. (Qu'aurait été la société antique, aux fruits de laquelle nous voudrions difficilement renoncer, sans l'esclavage ?) Une pauvreté également répartie, dont l'État serait le garant, est sans doute moralement moins choquante que la richesse d'un petit nombre face à la pauvreté du grand nombre, mais ce gain seul n'aurait pas suffi à donner des ailes à l'idéal socialiste pour en faire une force motrice de l'histoire. Pour l'exprimer brutalement : seule la grandeur du prix qui était l'appât du prolétariat faisait que la révolution en valait la peine. Cela est parfaitement légitime. Que précisément là où le prix déjà existant était le plus élevé – dans les pays industriels évolués – les masses n'aient jusqu'à présent pas emprunté ce chemin, et que même aujourd'hui inversement dans les pays les plus pauvres le socialisme se recommande seulement comme moyen pour produire ce prix à l'exemple du modèle capitalistes cela ne change rien au fait de la démonstration déjà faite que la surabondance matérielle de la technique moderne est un facteur essentiel dans l'idéal socialiste moderne. Accélérer l'industrialisation est ainsi, partout où jusqu'à présent le socialisme a pris le pouvoir, la signature de sa politique effective et résolument décidée. Ainsi jusqu'à aujourd'hui vaut la loi que le marxisme, « progressiste » dès l'origine, né sous le signe du « principe Espérance » et non sous celui du « principe Crainte » est en fait non moins inféodé à l'idéal baconien que son antagoniste capitaliste, dont il est ici le concurrent : le rattraper et pour finir le dépasser dans ses fruits, récoltés grâce à la technique, était partout la loi qui commandait la volonté de sa réalisation. Bref, [259] le marxisme est, d'après son origine, l'héritier de la révolution baconienne et il se comprend lui-même comme son exécuteur testamentaire prédestiné, meilleur (c'est-à-dire plus efficace) que ne le fut le capitalisme. Reste à examiner s'il peut également mieux en venir à bout. Notre réponse anticipée est qu'il le peut seulement à condition de réinterpréter son rôle, de celui qui apporte le salut en celui qui empêche le malheur, donc en renonçant à son souffle vital, l'utopie. Ce serait là un « marxisme » très différent, devenu presque méconnaissable, jusque dans le principe de son organisation externe. L'idéal qui l'animait serait perdu (nous ne savons pas si la douleur de la perte serait salutaire ou non). La société sans classes n'occuperait plus alors la place de l'accomplissement d'un rêve de l'humanité, mais très prosaïquement celle d'une condition de conservation de l'humanité dans une époque de crise imminente. Examinons les chances du pour et du contre.

3. Évaluation des chances de maîtriser le danger technologique

Compte tenu des passions qui de part et d'autre sont liées à ce plus grand *schibboleth* de notre temps, une patience particulière s'impose ici. Ce qui nous facilite la tâche de l'objectivité est que nous ne voulons pas comparer les avantages intrinsèques des systèmes de vie eux-mêmes, mais simplement leur aptitude à remplir une fin qui est étrangère à l'un comme à l'autre, à savoir l'empêchement d'une catastrophe de l'humanité sous la domination de la poussée technologique, dans laquelle personne ne cède quelque chose à l'autre. Le raisonnement suivant concernant des chances pour l'heure encore indémontrables a le caractère d'un premier essai.

[260]

a. *L'économie de besoin contre l'économie de profit : la bureaucratie contre l'entreprise*

Au caractère irrationnel d'une économie dominée par la recherche du profit le socialisme peut opposer la promesse d'une plus grande *rationalité* dans la gestion de l'héritage baconien. La planification centrale, selon les *besoins* collectifs, devrait pouvoir éviter une grande partie de l'usure du mécanisme de la concurrence et la majeure partie de l'aberration d'une production de marché visant à exciter le consommateur, donc servir le bien-être matériel, tout en économisant davantage les réserves naturelles. Puisque le gaspillage est de ce point de vue une des plaies de la situation qui nous occupe, on aurait ici un avantage important d'un ordre économique et social non motivé par le gain. Du point de vue pratique et au vu de l'expérience faite jusqu'ici, cet avantage tellement impressionnant du point de vue logique est toutefois compensé partiellement par les défauts bien connus d'une bureaucratie centralisatrice – la mauvaise orientation venant d'en haut, la servilité et le règne des sycophantes venant de la base. Il est clair, selon la même logique que celle qui plaide « pour », que, de même que les bonnes décisions du sommet peuvent avec une plus grande assurance s'imposer à travers tout le corps économique et social, de même également les erreurs doivent avoir ici un retentissement gigantesque comparable ; et si l'initiative « d'en bas » est étouffée et si la population globale perd l'habitude de la faculté d'improviser, les remèdes sont ici moins disponibles que dans le système de concurrence plus flexible, toujours encore relativement ouvert, du capitalisme. Concernant l'apprivoisement en biens, c'est sans doute ce dernier qui a jusqu'à présent obtenu les meilleurs résultats, quoique au risque d'un gaspillage qui devient inacceptable : comment à long terme le gaspillage involontaire qui caractérise le bureaucratisme peut se comparer à celui-ci, cela doit encore rester en suspens dans l'évaluation des coûts. L'économie de profit, pour lui rendre son dû, a ici non seulement des arguments contre elle, mais également pour elle : de même que d'une part elle pousse le consommateur [261] au gaspillage en excitant ses besoins, de même d'autre part l'intérêt qui la pousse à diminuer les frais lui fournit un motif interne pour faire des économies à la source, intérêt qui devient définitivement contraignant du fait de la concurrence. Une économie nationalisée non soumise à la concurrence n'a pas besoin de faire dépendre sa survie du fait de maintenir un niveau bas des frais. Même un capitalisme monopolistique parfait, qui posséderait la plupart des désavantages de l'économie d'État sans ses éventuels avantages sociaux, ne jouirait pas de la même immunité : toujours encore l'élément du *risque* (valant également pour les managers) subsisterait pour les investisseurs, qui recommande même en l'absence de concurrence un « usage économique » et par le fait même la « rentabilité » dans le processus de production. Même une entreprise à monopole peut travailler avec des pertes (et naturellement avec des marges de bénéfice très variables). Une bureaucratie de fonctionnaires en revanche n'a rien à perdre. L'absence de risque est un prix élevé pour l'élimination de l'intérêt du gain. La « logique du profit » agit ainsi comme un facteur irrationnel engendrant la rationalité de l'éventail économique au bout de la chaîne de la production – bien qu'elle engendrât l'irrationalité au bout de la chaîne de la consommation.

Mais on doit sans doute dire que en soi le critère des besoins offre une meilleure *présupposition* de rationalité (parce que en soi plus rationnelle) que le critère du profit. Comment il est utilisé, c'est la psychologie, laquelle échappe totalement à un traitement théorique, qui en décide. Tout dépend de *ce qui a valeur de besoin* (par exemple l'armement, voir plus bas !), là où par conséquent, selon la manière rationnelle ou irrationnelle dont *cela* se passe, selon que c'est le présent ou l'avenir qui domine le jugement et selon le point de vue où se place ce dernier, selon la grandeur ou la capacité de renoncement de l'égoïsme national, selon l'assurance ou non que le régime a d'avoir la confiance du peuple, etc., peut résulter le gaspillage le plus démentiel des ressources finies au détriment de l'écologie d'ensemble. La seule chose qui soit certaine, est que l'absence du motif du profit élimine au moins *une* des causes du gaspillage, à savoir celle de la *création* artificielle de débouchés de prime abord [262] non désirés, et même ignorés ; et il est possible que d'autres contraintes comparables résident moins dans le système socialiste comme tel que dans ses imperfections actuelles, y compris celles de sa situation internationale. Demeure pourtant l'ampleur capitale des conséquences des erreurs du centralisme, lorsqu'elles se produisent (et elles doivent se produire), même dans le cas de la plus grande autonomie et d'une bureaucratie améliorée au maximum, qui peut-être l'augmente encore.

b. L'avantage d'un pouvoir de gouverner total

Aux chances d'un esprit de rationalité, dans l'ensemble sans doute meilleures dans une société socialiste, vient maintenant s'ajouter le *pouvoir* plus grand de l'imposer également pratiquement, et d'imposer même les choses impopulaires afin de le réaliser. Un des côtés sombres du pouvoir centraliste a été mentionné, mais examinons maintenant ses avantages. Ce sont d'abord les avantages de l'autocratie en soi, auxquels nous avons affaire avec le modèle communiste du socialisme (le seul qui mérite d'être discuté ici). Les décisions au sommet, qui peuvent être prises sans consentement préalable de la base, ne se heurtent à aucune résistance dans le corps social (si ce n'est peut-être une résistance passive) et, à supposer un degré minimal de fiabilité de l'appareil, elles peuvent être certaines d'être mises en œuvre. Cela inclut des mesures que l'intérêt individuel des sujets concernés ne se serait jamais imposées spontanément, qui donc, dès lors qu'elles atteignent la majorité, peuvent difficilement faire l'objet d'une décision dans le processus démocratique. Or de telles mesures sont précisément ce qu'exige l'avenir menaçant et ce qu'il exigera toujours davantage. Pour autant il s'agit des avantages de gouvernement de n'importe quelle tyrannie, qui dans notre contexte doit simplement être une tyrannie bienveillante, bien informée et animée par la juste compréhension des choses. La question est ensuite de savoir si une telle tyrannie peut venir plutôt de « gauche » que de « droite » [263] (spécifiquement ici : si son pouvoir exécutif a quelque probabilité de pouvoir être recruté dans l'appareil du parti communiste), et cette question nous voulons d'abord la laisser en suspens. Mais puisque la tyrannie communiste existe déjà et qu'elle fournit pour ainsi dire une première, et pour l'heure une unique proposition, nous pouvons dire que du point de vue de la technique du *pouvoir* elle paraît être mieux capable de réaliser nos buts inconfortables que les possibilités qu'offre le complexe capitaliste-démocratique-libéral. Le véritable problème est le suivant : si, comme nous le pensons, seule une élite peut éthiquement et intellectuellement assumer la responsabilité pour l'avenir que nous avons indiquée, comment une telle élite est-elle produite et comment est-elle dotée du pouvoir de l'exercer ? Pour l'instant nous parlons simplement de l'aspect de pouvoir de ce double problème.

c. *L'avantage d'une morale ascétique des masses et la question de sa persistance dans le communisme*

Or le pouvoir est essentiellement codéterminé par la disponibilité des dirigés à se laisser diriger ; et quoique nous ne voulions pas sous-estimer la capacité qu'a la terreur d'obtenir cette disponibilité sous l'effet de la contrainte, elle n'est pas seulement non désirable en soi, mais à long terme également un moyen problématique en vue de la fin. Une identification de la communauté avec le gouvernement, même un gouvernement dictatorial, est requise dès lors que des sacrifices durables sont exigés. Or en cette matière le marxisme possède le grand avantage d'un « moralisme » explicite, par lequel il pénètre la société qu'il a formée, et qu'il domine et qui ne se limite nullement à ses défenseurs et à ses partisans immédiats. Vivre pour le bien de « l'ensemble » et faire également des sacrifices pour lui est le credo d'une morale publique ; et un esprit de frugalité étranger à la société capitaliste, que les pères de la révolution pratiquaient personnellement, survit au moins à titre d'habitude [264] dans la société qui en professe les normes. (Même la profession de foi purement formelle a sa valeur.) Bref, des traits ascétiques sont domiciliés dans la discipline socialiste *per se* : cela pourrait devenir de la plus haute utilité dans l'époque d'exigences et de renoncements âpres qui nous attend. Il faut toutefois rappeler à présent qu'un esprit d'ascèse, certainement de frugalité, caractériserait également les débuts du capitalisme moderne ; son destin dans cette affaire nous incite à la prudence concernant le cas parallèle : dans le vertige de la réussite matérielle il s'est perdu si radicalement que sa réanimation spontanée dans les zones où habitent ceux que la surabondance a gâtés est hautement improbable (l'intervention imprévisible d'une nouvelle religion doit toujours être laissée de côté dans de telles estimations) ; la réactiver par une contrainte externe sera suffisamment difficile. D'ailleurs les promoteurs actuels de la vie en abondance sont intrinsèquement peu aptes à une telle contrainte, et en outre sous leur régie elle manquerait de la crédibilité des motifs désintéressés, qui est tellement importante pour l'acceptation des sacrifices qui font mal. On doit se demander si le communisme, qui de soi partage les buts de prospérité du capitalisme, est capable de résister à la tentation émanant de la réussite, là où il commence à y prendre goût ; si, aussi longtemps qu'il est en compétition avec le capitalisme, il est prêt à céder de plein gré la place aux conquêtes de celui-ci dans la sphère de la consommation ; et si dans les vieilles nations gâtées, à supposer qu'il dût y arriver au pouvoir, il peut se permettre de faire commencer sa carrière par la réduction du niveau de vie, particulièrement lorsqu'elle est imposée en faveur du rétablissement de la balance internationale de la répartition des ressources, c'est-à-dire en faveur des peuples étrangers. Ce sont là des questions auxquelles il est difficile de répondre, et auxquelles l'exemple actuel de la Russie et de la Chine n'apporte aucune conclusion probante. Sans doute y trouve-t-on une plus grande frugalité, mais son caractère spontané est incertain, car la capacité moindre à produire les biens peut difficilement être attribuée à une volonté supérieure. D'autre part, la durée de vie [265] de l'esprit ascétique dans le cas du communisme n'aurait pas en soi besoin d'être plus élevée que dans le cas du capitalisme, mais dans son cas, il se peut que l'épreuve lui soit épargnée du fait que son début tellement plus tardif le rapproche déjà du recours à une frugalité globalement imposée et que la surabondance qu'il atteint éventuellement encore a moins de temps pour le corrompre : il peut éventuellement passer sans grand hiatus et pour ainsi dire insensiblement de l'ascétisme au service de la richesse future à l'ascétisme au service de l'évitement d'une trop grande pauvreté. La Chine, la dernière venue dans l'arène, se situe ici peut-être sous les meilleurs auspices. Mais une chose n'a pas encore été prouvée par les deux titans communistes : qu'ils seraient – étant donné qu'ils sont disposés à de grands sacrifices de leur niveau de vie au profit d'un avenir meilleur – également prêts à renoncer à la prospérité au bénéfice d'autres parties du monde ; et c'est naturellement cela qui importerait beaucoup, compte tenu de la dimension mondiale de notre problème et compte tenu de l'inégalité territoriale de la richesse naturelle : une « lutte des classes » globale des nations se profile à l'horizon, face à laquelle la théorie marxiste (supranationale) a peut-être une réponse, mais la pratique des États nationaux et territoriaux marxistes ne montre pas encore les indices que, dans une situation de crise, ils seraient plus libres de l'égoïsme collectif que d'autres types de gouvernement. Nous devons ultérieurement encore y revenir.

d. L'enthousiasme pour l'utopie est-il monnayable en enthousiasme pour la modération ? (Politique et vérité)

Quoi qu'il en soit de tous ces points d'interrogation, demeure le grand point positif de l'enthousiasme en soi, grâce auquel le marxisme est capable d'animer ses adeptes et auquel le capitalisme n'a rien de comparable à opposer du point de vue de la disposition aux privations. Dans celui-ci il faudrait déjà un nouveau mouvement religieux de masse, pour rompre de plein gré avec l'hédonisme de la vie en abondance, dans lequel on a été élevé [266] (c'est-à-dire avant que l'amère nécessité ne nous y contraigne). Mais avec ce point positif il s'agit bien entendu d'un enthousiasme pour l'utopie, c'est-à-dire pour un accomplissement attendu, qui doit être acheté au prix de privations, et la question est de savoir combien rapidement il serait épuisé, dès lors qu'il est détourné vers une tout autre fin, à savoir la fin nullement reluisante de l'automodération de l'humanité. Selon l'idée qu'il se fait de son propre sens, ce serait abuser de lui que l'orienter vers cette fin. Un tel abus serait possible par la mystification (en passant sous silence la substitution des fins) et ce ne serait pas le premier exemple d'un tel abus dans l'histoire mondiale. Ce serait une colossale ironie du destin si le marxisme, qui a tellement mis en avant la critique de « l'idéologie », était à son tour destiné à servir une fin changée au moyen d'une « conscience fausse » – sans doute cette fois-ci de façon consciente, alors qu'ailleurs l'idéologie dominante est censée avoir été plutôt un produit inconscient des intérêts. Ici donc : une conscience fausse entretenue par une conscience juste ! Je ne recule pas devant cette pensée [1]. Peut-être ce jeu dangereux de la mystification des masses (le « noble mensonge » de Platon) est-il l'unique voie que la politique aura en fin de compte à offrir : donner de l'influence au « principe Crainte » sous couvert du « principe Espérance ». Mais elle présuppose l'existence d'une élite avec des loyautés secrètes et des finalités secrètes, et sa naissance dans une société totalitaire doctrinaire est plus invraisemblable que sous les conditions d'une formation indépendante de l'opinion dans les sociétés libres (ou individualistes). Dans celle-ci en revanche, son pouvoir de gouverner de son côté, à supposer qu'elle atteigne seulement ce stade, en est d'autant plus faible, alors que dans le cas du communisme un complot au sommet en vue du bien, une fois qu'il s'y serait établi, aurait pour lui toute la puissance de l'absolutisme et en plus celle, psychologique, de l'idéal prétexté.

Nous avons franchi ici une zone de pénombre du politique, [267] dans laquelle le non-initié n'aime pas évoluer et dans laquelle il préfère laisser la parole à ceux qui font profession de science politique : là, un nouveau Machiavel pourrait devenir nécessaire, mais qui devrait exposer sa doctrine de manière rigoureusement ésotérique. Naturellement il serait préférable, et plus souhaitable du point de vue moral et pragmatique, qu'on puisse confier la cause de l'humanité à une « conscience authentique » qui se propagerait avec un idéalisme public correspondant, qui, avec des générations d'avance, endosse spontanément pour ses propres descendants et en même temps pour les contemporains des autres peuples qui sont dans le besoin, les renoncements qu'une situation privilégiée ne dicte pas encore. Compte tenu du caractère insondable du mystère « homme », cela n'est pas à exclure. L'espérer est l'affaire d'une foi qui donnerait en effet

1. La *République* de PLATON est déjà un bon antidote contre les naïvetés libérales en matière de véracité publique.

au « principe Espérance » un sens tout différent, en partie plus modeste, en partie plus grandiose. Du point de vue empirique il y a peu de raisons pour une telle foi, bien qu'il n'y ait pas non plus de veto contre elle. L'on ne peut pas, me semble-t-il, parier là-dessus de manière responsable. En voilà assez à ce sujet. Mais on aura vu que toute cette considération a à peine quelque chose à voir avec l'essence de la teneur du marxisme, et qu'elle prend en compte uniquement certaines propriétés formelles de sa réalité historique comme pouvant éventuellement servir l'entreprise incertaine de l'assurance de l'avenir. L'auteur s'attend au reproche de cynisme et ne souhaite pas lui opposer la certification de ses bonnes intentions personnelles.

e. L'avantage de l'égalité pour la disponibilité au renoncement

Or il y a encore un point en faveur du marxisme qui fait pourtant à nouveau entrer en ligne de compte l'essence de sa teneur : l'égalité effective, à supposer que la société sans classes en ait apporté les preuves, protège les privations qui doivent être prescrites du soupçon qu'elles seraient exigées au bénéfice des privilégiés ou afin de les ménager. [268] Une méfiance de ce type est inévitable dans des sociétés de classes, que la hiérarchie soit déterminée de façon ploutocratique ou qu'elle le soit autrement, et la plupart du temps elle est également justifiée et elle rendrait le recours à la violence indispensable pour réaliser ce qui est nécessaire, là où la conviction du caractère impartial des charges susciterait la collaboration spontanée. La *justice,* crédible dans l'intention et visible dans la mise en œuvre, devient de manière encore plus inconditionnelle que dans le cours normal des choses une *conditio sine qua non* dans les exigences extraordinaires qu'entraînera une politique de la réorientation et de la préservation. Les sentiments d'iniquité et de victimisation unilatérale (même imaginaires) peuvent devenir un péril mortel pour la cause entière. De toute façon les doléances seront innombrables, mais elles devront au moins admettre une réponse qui n'est pas un affront au sentiment moral. Or, puisque dans l'État communiste lui-même il y a encore des rapports de domination, l'intégrité crédible des instances du parti, etc., devient ici une véritable question vitale (beaucoup plus que dans les pouvoirs de la démocratie que l'on peut démettre).

Or il est bien connu, et en vertu de la nature humaine il ne peut pas en être autrement, qu'en cette matière les choses ne sont pas au mieux. L'autodotation des managers bureaucratiques avec des avantages particuliers prélevés sur le produit social n'est même pas masquée, et la corruption sous une forme ou une autre ne peut tout simplement pas être séparée de l'exercice du pouvoir. S'y ajoutent des inégalités régionales et nationales ; il y a une prédominance de la Russie, etc. Le système lui-même ne contient rien qui permette de prédire que cela s'améliorera ou que cela s'aggravera. Les privilèges de la fonction, même s'ils ne sont pas appelés ainsi, accompagnent inévitablement la différenciation des fonctions et donc la hiérarchie des responsabilités précisément dans la société moderne technocratique, et même de l'homme socialiste on ne peut pas attendre qu'il soit désintéressé. Tant que les primes économico-sociales qui y sont liées et que les intéressés s'octroient à eux-mêmes, ne deviennent pas héréditaires, [269] les inégalités, même flagrantes, peuvent (dans le cadre de notre argument) rester tolérables. D'autre part l'absence de contrôle par la base est de mauvais augure pour freiner des tendances très naturelles d'une classe qui domine *de facto*. Cela veut dire que même la « société sans classes » n'est pas sans classes.

Pourtant, pourrait-on penser, la pénétration de n'importe quel socialisme par le principe d'égalité est telle que, dans l'ensemble, il offre une garantie d'équité et *de la présomption de celle-ci* meilleure que n'importe quelle possibilité alternative qui s'offre au choix. Il en irait autrement si la démocratie faisait partie des alternatives, car dès lors que le peuple élit ses représentants et qu'il les soumet périodiquement de nouveau au suffrage, il peut aussi les juguler. Mais dans ce qui précède on avait déjà tacitement présupposé que dans la rigueur future d'une politique du renoncement responsable la démocratie (dans laquelle les intérêts du moment ont la parole) est inapte, au moins temporairement, et notre évaluation présente joue, à contrecœur, entre différentes formes de la « tyrannie ». Et là le socialisme en tant que credo officiel d'un État, même si sa pratique est déficiente et à plus forte raison lorsque la pratique lui correspond, facilite incontestablement, pour des raisons psychologiques, l'acceptation populaire d'un régime de renoncement imposé. A *supposer* donc que les dirigeants soient capables de prendre eux-mêmes la bonne direction, ce que naturellement la structure socialiste comme telle ne garantit nullement, le socialisme a ici un avantage duquel doit profiter même un système marxiste qui autrement n'est pas aimé. Dans quelle mesure peut-on se fier à cette supposition – le grand « si » – cela doit encore être examiné.

[270]

4. Résultat provisoire de la comparaison : avantage du marxisme

Jusqu'ici le constat dit qu'aussi bien du point de vue de la discipline socialiste que du point de vue de la confiance sociale le marxisme a un avantage sur d'autres dictatures, si l'on considère la chose du point de vue instrumental et qu'on suppose (ce qui est hautement problématique) l'accord des gouvernants sur les priorités objectives futures des affaires du monde. Nous laissions entendre qu'en cette matière des fictions peuvent jouer un rôle – principalement les deux suivantes : l'idéal de l'utopie, qui peut exalter par sa grandeur, et le principe d'égalité institutionnellement ancré, qui dans le quotidien peut écarter le soupçon qu'on favorise certains intérêts. Ce sont là naturellement des « fictions » en un sens très différent et même en un sens opposé. L'illusion de l'utopie est ici seulement utile si elle n'est pas également vérité, c'est-à-dire si du moins *pro tempore* la poussée utopique est effectivement suspendue ; l'illusion d'une justice égalitaire est d'autant meilleure qu'elle est plus vraie – c'est-à-dire qu'elle doit avoir l'air d'être vraie, mais dans la mesure du possible elle doit également être vraie. (L'illusion qui dépasse l'être conserve toujours encore une valeur politique, de même qu'une illusion qui reste en deçà du réel ampute la meilleure réalité d'une partie de son effet politique.) En nous faisant ici l'avocat de « l'illusion », nous ne voulons dire rien d'autre sinon que l'opinion des hommes, vraie ou fausse, est elle-même un facteur dans le processus. Sans doute dans le cas de l'utopie disons-nous également que dans des conditions particulières l'opinion utile est de préférence une opinion fausse, ce qui veut dire : si la vérité est difficile à supporter, le pieux mensonge doit intervenir. Mais peut-être « les hommes » sont-ils ainsi sous-estimés – peut-être l'austère vérité peut-elle exalter elle aussi et pas seulement le petit nombre, mais finalement aussi le grand nombre. C'est là le meilleur espoir dans des temps sombres.

[271]

IV. EXAMEN CONCRET DES CHANCES ABSTRAITES

Mais suite au calcul instrumental qui – semble-t-il – accorde un plus à un « marxisme » intérieurement plus dégrisé, à savoir les meilleures chances de pouvoir venir à bout des dures tâches de l'avenir, se pose pourtant la question principale : quelles sont les chances pour qu'« il » s'empare également de ses meilleures chances ? Cette question exige pour ainsi dire une métacritique de la critique précédente et par le fait même elle maintient de nouveau en suspens la comparaison. Car « le marxisme » c'est naturellement une abstraction et ce à quoi nous avons affaire, ce sont des régimes marxistes concrets et des partis communistes concrets. Nous soulevons donc la question en apparence seulement redondante des chances des chances.

1. Le motif du profit et les incitations à la maximisation dans l'État national communiste

Parmi les chances du premier ordre nous mentionnions (p. 276 sq.) la supériorité rationnelle du critère du besoin par rapport au critère du profit. Mais, devons-nous maintenant nous demander, le motif du profit est-il réellement éliminé *per se* dans une société communiste ? Le motif du profit privé l'est naturellement, car le système n'en fournit plus l'occasion. Mais qu'est-ce qui exclut une recherche *collective* du profit, à savoir au détriment d'autres parties du monde ? Qu'est-ce qui exclut, une fois atteinte une puissance suffisante, un impérialisme économique qui n'a rien à envier au colonialisme capitaliste du point de vue de l'exploitation sans vergogne des matières premières et des potentiels économiques des peuples étrangers (le cas échéant grâce à l'aide des « communismes » indigènes) ? On dira : l'idéologie communiste s'y oppose, [272] mais à cela on ne peut certainement pas se fier. Car nous avons appris à connaître l'alliance du « socialisme dans un seul pays » avec le patriotisme, l'égoïsme collectif et la politique d'influence nationale. Au moins le monde non socialiste peut être traité, sinon en ennemi, du moins comme un objet. Et la meilleure compréhension des nécessités planétaires ne peut surtout pas être invoquée. Car en premier lieu nous nous interrogeons encore sur leurs chances auprès des formations marxistes au pouvoir, et en second lieu nous avons déjà obtenu des preuves qu'ici également une juste compréhension peut se limiter au territoire propre : lors de la conférence démographique de Bucarest en 1974, la Chine, qui semble contrôler dans son propre cas avec succès la croissance de la population (en soi un exemple lumineux de ce que le régime communiste est capable d'accomplir), a honteusement et contre son meilleur savoir déconseillé au « tiers monde » de se laisser convaincre de telles choses par les « impérialistes » – conformément à l'intérêt cynique d'empêcher une pacification prématurée des tensions mondiales qui pourraient profiter à ceux-ci [1]. Ce n'est pas là sans doute une exploitation économique, mais une exploitation du point de vue de la politique de pouvoir, dans notre contexte (à savoir considéré d'un point de vue écologique) peut-être encore plus néfaste que celle-là. Mais pour en rester à l'ordre économique, le motif de la maximisation, que *du point de vue de son effet* nous pouvons égaliser avec le motif du profit, est inné au marxisme tout comme au capitalisme ; le freiner lui sera difficile pour des raisons internes aussi bien qu'externes. Les raisons internes sont liées en dernière instance à l'utopisme (matérialiste) qui nous occupera encore particulièrement. A présent nous nous rappelons simplement ce qui fut déjà mentionné une fois, à

1. Plus précisément, l'intérêt présumé fut, d'une part, de renforcer numériquement « le tiers monde » en tant qu'alliés potentiels contre le monde capitaliste, d'autre part, d'accroître leur pression interne – et cela veut dire leur misère ! – jusqu'au point où l'explosion qui doit se tourner contre les riches deviendrait d'autant plus inévitable : un calcul implacable de la politique de pouvoir, qui contiendrait seulement une erreur si entre-temps on faisait soi-même partie des riches de ce monde – et contre cela nul marxisme n'a quelque chose à objecter. En revanche le jeu avec le feu, donc l'éventuel le déflagration mondiale, est bien contenu dans le concept de « révolution mondiale ».

savoir que même le principe de besoin laisse encore en suspens ce qui est reconnu comme besoin et quelles priorités sont reconnues dans les besoins. Quelque chose de cela devient déjà visible avec les raisons externes de la maximisation. « Les mauvais exemples corrompent les bonnes mœurs » : la coexistence avec les systèmes industriels capitalistes qui ont eu du succès est presque une contrainte à offrir à son propre peuple quelque chose d'à peu près [273] comparable. Et à supposer qu'on engloutisse ces systèmes, comme prévu, la contagion du dehors devient une contagion du dedans. S'y ajoute l'obligation du réarmement engendrée par cette coexistence et qui entraîne une extrême exploitation économique sauvage, d'autant plus que, rien que pour le bien de la stabilité interne, la prospérité matérielle ne doit pas être oubliée. Ainsi la tentation interne et externe se tendent-elles la main et la croissance industrielle doit continuer à proliférer. Or, de ceux qui pèchent contre la terre fait partie *toute* société industrielle moderne, donc maintenant également la Russie.

2. Le communisme mondial n'est pas une protection contre l'égoïsme économique régional

Donc, dira-t-on, « le socialisme dans un seul pays » (ou dans quelques pays) n'est justement dans le meilleur des cas qu'une étape préparatoire et seul un régime socialiste mondial peut être de secours. Mais deux choses sont ici claires comme l'eau de roche. Premièrement, compte tenu des données de la situation, cet état peut seulement être provoqué par une guerre mondiale à dimension véritablement globale, après quoi il n'y aura plus lieu de débattre la plupart des choses qui retiennent notre attention ici. Notre souci de penseur est de savoir comment une catastrophe graduelle de l'humanité peut être évitée et une catastrophe subite venant prendre sa place serait un remède contre-indiqué. En second lieu en revanche, même si lors de l'établissement de l'État mondial socialiste les choses pouvaient se dérouler de manière plus bénigne, il serait pourtant pour certaines de ses parties une occupation étrangère – pour les parties riches, dès lors qu'on leur impose par force des sacrifices, pour les plus pauvres, dès lors qu'on empêche leur ascension – et des mouvements de libération régionaux, avec tout l'aspect passionnel des nationalismes, seraient inévitables. Cela veut dire qu'un État mondial qui serait régi de façon centralisatrice, dont la partialité nécessaire serait ressentie comme oppressive, serait instable et le socialisme n'y ferait strictement aucune différence. Pas moins dans une fédération [274] d'États membres souverains : pourquoi n'y aurait-il pas de conflits relatifs à des avantages vitaux entre républiques socialistes, et dans le cas le plus extrême même une guerre ? Les entités collectives continueront à être structurées territorialement et nationalement ; on n'a encore jamais vu d'exemple d'altruisme collectif dans l'histoire du monde, et il n'y a pas la moindre raison de supposer qu'il en sera un jour autrement. Tant que la tendance globale est ascensionnelle, c'est-à-dire qu'elle va vers la poursuite de la croissance économique, et tant que cet impératif garde même une petite priorité par rapport à l'expansion démographique, en principe tous les sous-ensembles peuvent être relativement contentés, puisqu'il y aura quelque chose pour tout le monde et que même les plus pauvres ressentiront une amélioration. Dans de telles circonstances peut subsister une fédération des républiques soviétiques, même en présence de grandes disparités. Cela veut dire qu'un socialisme mondial ayant réussi (à savoir pacifiquement) dépend de l'expansion économique, sans laquelle une abolition de la misère de parties entières du monde est impossible, si ce n'est par une nouvelle répartition internationale radicale de la richesse déjà existante (et celle-ci, comme on l'a dit, devrait être extorquée par force au moyen de ces instruments violents, après quoi il ne resterait plus grand-chose à répartir). Or, envisagée à l'échelle mondiale, l'ascension prendra bientôt fin et, bien que du point de vue régional des améliorations soient encore possibles (et absolument nécessaires), le processus global est placé sous le signe de l'arrêt et, pour des régions du monde favorisées, même sous celui de la régression. Même le socialisme ne peut rien y changer. Un socialisme mondial héritera du partage du monde en *haves* et *have nots* (la Russie fait déjà partie des premiers, bientôt peut-être également la Chine) et, par le fait même, des résistances contre un rééquilibrage qui relevaient de la politique extérieure deviennent simplement des résistances relevant de la politique intérieure. Des séparatismes de tout genre seraient inévitables et ils pourraient être apaisés seulement au détriment du régime de renoncement.

[275]

3. Le culte de la technique dans le marxisme

Viennent s'y ajouter les motifs *constitutionnels* internes, qui rendent difficile au marxisme de s'écarter de la maximisation économique, et pas seulement à l'échelle internationale, mais déjà à l'échelle nationale à chaque fois particulière. Dans ce contexte il faut mentionner en premier lieu le culte de la technique qui jouit ici d'un prestige qui n'a rien de comparable à l'Ouest. Nous disions plus haut que le marxisme est un fruit du baconisme et que dans son auto-compréhension fondamentale il se considère comme son exécuteur testamentaire prédestiné. Dès le début, il a célébré la puissance de la technique, dont il attend le salut en union avec la collectivisation. A ses yeux, il ne s'agit pas tellement de la domestiquer que de la libérer encore davantage des entraves de la propriété capitaliste pour la mettre de façon libérante au service de la béatitude humaine. L'Ouest, qui a inventé la chose, est ici plus sceptique. Le mot « aliénation » évoque pour nous spontanément l'aliénation de l'objet de travail par la machine et celle du sens du travail par la répartition stérilisante du processus de production dans des manipulations « sans âme », et en outre l'aliénation de la nature par le monde totalement artificiel de la mégapole. Le marxiste en revanche parle positivement de « l'humanisation » du monde par le travail humain transformateur de la nature (rien ne lui est plus étranger que la sentimentalité de la nature ou le « romantisme ») ; et, à moins que je ne me trompe, dans la littérature marxiste le terme « aliénation » ne désigne pas du tout l'aliénation de l'action et de l'œuvre par la machine mais l'aliénation du producteur séparé de son produit par un propriétaire du moyen de production étranger (et ainsi également du produit). A cette « aliénation »-*là* met fin au fait que les travailleurs deviennent propriétaires des moyens de production et du produit de travail, « l'aliénation technologique » étant plutôt encore augmentée par la collectivisation encourageant la rationalisation extrême.

[276] Des doutes à ce sujet, une quelconque résistance à la « déshumanisation » du processus de production qui va de pair avec elle, seraient disqualifiés dans la mentalité marxiste orthodoxe comme étant du romantisme réactionnaire. Mais ce qui excède réellement l'optique bourgeoise libérale c'est la foi quasi religieuse dans la toute-puissance qu'a la technique d'apporter le bien. Celui qui a l'âge d'avoir été témoin des débuts de la Russie soviétique se souvient des slogans tels que : « Socialisme = électrification », de titres d'ouvrages tels que *Béton*, du film héroïsant de Eisenstein sur la construction d'une ligne de chemin de fer, de la glorification des tracteurs ; de la célébration de chaque combinat industriel, de chaque progrès d'ingénieur comme autant de contributions au socialisme. On peut sourire avec indulgence de cette phase

infantile. Mais beaucoup plus tard, et pas du tout de façon infantile, le malthusianisme fut « condamné » officiellement comme étant une doctrine de classe bourgeoise et – bien avant la Chine – on proclamait à Moscou qu'une science et une technique gérées de manière socialiste pourraient suivre n'importe quel accroissement de la population du point de vue de la production alimentaire, et *l'idée même d'une limite naturelle imposée à l'industrie humaine était explicitement récusée.* La pénurie est la faute soit d'une technique insuffisante, soit d'une manipulation malveillante du marché ; et même la première ne peut à la longue qu'être la faute d'une classe. Ce qui dans tout cela est conviction honnête et ce qui est hypocrisie ne fait presque pas de différence, étant donné que la dernière est mobilisée au nom de la doctrine officielle et rendue pour ainsi dire honnête du fait qu'elle oblige.

Un autre exemple de la domination de l'idéologie sur « la vérité » est la célèbre affaire Lyssenko déclenchée par la controverse relative à la *génétique*, inexacte d'un point de vue officiel. Le côté immédiatement grotesque ne doit pas faire oublier le véritable enjeu, à savoir qu'ici une conception fondamentalement *technologique* de la société était à l'œuvre : en tant qu'« environnement » biologique *celle-ci* doit avoir le pouvoir de former l'homme même du point de vue biologique ; et par la suite, une fois qu'elle se serait transformée elle-même – elle *transformerait* également l'homme à son image. Or, puisque sa propre transformation se déroule conformément à une intention et à un plan, la manipulation des [277] *conditions* sociales devient un moyen artificiel de la manipulation héréditaire de l'homme, et la société dans son ensemble devient une technique d'ingénieurs dans le but de déterminer sa nature. Dans la génétique « occidentale » encore neuve à l'époque on ne voyait à cet instant que l'aspect fataliste, donc « réactionnaire » (l'immunité des gènes contre les influences du milieu, avec leurs conséquences pour la doctrine des races, etc.), et non les possibilités manipulatives, donc « progressistes » qui y étaient compliquées – qui partiraient certes des cas particuliers et qui laisseraient un espace à l'arbitraire individualiste. D'après la doctrine marxiste le déterminisme doit seulement être collectiviste, l'arbitraire étant alors décalé d'un cran précisément, au niveau de la configuration du collectif. Naturellement, par-dessus le cadavre de l'erreur de Lyssenko, le marxisme peut très rapidement faire la paix avec le potentiel d'ingénieur de la génétique scientifique de l'Ouest, si seulement ce potentiel est placé sous le contrôle de « la société ». Un pouvoir marxiste d'en disposer aura par nature moins d'inhibitions que le monde bourgeois occidental, où de multiples vestiges de tradition et de religion interviennent dans le débat. Entre-temps c'est plutôt le progrès technique qui est devenu « l'opium des masses » que la religion est censée avoir été autrefois, et il est à craindre que, plus encore dans le marxisme que dans le capitalisme, il ne le sera pas *seulement* pour les masses. Le point important ici est que l'impulsion technique est inscrite dans la construction de l'essence fondamentale du marxisme et que lui résister devient d'autant plus difficile qu'il s'y allie avec le point de vue de l'anthropocentrisme le plus extrême, pour lequel la nature entière (même la nature humaine) n'est rien d'autre qu'un moyen pour l'autoproduction de l'homme qui lui-même est encore inachevé. Ce facteur mental ne doit pas être oublié dans l'évolution des « chances » que nous avons entreprise, même s'il ne peut pas être quantifié.

[278]

4. La séduction de l'utopie dans le marxisme

La plus grande tentation intérieure réside dans l'âme la plus intérieure du marxisme – l'*utopie.* C'est sa tentation la plus noble et donc sa tentation la plus dangereuse. Car naturellement ce n'est pas comme si le « matérialisme » de son explication de l'histoire et même de son ontologie simpliste signifiait un contenu banal matérialiste de son *idéal*, à savoir l'idéal des ventres pleins. Le matérialisme se rapporte aux conditions, non au but. Dans la déclaration « d'abord vient la bouffe, ensuite la morale », le « d'abord » doit être pris au sérieux tout autant que le « ensuite ». Elle veut dire que celui qui a faim (celui qui est menacé de mourir de faim), tout comme celui qui étouffe, et en général celui qui est privé des premières nécessités vitales, est retenu dans un état pré-moral ; mais « qu'ensuite vient » en effet « la morale » et qu'elle le revendique : ainsi la banalité insolente qui apparemment rend la « morale » triviale (quelque chose pour ceux qui peuvent se le permettre) stipule-t-elle en réalité elle-même une obligation morale à l'égard des tiers, à savoir les aider à éliminer l'état qui empêche la moralité – le remplacer par un état dans lequel on ne peut plus dire : « mais les situations, elles ne le permettent pas ». Si c'était là toute l'utopie du socialisme, qui s'en offusquerait – sinon peut-être en mettant en doute le choix du chemin ? Mais avec cette interprétation caritative le marxisme serait au moins largement sous-estimé, de même qu'il le serait avec une interprétation purement économique de la répartition des biens. « La justice » représenterait déjà une meilleure caractérisation, mais celle-ci aussi ne désigne pas encore l'idéal, mais seulement la condition qui y mène : l'état plus juste doit ouvrir le portail à la libération du « véritable » potentiel humain qui jusqu'à présent avait été entravé par les rapports injustes des *deux* côtés de la division des classes. C'est là le sens de la déclaration, qui autrement serait énigmatique, que toute l'histoire antérieure et également celle qui précède à présent l'état sans classes était seulement de la « préhistoire » et que [279] la véritable histoire de l'humanité commence seulement avec la société nouvelle. Bien entendu on passe alors sous silence *ce en quoi* doit consister *positivement* la réalisation plus haute

« de l'homme », indépendamment de l'élimination de l'injustice d'autrefois et des conflits d'autrefois : et à juste titre, car de cela, le marxiste qui a devant les yeux simplement l'histoire passée, inauthentique, ne doit même pas prétendre avoir une idée. Pourtant, une fois que nous sommes confrontés à l'appel enchanteur et vide de l'utopie, interpellés par sa promesse, nous devons nous demander *ce que* l'état plus juste – incontestablement une valeur en soi, qu'on devrait être prêt à payer avec une autre monnaie humaine, par exemple le prestige culturel – pourrait, par-delà lui-même, faire paraître de l'être humain à la lumière (ou lui permettre de venir à la lumière), et ce qui l'en empêchait jusqu'ici ; et sur quoi s'appuie la foi qu'il existe quelque chose de semblable et qui attend simplement d'être délivré.

[280]

V. L'UTOPIE DE « L'HOMME VÉRITABLE » SEULEMENT À VENIR

1. Le « surhomme » de Nietzsche en tant qu'homme véritable à venir

Puisque l'utopie elle-même se tait ici, on a sans doute le droit de se tourner vers Nietzsche qui, venant du bout exactement opposé, parvient également à la conclusion que tout ce qui précède n'a été qu'une étape préparatoire, une transition de l'animal vers le surhomme à venir mais qui nous révèle, plus que ne le fait le marxisme, une partie de sa conception de la grandeur humaine qui projette son ombre en avant vers l'avenir. Nietzsche n'était naturellement pas un utopiste, il n'attendait rien d'un état général à venir et rien du tout d'un état « définitif » qui serait la mort de l'essai humain. L'être-passage se rapporte strictement à l'homme comme tel, donc également au « surhomme » attendu lui-même qui à son tour cherchera de nouveau à se dépasser lui-même et ainsi de suite vers un horizon infiniment ouvert. Nous savons en outre que Nietzsche n'éprouvait que du mépris à l'égard des bénédictions de l'égalité socialiste et de n'importe quelle béatitude collective, et qu'il entre donc difficilement en ligne de compte comme source complémentaire permettant de donner un contenu à l'utopie qui avait été laissée vide dans l'autre cas. Néanmoins, grâce à son sentiment aigu de la grandeur et de la petitesse humaine, du sublime et du médiocre, de l'intègre et du distordu, il savait à moitié de quoi il parlait lorsqu'il attendait encore la venue du plus grand. Et qu'on examine alors ses héros (qui la plupart du temps sont également ses ennemis dans un sens ou dans un autre) : qu'on songe à la « conférence au sommet » que les plus grands esprits mènent par-dessus les époques et qui doit sans doute continuer à l'avenir. Les sommets seront-ils alors encore plus élevés ? Ce que cela veut dire est difficile à imaginer et même totalement obscur. Peut-être seront-ils moins rares, [281] plus rapprochés ? C'est possible, mais on a du mal à concevoir que Nietzsche ait été ici intéressé par des chiffres. Et devons-nous lui attribuer l'idée : « qu'aurait pu être Platon si seulement il n'avait pas été séduit par la théorie des deux mondes ? Spinoza, si sa haine des juifs n'avait pas été obligée de se nourrir du Dieu des juifs » ? Cela est impossible. Il n'aurait pas souhaité qu'aucun de ces sommets fût autrement. Sans doute n'étaient-ils pas encore les « esprits totalement libres » de l'avenir, desquels sont exigés après la mort de Dieu et la perte définitive de la transcendance une « dureté » et un « courage » jamais encore connus auparavant. C'est là l'unique vertu distinctive du surhomme que Nietzsche puisse nommer [1], et cela veut

1. On pourrait encore mentionner l'irresponsabilité divinement ludique, le tout vouloir-essayer, mais cela conduit déjà dans une sphère qui n'entre pas en ligne de compte pour le discours présent, qui est orienté précisément vers la « responsabilité ».

dire en vérité faire de nécessité vertu – et elle aussi est simplement l'accroissement de ce que le passé lui a déjà fait connaître. Bref, le « surhomme » était toujours déjà là, tout comme « l'homme » et celui qui est à venir sera sans doute différent de tous ceux qui le précédaient, mais cela, chacun de ceux qui le précédaient le fut aussi. Concernant enfin ce qu'on peut faire concrètement pour l'avènement de l'homme supérieur, pour rendre possible et pour promouvoir sa manifestation ou même simplement sa probabilité, on ne trouve chez Nietzsche aucune indication à ce sujet (à moins de considérer que les images occasionnelles empruntées à la sphère de l'élevage ne jouent ce rôle).

2. La société sans classes comme condition de l'homme véritable à venir

Or de ce point de vue le marxisme a l'avantage de la conception et de l'action politiques par rapport à l'espérance du visionnaire : lui connaît un chemin menant aux *conditions* de l'homme supérieur et véritable. Le chemin, c'est la révolution, la somme des conditions c'est la société sans classes. Cela contient une prémisse qui distingue le marxisme de Nietzsche (ainsi que de la majeure partie des philosophes classiques), et qu'il [282] partage avec la plupart des credo du progrès : l'homme est fondamentalement « bon » et les circonstances seules le rendent mauvais ; il suffit donc simplement que soient réalisées les circonstances appropriées pour que son être bon essentiel devienne également actuel. Ou bien, ce qui revient pratiquement au même, l'homme est un produit des circonstances et les bonnes circonstances produiront précisément aussi l'homme bon. Dans les deux conceptions l'être bon ou mauvais de l'homme est une fonction des circonstances bonnes ou mauvaises. Un aspect au moins du progrès est toujours l'élimination des obstacles. De ce point de vue, les circonstances – à savoir la société de classes et la lutte des classes – n'ont, d'après le marxisme, jamais été bonnes jusqu'ici ; par conséquent l'homme non plus ; donc seule la société sans classes apportera avec elle l'homme bon. C'est là « l'utopie » dans l'essence du marxisme. Or le terme « bon » peut ici signifier deux choses : la bonté du caractère et du comportement, donc une qualité *morale* ; et la productivité dans les valeurs trans-économiques (étant donné que les valeurs économiques sont censées être la condition) ainsi que la bonté de celles-ci, donc la qualité *culturelle*. Dans la mesure du possible dans les deux cas, au moins dans l'un, la société sans classes *ex hypothesi* est censée être meilleure que n'importe quelle société jusqu'à présent, et c'est même elle qui est censée manifester seule le véritable potentiel de l'homme. Qu'est-ce que cela peut bien vouloir dire ?

a. Supériorité culturelle de la société sans classes ?

Concernant le « culturel » nous sommes revenus à l'énigme de Nietzsche : y aura-t-il de plus grands génies ? en plus grand nombre ? plus heureux ? socialement plus bienfaisants ? Nous ne savons strictement rien des conditions correspondantes. Concernant le « plus grand nombre », il se peut qu'un talent autrement étouffé par la pauvreté en viendrait à éclore, et ce serait un gain. En revanche bien des choses peuvent également être étouffées par [283] la censure sociale accrue ; et le bilan est imprévisible. Plus imprévisible encore la qualité. Concernant le mystère du « génie » nous devrions de toute façon nous taire ; l'utilité est probablement la dernière des choses qu'on devrait exiger de lui. Sans mentionner les individus, peut-on attendre de cette société dans son ensemble un art plus grand que celui que nous a procuré n'importe quelle société de l'obscure préhistoire ? Peut-être un art plus conformiste. Une science encore plus gigantesque ? Peut-être une science plus étroitement orientée vers l'utilité publique. Même ce « peut-être » est prononcé très à la légère. A vrai dire nous ne savons de nouveau rien des conditions de la créativité, collective aussi bien qu'individuelle ; ni rien de prédictivement utilisable du comment, du quand, dans quelle époque et dans quelle société se produit par exemple un grand art plutôt qu'un art médiocre. C'est seulement de la plus grande fréquence de la médiocrité que nous pouvons globalement être convaincus, à propos de la société sans classes tout comme à propos de n'importe quelle autre société. Ce qui fera alors une différence, ce sera l'affectation des primes les plus élevées, destinées soit aux exceptions, soit à la règle conformiste. Et même là l'effet n'est pas sûr, tant que l'exceptionnel n'est pas sanctionné de manière écrasante. Mais il se peut que nous soyons *disposés* à payer un ordre social plus juste et moins défiguré par la misère humaine du prix du prestige culturel et de la renommée, dès lors que ceux-ci dépendaient de telles conditions négatives : on pourrait estimer qu'il est *juste* que la décence mérite qu'on tolère le risque que les béotiens l'emportent largement ; et y répondre par oui ou par non devrait être l'optique éthique sur toute cette question, au lieu du souhait infantile (=utopie) de vouloir tout avoir. Or, si dans le choix qui est éventuellement exigé, l'on donne la priorité à l'aspect moral, il faut bien distinguer entre son exigence immédiate qui est valable en et pour soi et les espoirs pour la morale elle-même, liés à son exaucement et qui sont maintenant « utopiques » dans l'ordre moral lui-même. Or, [284] de tels espoirs – à savoir ceux qu'advienne un homme « moralement » meilleur comme tel – sont le noyau de l'idéal pour lequel on aurait payé le prix en question au niveau de l'écorce. Qu'en est-il ?

b. Supériorité éthique des citoyens d'une société sans classes ?

C'est surtout ici qu'entre en jeu la prémisse de « l'être bon » comme fonction des circonstances qui dans l'affaire de la créativité culturelle est beaucoup moins sûre de soi que dans l'affaire de la constitution *éthique* de la communauté. Ici il faut aussitôt concéder que dans une répartition juste, moins inégale des biens vitaux, qu'entraîne un ordre économique collectivisé par son intention et sa prévision, beaucoup d'incitations à la violence, à la cruauté, à la jalousie, à la cupidité, à la fraude et des choses semblables disparaîtront et que régnera peut-être généralement un esprit plus pacifique, si ce n'est plus fraternel, que dans le fonctionnement implacable de la concurrence où « les chiens dévoreront le dernier ». Certainement les crimes et les vices nés de la misère devront diminuer lorsque la misère n'existera plus. Quels autres prétextes ou incitations à la méchanceté prendront leur place est incertain. (On pense aussitôt à l'ambition politique.) En cette matière on pourra faire confiance à la nature humaine, à sa faillibilité et à son inventivité. Cela ne doit pas empêcher d'éliminer les prétextes qui sont éliminables et dont l'existence est elle-même un scandale. Mais, quel que soit finalement le résultat du compte, aucun homme réfléchi ne pourra sérieusement croire que, une fois éliminées certaines incitations au comportement contraire, les hommes comme tels seront à un degré jamais encore connu jusqu'ici bienveillants, sans jalousie, équitables, fraternels, et même aimables les uns à l'égard des autres, que dans leur ensemble ils intérioriseront également l'éthique incarnée institutionnellement, pour ainsi dire « objective », et qu'ils la pratiqueront alors de façon autonome, de sorte que l'État [285] ne se compose que d'hommes vertueux. L'État socialiste lui-même n'y croit pas non plus, comme le montre la solidité de son système policier et de son système d'indicateurs. « L'homme socialiste » qui en certaines choses a une meilleure position morale que l'homme qui défend ses propres intérêts, peut toujours encore être un homme bon ou mauvais de tout point de vue. Le fait que certaines excuses sociales n'entrent plus en ligne de compte et que la culpabilité devient plus univoque, peut seulement être un avantage du point de vue éthique. Mais tant que la tentation est là – et le cœur humain ne s'en privera jamais (il faut l'espérer, serait-on tenté de dire) – s'affirmera le fait que les hommes ne sont que des hommes et non des anges. On a presque honte de le dire. Pourquoi le faisons-nous ?

c. *Le confort matériel comme condition causale de l'utopie marxiste*

Nous le faisons à cause du pouvoir dangereux *d'une* tentation : celle de l'utopie elle-même ! Ses dangers plus généraux, par exemple la tentation d'être impitoyable dans la tentative de la réaliser, ne sont pas notre affaire maintenant. Son danger particulier dans le contexte de notre thème consiste en ceci que parmi ses conditions causales elle doit éviter la pauvreté et rechercher sinon la surabondance, du moins une plénitude satisfaisante de l'existence physique. Le matérialisme de son hypothèse ontologique fait du bien-être matériel une présupposition impérieuse de la libération recherchée du véritable potentiel humain. Sans doute n'est-il pas lui-même le but, mais le moyen irremplaçable pour y arriver. Par conséquent la poursuite de l'abondance à l'aide de la technique, par-delà les incitations en quelque sorte vulgaires qui de toutes façons travaillent dans ce sens, et qui sont partagées avec le capitalisme, devient l'obligation d'ordre supérieur des serviteurs de l'utopie : les hommes véritables la réclament. Or à ce propos, il faut dire deux choses que [286] personne n'aime dire : premièrement que sous ces conditions nous ne pouvons pas aujourd'hui nous permettre l'utopie ; et en second lieu que même en et pour soi elle est un idéal faux.

[287]

VI. L'UTOPIE ET L'IDÉE DE PROGRÈS

1. Nécessité de donner congé à l'idéal utopique

a. Le danger psychologique de la promesse de prospérité

Qu'en moyenne mondiale « nous » ne puissions plus nous permettre un accroissement de la prospérité a été développé suffisamment dans ce qui précède. Pour les pays développés cela signifie des renoncements, car l'ascension des pays sous-développés peut seulement se faire à leurs dépens. Mais même là, la marge est étroite. Même la redistribution la plus implacable de la richesse qui existe déjà globalement, ou encore celle des capacités de production qui lui sont consacrées (mais qui ne pourrait pas du tout être opérée de manière pacifique) ne suffirait pas à cette élévation du niveau de vie des parties du monde paupérisées qui mettrait fin à la misère nue. Nous pourrions déjà nous estimer heureux si elle contribuait simplement à sa croissance. Et même dans le meilleur des cas, c'est-à-dire dans l'hypothèse d'un succès partiel, elle pourrait simplement aiguiser l'appétit du plus (toujours encore insatisfaisant). Pourtant il est clair que quelque chose *doit* être fait dans cette direction, mais qui restera fatalement loin en deçà de toute abondance encourageant l'utopie. Ensuite il est tout aussi clair que la prospérité, des États-Unis mettons, qui consomment une partie bien trop grande des ressources mondiales pour leur style de vie dilapidateur, devra subir une restriction sensible, que ce soit librement ou sous la contrainte de la « lutte des classes » des peuples (la même chose valant pour l'Europe, etc.) ; et c'est au moins psychologiquement tout sauf une recommandation de l'utopie; Celle-ci doit au contraire se recommander elle-même avec des promesses ayant une force d'attraction bien plus large que celle de la même justice pour tous : le plus grand nombre doit pouvoir prévoir d'être gagnant, ou du moins [288] de n'être pas perdant et en particulier naturellement le plus grand nombre dans les peuples puissants, c'est-à-dire riches, desquels tout dépendra ici ; or c'est justement ceux-ci qui devront payer la note. Ici la magie de l'utopie peut seulement être un obstacle à ce qui doit réellement être fait, puisqu'elle s'oriente vers un « plus » et non vers un « moins », et la mise en garde contre des maux encore plus grands serait non seulement la politique plus vraie, mais sans doute à la longue également la politique la plus efficace.

In summa : la restriction beaucoup plus que la croissance devra devenir le mot d'ordre et celui-ci sera encore plus difficile aux prêcheurs de l'utopie qu'aux pragmatiques qui ne sont pas liés par une idéologie. Cela suffit concernant le danger de la pensée utopique à l'heure actuelle du monde – une contribution à l'évaluation des « chances » que nous effectuons relativement au marxisme en tant que prétendant à la cause mondiale. Dès ce calcul purement pragmatique : renoncer à un rêve chéri d'adolescent – et c'est ce qu'est l'utopie pour l'humanité – devient un commandement de l'âge adulte.

b. Vérité ou non-vérité de l'idéal et tâche des responsables

Mais même indépendamment de cela, l'heure est venue. L'heure est venue de se demander ce que vaut vraiment le rêve de l'utopie ; ce qu'on perdrait si l'on y renonçait et ce que peut-être on y gagnerait. Si le rêve n'est pas vrai, alors y renoncer ferait au moins gagner en *vérité*, du moins une plus grande adéquation à elle. Mais la vérité ou la simple proximité avec elle (qui consisterait ici dans le négatif d'un renoncement sceptique à une croyance) n'est pas toujours salutaire. La valeur psychologique de l'utopie : qu'elle peut stimuler de grandes masses à des actions et à des sacrifices dont ils seraient autrement incapables, est incontestable. En tant que puissance historique, le « mythe », qu'il soit vrai ou faux, fut souvent irremplaçable, que ce soit d'ailleurs pour le meilleur ou pour le pire. L'utopie est [289] un tel mythe, et il a fait des miracles. Mais ici aussi serait concevable une maturité capable de renoncer à l'illusion et qui prendrait sur elle pour la simple conservation de l'humanité, ce qui nécessitait jusqu'alors la splendeur de la promesse : par crainte désintéressée donc, au lieu d'une espérance désintéressée. Mais très certainement cela doit être le cas chez les dirigeants, pour qu'ils ne succombent pas à la séduction de leur propre idéal lorsqu'il s'agit de s'en passer pour de bon. Pour eux au moins la question de la vérité joue un rôle décisif, à savoir indépendamment de la question temporelle de ce qui est réalisable bientôt ou plus tard, totalement ou en partie, d'un seul coup ou par étapes, probable ou improbable – donc la question de la « vérité » de l'idéal en lui-même, celle de sa *justesse interne* et donc celle de la légitimité de sa proposition. Car seul le fait de donner congé pour de bon à la conception comme telle, et pas seulement la remettre à plus tard pour des raisons pragmatiques, confère à ceux qui sont en charge de l'avenir la liberté morale intellectuelle dont ils auront tellement besoin pour les décisions qui les attendent. La question de savoir comment ils s'y prendront pour communiquer en public la vérité désenchantée relève de l'art de gouverner et non de la philosophie.

Soulevons donc la question de la vérité et concentrons-nous sur l'utopie morale à laquelle s'ajoute simplement comme un ornement l'utopie culturelle tellement plus vague et qui conserve son pouvoir comme vision finale, même si l'on a compris que l'utopie *matérielle* qui est censée en être la condition est hors de portée. Dire que « l'homme » comme être générique devient moralement meilleur et plus sage, cela a-t-il du sens ? Le concept de *progrès* peut-il être appliqué à *cela* ?

2. La problématique du « progrès éthique »

On entend souvent dire aujourd'hui que le progrès éthique n'a pas emboîté le pas au progrès intellectuel ; c'est-à-dire au progrès scientifique-technique [290] et qu'à l'intérieur même du progrès intellectuel le savoir au sujet de l'homme, de la société et de l'histoire est resté en deçà de celui relatif à la nature ; et que ces deux lacunes doivent être comblées par un rattrapage correspondant dans les domaines arriérés afin que l'homme se rattrape pour ainsi dire lui-même et qu'il achève son progrès jusqu'ici unilatéral qui avait fait négliger l'autre côté. Dans cette opinion s'exprime, à mon avis, une méconnaissance totale du phénomène humain et plus particulièrement du phénomène éthique. Le fait qu'il n'y ait pas « encore » de savoir au sujet de l'homme, de la société et de l'histoire, comparable au savoir des sciences de la nature, tient tout simplement au fait qu'ils ne se *laissent* pas *savoir* au même sens que la « nature » et que ce qui en eux se laisse savoir de manière analogue, n'est pas l'essentiel. Surtout : ce savoir-*là* s'agrège sans peine au savoir technique-manipulateur de la nature, « libre de toute valeur » et se situe lui-même sur l'autre bord de la lacune et ne contribue donc en rien à la combler. Qu'on accepte ceci dans le présent contexte comme une affirmation sommaire, pour laquelle nous pouvons simplement en appeler à la réflexion. (La preuve philosophique qui devrait développer le sens différent du « savoir » à propos d'objets différents, nous écarterait trop de notre tâche présente.) Mais qu'en est-il de l'amélioration *éthique* dont personne ne contestera qu'elle soit souhaitable ? Le concept de « progrès » comme processus social se laisse-t-il appliquer à *cela* ?

a. Le progrès dans l'individu

Il y a une ironie dans le fait que le concept de « progrès » ait son site premier *ici-même*, dans la sphère morale et dans la sphère personnelle en général. Le *Pilgrim's Progress* de Bunyan traite du progrès de l'âme dans la voie du salut et depuis Socrate il va de soi que la vertu s'accroît grâce à la vertu et qu'elle est le produit d'une *éducation* progressive, dans [291] laquelle les bonnes fréquentations, l'exemple, l'exercice, la connaissance et avant tout l'effort continuel – « l'amour du bien » éveillé d'abord du dehors et par l'imitation, mais qu'on s'approprie toujours davantage – jouent un rôle. Que *l'individu* soit capable d'amélioration (après tout on fait des progrès à l'école et également dans les aptitudes corporelles) et qu'il y ait des aides pour cela et une *voie* dans le sujet lui-même – par conséquent un possible mouvement de progression éventuellement asymptotique – cela n'a jamais été douteux. De plus, puisque toute vie commence avec rien et qu'elle doit d'abord tout s'acquérir, le « progrès » est la loi de développement nécessaire déjà au niveau du *devenir* de la personne, auquel chacun doit au moins *avoir* participé, et ensuite la question est seulement de savoir si ce devenir « allant vers le mieux » se maintient par-delà l'apprentissage de la jeunesse et l'acquisition de la maturité biologique. Ici l'éthique a toujours défendu l'idée qu'en cette matière il ne saurait y avoir de fin jusqu'à la mort, en l'occurrence ni du point de vue du savoir ni de celui du pouvoir, ou du caractère éthique ; que donc l'éducation comme auto-éducation doit se poursuivre à travers la maturité – et qu'elle le peut également parce que le plus parfait et ce qu'il est peut-être possible d'atteindre se situe au-delà de ce qui est déjà atteint. C'est donc ici que l'idée de « progrès » comme concept aussi bien que comme idéal a son lieu, et il peut même y avoir une « utopie » personnelle. Mais avec tout cela il est question de l'individuel, de l'individu psycho-physique et surtout de son « âme ». Y a-t-il quelque chose de comparable au niveau du collectif ? Pour le groupe, pour la société historique, et même pour l'humanité ? Y a-t-il quelque chose de tel qu'une « éducation morale du genre humain » ? Plus généralement : ce qui vaut pour l'ontogenèse, vaut-il également pour la phylogenèse [1] ?

Nous avons déjà examiné une fois cette question (chapitre 4, IV, 2, p. 212), à savoir dans le contexte du problème de la prédiction historique et par le fait même de celui de l'horizon d'avenir de la responsabilité qui peut faire l'objet d'un savoir, et nous avons trouvé qu'il n'y a *aucune* analogie pertinente entre l'existence individuelle et l'existence historique. Maintenant nous reprenons la question [292] en référence au concept de progrès et à l'utopie collective.

b. Le progrès dans la civilisation

Il n'y a pas de doute qu'il y a du progrès dans « la civilisation », et généralement dans toutes les modalités du pouvoir humain qui sont capables de s'accroître par-delà la vie individuelle (qui sont donc transmissibles) et qui sont un bien collectif : donc dans la science et dans la technique, dans l'ordre social-économique-politique, la sécurité et le confort de la vie, la réponse aux besoins, la pluralité des buts cultu-

1. En cette matière, le concept de progrès a connu le même sort que le concept « d'évolution » qui lui aussi faisait à l'origine partie de l'ontogenèse, et qui, une fois qu'il lui a été emprunté, fut en fin de compte pour ainsi dire monopolisé pour la phylogenèse (cf. à ce sujet H. JONAS, *Organismus und Freiheit*, p. 65 sq. [= *The Phenomenon of Life*], p. 32 sq.). Celui qui entend aujourd'hui le terme « théorie de l'évolution » pense au darwinisme, et non à la « forme caractéristique de l'individu qui se développe de manière vivante ». De même que celui qui entend « progrès », pense à la société et à l'histoire, non à des itinéraires de vie personnelle.

rellement produits et des modes de consommation, la propagation de leur accessibilité, l'état de droit, allant de pair avec le respect de la dignité personnelle – et également bien sûr dans les « mœurs », c'est-à-dire dans les habitudes externes et internes de la vie en commun, qui peuvent être plus rudes ou plus raffinées, plus dures ou plus tendres, plus violentes ou plus pacifiques (ce qui peut aller jusqu'à la formation de « tempéraments nationaux » qui marquent l'individu de leur empreinte). Dans tout cela il y a du progrès vers le meilleur, du moins vers le plus désirable – et, on le sait, il y a également de nouveau de la régression, parfois même une régression affreuse. Mais dans l'ensemble on peut sans doute bien parler d'une « ascension » de l'humanité jusqu'à présent, et également de nouvelles possibilités qu'elle continue à le faire dans l'avenir. Seulement, comme on le sait à satiété maintenant, il faut payer un prix pour cela, avec chaque gain on perd également quelque chose de valable et ce n'est presque plus la peine de rappeler encore que les coûts humains et animaux de la civilisation sont élevés et qu'ils ne font qu'augmenter avec le progrès. Pourtant, même si nous avions le choix (auquel de toute façon la plupart des choses sont soustraites), nous serions prêts à assumer ces coûts ou à les faire porter par « l'humanité » : à l'exception de ceux qui privent l'entreprise entière de son sens, voire même qui menacent de l'anéantir. Voyons donc de quel genre de progrès il s'agit dans chaque cas.

[293]

3. Le progrès dans la science et la technique

C'est dans le savoir de la nature et de la technique que la situation est la plus claire. Ici l'accroissement constant n'est pas seulement concevable en principe, mais il s'est *de facto* produit, bien qu'avec des interruptions, jusqu'à aujourd'hui au cours de l'histoire de l'humanité, de la manière la plus visible et la plus irréfutable ; et tout dans l'état actuel des deux entreprises – si indissolublement fusionnées – laisse supposer une continuation indéfinie de leur mouvement à l'avenir (probablement même avec une augmentation exponentielle de leurs résultats). En tout cas elles en sont capables de par leur essence propre et de par la nature des choses qui ne leur imposent aucune limite. Ici donc le progrès, et même un progrès potentiellement infini, est une donnée univoque et son caractère d'accroissement, qui fait que ce qui suit est chaque fois *supérieur* à ce qui précède, n'est nullement une simple affaire d'interprétation. Moins claire est la question de son prix.

a. Le progrès scientifique et son prix

En ce qui concerne la *science*, le caractère interminable de sa tâche et donc de ses possibilités est inscrit dans l'essence de l'objet de connaissance (la nature) tout comme dans celle de la connaissance elle-même, et la poursuivre est non seulement un droit, mais une haute obligation du sujet de connaissance doté des facultés correspondantes. Or ce sujet ce n'est plus l'esprit individuel, mais de manière croissante rien d'autre que « l'esprit collectif » de la société qui stocke le savoir ; et en cela consiste le prix interne du progrès scientifique, en l'occurrence celui de la qualité du savoir lui-même. Son nom est « spécialisation » ; spécialisation qui, devant la multiplication gigantesque du matériau de savoir, de ses subdivisions et des méthodes spéciales développées pour elles, toujours plus subtiles, conduit à une fragmentation extrême du savoir total « disponible » [294] entre ses adeptes. L'individu paie la participation créative au processus, et même déjà une authentique compréhension avertie de simple observateur, par le renoncement à partager la possession de tout cela, exception faite de son étroite compétence. Ainsi, tandis que s'accroît le capital total de savoir, le savoir de l'individu devient toujours plus fragmentaire. Or nous parlons ici de ceux qui *participent* au processus de la science, des chercheurs et des experts eux-mêmes. En outre tout ce savoir devient toujours plus ésotérique, toujours moins communicable aux profanes, a ainsi il exclut la majeure partie des vivants. Il se peut qu'un véritable savoir de la nature ait toujours été l'affaire d'une petite élite, mais on a le droit de douter que le contemporain cultivé de Newton ait été aussi démuni devant son œuvre que l'homme d'aujourd'hui devant les mystères de la mécanique quantique. Le gouffre s'agrandit et dans le vide qui se produit se répandent le savoir de substitution et la superstition. Personne ne plaidera pourtant en faveur de l'arrêt du processus. Poursuivre le risque de la connaissance est un devoir suprême et si c'est là le prix, eh bien, il faut le payer. Ici il y a donc un cas incontestable – peut-être le seul qui soit absolument incontestable – d'un progrès authentique et de son caractère souhaitable et même de sa *revendication* à ce que nous y consentions. Cependant son caractère essentiellement inachevé à n'importe quel moment n'a strictement rien à voir avec la réalisation d'une utopie. Ses victoires et ses défaites dans les régions reculées de la théorie ne sont ni favorables ni dommageables à sa venue. Et l'utopie de son côté, comme le prouve le cours des choses jusqu'ici, n'est requise ni comme présent ni comme attente pour la force vitale de la pulsion théorique et pour ses succès progressifs. Au mieux on peut espérer que, une fois arrivée au pouvoir, elle n'entrave ni l'un ni l'autre. La vérité comme telle, et presque davantage encore sa recherche, distinguent par leur présence *n'importe quel* état de l'homme, de même que leur disparition le défigurerait.

[295]

b. Le progrès technique et son ambivalence éthique

Il en va autrement du rejeton robuste des sciences naturelles, la *technique*. Étant donné qu'elle transforme le monde, qu'elle détermine de manière tranchante les conditions réelles et les modes de la vie humaine en commun, sur certains points même l'état de la nature, il se peut très bien qu'elle ait quelque chose à voir avec la venue ainsi qu'avec le contenu projeté de l'utopie. De fait, les différentes utopies elles-mêmes, politiques ou littéraires (à l'exception des utopies « arcadiennes » que je ne peux pas prendre au sérieux) incluent très délibérément la technique dans leurs projets, quand elles ne sont pas principalement technologiques. Et pour autant que, selon le point de vue choisi, il s'agit de promouvoir ou d'entraver, l'un ou l'autre peut être attendu de l'utopie, c'est-à-dire aussi bien espéré qu'appréhendé. Et nous-mêmes dans ce qui précède nous avons examiné l'utopie sous sa forme communiste du point de vue des perspectives qu'elle offre, le cas échéant, à la *domestication* de la technique qui est d'une certaine manière devenue sauvage – donc pour une entrave qui est ici souhaitable. Cela renvoie au fait que dans la technique, à la différence de la science, le progrès peut éventuellement aussi être non désirable (parce que la technique se justifie seulement par ses effets, et non par elle-même). Mais avec la science, son géniteur qui est devenu son jumeau, elle partage précisément ceci que le « progrès » comme tel dans son automouvement est une donnée univoque, en ce sens que tout ce qui suit est nécessairement *supérieur* à ce qui précède. Remarquons que ceci n'est pas un jugement de valeur, mais une plate constatation des faits : on peut regretter l'invention d'une bombe nucléaire à potentiel destructeur encore plus élevé et être d'avis qu'elle est absolument contraire aux valeurs, mais le regret porte précisément sur le fait qu'elle est techniquement

« meilleure » et en ce sens son invention est hélas un progrès. Ce livre tout entier traite du problème du progrès technique et c'est pourquoi on n'y ajoutera rien en cet endroit. Ce qu'il faut retenir dans le cas de [294] la science et de la technique, en particulier depuis leur jumelage étroit, est que, si jamais une histoire est l'histoire d'un *succès,* c'est la leur, en l'occurrence celle d'un succès constant, conditionnée par une logique interne et voilà pourquoi promettant toujours encore la même chose : je ne crois pas qu'on puisse dire quelque chose de semblable de n'importe quelle autre entreprise humaine enjambant le temps. Dans la technique, comme on l'a déjà montré (chapitre 1, IV, 1, p. 35 sq.), ce succès conduit ensuite, grâce à son éclat aveuglant, public, englobant tous les domaines de la vie – un véritable cortège de triomphe – à ce que dans la conscience commune l'entreprise prométhéenne comme telle passe du rôle de simple moyen (ce qu'est pourtant en soi toute technique) à celui de but et que « la conquête de la nature » apparaît comme la vocation de l'humanité : *homo faber* pardessus *homo sapiens* (qui à son tour devient le moyen de celui-là) et le *pouvoir* extérieur apparaît comme le souverain bien – évidemment pour l'espèce, et pas pour l'individu. Et ce serait alors, puisqu'il n'y a pas de fin ici, une « utopie » du perpétuel dépassement de soi vers un but infini. La science, la vie de la théorie, serait davantage appropriée à être une fin en soi, mais elle ne l'est que pour un petit groupe d'adeptes. Concernant enfin la moralité dans tout ceci, la science et la technique ne sont pas sans rapport avec elle. Du point de vue de l'idée du progrès, de laquelle il s'agit, c'est la question de savoir si par leur *progrès* elles contribuent à la moralisation générale. Étant donné qu'être voué à la science est en et pour soi un bien moral, la *science* – et la pensée cognitive en général – peut sans doute avoir un effet moralisant sur ses agents (quoique curieusement elle ne le fasse pas toujours), mais elle ne le ferait pas par son progrès, ni généralement par ses résultats, mais par son exercice chaque fois actuel, c'est-à-dire par son esprit permanent et le tardif n'aurait de ce point de vue aucun avantage par rapport au précoce ; et le grand nombre n'en est pas affecté. Mais il est affecté par tout ce que la *technique* émet dans le monde, et pour cela en effet par son progrès, qui est un progrès des résultats. Or, de la complexité de [297] ces résultats – les fruits destinés à la consommation humaine et à la formation de la condition humaine – on peut simplement dire que certains ont un effet moralisateur et d'autres un effet démoralisateur, ou également les deux et je ne sache pas comment on pourrait établir ici un bilan. Seule est certaine l'ambivalence elle-même. Si en revanche la transformation à long terme des conditions et des habitudes de vie sous l'influence de la technique devait entraîner une transformation typologique de « l'homme », la plus malléable de toutes les créatures (ce n'est pas une idée dénuée de fondement), cette transformation irait difficilement dans la direction d'un idéal éthique-utopique. A lui seul le caractère principalement vulgaire des bénédictions technologiques rend cela hautement improbable. (Nous n'avons même pas besoin de nous rappeler la dépossession énorme de l'individu sous l'influence – factuelle et psychologique – de la « contrainte des masses » de l'ordre technologique comme tel.)

4. De la moralité des institutions sociales

Si à propos de la science et de la technique nous pouvions encore parler en termes univoques d'un progrès et même d'un progrès potentiellement infini – peut-être les seuls mouvements négentropiques permanents dans lesquels l'état ultérieur dépasse toujours celui qui le précède – le tableau est bien moins précis dans le domaine de l'ordre politico-social qui a un rapport bien plus étroit avec la moralité (et qui jusqu'à une époque récente fournissait également la véritable matière de l'histoire). Et même, en y réfléchissant, on est tenté d'établir la règle que plus quelque chose dans la vie collective est proche de la sphère éthique, plus hésitant devient le « progrès » en elle comme forme naturelle du mouvement : apparemment ce qui est moralement le plus neutre et ce qui est évalué selon des critères parfaitement « objectifs », là où chaque plus est un mieux, se prête manifestement mieux au perfectionnement cumulatif – [298] pour le dire brièvement : le « pouvoir » mieux que « l'être ». Mais *il y a* des ordres politiques, économiques et sociaux meilleurs et pires, et indépendamment du fait qu'en soi ils peuvent être plus ou moins moraux, c'est-à-dire plus conformes à des normes éthiques, ils posent également des *conditions* meilleures ou pires pour l'être moral – la « vertu » – de leurs membres.

a. Les effets démoralisateurs du despotisme

Que les deux coïncident ne va pas de soi. Cette coïncidence se fait plutôt du côté du pire : un régime despotique, comme tel déjà en contradiction avec certaines valeurs éthiques, corrompt de manière différente les agents et les victimes de la violence (qui peuvent très bien être mélangés dans la même personne). Se garder pur sous un tel régime requiert une vertu extraordinaire – davantage que ce qu'on peut attendre de l'homme moyen et ce qu'on peut exiger de n'importe qui). L'image des grands témoins de la vérité dans le cortège du passé, dans lesquels se manifestait de quelle grandeur morale l'homme est capable (sans cela nous ne pourrions pas du tout le savoir), on ne voudrait pas en être privé, mais personne ne tirera argument de la vertu précieuse des martyrs pour justifier les circonstances qui seules en fournissent l'occasion. Au contraire leur exemple nous invite à rechercher un état dans lequel des choses pareilles ne sont pas nécessaires. (Platon cherchait un état dans lequel un Socrate n'aurait *pas* besoin de mourir.) La vertu n'a pas besoin d'être aisée, mais son prix ne doit pas être trop élevé et par conséquent hors de prix pour la majorité. Par ailleurs on souhaite que sa lumière brille de préférence de son propre éclat, plutôt que de se détacher sur le fond sombre du vice, bien que ce soit alors qu'elle brille avec le plus d'éclat – allant dans le cas extrême jusqu'à un éclat surnaturel. Ici en revanche nous parlons du grand nombre, non du petit nombre – de l'état moyen des innombrables membres du corps social (auquel seul *l'utopie* a affaire). Et là vaut le principe que, les hommes étant ce qu'ils sont, [299] la vertu doit être encouragée et non pas découragée. Mais avant tout le *vice* ne doit pas être encouragé et il l'est par exemple dans les despotismes, et le plus totalement dans les despotismes totalitaires : auprès de ceux qui détiennent le pouvoir, l'arbitraire et la cruauté ; auprès des dominés la lâcheté, la diffamation, la trahison des amis, la dureté de cœur, du moins l'indifférence fataliste – bref, tous les vices de la peur et de la survie à tout prix. Et là où tout cela n'est pas un vice, mais, compte tenu des circonstances, plutôt des faiblesses qu'on n'ose pas juger du dehors, ce sont en tout cas les côtés mauvais et honteux de la nature humaine qui sont ici primés, alors que les meilleurs sont lourdement sanctionnés. Certes cela ne les rend jamais totalement impossibles (c'est là l'expérience toujours à nouveau bouleversante des siècles, pour terminer celle du nôtre) et le sacrifice des justes devient ici d'autant plus grandiose. Le sacrifice n'est pas non plus vain, car il sauve notre foi en l'homme (à condition d'être connu). Mais ce cadeau involontaire que la tyrannie fait à une humanité saisie par le doute ne saurait servir d'excuse au donateur.

b. Les effets démoralisateurs de l'exploitation économique

Ce que nous avons illustré sur l'exemple du despotisme politique vaut également pour d'autres aspects sociaux institutionnels : qu'ils créent des *conditions* morales qui peuvent être profitables ou dommageables à l'éthique personnelle, et plutôt dommageables. Par exemple l'ordre *économique* – ce qui nous rapproche de l'argument de l'utopie marxiste, dans lequel il s'agit précisément d'autre chose que de « liberté ». En prenant le slogan de la critique marxiste du capitalisme : les rapports *d'exploitation* sont en soi immoraux et également démoralisateurs dans leurs effets, en l'occurrence ici aussi [300] de nouveau pour les gagnants comme pour les perdants. Les exploiteurs deviennent coupables par le simple fait d'être cela et, de plus, puisque personne n'agit en permanence en se sentant coupable, ils subissent en eux-mêmes les déformations morales de l'endurcissement et de la conscience mensongère, sans lesquelles ils ne pourraient pas jouer leur rôle avec succès. Il se peut d'autre part qu'ils soient irréprochables dans la conduite de leur vie personnelle et même non dépourvus de la compassion la plus délicate (suffisamment restreinte dans sa portée). En outre des vertus propres ont toujours fait partie de l'esprit d'entreprise ; mais dans une situation fondamentale moralement fausse elles aussi sont souillées par ce au service de quoi elles sont mises en œuvre. Aux « exploiteurs » s'applique donc également l'affirmation de Socrate que celui qui agit injustement se nuit d'abord à lui-même, puisqu'il rend son âme plus mauvaise, même s'il le fait simplement par l'appartenance à une classe et que ce n'est pas un choix personnel. En réduisant ici, comme il convient, l'élément individuel de l'agent on peut dire que le *système,* parce qu'il pervertit globalement les rôles, est moralement dommageable, même pour ses propres bénéficiaires.

Et les exploités ? Leur âme devient-elle également plus mauvaise – par le fait d'être *exploités* ? Leur potentiel moral est-il amoindri par ce qu'on leur fait subir ? C'est là une question dans laquelle la liberté qu'a l'âme de s'élever au-dessus des circonstances oppressives peut aussi bien être surestimée que sous-estimée. Beaucoup de choses dépendent du degré, moins de celui de l'injustice elle-même, que de ses conséquences objectives : au-delà d'une certaine mesure l'anéantissement de toute liberté intérieure dans ses victimes est hors de question. Socrate était d'avis que pour le sujet lui-même faire l'injustice est plus dommageable que la subir. Tant qu'il ne s'agit que « d'injustice », cette proposition peut demeurer valable. (Même dans ce cas, en tenant compte de la psychologie, nous devons peut-être croire Nietzsche plutôt que Socrate.) Mais l'injustice objectivée crée une nouvelle causalité, et notre question porte sur *son* dommage éthique pour la partie qui le subit. Et nous ne nous le demandons [301] pas, comme le fait Socrate, pour les actes individuels, qui sont commis et subis ici et là, mais pour les effets permanents sur les victimes d'un *système* de l'injustice. (Nous devons savoir cela afin de pouvoir nous représenter l'effet d'un *changement* du système.) Et là la chose principale devient que ces effets déterminent toutes les conditions de vie, jusqu'aux amères nécessités physiques devant le diktat quotidien desquelles même le sentiment d'iniquité devient quelque chose de secondaire. Les premiers temps du capitalisme industriel nous renseignent sur le résultat objectif durable de l'exploitation économique : la répartition injuste des biens (c'est-à-dire non conforme à la performance du producteur) pouvant aller pour le grand nombre diminué jusqu'à la dégradation de la simple capacité de survivre qui ne laisse de place à rien d'autre [1]. Il va de soi que cela diminue l'homme entier, que la pauvreté conduit à la paupérisation, et ensuite également dans les choses morales. Ce que la violence et la peur provoquent dans le despotisme politique, ce sont ici la détresse matérielle et les désirs qu'elle entraîne qui le provoquent : là où elles n'étouffent pas le sens de la « vertu », elles rendent son prix trop élevé. Les paroles de Bert Brecht résonnent dans les oreilles : « D'abord vient la bouffe, ensuite la morale »; « Mais les cir-

1. Cf. Friedrich ENGELS, *La Situation de la classe ouvrière en Angleterre.*

constances, elles ne s'y prêtent pas.[1] » Nous reviendrons à la philosophie du pouvoir des « circonstances » et du caractère conditionnel de la « morale » contenue dans ces paroles, étant donné que pour l'utopie, par-delà l'aspect négatif, elles deviennent importantes pour le côté positif (qui n'est pas abordé ici). Pour l'instant il faut simplement retenir comme une proposition indubitable (même en dehors du cas extrême évident, où ce qui est indigne même d'un animal est incompatible avec toute forme de dignité humaine) que les circonstances d'un mauvais ordre économique, tout comme celles d'un mauvais ordre politique, peuvent empêcher « l'être-bon » des individus quel qu'en soit le genre ; et nous n'avons pas besoin de nous arrêter à la question de ce qu'elles laissent encore subsister pour la possibilité d'un miracle de l'âme. Le constat négatif est clair.

[302]

c. *Le « bon État » : liberté politique et moralité civile*

Le constat positif l'est-il également ? A savoir que le bon ordre économique et social, le « bon État », produit également des hommes bons ? Que l'élimination des obstacles, sans doute la première des choses, entraîne également la moralité – donc avec la « bonté » également la « morale » ? L'homme est-il

1. Dans *L'Opéra de quat'sous* : « Être bon, qui ne le voudrait ? / Donner son bien aux pauvres, pourquoi pas ? / Si tous étaient bons, Son Règne s'accomplirait. / Être bon, qui ne le voudrait ? / Mais sur cette triste planète, / Les moyens sont restreints, l'homme est brutal et bas. / Qui ne voudrait, par exemple, être honnête ? / Mais les circonstances ne s'y prêtent pas. // Hélas, il n'a que trop raison : / Le monde est pauvre, l'homme est mauvais. » On se rappelle également les paroles de Heine, le seul précurseur de Brecht aussi génial que lui dans le domaine de la satire politique de langue allemande, dans le poème : *Die Wanderratten* (qui commence avec les lignes immortelles : « Il y a deux sortes de rats : / les affamés et les rassasiés »), à savoir la strophe : *Der sinnliche Rattenhaufen / Er will nur fressen und saufen, / Er denkt nicht, während er säuft und frisst, / Dass unsere Seele unsterblich ist.*

bon à condition seulement qu'on lui permette de l'être ? (Ce ne sont pas tout à fait les mêmes questions, étant donné que « produire » et « laisser être » ce n'est pas la même chose.) Ici nous pénétrons sur un terrain moins solide – c'est le destin permanent de l'éthique que le négatif soit tellement plus clair que le positif. Remarquons aussitôt qu'aucun scepticisme, auquel nous aboutirions éventuellement ici, ne nous dispense de l'obligation de mettre fin aux mauvaises circonstances et de les remplacer dans la mesure du possible par des circonstances meilleures. Ce qui est un scandale moral doit être éliminé, même si nous ne savons pas ce que nous gagnons au change. Par rapport à cette obligation, des doutes ou de la confiance relativement à ce qu'en dernière instance l'homme est en droit d'espérer ne font donc pas de différence. Mais par rapport à *l'utopie* elles le font, tout comme en général pour les grandes fixations de buts dont la vision va au-delà de l'amélioration des inconvénients. Et donc, qu'on se pose ici une fois encore la vieille question du rapport entre le bon État et les bons citoyens.

On se rappelle aussitôt la parole extrême de Kant que le meilleur État est celui qui fonctionnerait bien, même s'il était fait de démons, à savoir (à la différence de Hobbes) celui qui fonctionne selon les lois de la liberté [1]. C'est le même État qui serait également le meilleur pour des anges ; cela veut dire qu'il est lui-même moralement indifférent. Cette affirmation est en contradiction délibérée avec la théorie philosophique de l'État (en partie également la pratique) de l'Antiquité, d'après laquelle le bon État devrait être une pépinière pour la *vertu* de ses citoyens, de laquelle dépend de nouveau sa propre prospérité : l'État peut

1. Cf. la doctrine apparentée, et relevant du même contexte historique, de Adam Smith, celle de la « main invisible » à l'œuvre dans l'économie nationale, qui laisse l'antagonisme des égoïsmes individuels, à travers la poursuite non inhibée du profit, agir au mieux de l'économie globale grâce à l'automatisme des lois du marché. Et même avant cela on trouve la formule de Mandeville : « *Private vices – public benefits* ».

seulement être aussi bon que le sont ses citoyens, et on entendait par là plus que la simple bonne conduite publique. (D'où par exemple, dans la Rome républicaine, le contrôle officiel des mœurs [303] s'étendant jusqu'aux foyers.) Bien qu'elle survive chez certains penseurs (Hegel !) et qu'elle soit sans doute invoquée à nouveau dans des moments d'enthousiasme républicain-révolutionnaire avec le slogan des « vertus civiques » (qui doivent parer la liberté), depuis Machiavel l'idée classique de l'État comme « institution morale » a disparu toujours davantage de la théorie moderne de l'État. La conception dominante dans le monde occidental devint la conception libérale de l'État comme institution correspondant à des fins, censée garantir la sécurité des individus, mais à l'intérieur de laquelle elle doit laisser l'espace le plus large au libre jeu des forces, et surtout s'immiscer aussi peu que possible dans la vie privée. Le concept des droits qu'il faut garantir occulte celui des obligations qui peuvent être exigées ; ce qui n'est pas interdit est permis et l'accomplissement de la loi consiste dans la non-transgression : quand il y a transgression la force publique intervient. Ce que d'autre part l'individu fait de l'espace de liberté réservé à son existence qui lui est publiquement garanti, c'est son affaire et non celle de l'État. Le meilleur État serait donc celui qui se fait le moins remarquer. (« L'État veilleur de nuit. ») Face à cela, le but communiste de la société – imprégner toute vie individuelle de l'intérêt public, s'y conformer et être réquisitionné pour lui (ce dont jusqu'à l'heure actuelle seul peut-être le kibboutz israélien offre un exemple en miniature recommandable) – donne l'impression d'un retour à l'idéal antique de l'État.

Entre ces abstractions nous n'avons pas besoin de choisir. Car notre affaire ici n'est pas ce que les systèmes publics pensent d'eux-mêmes, mais la façon dont ils opèrent effectivement, dans les termes de notre question : comment ils déterminent l'être de leurs membres pour le meilleur ou pour le pire. Or ce que nous avons dit des effets corrupteurs des régimes despotiques a pour conséquence que les régimes libéraux sont au moins meilleurs *en ceci* qu'ils évitent *ces* causes de corruption. Mise à part cette banalité ils sont naturellement de leur côté pleins de problèmes et le problème fondamental est la [304] liberté sacrée elle-même, qui n'est nullement seulement une liberté pour le bien. Toute extension de la liberté est un grand pari que son bon usage l'emportera sur son mauvais usage, et seul estimera l'issue certaine celui qui est convaincu de la bonté innée de l'homme (sans mentionner la répartition de *l'intelligence* elle-même, même en présence de la bonne volonté). Mais même celui qui ne l'est pas doit pourtant faire le pari de la liberté, car c'est une valeur morale en soi et elle-même de grand prix. Quelle en est la grandeur ? Il n'y a pas de recette a priori pour résoudre cette question, mais le sentiment de responsabilité et la sagesse doivent la résoudre selon les circonstances. La plupart du temps le verdict appartient au savoir après coup, car seul le pari préalablement engagé manifeste les conséquences à travers l'essai. En tout cas un système libertaire rend possibles les vertus qui prospèrent seulement sous la liberté, et en règle générale leur possession a plus de prix que l'évitement des vices, eux aussi conditionnés par la liberté, qu'un système de privation de la liberté pourrait le cas échéant leur opposer. Un élément important dans le calcul global est que risquer l'indépendance selon son jugement propre est comme tel déjà une vertu et sied mieux à l'homme que d'être couvert par les ordres. On nous concédera donc (sans doute avec le préjugé de l'Occident de notre côté) que dans tous les domaines de l'activité humaine un système libertaire, aussi longtemps qu'il pourra se protéger contre ses propres excès, est préférable pour des raisons morales, à un système de privation de la liberté, même là où celui-ci peut servir mieux et de façon plus sûre certains intérêts humains importants. Et la même chose vaut pour d'autres alternatives. Un État de droit est meilleur qu'un État où règne l'arbitraire, l'égalité devant la loi meilleure que l'inégalité, le droit du mérite est meilleur que le droit de naissance, l'accès libre à ces droits premiers est meilleur qu'un accès pré-sélectionné par des privilèges, défendre sa propre cause et participer à la détermination de la cause publique meilleur que de la confier de façon permanente à des gestionnaires officiels, la diversité individuelle meilleure que l'homogénéité collective, [305] tolérer les différences est donc meilleur que la conformité obligée, etc. *Il se peut* que ce qui dans cette énumération un peu triviale a chaque fois été désigné comme « meilleur » le soit également du point de vue technique, c'est-à-dire plus apte à venir à bout des tâches qu'affronte un ordre public – constitue des systèmes de gouvernement plus efficaces. Notre argument était qu'ils sont moralement supérieurs à leur contraire, qui peut très bien les dépasser en efficacité à bien des égards. Nul doute donc que, sans vouloir fixer « le Bien » lui-même, *il n'y ait* des systèmes sociaux moralement meilleurs et d'autres plus mauvais ; et pour autant que les meilleurs, comme l'État de droit, l'extension des libertés civiles, etc., sont le résultat de développements et souvent de longs efforts, qu'ils apparaissent donc de prime abord *plus tard* que les autres, on peut également parler ici de progrès. Mais nous devons ajouter aussitôt que leur être meilleur tel qu'il vient d'être déterminé ici, ne garantit pas également leur permanence, qu'au contraire *dans* leurs avantages, principalement celui de la liberté, ils contiennent le germe de contradictions, de crises internes, d'une possible dégénération et même le risque de basculer dans leur contraire (le terme « régression » serait à peine adéquat pour désigner cette dernière chose, étant donné que cette tyrannie présenterait des traits « progressistes » très nouveaux). En un mot, les systèmes moralement bons sont en même temps les systèmes *précaires*, et ne serait-ce que pour cette raison ils ne se prêtent pas à « l'utopie » dont la première requête *formelle* doit après tout être l'assurance de la permanence de son contenu. Il est en tout cas certain que, si nous nous souvenons des « renversements » atroces au niveau le plus évolué, ici le plus tardif n'est *pas* nécessairement le meilleur, même si dans les instruments du pouvoir il profite peut-être précisément du progrès technique, ce qui le rend éventuellement supérieur à ce qui précède.

[306]

d. *Le caractère de compromis des systèmes libertaires*

En revanche on voit sans peine que ces systèmes désirables n'incarnent même pas dans leur *contenu* « l'idéal » du désirable à l'état pur. Pour cela il suffit d'élargir la liste ci-dessus de : « A est meilleur que B » par une autre liste, tout aussi évidente : la sécurité personnelle et publique est meilleure que l'insécurité, par conséquent la fermeté de l'ordre établi meilleure que le laisser-aller, l'obéissance forcée à ses lois (pourvu qu'elles ne soient pas mauvaises) meilleure que l'invitation à les contourner, par conséquent une police et une justice efficaces meilleures qu'une police et une justice inefficaces (par exemple entravées par trop d'égards accordés aux droits et aux libertés individuelles) ; et par-delà ce complexe de « Loi et Ordre », mais en lien avec le principe de la « sécurité » : la satisfaction des besoins physiques élémentaires garantie à tous par la loi est meilleure que la misère et la privation engendrées par les aléas de la vie économique, par conséquent une répartition publiquement régulée du produit social (également du produit immatériel tel que les services d'éducation et de santé, et même les emplois) meilleure qu'une répartition laissée à la concurrence sauvage, par conséquent « l'État-Providence » meilleur que le système individualiste du : « Nage ou noie-toi ! » du prétendu marché libre, et ainsi de suite – et par-dessus tout cela, *y compris* les biens de la première série : *la stabilité est meilleure que l'instabilité.* Or, on voit aussitôt que de ces deux séries du « mieux que » (d'une part « la liberté meilleure que la non-liberté », de l'autre : « la stabilité meilleure que l'instabilité ») également incontestables, *tout, ensemble,* ne peut pas être obtenu de la même façon, qu'au contraire certains biens d'un des côtés peuvent être obtenus seulement au détriment de certains biens de l'autre côté – qu'ici la meilleure chose qu'on puisse espérer raisonnablement est une *compensation* et un compromis entre ce qui (dans le cas extrême) est inconciliable. Comme dans tout ce qui est réel, règne ici également le principe de la « compossibilité ». En particulier ce sont les systèmes libéraux, balançant nécessairement entre la menace interne d'une anomie et celle, [307] externe, qu'y soit mis fin par la contrainte (égalitaire ou inégalitaire) qui *de par leur nature* reposent sur le compromis, et puisque celui-ci de son côté est par nature quelque chose d'imparfait et qu'en outre, en vertu de la prémisse de liberté, il est fluide, c'est-à-dire toujours de nouveau affronté à de nouvelles tâches d'adaptation, la « stabilité » une fois pour toutes n'est pas leur affaire. L'utopie en revanche n'est par tempérament nullement disposée au compromis ni à l'instabilité, autrement dit à des demi-mesures ; et puisque intérieurement on peut seulement vouloir avoir l'autre côté en l'absence de compromis et le vouloir « totalement » (et de préférence encore immuablement), chaque utopisme *réaliste* devra précisément miser là-dessus. Il doit donc se décider contre l'individu et pour le collectif (et ainsi de suite) c'est-à-dire pour quelque chose qui d'après d'autres critères est tout à fait imparfait. Qu'il ne lui semble pas que pour ce qu'il gagne au change le sacrifice de la liberté individuelle soit trop élevé, et qu'il décrète même que ce qui est sacrifié n'est qu'une simple illusion (« un préjugé bourgeois ») est compréhensible, mais cela ne lie pas notre jugement à nous.

5. Les espèces de l'utopie

a. L'État idéal et le meilleur des États possibles

Or nous voyons, une fois qu'est invoqué le principe de la compossibilité, qu'on doit distinguer deux concepts totalement hétérogènes du meilleur État ou de l'État « idéal » : celui qui dans son idée est le meilleur, sans égard pour son caractère réalisable, c'est-à-dire celui qui en et pour soi est le plus souhaitable et le plus librement concevable – conformément à un rêve de bonheur du désir humain – ; et le meilleur État *possible* sous les conditions réelles, dans lequel sont prises en compte les limites de la nature et l'imperfection des humains – qui ne sont pas des anges mais pas non plus des démons. De l'un et de l'autre on peut projeter des modèles imaginaires destinés à l'intuition, précisément des [308] « utopies » – les unes radieuses dans leur positivité idéale sans tache, les autres nuancées, allant peut-être jusqu'à la nostalgie, comportant l'ingrédient de ce qui est imparfait dans l'homme et dans la nature. « Les pensées cohabitent facilement, mais les choses se heurtent durement dans l'espace » : mais les lois de « l'espace » peuvent elles aussi être intégrées dans la pensée, d'où l'autre espèce d'utopie. L'une est « U-topia » au sens littéral (nulle part) et fait partie des châteaux en Espagne de la pensée oiseuse ; l'autre, dont le premier grand exemple est la *République* de Platon, est encore une « utopie » en ce sens que – quoique son *être* réel serait possible – son *devenir* réel exige dans le cours embrouillé des affaires humaines une coïncidence de circonstances favorables telle qu'on ne peut pas compter sur le fait qu'elle se produise. (Les chances de sa préservation sont meilleures, à supposer que l'invraisemblable se soit produit malgré tout, mais elles aussi sont incertaines à plus longue durée.) Mais pour lui-même le modèle est censé être réaliste, c'est-à-dire pouvoir exister dans le monde tel qu'il est ; et puisqu'il prend en considération les limites de l'homme et que d'autre part sa tâche (qui vise la certitude à durée de vie longue) lui interdit le pari incertain de la liberté, cette espèce de l'utopie « réaliste » comporte naturellement une part d'autoritarisme et de paternalisme (ce pourquoi jusqu'à aujourd'hui Platon doit subir maint blâme). « Utopia » au sens littéral elle l'est également en ceci qu'elle n'est pas conçue comme un plan d'action politique (sauf quand se produit le cas improbable et à peine influençable du « coup de chance »). Mais comme réflexion fondamentale sur ce qui peut être visé politiquement et ce qui est possible, elle n'est pas « oiseuse » comme l'est l'autre et elle peut même être un modèle dans les labyrinthes de la praxis politique.

[309]

b. La nouveauté de l'utopie marxiste

Or nos utopistes modernes ne relèvent *pas* de cette division. *Leur* utopie, ils veulent la *réaliser* pour de bon ; d'après eux, grâce à l'histoire, elle est dorénavant un objet *réel* d'espérance et de poursuite, bien qu'elle ne l'ait jamais été auparavant. Puisqu'il ne s'agit pas pour eux d'un imaginaire château en Espagne dans les nuages, on pourrait penser qu'ils proposent précisément une « utopie » du second type, le type résigné : le réalisme de ceux qui ne veulent être seulement des « idéalistes », mais avant tout des réalistes. Mais ce n'est nullement leur option. Une troisième position inédite par-delà cette alternative prémarxiste est l'élément particulier de l'utopisme révolutionnaire de l'époque contemporaine et c'est de lui que nous devons maintenant nous occuper.

Le marxiste peut opposer deux objections à nos réflexions antérieures relatives à l'utopie : qu'elles font l'impasse sur la *révolution* ; et qu'elles ne prennent donc pas en considération la *nouveauté* sans précèdent que celle-ci introduit dans l'équation de l'humanité, et qui rend dorénavant caduque l'analogie avec le passé. Car dans notre cas (peuvent-ils dire), la *venue* de l'état utopique – celle de la production collectivisée dans une société sans classes – n'est nullement confiée à « l'évolution » et à la tendance immanente de son progrès, quelle que soit sa contribution à la préparation dialectique de cette venue qu'il a rendue réellement *possible* maintenant : au contraire pour provoquer le tournant décisif, la révolution comme intervention délibérée et violente dans le cours des choses, en fin de compte donc : la technique humaine à grande échelle, doit prendre les choses en main et créer l'état nouveau. En ce sens, cet état nouveau, bien qu'il soit le plus approprié à « l'homme », sera une œuvre artificielle. Et celle-ci, en second lieu, créera des conditions tellement inédites pour l'existence humaine, et à tel point libératrices du potentiel humain jusqu'alors entravé, qu'aucune comparaison avec autrefois n'a plus de valeur et que toute l'histoire antérieure s'estompe pour n'être plus que de la préhistoire. L'histoire véritable de [310] l'humanité, et même « l'homme véritable » ne fait que commencer avec cela. Quelle doit être la constitution de ce « véritable » – le *contenu* de ce « véritable » qui devra seulement se manifester – on ne peut rien en dire dans l'état d'inauthenticité dans lequel nous nous trouvons encore. Mais deux choses peuvent être dites : négativement que les objections anti-utopiques qui tiraient argument de la « nature » de l'homme telle que nous la connaissons jusqu'à présent, ne seront plus valables, puisque cette « nature » était elle-même le produit de circonstances qui sont maintenant dépassées ; et positivement, puisque ces conditions entravaient et distordaient, que la situation qui en est libérée restitue à la fin également l'homme à la plénitude de son être. L'histoire qui commence alors seulement, l'histoire véritablement humaine, est celle du tout premier règne de la liberté. Nous anticipons son contenu imprévisible en croyant à l'homme nouveau.

[313]

CHAPITRE VI

LA CRITIQUE DE L'UTOPIE ET L'ÉTHIQUE DE LA RESPONSABILITÉ

Les dernières phrases du chapitre précédent fournissent le thème de celui-ci. Elles disaient : ce qui valait jusqu'alors comme nature de l'homme était le produit de circonstances entravantes et déformantes ; seules celles de la société sans classes mettront en lumière sa vraie nature et avec son « royaume de la liberté » commencera seulement la véritable histoire humaine. C'est du vin fort. Jusqu'alors il n'y avait eu quelque chose de comparable que dans la foi religieuse : la transfiguration messianique de l'homme et de la nature elle-même grâce à la venue du Messie ou grâce à la « seconde venue » du Fils de Dieu, la seconde création venant accomplir la première, libérée du péché ; le « nouvel Adam » relevé de la chute de l'ancien et immunisé contre sa répétition ; l'*imago Dei* enfin et pour de bon amenée à se manifester sur terre dans la pureté de sa visée. Là aussi il n'y avait rien de plus à dire sur le nouvel état lui-même (en faisant abstraction des descriptions poétiques d'une paix universelle chez les prophètes hébreux). Une eschatologie *sécularisée* du nouvel Adam doit remplacer par des causes intramondaines l'intervention divine miraculeuse qui y provoque la transformation et ces causes sont à *créer* par les *conditions* externes de la vie humaine, par la collectivisation de la production. Créer ces conditions est précisément la tâche de la révolution, à laquelle incombe ici le rôle de l'intervention divine, et tout le reste dépendra de son résultat une fois qu'il aura été achevé. En l'absence d'effusion de l'Esprit saint elle provoquera le miracle de la Pentecôte par sa propre force. Tout se concentre donc sur la révolution et sur ses étapes, autrement dit sur le processus de sa *réalisation.* A l'inverse des utopies antérieures, c'est sur la *venue,* et non sur l'*être* de l'utopie que le marxisme a quelque chose à dire. L'être est pour lui tout aussi [314] impossible à décrire par avance que l'est le royaume de Dieu dans l'eschatologie religieuse – si ce n'est qu'ici les maux de la société de classes auront *disparu,* comme l'ont fait les péchés dans l'autre modèle ; autrement dit c'est une description négative. A juste titre, ni ici ni là, on ne projette une image fantasmée du contenu positif de la nouvelle condition [1], ce qui était pourtant l'affaire principale des utopies prémarxistes, qui d'autre part laissaient la « venue » dans l'ombre. C'est là en effet une nouveauté de l'utopisme marxiste et un des traits qui prouvent qu'il est une eschatologie sécularisée et l'héritier de la religion. (Un autre de ces traits est la doctrine de « l'état peccamineux » ou du caractère radicalement provisoire de toute l'histoire antérieure.) Mais quel défi pour la foi ! La foi en Dieu, à partir du moment où elle existe, parvient bien à justifier le fait de consentir par avance, sans « la voir », c'est-à-dire sans *représentation* correspondante, à une transfiguration future de l'homme qu'elle a rendue possible, comme à ce qui est certainement le meilleur ; et pour cela elle consent à accepter les « douleurs de l'enfantement » du Messie, les tressaillements des derniers temps. La foi règne seule dans ce qui est totalement inconnu et elle ne saurait être contestée. Mais là où les « douleurs de l'enfantement » sont l'œuvre de l'homme, à savoir la révolution mondiale, et où son

1. Dans le cas du marxisme, il faut faire une certaine exception pour Ernst Bloch, l'utopiste *par excellence,* mais chez lui aussi la majeure partie est trop oraculaire pour pouvoir être représentée de façon concrète.

résultat, la société sans classes, est censée être faite de la matière bien connue de notre monde, la foi en sa causalité salvatrice, qui est pensée en termes strictement terrestres, doit se plier à une vérification terrestre. Le « sans voir » du miracle transcendant ne saurait être invoqué pour justifier *son* « après » promis, d'autant plus que nous devons l'inaugurer nous-mêmes. Mais une fois qu'elle est « examinée » elle soulève la question de son prix, qui ne se pose pas dans l'autre cas.

La foi qui a ici besoin d'être vérifiée et qui se prête à une telle vérification est pluridimensionnelle : la foi au « pouvoir des circonstances » comme telle et la croyance que « l'homme » en est totalement le produit ; ensuite la croyance qu'il peut y avoir des situations qui soient les meilleures à tous égards et univoquement bonnes – la croyance qu'il existe des situations qui soient *seulement* bénéfiques ; ensuite que l'homme qui s'y trouve placé peut être aussi bon qu'elles-mêmes, puisqu'elles lui permettent de l'être ; et enfin : que cet homme bon n'a encore jamais existé, parce que dans les situations qui ont régné jusqu'ici, [315] il ne *pouvait* pas l'être – que l'homme « authentique » n'a pas encore été manifesté jusqu'à l'heure actuelle. Le dernier point est pour nous la *crux*, étant donné que le pathos de l'utopie marxiste ne se trouve pas dans l'intention d'améliorer simplement des circonstances qui réclament une telle amélioration, l'intention d'abolir l'injustice et la misère (un but que se proposent de nombreux programmes de réforme), mais dans la promesse d'une *transformation* exaltante *de l'homme* grâce à des circonstances jamais encore connues. Cela a une influence déterminante sur les risques que l'on peut prendre en vue d'une perspective aussi excessive.

[316]

I. LES DAMNÉS DE LA TERRE ET LA RÉVOLUTION MONDIALE

Ici il faut intercaler l'argument (qui nous empêchera encore pendant un certain temps de soumettre l'idée d'utopie elle-même à l'examen) qu'il n'était point besoin du « caractère excessif » du but de la révolution pour mobiliser les masses auxquelles s'adressait au début l'appel à la révolution : le prolétariat industriel paupérisé et condamné (en théorie) à se paupériser toujours davantage dans un régime capitaliste qui s'enrichissait toujours davantage sur son dos. Les « damnés de cette terre », qui n'ont « rien d'autre à perdre que leurs chaînes », n'avaient pas besoin du rêve d'un homme nouveau ou d'un quelconque royaume des cieux sur terre, pour chercher à obtenir une *rédemption* de leur situation intolérable grâce à la nouvelle distribution des richesses et la socialisation, une fois qu'ils avaient compris qu'elle était possible et qu'elle pouvait être obtenue sous la pression de leur solidarité. La rédemption comme telle est le rêve de la souffrance, et n'importe quelle mise sur pied d'égalité approximative avec les exploiteurs antérieurs – une participation qui est due à l'abondance qu'ils ont eux-mêmes créée – pouvait suffire comme « utopie » la plus audacieuse à ceux qui souffrent : suffisante en tout cas pour tenter une révolution. Car même son échec ne peut pas aggraver la situation, alors que son succès ne peut que l'améliorer – indépendamment du fait de savoir que de cette façon tout est « bien » définitivement et à tout égard. Les penseurs de la révolution socialiste pouvaient en appeler à ce moteur puissant de la misère, l'aspiration de la souffrance à sa propre rédemption, alors que *leur* but à eux allait loin au-delà de tout cela. Et ce motif, doit-on ajouter, suffit pleinement selon toute norme humaine à justifier moralement et pragmatiquement le renversement violent de la situation dès lors qu'aucune autre voie de satisfaction n'est disponible.

[317]

1. Modification de la situation de « lutte des classes » du fait de la répartition planétaire de la souffrance

Aujourd'hui encore cela vaut pour les « damnés de la terre ». Mais en tant que phénomène de groupe et de masse, ils ne se trouvent plus à l'intérieur des pays industrialisés avancés (sans doute moins encore dans « l'Occident » capitaliste que dans « l'Est » communiste), mais à l'extérieur de ceux-ci, dans les pays sous-développés anciennement colonisés qui forment ce qu'on appelle le tiers monde : et là en tant que peuples entiers appauvris, et non en tant que classes opprimées dans des sociétés en état d'ascension économique [1]. Cela modifie le point de départ et le sens de la révolution prêchée, qui devient ici une « révolution mondiale » en un sens totalement inédit, essentiellement *celui de la politique étrangère.*

1. Je pense ici principalement aux peuples colonisés libérés. Ni l'Afrique du Sud, ni la Rhodésie, ni l'Amérique latine ne correspondent à cette classification. Le rapport entre les colonisateurs devenus indigènes et une population d'origine ethniquement et culturellement distincte, dans lequel l'exploitation économique se combine avec l'oppression politique et la ségrégation raciale, représente un phénomène à part qui même en présence d'une industrie moderne ne relève pas du schéma de la société occidentale de classes, homogène du point de vue national. La « lutte des classes » prend ici des traits particuliers, par exemple ceux d'une émancipation initiale de ceux qui correspondent ici aux « prolétaires ». Dans le calcul du potentiel révolutionnaire mondial ils vont ensemble avec les peuples excolonialisés du monde arriéré.

a. *La pacification du « prolétariat industriel » occidental*

Dans les pays développés eux-mêmes, qui ont réussi et qui recueillent la moisson des fruits de l'accroissement technologique de la productivité, la situation d'un prolétariat ouvrier, livré sans défense à la jungle du marché, appartient depuis longtemps, comme chacun le sait, au passé. Là où des syndicats puissants et un « management » qui a besoin de contrats se font face à une même table de négociation, on ne peut plus parler d'exploitation unilatérale, même si les avantages qui résultent de la négociation restent inégalement répartis. Un conflit de pouvoir réglé statutairement, comportant un rapport de forces à peu près équitable, décide de la proportion du revenu des salariés dans le bénéfice de l'entreprise et ainsi finalement de la répartition du produit social en sa totalité. Si la négociation échoue, la grève – qui reste encore pacifique – prend en otage non seulement l'interlocuteur immédiat, mais de vastes secteurs de l'économie, et s'il s'agit de services vitaux, la collectivité tout entière, et souvent, c'est le « Capital » qui doit céder. Le bénéfice économique de classe [318] de cette évolution « réformiste » qui a été conquise sur la partie adverse, en partie par sa propre habileté (et même par la morale) et qui a été politiquement ancrée dans le droit, est bien connu : le niveau de vie du travailleur dans l'Occident capitaliste contemporain, s'il est évalué en termes de biens de consommation et de conditions de travail et de temps de travail, dépasse celui de la plupart des bourgeois et des petits paysans du passé avant qu'ils aient subi le sort de la prolétarisation [1], et la situation actuelle aurait paru comme un paradis aux victimes de l'implacable capitalisme pri-

1. L'auteur qui vit aux États-Unis peut certifier que le plombier ou l'électricien qui effectuent une réparation dans un appartement gagnent plus en une heure que lui en donnant un séminaire. Et le train de vie de maint bénéficiaire de l'assistance publique en supérieur au sien.

mitif. Qu'ils aient attendu davantage d'une révolution est douteux. En outre, les aspects « socialistes » de la prévoyance publique, tels que la sécurité sociale et les retraites de vieillesse, ont éliminé une bonne partie de l'insécurité de l'existence d'autrefois. *A l'intérieur* de ce monde a disparu le cas extrême, mentionné plus haut, d'un destin collectif où la « morale » est abolie en raison d'un manque de « bouffe »[1]. Ces fruits d'un processus globalement pacifique ont dans une large mesure disqualifié les classes ouvrières de « l'Occident » pour le rôle de candidats à la révolution, car elles ont maintenant intérêt au maintien d'un système dont le mécanisme fonctionnel comporte des moyens de pression en leur faveur. Faute de classe opprimée, la révolution n'a pas lieu. C'est d'ailleurs pourquoi ses véritables protagonistes, qui accordent peu de prix à la simple « amélioration » de la situation de leur classe adoptive, qui soupçonnent même celle-ci d'être plutôt un « moyen de corruption », ont toujours considéré avec raison que le « révisionnisme » (= réformisme) était leur adversaire le plus redoutable. La véritable « utopie » qui se cache derrière leur revendication, qui devient maintenant l'affaire d'une fraction élitaire d'idéalistes radicaux issus des couches privilégiées, d'autant plus importante qu'ironiquement les objets que vise leur mission trouvent l'écho le plus faible dans la société globale. Leurs alliés tactiques naturels se trouvent aujourd'hui tout à fait ailleurs – chez les « damnés de la terre » des autres continents. Naturellement chez ceux-ci également, ce

1. Comment, face à ces faits, Bloch pouvait-il dire : « Dans l'État de classes capitaliste, l'ouvrier n'a eu de tout temps que la liberté de mourir de faim » (P. H. 1061 ; II, 547 trad. mod.) ? C'est incompréhensible et cela jette une lumière déplorable sur ce qu'un intellectuel – et un intellectuel noble et sensible comme Bloch – est capable de considérer comme digne de lui lorsqu'il est emporté par l'indignation devant l'indignité. D'autre part, c'est une offense contre ceux qui meurent effectivement de faim dans les pays non capitalistes, qui se lécheraient les doigts devant un « mourir de faim » aussi confortable. C'est comme si dans le propre monde de Bloch qu'il connaît bien, rien ne s'était passé depuis qu'Engels a écrit *La Situation de la classe laborieuse en Angleterre.*

n'est pas la pacification prématurée par l'amélioration de leur condition, mais la [319] mobilisation de leur potentiel révolutionnaire non encore assagi que doit viser l'utopisme véritable, devenu apatride dans sa propre patrie. En revanche, la pacification obtenue tant bien que mal dans la patrie des révolutionnaires, aujourd'hui prospère, est malgré tout, en un certain sens, une victoire – pré-eschatologique – de leur cause, pour autant qu'elle aurait difficilement été obtenue sans leur menace (et certainement pas sans un certain pouvoir de conviction de leur éloquence morale) ; cela montre que les éléments non utopiques, ultra-rationnels, de la conception d'origine peuvent également être obtenus au moyen de transformations non révolutionnaires, graduelles du système dominant qui vont toutes dans une direction « socialiste » [1]. On a souvent remarqué les convergences structurelles des « communismes » réellement existants, issus des révolutions (mais toujours encore pré-utopiques) avec celles qui ont apparu avec la transformation du « capitalisme ». En tout cas la socialisation croissante sous forme de l'État-providence semble jusqu'à nouvel ordre constituer la tendance générale des sociétés occidentales, reposant sur un équilibre instable des principes de la liberté (et des besoins de l'irrationalité). Tout cela est très éloigné de la perfection, mais de celle-ci il peut seulement être question dans l'utopie.

b. La lutte des classes comme lutte des nations

Mais on ne manque pas de « damnés de la terre » qui sont aussi nécessaires à la révolution marxiste que l'eau est nécessaire pour faire tourner la roue du moulin (ou que la poudre est nécessaire à l'explosion). Comme nous l'avons dit, ce sont les masses populaires des parties du monde « sous-développées »

1. Qu'on songe à l'exemple anglais et américain, mais aussi déjà à l'exemple allemand sous Bismarck et Guillaume II.

qui ont réellement sombré dans la misère, au sein desquelles il y a sans doute encore des classes opprimées, mais la pauvreté de l'ensemble est tellement grande et tellement endogène que, même si la mince couche supérieure des parasites locaux était balayée, cela changerait peu de chose. Ces masses dans leur totalité sont la « classe opprimée » dans la hiérarchie globale du pouvoir et de la richesse [320] et leur « lutte des classes » doit nécessairement se dérouler à l'échelle internationale. Indépendamment de leur propre vouloir plus direct, leur force motrice qui reçoit son impulsion de la misère pourrait donc bien être mise au service de l'utopie visée par la révolution mondiale. Et ici également tous les instincts philanthropiques d'équité dans le camp des privilégiés eux-mêmes qui en soi n'ont eux aussi que très peu à voir avec une tendance utopique, seraient de nouveau mobilisables pour venir à son secours. Cependant la situation est fondamentalement différente de celle d'une lutte des classes interne sur une scène nationale, c'est-à-dire à l'intérieur de la même société possédant une cohésion aussi bien fonctionnelle que territoriale. Ici tout est plus médiat et plus isolable. C'est en partie seulement qu'on peut parler d'une responsabilité d'exploiteur des nations privilégiées (« impérialisme économique »). Les disgrâces de la nature pèsent lourdement dans la balance et la particularité historique-anthropologique peut elle aussi avoir joué un rôle dans l'empêchement du progrès de la civilisation (là où elle n'est pas, compte tenu de la circularité de ce genre de rapports, à son tour un résultat de celui-ci). Pour autant que l'*éthique* doit apporter la motivation externe de l'assistance, il s'agira d'une assistance plus librement consentie, plus généreuse et en même temps plus souple que celle qui s'impose chez soi sous le signe d'une responsabilité partagée, de la justice et des relations de voisinage. Concernant l'appel concret que la misère adresse au sentiment humain c'est un fait que la distance endurcit au point qu'on accepte que des populations lointaines meurent de faim, alors qu'une population plus proche ne nous laisserait pas en paix. Le principe parfaitement légitime du « *charity begins at home* » conduit facilement à en rester là ; et pour le sentiment les limites de la responsabilité directe sont celles des relations de proximité. C'est ce que veut la psychologie individuelle. Au niveau du groupe, du collectif politique, dont on ne peut même pas attendre qu'il soit « magnanime, charitable, bon », et qui pourtant doit être ici le véritable agent, l'*intérêt personnel* bien compris prend la place de l'éthique personnelle, et un tel intérêt commande en [321] effet non seulement le soulagement palliatif de la misère d'autrui en lui reversant une part de l'excédent, mais même le sacrifice d'une part de la satisfaction des besoins propres en faveur de l'abolition de la pauvreté mondiale compte tenu des causes de celle-ci. Et en effet, ce qui fait défaut aux « nantis » à échelle nationale, ce n'est pas tant la bonté désintéressée que la lucidité, c'est-à-dire la *largeur de vue* de l'intérêt personnel qui a une tendance indéracinable à tout vouloir réduire à une vue étroite, étant donné que chaque fois le « soi » est représenté par les vivants du moment.

L'intérêt personnel à vue large serait ici double : « à la longue » le meilleur effet rétroactif sur l'économie nationale d'une économie mondiale saine ; et la crainte d'une explosion de la misère accumulée, sous forme d'une violence internationale. Cette dernière peut prendre la forme traditionnelle des guerres entre nations (par exemple d'une coalition des peuples pauvres « insurgés », le cas échéant conduite ou du moins armée par une troisième puissance), ou plus vraisemblablement la forme inédite du terrorisme international (sans qu'il soit possible d'identifier la responsabilité d'une nation) afin d'arracher par chantage des tributs économiques aux pays d'abondance et de les restituer aux pays qui en manquent. Dans tous les cas la « guerre des classes » dégénérerait alors inévitablement en une guerre nationale d'ancien style, si ce n'est en une guerre raciale, et elle provoquerait alors chez les attaqués (y compris leur classe ouvrière) tous les vieux réflexes de solidarité nationale, qui étoufferaient même les sympathies pour la partie adverse qui y existaient auparavant. En fin de compte et en dernière extrémité l'appel à la violence jouerait probablement à la défaveur de la partie la plus faible – nonobstant l'aide, trop tardive, que les vainqueurs finiraient par apporter aux vaincus. Il ne saurait être question d'une véritable prédiction. Mais la perspective entière d'une anarchie internationale qui se dévoile ici est suffisamment effrayante pour faire apparaître une politique sage de prévention *constructive* comme étant la meilleure dans l'intérêt personnel à long terme ; et c'est ce que disait déjà une considération purement économique plus pacifique.

[322]

2. Réponses politiques à la nouvelle situation de lutte des classes

a. *La politique globale-constructive dans l'intérêt propre national*

Or une telle politique constructive se heurte aux plus grands problèmes, indépendamment même du problème spécifiquement politique et préliminaire : comment parvenir à obtenir le consensus pour une telle politique de la part de ceux qui doivent consentir à des sacrifices, tant qu'on se trouve en présence d'une situation de choix libre ? Qu'est-ce qui, considéré en lui-même, serait constructif ? Le plus immédiat semble être un rattrapage de la révolution industrielle mis en marche par une aide à l'investissement et au savoir venant de l'extérieur (en évitant les péchés sociaux de l'original) chez tous les peuples arriérés, donc *en ajoutant* partout des capacités de production comparables à celles qui existent déjà dans les pays d'origine – donc la propagation sur terre de la technologie ultra-intensive qui jusqu'ici est concentrée dans ces pays. Nous avions déjà signalé plus haut que la terre, qui montre déjà aujourd'hui des signes de surcharge, ne pourra probablement pas supporter une telle agression démultipliée. Pour l'heure on ne saurait dire où se situe la limite, mais on ferait mieux de ne pas l'essayer. La solution alternative serait un transfert partiel des capacités existantes des régions à « haute pression » vers les régions « à basse pression », de sorte qu'*in summa* l'effort global demandé à l'environnement resterait limité. Une telle égalisation des niveaux, ayant pour fin d'élever les niveaux les plus bas, signifie naturellement l'abaissement des niveaux les plus élevés : elle signifie y réduire des capacités de production avec un rétrécissement correspondant des capacités de consommation qui leur doivent leur existence – et c'est alors sans doute que le problème politique préalable devient aigu ! Certes il n'y a objectivement aucun doute que dans les pays surdéveloppés (selon des notions raisonnables de consommation) il existe une marge de jeu confortable pour des restrictions qui nous placeraient encore loin devant nos grands-parents et même nos parents ; mais la réaction subjective à ce défi en l'absence [323] d'une nécessité visiblement présente est une autre affaire, et pour les États-Unis par exemple une résistance spontanée (qui de nouveau inclurait la classe ouvrière) serait pratiquement certaine. Néanmoins, je crois que la solution – de plein gré si possible, forcée si nécessaire – se trouve dans cette direction. Mais il est clair – et c'est ici que se situe un problème principal – que *toute* solution constructive exige une utilisation élevée de technologie (les simples chiffres de la population mondiale actuelle excluent un retour aux états plus anciens) et les plaies que *cela* inflige à l'environnement exigent pour être guéries un nouveau progrès technique, par conséquent à titre défensif déjà une technologie améliorée. A titre offensif elle poussera en même temps à *reculer* encore la limite de tolérance que nous venons de mentionner ; chacun des succès de cette stratégie sera de nouveau à double tranchant, et ces succès seront forcément toujours plus précaires, et naturellement ils ne le feront pas indéfiniment. La dialectique qui règne ici, celle d'un progrès qui a besoin de créer de nouveaux problèmes afin de résoudre ceux qu'il a produits lui-même, un progrès qui devient donc sa propre contrainte, est un problème central de l'éthique de la responsabilité pour l'avenir que nous cherchons. A un moment ou à un autre, l'idée de progrès elle-même substituera aux buts expansionnistes dans le rapport homme-environnement, des buts « homéostatiques » (qui assignent encore assez de tâches à la technologie comme telle en vue d'une évolution ininterrompue). Pour l'instant il faut simplement dire que dans la zone où nous avons pénétré avec la technique et dans laquelle nous devons désormais évoluer, la circonspection et non l'excès doit être le mot d'ordre, et la magie de l'utopie – notre thème actuel – est la dernière chose qui devrait brouiller la lucidité qui est requise ici. Certes cette affirmation implique déjà l'aveu que nous n'y croyons guère.

b. L'appel à la violence au nom de l'utopie

Or, pour les défenseurs de l'utopie les choses se présentent autrement et ils n'hésitent pas à mobiliser l'achéron du tiers monde [324] dans le sens d'une violence révolutionnaire mondiale. Car en premier lieu, pour autant qu'il s'agit réellement pour eux de ramener seulement « l'homme » à soi-même, le prix requis peut par principe leur être indifférent et même l'extermination de masse la plus colossale peut leur apparaître, à la lumière d'une opération malheureusement nécessaire, douloureuse certes, mais bénéfique, dès lors que le *regnum humanum* final sur terre ne peut pas être établi autrement (Ce qui existe jusqu'à présent, est de par sa constitution, « provisoire ».) En second lieu le rêve utopique implique que les dangers et les limites présentes de la technologie n'auront *alors* plus cours : non seulement parce que la technique, libérée de l'économie de profit, sera alors employée plus judicieusement, mais encore parce que, libérée des chaînes sociales qui entravent son potentiel de progrès encore totalement inépuisé, elle atteindra alors seulement ses suprêmes possibilités, en tant que Prométhée réellement déchaîné. Ces possibilités ne connaissent pas d'autres limites que celles que la société leur impose – à savoir ni les limites de son propre *pouvoir* qui à tout moment est en train de se dépasser lui-même, ni les limites de la *nature* empêchant son emploi fructueux : le potentiel de la nature est lui aussi *en soi illimité* et il attend simplement l'utopie afin d'être libéré de son côté par l'inventivité plus élevée et plus ingénieuse de celle-ci [1]. Troisièmement enfin, même si la réussite devait être incertaine, sa chance réelle (qui existe seulement pour autant que le but en lui-même est *possible),* en union avec le caractère indigne de l'homme de ce qui existe, abolit l'interdiction que nous avions stipulée d'un jeu de *va-tout* avec l'humanité : face à un but à

1. Cet aspect de l'utopie comportant un caractère doublement inépuisable – celui de la technique humaine et celui de la nature qui lui répond – apparaît par exemple dans les paroles suivantes de Ernst Bloch : « Les engrais artificiels, et les rayons artificiels ne tarderont sans doute pas à faire leur apparition, peut-être sont-ils même déjà en bonne voie d'inciter la terre à produire mille fois plus de fruits, avec une démesure dans “ un mouvement anti-déméterien ” sans pareil, allant jusqu'au concept limite synthétique du champ de blé qui pousse dans le creux de la main. Bref, la technique en soi serait prête, presque déjà apte à conquérir l'indépendance par rapport au traitement lent et régionalement limité des matières premières par la nature. L'époque d'une surnaturation de la nature donnée serait alors échue... » (*Das Prinzip Hoffnung,* Suhrkamp, 1959, p. 1055; cité par la suite sous le signe P. H. trad. fr. par François Wuilmart : *Le Principe Espérance,* tome II. Les épures du monde meilleur, Paris, Gallimard, 1982, p. 541. Les références de cette traduction seront ajoutées par suite à la pagination de l'édition allemande.) L'élément d'inconscience, relativement aux lois causales, de cette vision retiendra encore notre attention.

caractère aussi absolument obligeant, *rendre possible l'homme véritable comme tel,* on a bien le droit de risquer le tout pour le tout, étant donné qu'il est seulement justifié par ce but et que sans lui il resterait une caricature. Par conséquent on aurait le droit, à supposer qu'il n'y ait que ce « ou bien/ou bien », de tenter même le risque suprême de la technologie, afin de récolter soit la bénédiction, soit la catastrophe suprême.

Concernant le premier point, abstraction faite de tout aspect moral, [325] (questions du caractère humain et inhumain du « prix ») il faut simplement dire que ceux qui ont écrit sur leurs bannières la cause des victimes du pouvoir devraient être les derniers à en appeler au verdict du pouvoir. Non seulement parce que très probablement il sera prononcé en leur défaveur et qu'ils auront alors perdu le droit d'en appeler à la raison et à d'autres forces de réforme, mais encore parce que, même dans le cas d'une victoire, cela ne pourrait que conduire de nouveau à un système de pouvoir, avec toutes ses souillures ; sans mentionner le fait que le saccage du globe terrestre, et le retour à l'état sauvage de l'homme, déclenché lors d'un tel Armagedon différera pour longtemps l'avènement de l'utopie, ne fût-ce qu'en raison des « matériaux » qui lui conviennent. Je répète que cela peut rester indifférent au *désespoir,* mais ses *utilisateurs* qui décident librement doivent avoir cela présent aux yeux. Concernant le troisième point, la disposition au « tout ou rien » nous disons simplement que ce serait *le* péché mortel éthique et même métaphysique, dont l'humanité (à la différence de l'individu) comme telle puisse se rendre coupable, et que nulle crédibilité, même pas la suprême crédibilité *intérieure* du but, ne saurait atténuer le fait qu'un risque d'une telle envergure doit être maudit. Qu'en plus une avant-garde autoproclamée, portée par la certitude orgueilleuse de son rêve subjectif, puisse l'infliger à l'homme est une idée parfaitement intolérable.

Mais en fin de compte c'est la crédibilité interne de

la représentation du but elle-même qui est philosophiquement en question, et en fait déjà partie la crédibilité des conditions *réelles* technologiques-écologiques, au sujet desquelles le second point affirme que leur réalisation est possible d'après la nature des choses. En nous tournant vers son examen, nous quittons les questions préliminaires relatives aux forces motrices humaines qu'il serait possible et licite de mobiliser en vue de la révolution, et nous cherchons à nous faire un jugement sur l'image du but lui-même. Un résultat négatif de l'examen des « réalités » éliminerait manifestement déjà en même temps les deux autres points ; davantage encore [326] naturellement un bilan négatif de l'examen de « l'idéal » de l'état humain qu'on espère obtenir du point de vue des contenus de ces conditions. Suivant ces deux pas, allant de l'extérieur vers l'intérieur, nous nous proposons maintenant d'aborder la critique de l'idéal utopique en lui-même. Le premier pas, qui ne concerne pas encore le cœur de la chose, se situe dans le champ du savoir relatif à la matière, il relève donc des sciences de la nature ; le second, concernant la vie qui est implantée dans la demeure de la matière transformée – le pas de la critique *de l'essence,* se situe dans le champ du savoir de l'âme et de l'esprit, il est donc anthropologique-philosophique. Comme on le sait à satiété, il est de la nature même du savoir philosophique que, bien que du point de vue des choses mêmes il concerne le définitif, il reste toujours exposé au conflit des opinions ; alors que le savoir de la nature parvient dans une large mesure à une certitude objective : *ses* résultats peuvent alors bien contribuer à trancher la question philosophique du point de vue du caractère réalisable, par-dessus la tête des caractères souhaitables immanents dont elle traite, à savoir la trancher négativement. Pourtant, la considération de ce qui doit être attendu fondamentalement de l'homme et pour lui – également celle de savoir en quoi consiste, nonobstant toute l'ouverture de l'avenir, le *présent* éternel et indépassable *de l'humanum* –

garde sa valeur irremplaçable pour donner convenablement, *librement*, congé à l'idéal utopique, dans l'hypothèse où la négation des conditions matérielles l'exige : l'homme serait libre, même si en présence d'une consigne moins univoque de ces conditions, il fallait choisir de donner congé à cet idéal, à savoir au cas où l'on découvrirait que l'idéal lui-même est un faux dieu, un objet inadéquat de l'espérance.

[327]

II. CRITIQUE DE L'UTOPISME MARXISTE

A. *Premier pas : les conditions réelles ou la possibilité de l'utopie*

1. « Reconstruction de la planète terre » par la technologie déchaînée

La première requête de l'utopie est *l'abondance* matérielle permettant de satisfaire les besoins de tous ; la seconde : la *facilité* de s'approprier cette abondance. Car l'essence formelle de l'utopie elle-même, c'est, comme nous le verrons encore, le *loisir*, et le loisir ne peut subsister qu'avec de l'aisance, c'est-à-dire avec une certaine abondance assurée des biens vitaux (« l'abondance » tolérant encore une marge entre la frugalité satisfaisante et la l'opulence débordante) ; et l'abondance doit être facilement accessible, c'est-à-dire sans effort ou avec un léger effort, car le loisir c'est précisément être libéré de la *servitude* du travail au service du besoin (ou au service de la satisfaction des désirs en général). Or l'un et l'autre, la disponibilité de l'abondance et l'aisance d'en disposer, la *technique* encore plus poussée peut les susciter, en radicalisant ce qui en de nombreux endroits se fait déjà ou a déjà commencé : la première chose grâce à « la reconstruction de la nature » ou de la « planète terre » (Bloch), qui contraint l'avarice antérieure de la nature terrestre à livrer ses trésors ou qui complète ses trésors insuffisants par des trésors artificiels [1] ; la seconde chose grâce à la mécanisation et à l'automatisation des processus de travail, qui jusqu'ici devaient être assurés par l'effort et le temps humains. L'une et l'autre coïncident dans une certaine mesure, car la « libération » des trésors de la nature dispensés jusqu'ici seulement chichement peut *eo ipso* seulement être atteinte grâce à une énorme aide en machines, donc en même temps en se libérant de l'effort humain. Or tout cela est déjà en plein cours dans le monde non encore rédimé, et nous n'avons pas besoin de poursuivre la question totalement hypothétique de [328] savoir si c'est seulement une société marxiste, comme le proclament ses prophètes, qui pourra accomplir les plus grands miracles de la technique, qui sont nécessaires pour une exploitation encore plus grande, totale, de la nature et à la décharge des hommes : l'évolution de la science jusqu'à présent et son état actuel promettent de soi que le progrès ultérieur est pratiquement certain et que des « percées » heureuses occasionnelles sont parfaitement vraisemblables ; et bien qu'on ne puisse pas compter sur ces dernières, en particulier pas sur des percées déterminées, on a pourtant de bonnes raisons de postuler généralement, quoi qu'il en soit de l'apparence particulière de la société technologique correspondante, un accroissement continuel de ce qu'il y a eu jusqu'ici, du point de vue de la compétence et des applications, allant dans toutes les directions possibles et pour un avenir indéterminé. En tout cas la *possibilité* scientifique-technique de le faire est hors de doute et dans l'ensemble également l'impulsion à le poursuivre. L'avantage que *pourrait* avoir une société marxiste, serait difficilement une

1. Cf. outre la citation reproduite ci-dessus, dans le même ouvrage de Bloch, les p. 925 sq. (II, 412-414).

plus grande inventivité – avec sa prémisse d'une science supérieure – et un calibre plus grand des innovations techniques (la preuve par les faits jusqu'ici dit plutôt le contraire), mais deux choses : un meilleur guidage social (sélection) des *directions* du progrès technique – dont le « guidage » de la recherche proprement scientifique serait sans doute la présupposition la plus problématique ; et, avant tout, une meilleure attribution sociale (une répartition plus égale) de ses *fruits*. Le dernier point pourrait déjà, compte tenu du résultat contemporain de la science technicisée, éliminer beaucoup de situations de manque sur la planète, et il est incontestable qu'en partie le problème n'est pas technologique-naturel, mais économique-politique. Mais il l'est en partie seulement et dans le meilleur des cas seulement pour le but modeste d'une subsistance *supportable* de la population mondiale existante. Pour des buts plus grands, même encore pré-utopiques, et même pour le *statu quo*, en présence d'une population mondiale croissante, *l'accroissement* de la production globale et une technique accrue, plus agressive, doivent être le mot d'ordre – et [329] plus encore pour une économie universelle du « loisir » – ensemble-avec-« l'abondance », telle que la prévoit l'utopie, une multiplication tout à fait énorme de leur potentiel, atteignant un ordre de grandeur plusieurs fois supérieur. On supposera sa *possibilité* « en soi », avec toutes les surenchères par rapport à la technique contemporaine qu'on peut encore attendre de l'avenir – bien que soit exagérée la *confiance* gonflée par le succès et devenue habituelle, concernant en particulier l'exception durable faite à la loi du profit décroissant. Mais c'est alors seulement, et justement en mettant le plus grand *optimisme* dans cet aspect du pouvoir humain croissant, que surgit la véritable question.

2. Les limites de tolérance de la nature : utopie et physique

Comment « la nature » réagira-t-elle à cette attaque intensifiée, c'est là la question, la nature qui ne fait pas de différence entre le fait que l'attaque vienne de « droite » ou de « gauche », que l'attaquant soit marxiste ou bourgeois-libéral – aussi sûrement que les lois naturelles ne sont pas un préjugé bourgeois (bien que des idéologues marxistes tendent à le penser – et qu'on sait que Staline s'y conformait même en pratique en matière de lois de la génétique). En dernière instance la question n'est donc pas de savoir combien *l'homme* sera encore à même de faire – ici on a le droit d'être prométhéen-sanguin – mais celle de savoir ce que la *nature* peut supporter. Personne ne doute aujourd'hui qu'il y a ici des limites de tolérance, et dans le présent contexte se pose simplement la question de savoir si « l'utopie » se situe à l'intérieur ou à l'extérieur de celles-ci : et cela dépend de sa propre grandeur numérique – brutalement : du nombre de ses adeptes. Or, comparées aux projets humains, ces limites de tolérance peuvent se situer bien en deçà de la limite abstraite-théorique du caractère manipulable de la nature en a pour soi. Elles se font sentir d'abord là où les « effets secondaires » de ses interventions qui sont dommageables à l'homme commencent à brouiller l'avantage des [330] gains ; et qui menacent ensuite de les dépasser, et ils sont dépassés, peut-être sans retour en arrière possible, dès lors que le surmenage unilatéral pousse le système entier des innombrables et délicats équilibres vers la catastrophe du point de vue des fins humaines. (Relativement à elle-même la nature ne connaît pas de catastrophes.) Que cela ne soit pas seulement physiquement possible en principe, mais que pour l'astronef humain étroitement délimité, cela se situe dans le champ d'action de ce que l'homme peut lui faire subir et de ce qu'il lui fait déjà subir dans une large mesure, c'est là une découverte relativement nouvelle, qui met une sourdine jusqu'alors inconnue, tant à la croyance socialiste qu'à la croyance capitaliste dans le progrès. Ici nous avons bien entendu affaire à la grande nature externe, celle de la matière du monde, et pas encore à la nature de l'homme, qui fera l'objet d'un examen dans un second temps seulement, et c'est pourquoi nous pouvons pour l'instant négliger toutes les différences de motivation entre les extrapolations capitalistes et les extrapolations marxistes de la technologie, en général tout ce qui est d'ordre humain-qualitatif : ce qui importe ce sont les quantités pures, neutres. La question est ici : quelles sont les « limites » et où se situent-elles – de combien sont-elles encore éloignées ou de combien sont-elles déjà proches ?

Cette question dans son ensemble fait partie du champ des tâches de la science encore jeune de l'environnement, et en particulier du champ de compétence des biologistes, des agronomes, des chimistes, des géologues, des climatologues et ainsi de suite, et en outre des économistes et des ingénieurs, des spécialistes de l'urbanisme et de la circulation et ainsi de suite, dont la collaboration interdisciplinaire conduit aujourd'hui à la science globale de l'environnement requise ici. Le philosophe n'a rien à en dire et il n'a qu'à écouter. Malheureusement il ne peut même pas emprunter à l'état de la science des résultats fermes en vue des fins qu'il poursuit. Toutes les prédictions quantitatives et les extrapolations sont pour l'heure encore incertaines, même dans les domaines particuliers, sans mentionner leur intégration dans l'ensemble écologique, à supposer que celle-ci puisse jamais faire l'objet d'un calcul. Néanmoins on peut indiquer sur différentes lignes, quels genres de limites font partie [331] de la nature des choses, et cela peut être instructif pour l'évaluation au moins des perspectives utopiques qui, comme on le sait, font partout entrer en jeu la possibilité extrême. Compte tenu du débat publique très large de ces choses il suffit ici d'un rappel schématique de ce qu'on connaît déjà. Conformément au thème : « utopie et physique », nous nous limitons à l'aspect naturel de ce complexe de questions.

a. Le problème de la nourriture

Au premier rang se place naturellement l'alimentation de la population mondiale qui se multiplie, ce dont tout le reste dépend. C'est là pour l'essentiel le lieu de la « reconstruction de la nature » de Bloch. Mais même en l'absence de toute utopie l'état actuel de la population mondiale exige déjà, a plus encore l'état inévitablement démultiplié de l'avenir *proche* (1-2 générations), l'emploi massif d'engrais artificiels, célébrés par Bloch, qui « encouragent » la terre à produire un fruit démultiplié. Cela veut dire que l'humanité s'y est forcée, rien que par le succès biologique de sa prolifération et par sa progression actuellement irrésistible, elle se contraint dans une mesure accrue à ajouter des produits chimiques à la couche supérieure sensible, productrice de vie, de la croûte terrestre, ne fût-ce que pour maintenir la situation alimentaire actuelle, qui est rien moins que rose.

Le châtiment naturel cumulatif des techniques agraires de maximisation commence déjà à se manifester localement, par exemple par la contamination chimique des eaux intérieures ou des eaux côtières (à quoi l'industrie ajoute du sien), avec tous les effets néfastes transmis par l'économie enchevêtrée des organismes. La salinisation du sol sous l'effet d'une irrigation constante, l'érosion sous l'effet de la mise en culture des herbages, la modification du climat (éventuellement même l'appauvrissement en oxygène de l'atmosphère) par le déboisement sont d'autres châtiments d'une agriculture toujours plus intensive ou expansive. Nous n'avons pas besoin de poursuivre l'énumération. Manifestement tout cela [332] impose ses limites, localement et à échelle planétaire, et elles se trouvent certainement en deçà de l'utopie, même dans l'hypothèse d'une stabilisation de la population mondiale la plus rapide possible (à peu prés 2 à 3 fois les 4,2 milliards actuels ?). Avec tout cela on n'a pas encore mentionné la limite la plus fondamentale qui est contenue dans le fait que les engrais synthétiques sont des formes *d'énergie* et qu'ils relèvent donc du double problème de l'obtention et de l'utilisation d'énergie à l'intérieur du système fermé de la planète. Plus loin ceci apparaîtra comme étant la *crux* de toute planification de l'avenir et comme l'ultime veto de la nature contre l'utopie.

b. Le problème de la matière première

Il se peut que les réserves en matières premières minérales, présentes dans la croûte terrestre et dont la civilisation a besoin, soient de soi pratiquement inépuisables ; mais ne le sont certainement pas les gisements à proximité de la surface et concentrés de l'exploitation actuelle très facile (qui au contraire seraient certainement insuffisants pour de nombreuses matières importantes). Ce qui est répandu dans des couches toujours plus profondes ou bien au fond de l'océan ou répandu à travers la croûte terrestre à faible concentration, exigera pour être exploité et raffiné une dépense en énergie toujours plus grande. Et plus encore son traitement industriel en vue du niveau de vie *ex hypothesi* élevé des milliards d'humains du futur ! Une multiplication véritablement vertigineuse de la consommation en énergie, dès à présent déjà dangereusement élevée, est nécessaire si la moyenne occidentale *per capita* doit devenir ne fût-ce qu'approximativement la moyenne mondiale (plus encore celle du futur !). A cette condition est donc suspendu le paradis utopique et même des projections d'avenir moins immodestes. Or, c'est ici que le bât blesse, et son nom est : *énergie,* non matière. Et *ce* problème n'est *pas seulement* la présence et l'exploitabilité des sources d'énergie planétaires, bref : *l'acquisition* [333] d'énergie libre, mais les conséquences planétaires-biosphériques de son *utilisation*, compte tenu des ordres de grandeur qu'il faut prendre en considération ici.

c. *Le problème de l'énergie*

Ici il faut distinguer les sources d'énergie renouvelables et celles qui ne le sont pas.

1. Les combustibles fossiles, le charbon, le pétrole et le gaz naturel, dépôt de millions d'années de synthèse organique, aujourd'hui de loin la source dominante de la consommation globale en énergie, sont notoirement limités, non recyclables, et même, compte tenu du taux d'utilisation actuel (qui profite principalement seulement à une fraction de l'humanité, aux pays industrialisés développés), ils s'approchent à pas de géant de leur épuisement. Ce qu'au cours des millénaires le soleil a emmagasiné dans le monde végétal terrestre, l'homme est en train de le dévorer en l'espace de quelques siècles. Or les engrais chimiques dérivent précisément de ces combustibles fossiles, et quand cette base de départ saturée fait défaut, dans laquelle la synthèse était déjà fournie comme un cadeau de la nature, leur synthèse devrait être opérée *ab ovo*, c'est-à-dire à partir des matières inorganiques : au lieu de l'être par l'activité du soleil et des organismes au cours des longs temps préhistoriques, par des énergies d'origine inorganique, elle devrait l'être continuellement et sur-le-champ. De ce point de vue le paradis agraire dépend donc lui-même (sans mentionner l'industrie) de la condition de l'énergie.

Or la combustion des matières fossiles, par-delà la pollution locale de l'air, pose encore un problème de réchauffement global qui pourrait entrer dans une étrange compétition avec l'épuisement des réserves.

C'est « l'effet de serre » qui survient dès lors que le dioxyde de carbone formé lors de la combustion s'enrichit à échelle mondiale dans l'atmosphère et agit comme la paroi en verre d'une serre, c'est-à-dire qu'il [334] laisse entrer la radiation solaire, mais ne laisse plus échapper de la terre la radiation thermique. Une élévation de la température mondiale, déclenchée et entretenue de la sorte par nous (à partir d'un certain degré de saturation elle se poursuivrait même en l'absence de combustion supplémentaire) pourrait entraîner des conséquences durables pour le climat et la vie, dont personne ne veut allant jusqu'à l'extrême possibilité catastrophique de la fonte des calottes polaires, de l'élévation du niveau océanique, de l'immersion de grandes surfaces des basses terres... ainsi la fête humaine frivole joyeuse de quelques siècles industriels serait-elle peut-être payée par des millénaires d'un monde terrestre transformé – ce n'est pas injuste d'un point de vue cosmique, étant donné que l'héritage des millions d'années passées fut dilapidé au cours de ces siècles. Qu'avec le taux de combustion actuel nous nous trouvons déjà au début du chemin est incertain (mais d'après certaines mesures, cela est vraisemblable) ; son accroissement comme jusqu'à présent, accroissement auquel pousse de soi la croissance économique mondiale et à quoi contraindrait l'essai de l'utopie, serait un jeu dangereux. Dans ce cas l'épuisement accéléré des réserves fossiles provoqué par cela même, qui d'autre part serait une calamité, pourrait tout juste encore parer au danger.

2. La proportion d'énergie solaire qui nous envahit se renouvelle en permanence. Son exploitation a l'avantage tant de la « propreté » chimique que de la « propreté » thermique. En première place figure jusqu'ici l'exploitation hydro-électrique, qui actuellement fournit à peu près 5 % des besoins américains en énergie et qui par un développement ultérieur peut au mieux maintenir également à l'avenir ce taux de pourcentage en présence d'un niveau global croissant. Une

exploitation maximale de tous les cours d'eau naturels appropriés pourrait ailleurs également couvrir le besoin qui s'accroît *ex hypothesi* seulement dans une proportion comparable et nulle part elle ne pourrait de loin combler la lacune laissée ouverte par la disparition des matières fossiles. La même chose vaut pour la conversion directe de la radiation solaire en énergie motrice thermique ou électrique. Concernant cette dernière on développe en ce moment des techniques (cellules photovoltaïques), mais même les estimations optimistes promettent simplement un [335] allégement, et non la solution du problème de l'énergie. (La base n'est naturellement pas la masse totale de la radiation qui nous parvient en permanence qui est énorme, mais ce qui en est économiquement utilisable en fonction des conditions géographiques et autres.) L'énergie éolienne et peut-être encore les différences des températures océaniques peuvent fournir d'autres contributions, mais toujours seulement partielles [1].

In summa la source d'énergie la plus permanente et la plus « pure » de toutes, étant donné que son utilisation ni ne laisse des résidus ni n'affecte l'économie thermique de la planète, pourra toujours seulement satisfaire une fraction de la voracité en énergie de la civilisation moderne. Or c'est cette voracité que vise la projection utopique (et déjà des projections plus modestes) pour l'ensemble du monde. Pourtant le développement maximal de cette source, afin de décharger les autres, est naturellement un impératif urgent.

3. Il reste donc l'énergie nucléaire qui pourrait compléter les autres sources et pour finir prendre la

1. Le but jusqu'alors le plus ambitieux, récemment fixé par le Président des États-Unis, prévoit qu'en l'an 2000 environ 20 % des besoins américains en énergie alors existants pourront être couverts par des sources d'énergie renouvelables, dépendantes de l'énergie solaire. Savoir si les très considérables aides publiques au développement nécessaires seront accordées est une question très différente de la question technique. Peut-être la pression croissante que les pays de l'OPEP exercent sur les prix y pourvoira-t-elle.

place des sources fossiles qui s'épuisent. La *fission* nucléaire déjà pratiquée est exposée aux problèmes passionnément discutés du péril radioactif pesant sur l'environnement, en particulier ceux de ses « déchets » à durée de vie plusieurs fois millénaire – une conséquence de l'agir humain qui n'avait jamais encore existé, et dont une solution techniquement satisfaisante n'est pas encore en vue. D'autre part elle est elle-même menacée par l'épuisement des gisements en uranium accessibles qui peut à vrai dire être longuement différé grâce au plutonium produit par des réacteurs (avec le risque de son abus terroriste). – Inépuisable du point de vue de la matière première (les isotopes d'hydrogène) et presque libre de produits secondaires à longue durée de vie serait la *fusion* nucléaire, qui n'existe pas encore. A supposer qu'on y parvienne sous une forme utilisable, il semblerait que s'ouvre un paradis énergétique : non seulement le *remplacement* des sources fossiles qui s'épuisent, mais encore la liberté de *multiplier* à volonté la consommation actuelle en énergie, par conséquent la satisfaction la plus libérale de tous les besoins imaginables d'une humanité nombreuse [336] à volonté dans un avenir prolongé à volonté – *usque ad utopiam aeternam.* Mais c'est ici que la physique oppose son veto thermodynamique.

d. Le problème thermique ultime

Bien que dépourvu de l'effet de serre, un emploi aussi libéral de la fusion nucléaire utilisée si libéralement entraînerait malgré tout un problème de réchauffement de l'environnement, qui impose une limite implacable aux rêves extravagants d'une humanité plusieurs fois démultipliée, qui vivrait dans l'exubérance technologique. Car toute utilisation d'énergie libère de la chaleur. C'est pourquoi l'étendue de cette utilisation à l'intérieur de l'espace terrestre n'est pas libre. En présence d'une source infinie (ce que pourrait être la fusion nucléaire) le produit thermique de son utilisation devient partout sur le globe terrestre un facteur potentiellement critique : l'émission répétée de chaleur en direction de l'environnement à tous les stades de l'exploitation – mécanique, chimique, organique –, y compris la chaleur animale des milliards de corps humains eux-mêmes et de leurs satellites animaux, et même encore la chaleur de fermentation dégagée par leurs cadavres en décomposition. Or, rappelons-le, ce devraient être des milliards d'humains *largement dotés en biens de consommation,* donc avec un grand parc de machines par tête – et ensuite encore (du fait de la complication progressive des conditions d'exploitation dans la croûte terrestre pillée) avec une acquisition de matières premières devenant toujours plus coûteuse en énergie, donc produisant une chaleur d'émission *plus forte* pour le même produit final. *Toute cette chaleur des machines et cette chaleur organique doivent trouver une échappatoire,* et seul s'y prête le milieu terrestre, non l'espace cosmique. En envahissant suffisamment la terre, des organismes comportant un métabolisme et des machines fournissant le travail, pourraient donc produire le même résultat thermique global qu'on avait décrit pour l'effet de serre, heureusement évité.

Or *l'impossibilité* où se trouve n'importe quelle inventivité de contourner *cette* [337] causalité-*là*, c'est-à-dire l'impossibilité d'avoir l'un et d'éviter l'autre, de séparer la consommation excessive d'énergie des conséquences thermiques, est en fin de compte la même que l'impossibilité de construire un *perpetuum mobile* : la loi infrangible de l'entropie qui veut que lors de chaque production de travail de l'énergie « se perde », et que pour finir l'énergie se dégrade en chaleur, et que la chaleur se disperse, ce qui veut dire qu'elle s'équilibre avec le milieu autour d'une valeur moyenne. En cela, la thermodynamique est intraitable.

3. L'offre permanente d'une économie d'énergie réduite et son veto contre l'utopie

a. *Le progrès avec précaution*

Naturellement pourtant – qu'il n'y ait pas de malentendu à ce sujet – rendre utilisable l'énergie de la fusion nucléaire pour un usage pacifique serait un cadeau hautement bienvenu et qu'il ne devienne pas un cadeau empoisonné dépend seulement de nous. Rien dans ce qui précède ne devrait être mésinterprété comme si l'on déconseillait tel ou tel progrès technique, même si le caractère périlleux des cadeaux de ce pouvoir entre les mains de l'avidité et de l'étroitesse de vue humaines (et même de la misère) est un thème récurrent dans notre mélodie. La fusion nucléaire, si jamais nous en sommes comblés, pourrait résoudre le problème de l'énergie à jamais. Seulement le cadeau doit être utilisé sagement et avec mesure, dans l'optique de la responsabilité globale et non dans celle de la grandiose espérance globale. Il faudrait d'abord calculer où se situerait la limite de la nature, ou bien où commencerait le seuil de danger critique, à supposer qu'on parvienne à *l'embarras de richesse* [1]. Mais cela est nécessaire longtemps avant pour les facteurs actuels dont nous avons effleuré quelques-uns (comme le sort biochimique du sol et des nappes phréatiques, l'économie de l'oxygène planétaire, et ainsi de suite), dont il vaudrait mieux anticiper les seuils critiques plutôt que de leur [338] permettre d'en apporter la démonstration par leur réalisation même. Une nouvelle science est requise pour tout ceci, qui aurait affaire à la complexité énorme des interdépendances. En attendant que des certitudes résultant des projections soient disponibles ici – en particulier compte tenu de l'irréversibilité de certains

1. En français dans le texte *(N.d.T.)*.

des processus déclenchés – la *prudence* est la meilleure part du courage et elle est en tout cas un impératif de la responsabilité : *peut-être à jamais* à savoir si, comme il est vraisemblable, une telle science excède à jamais toutes les capacités techniques réelles rien que du point de vue de la complétude des données et plus encore du point de vue de leur computabilité rassemblée. Il se peut qu'ici l'incertitude soit notre destin permanent – *ce qui a des conséquences morales.*

b. La modération dans les fins contre l'immodération de l'utopie

Des supputations, en particulier concernant le côté négatif, sont permises dès à présent. Il est déjà problématique que rien que les 4,2 milliards actuels d'humains puissent vivre approximativement dans le style des pays les plus évolués, c'est-à-dire avec la consommation en énergie *per capita* du monde européen-américain actuel, sans causer un dommage durable, fatal à l'environnement. (Très certainement pas avec les formes conventionnelles d'énergie.) Mais d'un point de vue réaliste, ce n'est pas du tout là la grandeur à propos de laquelle il faut poser la question, mais celle-ci doit être le niveau auquel la population mondiale pourrait être stabilisée *au plus tôt* démographiquement – par des moyens pacifiques ! – c'est-à-dire au niveau d'une multiplication égale à zéro : et ce serait à peu près deux à trois fois le chiffre actuel au terme de la prochaine ou des deux générations prochaines. (L'établissement de l'utopie demanderait en effet un temps au moins aussi long.) Or, à propos de ce chiffre je risque la prédiction *qu'en aucun cas,* que ce soit avec ou sans la source d'énergie seulement espérée, elle ne pourrait imiter à la longue impunément l'exemple actuel d'une minorité mondiale dévergondée (même les sociétés de *celle-ci* sont encore très éloignées de l'utopie) [339] ne fût-ce que de loin. Cette source d'énergie pour ainsi dire absolue, si elle devenait accessible, préserverait sans doute notre postérité des grandes souffrances de la régression économique et garantirait de façon permanente le besoin global compris raisonnablement. Or avec son infinité virtuelle viendrait également la tentation, et même la séduction enivrante des buts immodérés, au moins celle de l'insouciance et contre cela doit mettre en garde à temps la prose plus faible de la raison, renforcée par le pathos de la responsabilité (et si ce n'est pas celle-ci, alors du moins la voix moins noble de la peur). Il vaut sans doute la peine de réfléchir au fait que la plus grande percée pratique-scientifique de toute l'histoire de la physique, la solution du mystère de l'atome, contient en même temps dans le potentiel de son don le sauvetage et l'anéantissement de l'humanité ; et l'anéantissement non seulement par l'usage destructif du don, mais également par son usage constructif, pacifique, productif. Et en ce domaine, assourdie par la bénédiction du succès à court terme, la voix de la prudence à long terme a beaucoup plus de mal à se faire entendre que devant la menace d'anéantissement de l'usage militaire et brusque, où la simple peur de tous vient à son aide. L'appel à des buts « modestes », quel que soit le son grinçant qu'il rend aux oreilles de la grandiloquence du pouvoir, devient une première obligation précisément *pour* elle. En tout cas, il faut renoncer à l'utopie, *le* but immodéré par excellence, plus encore parce que sa visée mène déjà à la catastrophe que parce qu'elle ne peut pas exister pour une durée qui de soi en vaudrait la peine.

c. *Pourquoi est encore nécessaire la critique interne de l'idéal une fois démontrée son impossibilité externe*

Parvenu à ce point on pourrait dire qu'un examen de la valeur *interne,* du caractère juste en soi de l'idéal utopique est devenu superflu, étant donné que le *non datur* venant du dehors exclut de toute façon sa réalisation. [340] Pourtant cela est encore insuffisant. Car en premier lieu il ne faut pas oublier que sous *une* condition l'état visé par l'idéal serait malgré tout réalisable et capable d'exister d'un point de vue purement « physicaliste » : en présence d'un nombre d'humains maintenu suffisamment bas, c'est-à-dire d'un nombre *réduit* ! A condition de ne pas reculer devant les horribles moyens violents nécessaires à cette fin, on pourrait bien ériger une île des bienheureux réservée au « reste d'élus » sur la base des charniers d'innombrables individus éliminés. Or je n'impute pas de telles intentions inhumaines à aucun des apôtres de l'utopie, passés et actuels. D'autre part, il ne faut pas sous-estimer les possibilités de ce à quoi peut entraîner un bien suprême et la foi inconditionnelle en lui. Même dans une optique parfaitement non utopique bien des choses inquiétantes et tyranniques pourraient devenir nécessaires sur le terrain démographique afin d'éviter le pire. Combien plus encore, dès lors que le but excessif lui confère la noblesse du précurseur ! En présence de la conviction sincère que tout ce qui existe est de toutes façons gâché et entre simplement en ligne de compte comme berceau de ce qui vient, le meilleur, le vrai, les fidèles pourraient envisager même le plus extrême – d'autant plus que la dictature de toutes façons prévue et consentie dans le but de réaliser l'utopie incite de soi à utiliser des moyens extrêmes. En tout cas la violence totale la rend possible ; son auto-affirmation peut progressivement y pousser le gouvernement fidèle à la doctrine orthodoxe ; et le dogme de foi fournit la bonne conscience : après tout il y va du salut. Bref, la foi en l'utopie, dès lors qu'elle est plus qu'une nostalgie (et c'est là son premier prédicat propre dans le réalisme marxiste) entraîne au fanatisme avec tout son penchant à l'implacabilité. Qu'on nous épargne les exemples tirés du catalogue d'horreurs de l'histoire, qu'elle soit religieuse ou athée.

S'y ajoute en second lieu le fait que le *désir,* armé de la force de la doctrine, peut colorer l'évaluation des faits et des chances; la certitude incomplète des pronostics scientifiques eux-mêmes, la foi peut [341] les interpréter à son avantage, c'est-à-dire miser sur la marge du « il peut également en être autrement » que laisse subsister le non-savoir – et même, le désir peut soupçonner la science elle-même qui fournit ces pronostics non désirables d'être la servante de l'ennemi de classe : la vraie science, la nôtre, lit autrement le texte de la réalité. Qu'on nous épargne les exemples de cela aussi.

Mais ce n'est pas encore tout, et même pas l'essentiel ; aussi ne pouvons-nous pas encore arrêter notre examen. Indépendamment des dangers d'une foi qui n'est troublée par aucun scepticisme, restent encore ceux de la foi déçue : ceux du désespoir, dès lors que le scepticisme, une fois éveillé, dévoile seulement l'inaccessibilité extérieure de l'idéal sans en révéler en même temps son erreur interne. En effet la vérité de l'idéal, si tant est qu'il en ait une, déclare n'importe quel état en dehors de lui indigne de l'homme : et il n'est pas bon d'entrer dans la modération imposée avec de la haine contre ce avec quoi on doit vivre, et du mépris pour ce qui en lui doit autant que possible être amélioré, en refusant de croire à la valeur de ce à quoi la condition humaine habilite malgré tout l'homme à l'intérieur de ses limites. Et il n'est pas non plus bon, ni juste, il est moralement et contemplativement nuisible, d'envisager l'homme comme l'être que la nature, sa génitrice, a privé de son droit natif, d'envisager l'ordre naturel comme un ennemi jaloux qui le prive de son véritable être humain. C'est précisément cela qui pourrait faire rater « le véritable ». En cela consiste notre intérêt philosophique-moral-métaphysique dans l'examen suivant. Et pour finir : nous le devons également à l'idéal pour lui-même comme une vision de grands esprits pleins de miséricorde qui n'avaient pas conscience de l'absence de miséricorde qui y était latent.

[342]

B. Second pas : le rêve traduit en réalité ou : examen du **caractère souhaitable** *de l'utopie*

Un examen de l'idéal utopique lui-même (non de son caractère réalisable) a affaire à deux aspects : son contenu positif, pour autant que – du moins formellement – il est préfiguré, et son contraste négatif, à savoir la doctrine que l'histoire jusqu'à présent n'a pas *encore* fait apparaître l'homme véritable. Le contraste fait partie de l'idéal, parce qu'il lui prescrit que son fruit ne doit pas être représenté à l'image de ce que l'humanité (« pré-humaine ») antérieure avait de meilleur, mais il doit être qualitativement quelque chose de tout à fait nouveau. Sans doute cela ne se laisse-t-il pas réellement accomplir en pensée, et serait même, si cela était complètement pris au mot, absurde ; mais comme idée régulatrice cela a son importance dans la logique et dans le pathos de l'argument utopique. De ce contraste fait également partie l'ontologie précise du « pas encore » de Ernst Bloch et nous verrons que sa critique philosophique conduit davantage au cœur du problème que celle du « maintenant ça y est » de son accomplissement fini entrevu en rêve. – Nous traitons les deux aspects, le contenu positif et le contraste négatif de l'idéal, dans cet ordre.

1. Détermination matérielle de l'état utopique

La détermination matérielle de l'idéal utopique est naturellement assez mince dans la littérature, étant donné qu'il doit justement être tellement différent de ce que nous connaissons ; et cette minceur règne en particulier sur la question de « l'apparence » concrète de *l'homme* qui vit sous ses conditions, et même simplement sur celle d'une biographie typique, puisque c'est justement cela qui doit rester en suspens en raison de la force libératrice des conditions et de la [343] richesse encore latente de la nature humaine et que cela ne peut certainement pas être prédit à partir de l'état actuel de son atrophie « préhistorique », c'est-à-dire de notre état actuel. Malgré cela bien des choses peuvent être déduites de la nature formelle des conditions et davantage encore de l'indication emphatique de ce qui ne sera alors *pas* le cas chez l'homme. Mainte parole oraculaire reste pourtant un mystère impénétrable.

a. Le royaume de la liberté chez Karl Marx

Commençons par une parole célèbre de Marx.

« En fait le royaume de la liberté commence seulement là où l'on cesse de travailler par nécessité et

1. *Le Capital,* tome III, livre III, au chapitre 48 « La formule trinitaire ». A la même page cette citation continue ainsi : « En ce domaine, la seule liberté possible est que l'homme social, les producteurs associés règlent rationnellement leurs échanges avec la nature, qu'ils la contrôlent ensemble au lieu d'être dominés par sa puissance aveugle et qu'ils accomplissent ces échanges *en dépensant le minimum de force* et *dans les conditions les plus dignes,* les plus conformes *à leur nature humaine.* Mais cette activité constituera toujours le royaume de la nécessité. *C'est au-delà que commence le développement des forces humaines comme fin en soi, le véritable royaume de la liberté* qui ne peut s'épanouir qu'en se fondant sur l'autre royaume, sur l'autre base, celle de la nécessité. La condition essentielle de cet épanouissement est la réduction de la journée de travail » (*Le Capital,* Livre III, tome III, Paris, Éditions Sociales, 1960, p. 199. (C'est moi qui souligne). Ce qui échappait à Marx – cela est compréhensible en ces années d'enfance du développement industriel – est que « la dépense minimale de forces » et « les conditions les plus dignes, les plus conformes à la nature humaine » puissent entrer en contradiction : dans le progrès de la mécanisation il ne voyait que la bénédiction de l'économie de travail, et non la malédiction de la stérilisation des processus de travail eux-mêmes ; et même « l'automatisation » qu'il avait déjà prévue avec son élimination croissante de l'homme lui-même, il la saluait sans mauvais pressentiment comme un chemin vers la liberté, qui est précisément celle des loisirs.

opportunité imposée de l'extérieur; il se situe donc, par nature, au-delà de la sphère de la production matérielle proprement dite. [1] » Les mots de passe sont *liberté* et *travail* – de telle sorte que la liberté qui dispense le « royaume de la liberté » est entre autres être libéré du travail, respectivement être libéré de sa nécessité, donc être libre du travail au service de fins extérieures, qui seules fondent la nécessité de travailler; et d'autre part, être libre de telle sorte que la libération d'une telle nécessité est la *première* de toutes les libertés, avec laquelle les autres libertés du « royaume » *commencent* seulement et dont le souci ultime (d'après une autre parole de Marx) est « le développement [ailleurs : le déchaînement] de la richesse de la nature humaine ». Ce développement ou ce déchaînement peuvent donc seulement se produire dans le *loisir,* et pas seulement un loisir occasionnel par l'interruption de la peine du travail, mais le loisir comme forme de vie permanente ou dominante. C'est du moins ainsi que le voit Ernst Bloch. Sur sa philosophie du loisir utopique il faudra ultérieurement dire un certain nombre de choses. A première vue Marx lui-même n'est pas tout aussi univoque. Le travail en vue d'une fin ne cessera pas, mais il sera pourtant devenu différent :

[344]

> Dans une phase supérieure de la société communiste, quand auront disparu l'asservissante subordination des individus à la division du travail et, par suite, l'opposition entre le travail intellectuel et le travail corporel; quand le travail sera devenu non seulement le moyen de vivre, mais encore le premier besoin de la vie... la société pourra écrire sur ses bannières : « De chacun selon ses capacités, à chacun selon ses besoins ! » (Karl Marx, *Critique du programme de Gotha,* Berlin, 1946, p. 21; trad. fr. par M. Rubel et L. Evrard : *Critique du Programme du Parti ouvrier allemand* in Karl Marx, *Œuvres,* tome I, Paris, Gallimard, 1965, La Pléiade, p. 1420).

Le travail sera volontaire, parce qu'il émanera du besoin propre. Quel genre de travail ? Et quel genre de besoin ? En abordant d'abord ce dernier : comment le travail *per se* – et pas le résultat du travail – devient-il le « premier des besoins vitaux » ? Réponse : par le fait que la machine en a déchargé l'homme et que le produit du travail de celle-ci exauce ce que furent jusqu'alors ses « premiers » besoins vitaux. Il devient *lui-même* un besoin, précisément du fait que, comme « moyen de vivre », il est non seulement devenu superflu, mais même devenu inutile et invendable ! et en outre, tel qu'il fut dénaturé par la désappropriation, il n'est plus conforme à la dignité humaine. La dernière chose se répercute sur la question du *genre* de travail qui fait naître le besoin nouveau et qui doit être satisfait par la société nouvelle, la grande pourvoyeuse de besoins : certainement *pas* celui qui est déterminé comme moyen de vivre, autrement dit par la nécessité et la finalité externe. Car *celui-ci,* pour autant que l'homme l'assure encore, est en effet dans une mesure toujours croissante (dans la société communiste aussi bien que dans n'importe quelle société technologique) le travail fractionné en processus partiels mécaniques, le travail sans âme. Or, avec la libération de cela, nous l'avons entendu, commence seulement le royaume de la liberté et sa surabondance est précisément le résultat de la productivité supérieure de la machine et de l'automatisation. C'est donc un travail gratuit et libre de tout but qui doit exaucer le besoin nouveau du « travail en soi » – au sujet duquel on peut en effet bien s'imaginer que chez un grand nombre et chez les meilleurs il devient « le premier besoin vital », [345] ne fût-ce que pour échapper au vide mortel du ne rien faire. De tels travaux à finalité propre devraient être inventés en vue précisément de cette finalité (ou être ressuscités à partir du travail manuel du passé préindustriel). Et de cette manière naît le paradoxe que le besoin de travailler – *pas* celui de son produit ! – devient peut-être le besoin le plus difficile à satisfaire de tous les besoins que la société nouvelle s'est engagée à garantir « à chacun » les « siens ». Cela figurait jusqu'ici sous le nom « d'activité de loisir » et « d'ergothérapie », et même de « travaux d'utilité publique ». Dans le royaume de la liberté en revanche, cela est censé devenir l'espace du déchaînement et du développement de la richesse de la nature humaine, et même, celui de la toute première apparition de la vérité de cette nature. Or, étant donné que le besoin générique du travail se spécifie *per se* individuellement selon l'aptitude et l'envie d'un travail *déterminé,* et qu'en outre dans le royaume de la liberté il ne doit régner aucune contrainte, l'obligation de la société à l'égard du nouveau besoin « travail » pourrait se formuler ainsi, en variant sous mode de boutade la formule de conclusion de la seconde citation de Marx : de chacun selon son aptitude à éprouver le besoin, à chacun selon le besoin de son aptitude. Ceci deviendrait alors le principal programme social et ce serait un programme très luxueux, puisque la valeur utile du travail n'y entre pas en ligne de compte : cette dernière est assurée par la nouvelle classe d'esclaves que forment par les machines automatiques, tandis que la contribution humaine disparaît progressivement.

Une partie du besoin de travailler continuera encore à être absorbée par les fonctions humaines subsistantes nécessaires au fonctionnement de ces appareils, et la candidature à ces vestiges raréfiés de rôles « serviles » et « ennuyeux » de serviteur sera élevé dans le dispositif d'une extrême division du travail. Au-dessus de ceux-ci il y a l'état-major des experts techniques formés, comportant des hiérarchies échelonnées de responsabilité et de compétence, qui maintiennent le système cybernétique-machinique compliqué, et d'autant plus subtil (et labile) qu'il [346] devient plus englobant, en état de réparation, d'ajustement et de perfectionnement ultérieur à partir de ses parties – allant des mécaniciens aux inventeurs, en passant par les ingénieurs et les mathématiciens. Et par-dessus ceux-ci enfin les serviteurs de la pure recherche fondamentale qui s'effectue au bénéfice de la théorie elle-même et dans laquelle une éventuelle valeur utile peut se produire seulement comme profit supplémentaire non recherché d'une nouvelle connaissance. A l'exception de ce dernier cas, tous les travaux sont placés sous le signe de la « finalité externe », et restent tributaires de la « sphère de la production matérielle proprement dite », au-delà de laquelle seulement commence le royaume de la liberté. En outre, tous, cette fois-ci y compris le sommet le plus haut, paient le prix de la spécialisation, ils sont donc placés sous la malédiction de la « division du travail servile », sans laquelle aujourd'hui et à l'avenir aucun travail ne pourrait plus remplir sa fin. Je doute que ceux qui ont la chance de servir de la sorte le règne de la nécessité, ressentent comme une indignité ce fait comme tel et le prix de l'étroitesse qu'il exige. Ce qui les en protège, si ce n'est leur propre conscience que dans leur agir *quelque chose* – peu ou beaucoup – est en jeu, que quelque chose en dépend, c'est la jalousie du grand nombre qui ne pourront *pas* dire de leur agir qu'ils l'entretiennent par amour du besoin de travailler. Aux échelons les plus bas de cette échelle on peut encore imaginer une rotation, afin qu'un nombre aussi grand que possible puisse avoir part au bien rétréci. Mais cela est d'autant moins faisable que la compétence spécifique est élevée – que donc le travail est d'autant plus gratifiant. Et augmenter le travail ne serait pas non plus précisément une forme « utopique » de satisfaction du besoin fondamental.

Qu'on ajoute encore à ces vestiges d'un travail ayant commerce avec la *matière,* subsistant pour l'homme du temps utopique, les services sociaux *immatériels,* eux aussi indispensables, à l'égard des personnes qui doivent toujours être assurés par des gens – médecins, enseignants, travailleurs sociaux, et chez lesquels la permutabilité de routine, donc également la rotation du personnel, est encore plus restreinte. Et enfin encore les secteurs de travail « inutiles » des Beaux-Arts et des variétés ou du divertissement, qui dans la société de loisir ne manqueront ni de demande de [347] leurs produits ni de candidats à la chose elle-même. Ici chacun peut tenter sa chance, mais très tôt la balle se séparera du froment. La différence subsistante entre ceux qui savent faire et les dilettantes, les talentueux et les non talentueux, les originaux et les banals, les inspirés et ceux qui manquent de souffle, assurera même dans ces activités l'existence d'une petite élite de ceux qui remplissent une fonction sociale, c'est-à-dire de ceux qui servent encore un autre besoin que le leur propre – ce que fait l'artiste véritable sans le vouloir.

Mais c'est déjà tout (à moins que je n'aie oublié quelque chose d'important). Tous les autres qui dans l'univers automatisé de l'utopie doivent être la majorité écrasante, et qui sont même *censés* l'être, ne sont pas tellement libérés, mais exclus du travail « utile » – pris au sens le plus vaste d'une contribution à la vie sociale [1]. Il faut leur trouver une activité de substitution et ainsi nous abordons le problème qui n'a pas tellement été formulé par Marx, mais formulé sans ambages par Bloch, le *problème du loisir,* à savoir celui de son remplissement par un contenu digne de l'homme dans lequel est censé s'accomplir précisément le sens humain de l'utopie. Pour autant qu'il est seulement possible d'obtenir un renseignement à ce sujet (ce qui au stade de la prophétie, même la plus bavarde, peut seulement être très peu de chose), c'est Ernst Bloch le glorieux *enfant terrible* [2] de l'utopisme qui le fournit, lui qui sa vie durant n'a pas hésité à professer le rêve d'enfant d'un âge d'or comme *paradis du loisir.* Pour lui, la nécessité que la force de travail humaine devienne technologiquement caduque fait éclore l'idéal d'une force de travail libérée de l'asservissement « minable » à la nécessité externe et exclusivement vouée aux besoins « authentiques », « enfin purement humains », les « seuls vrais » et les seuls

1. Se produit alors un étrange renversement des statuts sociaux : « l'aristocratie » est du côté du petit nombre de ceux qui ont encore le droit de travailler « réellement », le « prolétariat » du côté de la vaste classe des loisirs, des consommateurs du travail des premiers, qui sont des rentiers d'État.

2. En français dans le texte *(N.d.T.).*

« dignes de l'homme » (son propre usage faisant partie de ces besoins) – l'idéal de désir du *loisir actif.* C'est à son prophète éloquent que nous nous adressons maintenant pour obtenir des renseignements.

[348]

b. Ernst Bloch et le paradis terrestre du loisir actif

Ernst Bloch ne se gêne pas pour appeler le « rêve éveillé de la vie parfaite » (P. H. 1616) ou encore celui du *« regnum humanum »* (p. 1619), « l'intention originaire de l'âge d'or » (p. 1621), le « concept final absolu » (p. 1628) et, comme ultime parole de l'œuvre gigantesque consacrée à l'espérance, « quelque chose qui éclaire l'enfance de tous et dans quoi personne n'a jamais encore été : la patrie » en tant qu'ultime élément moteur de l'impulsion marxiste. C'est infiniment plus et qualitativement autre chose que la justice, la bonté, la miséricorde, l'amour même, et même n'importe quelle autre sollicitude du sort humain (dans l'ici-bas) qui peuvent toutes accomplir leur besogne dans le monde sans une pareille attente et qui ne le font jamais pour elle – quand bien même elle serait là. Cela veut dire précisément que le marxisme, d'après Bloch, veut *l'utopie,* et rien de moins, qu'il peut sans doute considérer que la justice *et cœtera* est bien un préliminaire de sa venue, et peut-être même une partie de son fruit, mais que probablement elle la dépasse (dans les images des derniers temps de Bloch les anciennes vertus n'apparaissent pas). Des frères en marxisme peuvent être embarrassés par cet absolu, mais Marx lui-même, plus sobre dans son expression, donne à son successeur verbalement et quant au fond des choses toutes les raisons d'une compréhension messianique de sa doctrine. Or tout cela : la vie parfaite, le *regnum humanum,* l'âge d'or, le but absolu, la patrie enfin trouvée, est liée aux *loisirs* en tant qu'état universel. Nous avons déjà noté que cet état a pour *condition* la « reconstruction de la nature »

(« de la planète terre ») et nous avons dit le nécessaire quant à la physique de sa réalisation. Mais comment se présenteraient les loisirs eux-mêmes, dès lors que la condition serait remplie ?

Au début d'une section assez longue, intitulée : « Les loisirs en tant qu'objectif d'absolue nécessité, qui n'a encore été que partiellement exploré » il est dit :

> Les distinctions entre le travail intellectuel et le travail manuel, entre la campagne et la ville s'évanouissent, mais surtout, dans la mesure du possible, celles entre le travail et les loisirs... [une société sans classes] délivre l'homme du dessaisissement du travail dans lequel le travailleur lui-même se sent dessaisi de soi, aliéné, réduit à la condition de marchandise réifiée et par là malheureux dans son travail. Grâce au renversement de ce dessaisissement, la société sans classes délivre également les loisirs de leur grand vide non vécu, elle les débarrasse d'un dimanche qui correspond en tous points à la monotonie du travail (au lieu de contraster avec lui)... (p. 1080 sq. ; II, 567-568).

S'y ajoute une déclaration préalable :

> Une société qui en sera arrivée là et aura dépassé le stade du travail, ne connaîtra plus pour cette raison, des dimanches et des jours de fête séparés des jours ouvrables, car de la même manière que le *hobby* y deviendra le métier et la fête populaire la plus belle des manifestations de la vie communautaire, de même elle pourra, dans une union heureuse avec l'esprit, vivre avec lui un *quotidien de fête*... (p. 1071 sq. ; II, 558, souligné dans l'original).

« L'union heureuse avec l'esprit »

Dans les composantes de ce dithyrambe qu'il s'agit de passer en revue nous prenons d'abord « l'union heureuse avec l'esprit ». Compte tenu de tout ce que nous croyons savoir des propriétés malcommodes de ce conjoint il semble mal se prêter à une telle liaison et nous sommes curieux de savoir comment il doit y être rendu apte. Manifestement sans doute par « la disparition de la différence entre travail manuel et travail intellectuel ». Nous avions déjà rencontré cette parole énigmatique du marxisme chez Marx sous forme de la prophétie qu'avec la soumission servile des individus à la division du travail aura disparu également l'opposition du travail corporel et intellectuel (voir plus haut p. 366). Personne n'a encore su m'expliquer ce que cela veut dire. Apparemment Marx subsume « l'opposition » incriminée sous le phénomène plus général de la « division du travail », la première condition préalable de la culture et de tout pouvoir plus élevé. On ne dit pas comment la division du [350] travail comme telle doit disparaître dans la société sans classes sans que disparaisse son produit, précisément la culture plus élevée, et même ses mécanismes de fonctionnement externes. A l'intérieur même du travail intellectuel, pas moins (plutôt plus !) que dans le travail corporel il faut payer le prix de la spécialisation et on se demande si Marx voulait l'échanger contre un dilettantisme généralisé, dans lequel tout le monde est capable de tout faire (même dans ce cas il resterait encore le contraste des activités elles-mêmes). On peut difficilement en créditer le grand savant à qui d'autre part tout idyllisme rousseauiste fut étranger. Mais la transformation technologique du travail comme tel offre peut-être une interprétation différente, particulièrement lorsque Bloch accentue la disparition de « l'opposition » du travail corporel et intellectuel pour en faire la disparition de leur « différence » elle-même. Cela pourrait en effet se rapporter au fait, visible dès maintenant, qu'avec une technicisation croissante la part purement « corporelle » (au sens de l'effort physique) diminue dans *tous* les processus de travail humain résiduels – ce qui semble avoir pour conséquence que la part cérébrale augmente proportionnellement (la part, s'il vous plaît, et pas *eo ipso* également la quantité d'activité cérébrale !). Si l'élément corporel compris de cette façon évolue au cours du progrès ultérieur jusqu'à atteindre une valeur évanescente, disparaîtrait en effet à l'intérieur de tels processus la prétendue « opposition » du fait qu'un de ses pôles s'évanouit – et ensuite même la *différence* générique de ces processus comme tels par rapport aux espèces de « travail intellectuel » classifiées jusqu'alors sous cette rubrique ; parce qu'ils sont justement devenus *cela* même. Si c'était cela qu'on avait voulu dire, cela comporterait sans doute un élément juste et important, avec toutefois un effet totalement différent – un élément qui n'a strictement rien à voir avec la structure de classe et la détention des moyens de production qui est au contraire un phénomène d'accompagnement, et un phénomène problématique, de la technique. On avait toujours raison de dire que le travail de l'horloger est plus « spirituel » que le travail bien plus corporel du forgeron [351] (bien que la finesse de la sensibilité et de la motricité dans le travail de précision soit finalement aussi un effort corporel, même si celui-ci ne peut pas être évalué en consommation de calories). Pour autant que sous le signe de la technique tout travail du type « forgeron » évolue davantage vers le type « horloger » on pourrait donc parler d'une « spiritualisation » croissante du travail humain comme tel et ensuite également d'une atténuation de « l'opposition » évoquée ou de la « différence » comme telle [1]. Mais évolue-t-il vers cela ? Le travail de celui qui ne fait plus que surveiller la machine, celui qui découpe en série *un* rouage d'horloge, ou la machine qui exécute *une* séquence dans l'assemblage des parties – et c'est là la prochaine étape du progrès !, – est-il plus « spirituel » que celui de l'horloger technologiquement dépassé qui fabrique le tout de manière artisanale ? Au contraire ! Il est spiri-

1. En se laissant guider par de tels points de vue on doit également dire que le chasseur paléolithique qui attrapait l'animal par ruse accomplissait une activité plus « spirituelle » que l'agriculteur ultérieur, le voleur plus que le tailleur de diamants, et des choses semblables.

tuellement plus pauvre, à savoir *dans la mesure même où il est physiquement plus pauvre* ! La perte de variété physique (et d'effort !) va de pair avec la perte d'activité spirituelle. *Avec le corps l'esprit lui aussi est mis au chômage.* La prétendue « opposition » n'en *était* en effet jamais une à l'intérieur de l'enceinte d'un travail déterminé ; plutôt il y avait et il y a là un rapport de *conditionnement mutuel* : le commerce corporel avec la matière instruit le corps, les membres, les sens, les nerfs – *et* l'esprit, en les occupant tous, en leur faisant faire sa connaissance ainsi que celle de l'objet (l'un ne va pas sans l'autre !) et qui ne suscite les aptitudes latentes de cet équipement qui est le nôtre qu'à travers la résistance de la matière et l'apparition de ses qualités. La privation de cet aliment les affame toutes. Réduire l'élément physique à des performances résiduelles uniformes – réduire l'élément cinétique à des « manipulations », réduire l'élément sensitif à la lecture de cadrans – réduit également la participation de l'esprit au travail. Et de manière très générale : séparer de la matière sépare également de l'esprit Et ainsi, à regarder les choses de près, il ne s'agit pas du tout de la disparition de l'opposition du fait de l'évanescence d'un de ses pôles (le pôle physique), mais de [352] sa disparition du fait de l'évanescence *de l'un et l'autre* ! L'opposition qui disparaît réellement (qui se rétrécit) est celle du travail et du non travail, du faire et du ne rien faire – par l'amoindrissement du caractère *d'activité* réelle du « travail ».

En revanche l'opposition qui subsiste et même qui croît est celle entre *n'importe quel* travail subsistant ainsi transformé et le travail intellectuel effectif, en lequel rien n'aura changé, parce que en vertu de son essence la plus intérieure, rien ne peut changer *en lui. Lui* sera, tant qu'il sera sérieux (et à proprement parler il n'y en a pas d'autre), le dernier lieu de travail effectif : celui d'une attention totale, d'une peine totale, d'un investissement total, d'une ténacité capable de sacrifice, de rigueur et de patience (avec le risque d'être déçu), et même d'effort corporel (ou bien, par exemple, l'effort visuel que requiert l'examen microscopique, spectroscopique, télescopique, la comparaison interminable de données minutieuses de la sensation, en général les efforts éreintants de *l'observation* n'en sont-ils pas ?) – la plus libre des activités, parce qu'elle ne dépend que de moi-même, et en même temps la moins libre, étant donné qu'elle ne s'obtient pas à meilleur marché et qu'elle engage toujours l'homme entier. Le contraste entre lui – toujours l'affaire d'un nombre relativement peu élevé de personnes – et tout autre travail qui continue encore à exister, se sera donc *aggravé*, non en raison de l'élément corporel de ce dernier, mais inversement en raison de son atrophie simultanée dans l'aspect corporel et intellectuel, de sa nullité psycho-physique sous le régime de la technique – bref de son atrophie *en tant que* travail [1].

Il faut donc trouver *en dehors* du travail une compensation aux facultés qui *dans celui-ci* sont frustrées, menacées d'atrophie et qui d'autre part, à la gloire de l'homme, sont des besoins : une compensation cinétique-musculaire dans l'athlétisme et le sport (y participera le travailleur intellectuel, avec moins de temps de loisir), une compensation sensori-perceptive dans le gavage en images proliférant, consommées passivement, une compensation intellectuelle dans les mots croisés et les problèmes d'échecs. Il n'en est pas ainsi en raison de « l'aliénation » et de « l'extériorisation » capitaliste [353] du travail mais de « l'aliénation » et de « l'extériorisation » *technologiques*, dont la productivité, qui ne se laisse pas atteindre autrement, est tout aussi nécessaire à l'utopie, en tant que condition d'un loisir disponible à profusion, qu'elle l'est pour le capitalisme pour des raisons de profit et qui n'admet plus de retour en arrière. Au travailleur intellectuel seul elle n'imposera ni le besoin ni le temps (ni enfin le goût) d'une telle

1. C'est pour *cela* que « le travailleur s'y sent malheureux » et non pas, comme le pense Bloch, parce qu'il y a l'impression « d'être une marchandise réifiée ». Même si je savais que je suis le possesseur de l'appareil que je dois faire fonctionner de manière si bornée, je n'en serais pas moins malheureux dans mon travail comme tel.

compensation. En cela ne peut donc pas consister « l'union heureuse avec l'esprit ». Abandonnons ce mystère à lui-même et demandons-nous simplement en quoi consiste aux yeux de Bloch, dont la sélectivité culturelle et humaine n'éprouve que du mépris pour de telles compensations du sentiment de vide (dont il rend responsable le capitalisme), le « loisir actif » de l'utopie.

Le « violon d'Ingres » et ce qui est digne de l'homme

A la différence de Marx, Bloch voyait que le loisir pose un problème et qu'en dernière instance celui-ci sera *le* problème de l'utopie réalisée dans la matérialité. Il parle ouvertement de « la nudité extrême de la question du loisir », à savoir « le *problème ainsi que l'essence* de ses contenus toujours plus concrets qui paraîtra enfin si clairement », à quoi il faut trouver une « réponse humaine » et qui peut seulement être trouvée dans l'utopie elle-même à l'aide des « professeurs » qui gouverneront alors (« le règne et la direction prise en main par les professeurs » ce sont ses paroles voilées, P. H. 1086 ; II, 572) ; du « nouvel état de besoin du loisir lui-même », qui (comme le fait l'état de besoin) « produit » une « nouvelle superstructure », sa propre « idéologie » relativement à ses contenus humains » (p. 1083 ; II, 570) – précisément la « réponse » cherchée et sans doute dotée d'une autorité officielle par ces professeurs qui nous gouverneront. Pour l'heure le loisir avec sa question est encore une *terra incognita ;* et sans doute faudra-t-il attendre les professeurs futurs pour obtenir une réponse.

Pourtant Bloch a déjà quelque chose à dire relativement à ce que serait un « contenu humain » et d'abord précisément cette chose formelle et fondamentale que le bonheur de l'existence utopique n'est *pas* [354] *passif, mais actif,* c'est-à-dire qu'il ne saurait consister dans la jouissance de la consommation des biens, mais seulement dans un *être actif.* Fidèle donc au concept aristotélicien de l'eudémonie : le loisir actif, pas l'oisiveté. Et même à propos du genre d'un tel être actif l'expérience de la société bourgeoise (à laquelle j'ajoute la société aristocratique) offre déjà une anticipation : « Le violon d'Ingres en tant que métier. » A l'occurrence déjà citée du concept on peut encore ajouter ceci :

> C'est là où le métier pour ainsi dire fortuit, le *job,* satisfait très peu de gens, comme en Amérique, qu'on rencontre le plus grand nombre de violon d'Ingres, de *hobbies.* Et le passe-temps ne disparaîtra que lorsqu'il sera devenu le métier adéquat. En attendant le violon d'Ingres nous apprend comment l'homme privé rêve de s'épanouir dans ses loisirs, dans un travail qui prend l'allure d'un délassement (p. 1066; II, 552 trad. mod.).

Comment le violon d'Ingres peut-il devenir un métier? En devenant un *plein-temps. L'autre* caractéristique du métier : que par son exercice ou par son résultat il remplit une *fonction* dans le système des besoins publics, est presque totalement refusée au « violon d'Ingres en tant que métier » sous les conditions présumées de l'utopie, étant donné que la majeure partie de ces fonctions est assurée par l'appareil technique et que la majeure partie de la participation humaine résiduelle – consistant à faire fonctionner l'appareil – est précisément d'un type qui ne se prête *pas* au violon d'Ingres. Une activité est un violon d'Ingres parce que comme telle elle nous fait plaisir (ce qui, si on a de la chance, peut également être le cas avec une activité nécessaire et utilitaire) *et* parce qu'on l'exerce *seulement* à cause de ce plaisir et pas en vertu d'une obligation ou d'une fin extérieures. De soi l'un et l'autre – le plaisir et la nécessité, et même le plaisir et l'obligation – ne s'excluent pas, mais leur rapport dans le dada est justement tel que le plaisir éventuel n'est pas une circonstance latérale bienvenue de la production de l'utilité, mais dans le meilleur cas l'utilité éventuelle est l'effet latéral d'un plaisir de produire : et pour les raisons indiquées cette heureuse coïncidence [355] peut précisément dans l'utopie être attendue dans les cas les plus rares : probablement plus rarement que la coïncidence inverse de l'obligation et du plaisir de la performance dans le travail de l'humanité pré-utopique, et en général de l'humanité pas peu saturée par la technologie. Or la saturation technologique est précisément une condition préalable indispensable de la liberté de choisir son loisir dans l'utopie ; et ainsi le violon d'Ingres devenu métier peut seulement ajouter des éléments négligeables à la performance vitale de la technique impersonnelle et il ne peut se prévaloir d'aucun autre intérêt social que l'intérêt psychologique (celui-ci étant lui-même miné par l'irréalisme de la fonction objective manquante). Le fait de n'exercer plus rien d'autre que le violon d'Ingres se dévalorise par cela même qui faisait la valeur d'exercer encore un violon d'Ingres : son caractère superflu ; et sachant qu'il est impossible de se le cacher, une partie du bénéfice psychologique, celui de l'occupation comme telle, se perd de nouveau (en fin de compte même, comme il faut encore le montrer, le *plaisir* originaire que procure cette occupation déterminée, maintenant promue au rang d'une obligation constante). Le caractère superflu ne saurait affecter les *hobbies* sans résultat, comme la voile ou la randonnée en montagne, puisqu'il fait partie de leur essence, mais on peut difficilement les imaginer dans le rôle d'un « métier » fictif. Là en revanche où le violon d'Ingres individuel comporte la production ou la procuration de quelque chose, un résultat visible, qui importe également à l'exécution de cette activité, on s'amuserait à reproduire à la petite échelle de l'économie pré-industrielle ou de l'économie privée le produit de masse de l'appareil sérieux – par exemple les amateurs de la pêche à la ligne celui de l'industrie de pêche, l'entretien d'un verger celui des grandes plantations, la poterie manuelle celui de l'industrie céramique, le tissage à la main celui de l'industrie textile et ainsi de suite. A cela il n'y aurait rien à redire, et il se peut qu'à côté de bien des choses douteuses ou conventionnelles des choses de meilleur goût et d'un goût plus original alimentent la masse principale de l'offre du marché. [356] La plus grande partie de ces produits servira en dehors de tout circuit économique à réjouir (ou à embarrasser) les amis puisqu'il faut bien leur trouver un destinataire. Celui qui n'est pas gêné par ce rabaissement de l'idéal du loisir en ergothérapie peut bien estimer qu'est digne de « l'utopie » le but d'un bon ravitaillement des masses, joint au but parallèle indépendant de l'autosatisfaction de l'individu ; celui qui n'éprouve que du mépris à son égard est condamné à souffrir au beau milieu du bonheur de l'utopie. Sous cette forme au moins elle semble être intrinsèquement non contradictoire et donc réellement possible. On devra s'interdire l'enthousiasme à ce sujet (plutôt est-ce le « *nebbich* » yiddish qui s'impose ici). Mais alors on aura également à évaluer très sobrement le coût que réclame sa réalisation – le coût humain élevé de la révolution. Et cela d'autant plus que l'image qui se dessine présente une ressemblance inquiétante avec ce qui de toute façon nous attend, ce dont n'importe quelle humanité à venir sous n'importe quelle étiquette politique devra s'accommoder pour peu que progresse encore la technique planétaire – et ce qui fournit la matière du genre littéraire entièrement nouveau de « l'utopie négative » (par exemple chez Aldous Huxley). Parmi les possibilités de choix offertes qui *doivent* peut-être toutes relever de cette catégorie, même si elles font semblant d'être le contraire, la version marxiste pourrait au moins être la meilleure ou la moins mauvaise ; dans la vision anticipative elle le serait seulement par son imprécision, le manque de concrétisation, ce dont les utopistes négatifs honnêtes, par souci humaniste, ne s'embarrassent guère.

Mais il y a des débuts plus sérieux dans la conception du violon d'Ingres qui dépouille l'utopie ainsi constituée non seulement de sa magie de rêve, mais de tout caractère raisonnablement souhaitable. Et puisque dans ce cas rien que sa visée serait déjà une erreur dommageable, nous devons malgré tout encore soumettre ce concept irréel à un examen supplémentaire qui va dans le sens précisément de ce manque de concrétion. Il parcourra les trois stades suivants du dévoilement : perte de *spontanéité* dans le « violon d'Ingres » devenu une obligation ; [357] perte de *liberté* dans la nécessité de sa surveillance publique ; perte de *réalité* dans son caractère de fiction. Le rapport du travail « humain » et « inhumain » y subira une étrange inversion. Et il apparaîtra que l'erreur de base de toute cette conception, chez Marx tout comme chez Bloch, c'est la *séparation du royaume de la liberté et du royaume de la nécessité* : donc l'idée que le premier commence là où s'arrête le second : que la liberté se situe *au-delà* la nécessité au lieu de consister dans leur rencontre.

2. Le « violon d'Ingres comme métier » sous un éclairage critique

a. Perte de la spontanéité

La spontanéité est un des traits les plus attrayants du violon d'Ingres authentique et il est étroitement lié au fait qu'il est exercé « à part » : selon l'humeur et l'envie, lorsque et tant qu'on y prend plaisir, et comme distraction de l'occupation principale, souvent également comme son contrepoids compensatoire, pour ainsi dire « diététique ». En fait partie la conscience que cela n'est pas tout à fait sérieux, que rien n'en dépend, qu'on ne doit rien à personne. Pour que sa dimension ludique puisse être mise en valeur quelque chose d'intégralement sérieux doit s'opposer à lui quelque part ailleurs. Son choix n'a nullement besoin de signifier qu'on le préfère à l'occupation principale, qu'on en aurait fait son occupation principale si l'on y avait été autorisé ; même pas que l'occupation donnée ne vous « comble » pas (= qu'elle ne vous satisfait pas comme occupation principale), mais simplement qu'on n'est pas totalement unilatéral et que le plaisir pris à certaines choses et à l'exercice de certaines facultés s'étend plus loin que *n'importe quel* domaine professionnel particulier avec son habileté *(skill)* spéciale. A l'allusion que fait Bloch à l'ampleur des *hobbies* aux États-Unis je peux ajouter que le WHO'S WHO représentatif de toutes les célébrités dans tous les domaines comporte toujours la rubrique : « hobbies » [358] (à condition que les interviewés les indiquent) et personne n'a l'idée de tirer de cette indication la conclusion que la personne concernée préfère son « dada » à son métier ni qu'en général il puisse en tenir lieu. La conclusion que l'intérêt professionnel est poursuivi avec moins de sérieux ou d'ardeur est tout aussi illicite. Le néophyte qui accoste ces rivages peut facilement commettre des erreurs. Je me souviens encore d'un certain chimiste que je rencontrais parfois au cours de réceptions et dont l'obsession à remplir toutes les conversations par la culture des roses (partagée par les autres personnes présentes ou accueillie avec une compréhension complice) m'incitait à faire à ma femme la remarque que sa chimie et son dévouement à elle ne devaient pas valoir grand-chose. Quelques années plus tard il obtint le prix Nobel et pas celui de la culture des roses. Entretemps je fis la connaissance de nombreux savants qui s'adonnent à leurs *hobbies,* et même avec ardeur, mais qui ne voudraient jamais les échanger contre leur métier. Certes, pourrait dire Bloch, dans ce cas les personnes ont déjà fait de leur véritable passion un métier et je ne parlais pas de ces personnes favorisées, mais du nombre beaucoup plus grand de ceux chez lesquels ce n'est pas le cas, ceux qui sont prisonniers du ronron stérile d'un métier qui n'est qu'un gagne-pain qu'ils n'ont pas vraiment choisi, qu'au contraire la contrainte économique leur a imposé. Mais il ne voit pas que *n'importe quel* « à la place de » devient plus ou moins un diktat et un ronron, dès lors qu'on en fait une obligation constante et exclusive. A l'exception du cas en effet privilégié (mentionné à l'instant) d'un travail créatif, où en effet c'est la spontanéité ou rien du tout (et même dans ce cas avec de longues phases de travail de charretier pénible qu'il est impossible d'aimer pour lui-même), l'activité permanente, choisie au début de plein gré, perd précisément la spontanéité de son exercice, qui maintient justement en éveil le caractère occasionnel du violon d'Ingres, le plaisir de « l'autre chose », de son caractère accessoire « gratuit », de son idiosyncrasie et de son caractère privé. Celui qui se trouve figé de cette manière se mettra alors à la recherche d'un violon d'Ingres, ce qui n'a rien à voir avec l'amour ou la haine du [359] métier, ni même avec l'ennui ou l'indifférence. La différence entre le métier voulu et « l'accidentel » ne joue plus de rôle ici et sans doute seulement rarement la nostalgie d'un autre métier (dont l'impossibilité de l'exaucer est la meilleure garantie de sa beauté de rêve). Je doute que le machiniste voudrait collectionner en permanence des papillons, même si le métier de machiniste lui est échu davantage par des circonstances externes (par exemple par les perspectives de débouchés professionnels) que par passion. Je parie qu'en dépit de tous ses harassements il en retire davantage de satisfaction et d'estime de soi que du dada qui occupe son temps de loisir qui, comme occupation principale, perdrait même probablement son attrait.

Or sans doute existe-t-il également le cas de quelqu'un qui a « raté sa vocation » ou qui croit l'avoir ratée, et qui traverse la vie avec le sentiment que ses aptitudes l'auraient qualifié pour quelque chose qui lui convient mieux, quelque chose de meilleur, si seulement les circonstances l'avaient permis. Ici (puisque j'ai déjà commencé à évoquer des souvenirs personnels) je dois penser à mon père, qui, étant l'aîné de neuf frères et sœurs, fut obligé d'entrer très tôt dans le commerce paternel, comme cela allait de soi dans les familles juives à l'époque bien qu'il fût un lycéen remarquable : il fallait procurer une dot aux sœurs, rendre possibles les études universitaires des frères cadets, ce qui fut son propre rêve. La nostalgie de ce sacrifice imposé l'accompagna tout au long de sa vie industrieuse d'industriel, couronnée de succès (dans le cas présent d'ailleurs sans se réfugier dans des dadas extra-professionnels – si ce n'est le plus grandiose : voir son rêve exaucé dans son fils). J'ignore si la vie de ses frères « ayant fait des études » a été plus riche, certainement elle ne fut pas plus grande moralement. Pour éviter de telles frustrations du talent et de l'inclination, en particulier naturellement dans les couches les plus pauvres, on n'a besoin d'aucune utopie du loisir, mais d'une sélection des talents astucieuse et subventionnée publiquement, de quoi une société socialiste offre peut-être les meilleures [360] présuppositions (à moins que le critère de l'orthodoxie des intentions ne les défigure pas de nouveau) : avec « du loisir comblé », avec du « travail qui a l'air d'un loisir », avec du « violon d'Ingres » tout cela n'a strictement rien à voir.

Mais la perte de la spontanéité, avec laquelle le violon d'Ingres cesse d'en être un, une fois qu'il est devenu un métier, est la moins importante des choses. Bien plus inquiétante est la perte du caractère privé et ainsi celle d'une condition principale de la *liberté*.

b. Perte de la liberté

Reprenons la remarque faite plus haut comme en passant, relative aux violons d'Ingres « sans résultat » (comme la voile), que le sentiment de leur caractère superflu n'affecte pas. Mais ils partagent pourtant *un* résultat avec tous les autres : le trou dans la caisse, et il faut que ce soit la caisse publique, étant donné que la caisse privée n'existe plus. Cela veut dire : l'État doit financer le système universel des violons d'Ingres et cela lui donne aussitôt un droit sur le *quid pro quo*. Et le premier *quid* est que chacun ait un violon d'Ingres et qu'il l'exerce comme un métier. En effet, l'intérêt de l'État en cela est vital, et pas celui des biens qui résulteront éventuellement de l'activité, et il l'est moins pour le salut de l'âme des acteurs que pour le bien de l'ordre public. Car le vide du chômage, ici donc : de l'oisiveté qu'on vous *garantit,* peut également être « comblé » autrement, à savoir par les mêmes moyens qu'entraîne l'état de manque de la *pauvreté* résultant du chômage : drogue, excitations de n'importe quelle nature, criminalité. L'expérience la plus récente montre qu'en cette matière les couches les plus privilégiées – dans leur jeunesse dorée – se rencontrent avec les couches les moins privilégiées. Que ce soit de l'alcool à brûler à bon marché ou de l'héroïne chère ne fait pas de grande différence. L'oisiveté donc, qui de soi est devenue *possible* pour tout le monde, ne peut pas être *tolérée* dans l'utopie en raison du danger social de l'anomie, éventuellement de la démence collective [1]. En cette matière on ne peut apparemment pas se fier au besoin de travailler spontané des individus ni à ses [361] fluctuations. Qu'il devienne « le premier besoin vital » (comme le postule Marx) est au mieux une probabilité statistique, dont une psychologie sociale scientifique, pour autant qu'elle existe, pourra calculer les proportions numériques.

Avoir un violon d'Ingres et l'exercer comme métier principal devient par conséquent le premier devoir de l'individu, sa principale obligation sociale, et sa contrainte consistera simplement en ceci que la four-

1. Savoir comment se comportera une humanité libérée du besoin et pour finir même de l'obligation de travailler, est une question ouverte puisqu'une chose pareille n'a encore jamais existé. Mais il ne faudrait pas que l'attente soit trop optimiste. Ce que nous savons jusqu'alors des conséquences morales et psychologiques de *l'oisiveté* et en général d'une existence non structurée temporellement par des obligations, devrait plutôt nous effrayer. Même une aristocratie oisive, qui est encore la mieux protégée par la tradition et la discipline de son état, par la visibilité sociale et le rôle d'exemple, a souvent fui l'ennui en se livrant aux excès : passion du jeu, frivolité sexuelle, etc. (L'excentricité comme alternative plus innocente et souvent aimable.) La « passion » la plus littérale de toutes, la carrière de don Juan avec l'orgueil de la liste de Leporello sera difficilement agréée comme un violon d'Ingres digne de l'utopie, bien qu'il ne soit pas simple de justifier pourquoi elle ne l'est pas.

niture des biens vitaux, dont le loisir présuppose en premier lieu la possession préalable, en est rendue *dépendante.* « Celui qui ne travaille pas, qu'il ne mange pas non plus », dit l'apôtre Paul ; « Celui qui n'a pas de violon d'Ingres, qu'il ne mange pas non plus », dit-on ici. Le « on peut » devient un « on doit » – naturellement une bénédiction pour les retraités d'État qui sinon seraient condamnés à ne rien faire d'autre que simplement consommer. Cela entraîne aussitôt l'obligation d'apporter la preuve que l'activité de loisir a été accomplie (que le paresseux pourrait sinon feindre), par exemple par la quantité numérique des « produits » quels qu'ils soient : c'est le prochain *quid pro quo* du souci public. Ici celle-ci affecte déjà le coût du violon d'Ingres lui-même. Étant donné que ces coûts peuvent être élevés et très divers selon le type du violon d'Ingres qui en général réclame déjà un équipement (des fours pour la poterie, des tours pour la métallurgie et ainsi de suite) le pouvoir public doit naturellement se réserver la répartition des violons d'Ingres au niveau de la population ; par le fait même aussi la canaliser en certaines directions et l'écarter d'autres, soit trop fréquentées, soit trop coûteuses ; par le fait même aussi la sélection des candidats – et nous atteignons déjà les examens d'aptitude, les tests psychologiques et les consultations, les fichiers, bref l'attribution officielle du violon d'Ingres individuel [1]. Et parler de « candidats » c'est encore le cas le plus favorable. Certaines autres personnes ne découvriront même pas une préférence en elles ; certaines même pas le besoin de travailler comme tel, et il faut leur venir en aide, c'est-à-dire leur imposer un contenu de

1. Je ne veux pas du tout tenir ici compte du fait que certains *hobbies* se dévaluent *per se* par leur pratique massive ou même qu'ils se rendent impossibles, comme par exemple la pêche à la truite ou au saumon dans des torrents de montagne, l'écoute des animaux sauvages dans la nature, les fouilles archéologiques et d'autres, où l'affluence de grandes masses poursuivant le même but annule le tout pour tout le monde ; de façon tout à fait générale : que tout violon d'Ingres, visant quelque chose de rare, doit lui-même rester une rareté.

loisir adapté pour éviter qu'ils ne fassent des bêtises. Cela peut aller de la direction psychologique individuelle [362] de ceux qui sont de bonne volonté (avec l'établissement de profils psychologiques à partir de la scolarité) en passant, par des degrés de pression ou de « conditionnement » dans les cas difficiles, à la contrainte pure et simple exercée à l'égard des réticents ; et même à l'invention de nouveaux contenus du loisir – plus attrayants, plus souhaitables, plus autorisés, approuvés par les professeurs au sommet et avec le substrat d'une « idéologie » complète – toutes choses qui feront partie des tâches de l'appareil dirigeant [1]. C'est ainsi que se présente concrètement ce qui dans la prophétie de Bloch s'énonce ainsi :

> Dès que l'État et tout gouvernement au-dessus des hommes auront disparu, le règne et la direction prise en main par les professeurs trouveront assez de temps libre et de loisirs, pour rendre l'homme avide de contenus totaux de la liberté. Pour donner une réponse libre à la question, mise à nu, des loisirs, au *problème tout comme à l'essence* enfin clairement manifestes de leurs contenus toujours plus concrets. (P. H. p. 1068 ; II, 572 souligné dans le texte original).

On tente de se représenter la bureaucratie aux nombreux bras et aux nombreux yeux, fouillant les sphères de la vie privée, la bureaucratie qui, comme organe des professeurs régnants qui gouvernent, aura ici plein de choses à faire – et qui ce faisant résout le problème de l'occupation au moins pour sa propre part, numériquement considérable, en étant occupée à le

1. Que bien des choses dans tout cela soient préférées à une liberté obligatoire, j'en trouve la meilleure illustration dans la déclaration de la petite fille d'un de mes amis, qui retournant un jour d'un jardin d'enfants progressiste s'exclamait : « Pourquoi devrais-je toujours jouer à ce que je voudrais ? pourquoi n'aurais-je pas une fois le droit de jouer à ce que je dois ? » Je me porte garant de l'authenticité de cette anecdote qui relève naturellement davantage de la critique de l'éducation « permissive » – très réelle – et de son appel permanent à « l'autodétermination » que de l'utopie irréelle.

résoudre pour l'autre partie. Cela doit suffire à propos de la liberté dans le loisir de l'utopie.

c. *Perte de la réalité et de la dignité humaine*

Mais le pire est que tout cela ne sera d'aucun secours, parce que cela n'existe que pour la *frime.* Car nulle utopie ne pourra donner le change à ceux qui sont occupés de cette façon, *concernant ceci* : que rien n'y est en jeu, que cela pourrait tout aussi bien être omis ou être remis à plus tard ou être bâclé, sans d'autre dommage que la mauvaise notation sociale. Le caractère fantomatique de l'irréalité recouvre tout ce [363] faire comme si et avec lui un *taedium vitae* inimaginable, dont la première victime est le plaisir lui-même que procure le violon d'Ingres choisi. Aucune personne sérieuse ne peut être heureuse dans l'illusion constante et si aisément perçue à jour. Mais peut-être ces gens sérieux ne compteront-ils plus, si seulement le plus grand nombre, moins exigeant quant à l'estime de soi, s'en contente. Mais le caractère fictif de l'existence doit avoir un effet démoralisant sur tous, car en enlevant à l'homme la *réalité,* il lui enlève également sa *dignité* et la satisfaction serait ainsi celle du manque de dignité. Celui à qui la dignité de l'homme tient aujourd'hui à cœur ne devrait pas souhaiter une telle satisfaction aux générations futures, mais plutôt la redouter pour elles.

La dignité se perdrait-elle donc ? Bloch n'affirme-t-il pas exactement le contraire ?

> Certes bon nombre de soucis de l'existence subsisteront encore, même lorsque le plus méprisable entre tous, celui du gain, aura été aboli... Mais plus l'économie de la société est de bon aloi... mieux les discordances *authentiques* de l'existence seront mises en évidence, celles qui sont *dignes de l'homme,* et :... bien que ces discordances soient enfin devenues *purement humaines, dignes de l'homme* et concernent donc *les seuls soucis véritables de*

l'existence (P. H. p. 1072 et 1083; II, 558 et 569; c'est moi qui souligne).

Les « discordances » du combat existentiel contre la nature et de l'obligation de travailler pour gagner sa vie n'étaient donc pas dignes de l'homme? Celles du chasseur et de l'agriculteur primitifs et de l'inventeur des mythes ne l'étaient pas? Rien de ce que le chœur *d'Antigone* chantait comme « l'inquiétant » *dans* l'homme? L'esquimau qui extorque sa nourriture et celle *des siens* à la glace arctique, comme le besoin le lui commande, il vivrait de manière indigne; mais celui qui n'en a pas besoin et qui peut « se le permettre » et qui le fait parce que cela lui fait plaisir, ou pour se mettre à l'épreuve ou pour remporter la gloire ou pour accomplir son devoir social – il ferait ainsi quelque chose de « plus digne de l'homme »? Le marin phénicien, qui supportait l'ardeur du soleil et la tempête en mer et l'inconnu des côtes étrangères pour le négoce, il fut minable dans le souci de son [364] existence, alors que le plaisancier libre de toute contrainte vaque au vrai souci (dont l'un est de savoir quoi faire de son temps de loisir)? Mais c'est là du non-sens pur et simple et Bloch lui-même ne peut naturellement pas y croire. Il a encore en tête des soucis d'existence plus nobles que les sports nautiques qui subsistent, dès lors qu'on a mis fin aux soucis minables, et il faudra encore en parler. Mais la perte de réalité les affecte eux aussi; et dans tous les cas demeure le décret d'indignité des soucis dont on s'est « débarrassé ». Or c'est précisément le prétendu échange de la *dignité* contre la *réalité* au cours de cette abolition noble qui dévoile le vice décisif de toute la construction utopique; que *la liberté commence là où cesse la nécessité* (avec Marx : le « royaume de la liberté... là où cesse le travail, qui est déterminé par la misère et par la finalité extérieure »).

d. Pas de liberté sans nécessité : la dignité du réel

Seule peut penser ainsi la méconnaissance la plus radicale de l'essence de la liberté. Elle consiste et elle vit tout au contraire dans le fait de s'affronter à la nécessité – sans doute *également* dans ce qu'en fin de compte elle lui a extorqué et qu'elle peut alors remplir par son propre contenu, mais davantage encore et *d'abord* dans l'arrachement lui-même avec toute sa peine et toujours seulement avec un demi-succès. *En rompant avec le royaume de la nécessité la liberté se prive de son objet,* sans lui elle devient aussi vaine que la force sans la résistance. Une liberté vide, tout comme un pouvoir vide, s'abolit elle-même – *ainsi que l'intérêt* authentique porté à l'action entreprise malgré tout. On n'a pas de peine à s'imaginer sous ces conditions une nostalgie des occasions où subitement « cela devient sérieux » : un tremblement de terre, une inondation, un incendie où tout à coup on doit faire ses preuves et où l'on a le droit de montrer de quelle étoffe on est fait, quand les hommes [365] décidés se séparent des hommes désemparés, les courageux des hésitants, ceux qui sont capables de sacrifices des égoïstes, et quand devient actif le sens communautaire que le danger a réveillé. Et si la nature est avare en catastrophes, l'œuvre humaine de la guerre peut prendre leur place. Celui qui en a l'âge se souvient encore de l'enthousiasme mal placé avec lequel la jeunesse d'une bourgeoisie matériellement comblée saluait la première guerre mondiale (cela fait partie de mes souvenirs allemands) et comment ensuite elle eut à goûter à plus de sérieux mortel que quiconque pouvait le souhaiter. Ainsi la faim d'une réalité dont on est privé peut-elle se fourvoyer ; si toutes les autres issues sont bouchées cela peut même aller jusqu'au crime, dans lequel également à sa manière « cela devient sérieux ». En tout cas, quelle sera réellement l'apparence « du déchaînement de la richesse de la nature humaine qui éclôt sur le sol de la nécessité maîtrisée »

(P. H. p. 1608), tout ce qu'elle fera se lever du fond du cœur, alors que la nécessité le gardait scellé, aucune vision anticipatrice, lisant dans les astres, ne saurait nous le garantir.

Mais restons-en au sort parfaitement non violent de la dignité humaine dans le loisir pseudo-actif du paradis utopique, sans même que sa paix soit troublée par de tels caprices du cœur humain. Sa mort *paisible* n'en est pas moins une catastrophe. Avec le sérieux de la réalité, qui est toujours aussi une nécessité, disparaît la dignité qui est le signe distinctif de l'homme, précisément *en rapport au* réel-nécessaire. Le jeu pratiqué comme métier à plein temps, bien loin de représenter ce qui est digne de l'homme, l'exclut. Ou bien : *Il n'y a aucun « royaume de la liberté » en dehors du royaume de la nécessité !* Ainsi la liberté et la dignité, prises ensemble, ne sont pas ce qu'on gagne, mais ce qu'on perd avec l'utopie, pour autant que sa principale occupation de loisir est censée consister dans le violon d'Ingres. Et abstraction faite de cet aspect éthique invisible, elle doit en fin de compte également échouer du point de vue pratique-psychologique en tant que système fictif de procuration de travail : la pseudo-activité ne protège [366] pas contre l'anomie et le désespoir, pas plus que l'inactivité – et on peut presque enregistrer cela comme une consolation au bénéfice de l'homme.

3. Autres contenus du loisir : les relations interhumaines

Mais jetons encore un coup d'œil sur « les seuls vrais soucis de l'existence » qui subsistent même dans la société sans classes et qui engendrent leurs propres « discordances » et même leurs « contradictions » : sans doute celles-ci ne sont-elles plus des « contradictions antagonistes », comme celles de la société de classes, mais elles confient à « l'idéologie » la charge « au sein des loisirs devenus possibles pour tous... de prendre certaines dispositions anticipantes relatives à leur solution » (P. H., p. 1082 sq. ; II, 569). Que peuvent être ces discordances « enfin purement humaines, dignes de l'homme » ? Ce que Bloch désigne comme « l'office de l'idéologie devenue communiste » en fournit un indice : « l'articulation toujours plus riche et toujours plus profonde des relations humaines », « l'éclairage intersubjectif » *(ibid.)* [1].

Or c'est là certes un terrain fécond de discordances qu'on n'évite pas, même en l'absence de classes. « Un gars aime une fille/ qui en a choisi un autre » : ce genre de souffrances demeure quand celles du souci pour l'existence se seront évanouies (par l'élimination de cette concurrence elles sont éventuellement encore accrues) et elles s'engendrent « toujours à nouveau » – les souffrances des relations non publiques, allant du berceau à la tombe : les relations à père et mère, aux frères et sœurs, aux amis, aux conjoints, aux rivaux, aux enfants, même aux étrangers – le drame privé interminable de l'amour et de la haine, de la chaleur et de la froideur, de l'intérêt et de l'indifférence, de la réciprocité et de l'unilatéralité, de l'appartenance et de l'exclusion, de la solitude et de la sociabilité, de la supériorité et de l'infériorité, de l'indulgence et de l'intransigeance, de la compréhension et du manque

1. Voici le passage en question : « ... l'idéologie devenue communiste a pour fonction d'activer l'articulation toujours plus riche et toujours plus profonde des relations humaines... De cette manière l'idéologie de l'illusion disparaîtra, ce qui n'est pas le cas... pour celle de la formation socialo-morale de la conscience. Cette sorte d'idéologie sera dans toutes ses manifestations principales une *éthique,* y compris dans les domaines qui ne sont pas principalement axés sur la nature, comme l'art [!] et les superstructures encore plus éloignées. Le besoin nouveau de loisirs lui-même produira de la sorte une nouvelle superstructure par-dessus une nouvelle non-économie planifiée. Il produira une idéologie toujours plus proche de l'essentiel, qui éclairera les rapports humains ; et cela justement afin de servir les loisirs avec pureté et de promouvoir leurs contenus humains » (P. H. 1083 ; II, 569-570).

de compréhension, de l'estime et du mépris, de la vulnérabilité et de la [367] robustesse, du contrôle de soi et du laisser-aller, du conflit et de l'harmonie des tempéraments ou des situations allant jusqu'aux bonnes ou mauvaises manières. C'est là la matière de romans, romances, tragédies personnelles, de victoires et de défaites, de joies et de peines quotidiennes. On ne discutera pas de savoir si ces souffrances sont plus « dignes de l'homme » que celles de la réalité non privée qu'on a éliminées, ni même si ce sont les « seules vraies » : en tout cas elles sont humaines à très haut point et méritent qu'on les prenne très au sérieux. Mais quelle peut être la contribution de « l'idéologie » à leur articulation convenable, si ce terme ne désigne pas simplement l'éducation de la jeunesse qu'on a pratiquée depuis toujours ? Comment peut-elle accomplir son office consistant « à s'occuper des discordances » ? Sans doute pas à l'aide de manuels du genre : « Réussir son mariage », « Comment se faire des amis ? », « Réalise-toi toi-même », « Les voies vers la paix intérieure ». Cette réponse de la culture de masse occidentale à l'irruption du loisir nous fait déjà maintenant suffisamment rougir de honte. Mais « l'office de l'idéologie devenue communiste » doit lui aussi être *public,* même dans ces affaires privées, et alors on pense aussitôt à la bureaucratie déjà invoquée des « professeurs qui gouvernent et qui dirigent » qui doit ajouter à la sphère visible du travail fictif encore la sphère personnelle invisible dont elle a la charge, donc elle doit ajouter au souci du travail, la *cure d'âmes* prise au sens le plus large et le plus intime. Et naturellement avec les moyens les plus évolués de ce qui sera alors considéré comme psychologie scientifique : par exemple (si on peut extrapoler à partir d'aujourd'hui), l'analyse individuelle, dans laquelle sont liquidés les complexes d'Œdipe et ainsi de suite, la thérapie de groupe, la consultation des parents pour des problèmes avec les enfants, la consultation des enfants pour des problèmes avec les parents, des cours d'amitié, de conversation et de connaissance du psychisme

(« éclairage intersubjectif ») et ainsi de suite, sans mentionner la psychiatrie spécifique. Manifestement l'encadrement bureaucratique nécessaire pour ces fonctions de cure d'âme doit encore une fois être considérablement augmenté – un bénéfice secondaire du point de vue de l'emploi responsable. Presque tout ce qui vient d'être énuméré fonctionne déjà aujourd'hui (du moins [368] aux États-Unis), mais dans la société marchande il le fait sur une base de liberté et naturellement avec toutes les aberrations de la mode et du charlatanisme : que chacun trouve le bonheur à sa façon fait partie des bénédictions ambiguës de la liberté pour tous et du loisir de s'y livrer (qui parfois engendre déjà certains des maux qu'il s'agit de guérir). Entre les mains de l'État, comme ce sera le cas dans l'utopie et dans l'application de « l'idéologie » établie dans ce but, cela se présentera différemment – sans doute de manière incomparablement plus ordonnée, plus systématique et plus homogène ; et naturellement cela s'étendra à tout le monde parce que c'est l'intérêt de la société. On frémit d'horreur rien qu'en pensant aux questionnaires qu'il faudra périodiquement remplir et on n'ose même pas imaginer les séances obligatoires avec les pasteurs d'âme officiels.

Assez à ce sujet. Notre thème n'est pas ici la perte supplémentaire de liberté et d'autonomie personnelle, mais les relations intersubjectives elles-mêmes comme contenu du loisir à côté du violon d'Ingres ; peu importe qu'elles soient dirigées idéologiquement ou thérapeutiquement. Puisque le métier de violon d'Ingres manque de sérieux, ce sont *elles* qui doivent mettre du sérieux dans la vie. Et qui nierait qu'en amour, dans la jalousie, dans la communication humaine, etc., il y va de quelque chose de sérieux ? (Pourquoi d'ailleurs la jalousie ne serait-elle pas une contradiction « antagoniste » dans la société sans classes ? ou un *crime passionnel* [1] serait-il moins mortel ?) Mais cette sphère personnelle elle-même succombe à la perte de réalité dans la sphère du travail.

1. En français dans le texte *(N.d.T.)*.

Elle ne peut pas prospérer autrement qu'en étant insérée dans une réalité qu'on partage et qu'on échange. Abandonnée à elle-même, elle devient un fantôme. Dans n'importe quelle relation humaine il doit s'agir encore d'autre chose que de jouir insulairement l'un de l'autre. Il doit y avoir un objet de jouissance qui provient du commerce d'autrui avec le monde et pas de son simple « être soi-même » (quelle que puisse être la signification de cette expression). On doit avoir un monde pour être déjà « soi » pour soi-même – combien plus pour d'autres ! L'amitié est une alliance en vue de quelque chose et contre quelque chose *dans le monde,* en dernière instance elle est « pour la cause commune » et on chérit l'autre parce que lui aussi chérit quelque chose de semblable, parce que pour [369] l'essentiel (nonobstant la différence dans le « comment ») il est voué au même « quoi » et il agit en lui – il a son centre de gravité en lui, ce qui donne également du poids à sa liberté, même si elle se place sur un autre plan que le plan pratique. Le mariage est une communauté de souci en raison de l'existence d'une nécessité qui s'étend tout au long de la vie, et le plaisir d'amour se détache sur ce fond du sérieux d'une réalité partagée. C'est cela la « matière » qui est métamorphosée dans l'alchimie des relations interhumaines. Sans elle, dont on a fait le contenu propre et l'occupation principale du loisir, toute relation devient pathologique, parasitaire, cannibale – et on n'a même pas ingurgité quelque chose de réel. Toutes ces choses sont à vrai dire trop connues pour qu'il soit nécessaire de les proférer. Mais cela devait être dit à cause du paradis putatif du loisir qui, en refusant à l'homme la réalité, ne lui refuse pas seulement, comme on l'a montré plus haut, sa dignité, mais également l'intersubjectivité authentique.

Nous renonçons à insister sur d'autres contenus du loisir, par exemple les *fêtes populaires,* qui vont scander rythmiquement encore une fois le « quotidien de toutes façons déjà festif », dont on fait l'expérience grâce au mariage heureux avec l'esprit. Les paroles de

Goethe dans le *Chercheur de trésor* : « Semaines amères, fêtes joyeuses » peuvent tenir lieu de commentaire de notre part qui est d'ailleurs facile à deviner d'après ce qui a été dit plus haut : il n'y a rien à fêter là où aucune pesanteur de l'existence ne fournit l'arrière-plan constant [1]. – En revanche il faut encore consacrer quelques mots à la *nature* rédimée dans l'utopie.

4. La nature humanisée

Seuls des loisirs opérant dans tous les domaines nous rapprocheront d'une nature épanouie, qui aura cessé d'être calquée sur le modèle de l'entreprise ; la liberté

1. Cf. également les paroles de Goethe : extraites du *Vermächtnis altpersischen Glaubens : « Schwerer Dienste tägliche Bewahrung / Sonst bedarf es keiner Offenbarung »*. Apparentée à cette espérance de Bloch d'une teneur affective festive des loisirs, dans laquelle l'interhumain s'épanche librement est l'utopie de Herbert Marcuse d'une libération du principe de plaisir par rapport au principe de réalité, fondée sur la théorie freudienne des pulsions. Dans les formes antérieures de la domination de la nature et de l'homme, en particulier l'obligation de travailler, le principe de réalité exigeait un degré de renoncement pulsionnel qui excède la quantité indispensable à une communauté civilisée. Grâce au dépassement du « principe de la performance » devenu technologiquement possible (et qui doit être garanti politiquement) cette « oppression supplémentaire » peut être abolie et l'eros peut être rétabli dans ses droits primitifs. C'est ce gui est affirmé dans *Eros* et *Civilisation* : « Puisque la longueur de la journée de travail est elle-même un des principaux facteurs répressifs imposés au principe de plaisir par le principe de réalité, la réduction de la journée de travail au point que la quantité de temps de travail n'arrête plus le développement humain, est la première condition préalable de la liberté... Dans des conditions optima, l'étendue, dans la civilisation avancée, de la richesse matérielle et intellectuelle serait telle qu'elle permettrait la satisfaction sans douleur des besoins dès lors que la domination n'accaparerait plus systématiquement cette satisfaction. Dans ce *cas,* la quantité d'énergie instinctuelle à détourner encore vers le labeur nécessaire (à son tour mécanisé et rationalisé), serait si petite qu'une dimension très large de contraintes et de transformations répressives qui ne s'appuieraient plus sur des forces

humaine et la nature constituant son environnement concret (son foyer) se conditionnent réciproquement (P. H. 1080 : II. 567).

Dès l'origine ce fut une thèse marxiste, forgée par Marx lui-même, que par son travail l'homme [370] « humanise » la nature : cette expression devait désigner le travail de finalisation auquel l'humanité soumettait jusqu'alors la nature, organique ou inorganique, et naturellement en particulier la culture du sol. Ensuite « l'humanisation » définitive qu'atteint seulement le marxisme réalisé, affranchit enfin l'homme précisément de ce travail qui a conduit la nature à ce stade, il humanisera donc pour la première fois pleinement l'homme lui-même. Manifestement le terme « humaniser » signifie ici des choses contraires selon son objet respectif : pour l'homme, il veut dire qu'il n'est plus soumis à la nature et que c'est ainsi seulement qu'il peut être pleinement lui-même ; pour la nature, qu'elle est totalement au service de l'homme, et qu'elle n'est donc plus elle-même. La nature serait donc « humanisée » avec le même sens que si l'on disait que le serf, appartenant à la noblesse féodale, avait été « anobli » ou que les races inférieures, soumises à la race supérieure, auraient été « arianisées », si celle-ci l'avait emporté. En lui donnant ce

extérieures, s'effondrerait. Par conséquent, la relation antagonique entre le principe de plaisir et le principe de réalité se modifierait en faveur de celui-là. Eros, les instincts de vie, connaîtraient une libération sans précédent... Quelque juste et rationnelle que puisse être l'organisation de la production matérielle, elle ne peut jamais être le domaine de la liberté et de la satisfaction ; [!!] mais elle peut libérer tu temps et de l'énergie pour le jeu libre des facultés humaines *en dehors* du domaine du travail aliéné. Plus l'aliénation du travail est totale, plus le potentiel de liberté est grand : l'automation totale serait le point optimum [!]. C'est la sphère en dehors du travail aliéné qui définit la liberté et la satisfaction, et c'est la définition de l'existence humaine d'après les critères de cette sphère, qui constitue la négation du principe de rendement » (Herbert Marcuse, *Eros et Civilisation,* trad. fr. Paris, Éd. de Minuit, 1968, p. 137-141). Les énoncés significatifs que j'ai marqués par [!] expriment un accord total entre Marx et Bloch, le fantasme d'intellectuel contre lequel est dirigée notre critique.

sens final brutal, « l'humanisation de la nature » est donc une supercherie hypocrite couvrant la soumission totale à l'homme dans le but d'une exploitation totale en fonction de ses besoins. Étant donné que dans ce but elle doit être radicalement transformée, la nature humanisée est la nature aliénée d'elle-même. C'est précisément cette transformation que recouvre l'appellation : « humanisation ». Je crois que Marx était suffisamment non sentimental pour envisager les choses de cette façon. Toujours est-il que l'anthropocentrisme radical de la pensée marxiste (combinée avec le matérialisme des sciences naturelles du XIXe siècle) y dispose parfaitement, et il y a peu de place pour un romantisme de la nature.

Mais Bloch, tout en n'étant pas moins anthropocentrique et pas moins pragmatique, a quand même une idée plus sensible de l'*anthropos* dont il s'agit ici, l'idée que son bonheur a également besoin d'un environnement agréable, et qu'il a même besoin d'une plus grande *proximité* (que par exemple celle du citadin moderne) avec une nature qui n'est *pas* éprouvée « de façon utilitaire » ; et ainsi chez lui la nature humanisée ne doit pas seulement signifier celle qui est soumise à l'homme, mais également celle qui lui convient, la *patrie* adéquate de sa *liberté* et du loisir dont celle-ci dispose. Et même, si nous [371] comprenons bien ses paroles, la nature qui entretient une relation de conditionnement réciproque (!) avec sa liberté est la nature plus véritable, comme telle seulement « ouverte » à la différence de celle que l'homme rencontrait au début de sa carrière. L'une et l'autre sont rachetées de leur aliénation par l'homme simultanément et ensemble. En s'humanisant lui-même, l'homme « nature » la nature ! Qui ne penserait pas ici à Adam, le jardinier de la création divine dans le jardin des origines ? Mais nous ne sommes pas aux origines, si nous pensons avec Bloch, mais tout au contraire à la fin, à savoir à la fin d'un « mouvement de l'hybris et de l'anti-Déméter incomparable », d'une « surnaturation de la nature donnée ». C'est donc la « nature surnaturée » qui confère à l'homme utopique la proximité d'une patrie ? En tout cas c'est une nature « reconstruite ». Regardons cela de plus près. Le programme de la reconstruction de la nature que nous avons discuté jusqu'ici simplement comme prémisse de l'utopie, investit ici le contenu de l'idéal visé lui-même.

Or cette reconstruction, même si elle n'est pas dirigée par la philosophie « sécularisée pour de bon, complètement remise sur ses pieds » (P. H. 1615) est en cours depuis quelques mille ans déjà, et nous avons un certain savoir du visage de la « nature humanisée » et de ce qu'elle perd en nature. Ne parlons pas des conséquences négatives permanentes d'une exploitation sauvage à vue courte (la karstification de massifs montagneux entiers par le déboisement et le pacage excessif, la disparition de la couche d'humus dans les steppes labourées et ainsi de suite). Regardons simplement l'image des processus de mise en culture qui ont eu un succès durable et qui devront certainement être poursuivis en direction de l'avenir utopique et qui doivent même encore être accélérés pour lui. La houle d'un champ de blé est sans doute une image plus agréable que l'asphalte, mais comme « nature », ce champ représente déjà en lui-même un appauvrissement considérable et comme « paysage » (dans la culture intensive) une extrême monotonie. Non seulement la monoculture réduit-elle un habitat écologique diversifié, avec un équilibre dynamique variable des espèces, à la présence exclusive artificielle [372] d'une culture unique, mais celle-ci est elle-même un produit de culture artificiellement homogénéisé à partir des souches sauvages et elle peut d'ailleurs se maintenir seulement sous les conditions artificielles de la culture. Dans la culture diversifiée de la petite exploitation agricole cela s'unit encore aux autres terrains de culture, les champs de pommes de terre, les plates-bandes de légumes, les pacages, le verger, les réserves forestières, les mares et le poulailler jouxtant la maison pour former un paysage familier comportant beaucoup de naturalité nonobstant le caractère artificiel des modes d'élevage eux-mêmes. Mais la monotonie des océans de blés par exemple dans le Middlewest américain, sillonnés de moissonneuses isolées, saupoudrés contre les parasites par des avions, offre comme « nature » aussi peu de « patrie » (avec bien moins de relations sociales) que le complexe industriel le fait comme « culture ». Ici la « surnaturation » est en plein cours et elle se manifeste comme dénaturation. « Humanisation » de la nature ? Tout au contraire, l'aliénation, non seulement par rapport à elle-même, mais même par rapport à l'homme. Et davantage encore si nous passons de l'exemple végétal à l'exemple animal, aux usines de couvaison et d'œufs qui alimentent aujourd'hui les supermarchés, en comparaison desquelles le poulailler rural avec son coq a presque l'allure d'un jardin zoologique ! L'avilissement ultime d'organismes doués de sens, capables de mouvement, sensibles et pleins d'énergie vitale, réduits à l'état de machines à pondre et de machines à viande, privés d'environnement, enfermés à vie, artificiellement éclairés, alimentés automatiquement, n'a presque plus rien en commun avec la nature, et il ne saurait être question « d'ouverture » et de « proximité » à l'égard de l'homme. Il en va de même des prisons d'engraissement pour la fabrication de viande de bœuf et ainsi de suite. L'acte sexuel lui-même est remplacé par l'insémination artificielle. *Ainsi* se présente *in concreto* et *in praxi* « le mouvement anti-Déméter », la « reconstruction de la nature » ! Pour l'amour de la nature propre à l'homme il n'y a rien à trouver là-dedans, et rien à apprendre relativement à la richesse et à la finesse de la vie. L'étonnement, le respect et la curiosité sont en friche.

Le paradoxe que Bloch ne voit pas est que c'est [373] justement la nature non changée par l'homme et non exploitée, la nature « sauvage » qui est la nature « humaine », à savoir celle qui parle à l'homme et que celle qui lui est totalement soumise est la nature « inhumaine » tout court. Seule la vie qui est ménagée a le pouvoir de se manifester. L'intérêt humaniste que professent les utopistes, trouvera donc un refuge précisément là où *s'arrête* la « reconstruction » utopique « de la planète terre » : et de cela les parcs naturels et les réserves de vie sauvage les plus grandioses de la terre – ceux des États-Unis – proposent un exemple digne d'être imité à tous les successeurs marxistes hypothétiques. Mais le voyage pour s'y rendre oblige qu'on s'écarte loin des lieux d'habitation humains. Si parmi les différences qui disparaîtront avec l'utopie on mentionne également celle « de la ville et de la campagne » (P. H. 1080 ; II, 566), on pourrait peut-être penser à des quartiers résidentiels entourés de ceintures vertes, de parcs et de petits jardins ouvriers, également non offensés par les grandes usines et les exploitations agricoles industrielles dans le « pays » réel, où se déroule derrière les coulisses de l'Arcadie la domestication plus laide de la nécessité en faveur des bénéficiaires du loisir. Mais il est impossible que ce soit cette pièce à grand spectacle qui soit visée par la « nature ouverte » qui devient la patrie de la liberté humaine.

Ce que nous apprend l'exemple de la « nature » est ainsi la même chose que ce que nous apprenaient les autres exemples : que le caractère intrinsèquement *souhaitable* de l'utopie, une fois qu'il est jugé d'après la *qualité* de la vie, s'anéantit du fait de la réussite totale de ses prémisses – en l'occurrence la reconstruction radicale de la nature – et que les chances de bonheur en elle dépendent du caractère *incomplet* de la réalisation de son programme. Sa *conception* échoue du fait de cette contradiction interne, même si ses prémisses réelles pouvaient être produites.

[374]

5. Pourquoi, une fois réfutée l'image de l'avenir est encore nécessaire la critique de l'image du passé

Avec cela la critique de l'utopie pourrait de soi s'achever, s'il n'y avait pas encore son second aspect qui est même logiquement son aspect premier : ce que nous nommions (p. 363) « le contraste négatif » de l'idéal, à savoir la doctrine du « pas encore », du caractère inauthentique de tout l'humain préalable. Ce n'est pas seulement pour une raison de complétude que nous devons encore soumettre cette doctrine à une critique. Car la nostalgie de l'utopie comme telle qui devance toute image particulière du but, se nourrit de la problématique de ce qui était et de ce qui est : et dès lors que celle-ci est estimée être réellement insatisfaisante de part en part, la quête de l'authentique « tout autre » doit se poursuivre, même une fois qu'une de ses images déterminées aura été détruite par la critique. La pulsion restera utopique-révolutionnaire – et elle peut le rester (comme le montre le passé le plus récent) même en l'absence d'une *quelconque* image de ce qu'on espère, à savoir en faisant confiance à la « puissance du négatif » en soi, au pouvoir qu'a la négation de faire naître la position à partir d'elle. En outre il ne faut pas négliger le fait que Bloch pourrait rétorquer à toute notre critique matérielle (à l'exception peut-être du dernier argument) qu'elle fut extrapolée à partir du « vieil Adam », alors que le marxisme attend de la société sans classes post-révolutionnaire un homme nouveau, dont le comportement et l'être ne doivent pas être inférés à partir de la psychologie de l'homme ancien. Sans doute peut-on écarter une telle attente ou une telle espérance qui ne sont fondées sur rien comme étant une croyance flagrante au miracle. Mais même alors il reste qu'une certaine vision de l'histoire préalable y a poussé. Et étant donné que nous devons tous nous avancer vers l'avenir avec une image du passé, indépendamment de la solidité des représentations déterminées des derniers temps, il est important de savoir si dans ce passé nous trouvons déjà ou non l'homme, [375] dont il devra s'agir également à l'avenir. L'éthique de la responsabilité a donc elle-même besoin d'un examen de la thèse du « pas encore » de toute l'histoire antérieure.

[376]

C. Troisième pas : le contraste négatif du rêve ou le caractère provisoire de toute l'histoire antérieure

1. L'ontologie du ne-pas-encore-être de Ernst Bloch

Qu'est-ce que cela peut vouloir dire et comment quelqu'un peut-il concevoir l'idée que l'homme, tel qu'il peut et tel qu'il « doit » être, n'a pas encore existé jusqu'à présent et qu'il doit seulement advenir ? Nous devons ici laisser de côté le sens d'un tel énoncé qui s'oriente sur le *progrès* de la civilisation (en vertu duquel en effet bien des choses, même si ce n'est pas nécessairement « l'authentique », n'existent pas encore), car il indiquerait en effet simplement une continuation ininterrompue de l'évolution antérieure, et pas la révolution négatrice-innovatrice, et d'autre part, il ne concerne absolument pas l'être substantiel des individus, la « nature » de l'homme, mais les intrumentalités et les organisations collectives de son existence. Il va de soi que celles-ci ont une influence sur « la répartition » de la culture plus élevée à l'intérieur des diverses sociétés, mais il n'est pas ici question de la fréquence ou de la rareté d'individus accomplis, donc de la grandeur proportionnelle des élites çà et là dans l'histoire, ni même de la répartition numérique des sujets exceptionnels en elle, mais de savoir si ceux-ci représentent déjà l'homme véritable, donc si celui-ci *a jamais déjà existé.* Et ici l'utopisme radical dit précisément : non. En revanche, en tant que rêve : si. Chez Bloch cela s'exprime dans une *ontologie* complète, dont la visée philosophique dépasse de beaucoup l'homme et qui incorpore tout l'être, la matière elle-même, mais qui devra seulement nous occuper du point de vue de l'homme et de l'histoire : l'ontologie du *pas-encore-être* [1]. Sa formule caractéristique est : « S n'est pas encore P » (le sujet n'est pas encore son prédicat), l'être-P étant ce que S non seulement *peut* atteindre, mais ce qu'il « doit » atteindre, afin d'être *réellement* S. [377] Tant qu'il n'est pas P, il n'est pas encore lui-même (c'est là le « pas »). Cela a pour soubassement ontologique le concept de la « tendance-latence », en vertu duquel vit en S un désir interne de cette réalisation de soi – de ce P –, autrement dit une téléologie secrète (c'est là le rêve avec son « oui »). Disons d'abord (en raison des réminiscences du côté de l'histoire de la philosophie) ce que cela ne doit *pas* vouloir dire.

a. *Distinction entre ce « pas encore » et d'autres doctrines de l'être inachevé*

Cela ne doit pas vouloir dire (en termes aristotéliciens) que tout être soumis au changement possède avec et dans son actualisation respective une dimension de potentialité, précisément la mutabilité comme telle ; que donc à chaque fois le changement, outre la perte de ce qui fut antérieurement actuel, est une actualisation de quelque chose qui prend sa place – mais ainsi pas encore nécessairement celle d'un but : la mort elle-même, devant laquelle toute vie recule, est l'actualisation d'une potentialité. D'autre part, cela ne doit pas vouloir dire (également en termes aris-

1. Cf. la note 1 du chapitre 5, p. 273.

téliciens) que l'automouvement des êtres ait un but immanent, imposé par sa nature spécifique, à savoir l'être (ou le devenir) que les individus réalisent dans le cours de leur vie, selon la loi de leur espèce, à moins que des résistances externes ne les en empêchent : *cette* téléologie veut dire *l'éternel retour* des divers programmes d'être au sein d'un univers achevé. Or l'univers moderne, et en particulier l'univers marxiste, est par principe *inachevé.* Non seulement les individus, mais également les espèces et même le tout, sont mutables et leur potentialité est ouverte au nouveau qui jamais encore ne fut. Mais de nouveau ce « pas-encore-être » qu'il s'agit de discuter ici ne signifie pas non plus l'ouverture au *nouveau comme tel* et son actualisation comme but en soi (la téléologie de l'univers de Whitehead comme progression dans une nouveauté toujours créatrice) ; mais moins encore la loi d'une *série* [378] infinie de l'autoprésentation nécessaire d'une « essence » (l'entéléchie de la monade de Leibniz), qui est seulement actualisée par le déroulement complet, mais qui à n'importe quelle phase est « là » de façon également authentique ; ni d'autre part *l'approximation* infinie d'un but jamais atteint (l'idée régulatrice de Kant) [1]. En outre pas non plus la propriété de l'agir humain (soulignée si fortement en particulier par Hannah Arendt) consistant à faire entrer dans le monde à chaque fois et toujours de nouveau quelque chose de nouveau, qui n'a jamais encore été, quelque chose d'inattendu, de surprenant, c'est-à-dire d'imprévisible par principe. Cette propriété signifie précisément la frustration de « l'attente » et elle n'a

1. Cela, Bloch le refuse très catégoriquement : « Non à l'inachèvement comme destin, non à la simple approximation infinie du but, par les sens comme dans le cas de Tantale, ou moralement comme chez Kant. Au contraire, le monde inachevé peut être achevé, le procès qui doit s'y dérouler peut être conduit à son résultat, l'incognito de la chose principale qui est réellement voilée en elle-même peut être levé... Le propre ou l'essence est cette chose *qui n'est pas encore, ce qui au cœur des choses se cherche soi-même, ce qui dans la tendance-latence du procès est en attente de sa propre genèse* » (P. H. 1625 ; souligné dans le texte original).

rien à voir, ni avec un but connu ni avec un but secret, ni même pas nécessairement – comme nous ne le savons que trop bien – avec le souhaité : elle découle, outre de la liberté en soi, tout simplement du fait fondamental de la « natalité » qui fait face à la mortalité, du fait donc que des individus toujours nouveaux, *commençant* toujours de nouveau viennent au monde – un fait qui continue à exister même dans l'utopie une fois atteinte, à moins qu'elle ne mette fin au fait de naître qui, avec son ouverture imprévisible, garantit également le manque de rigidité de *celui-ci.* Enfin cela ne signifie pas non plus, la « futuribilité » tout court : la faculté, en effet ontologique de l'homme, consistant à vivre en direction de l'avenir (Heidegger), sans que celui-ci ait pour autant besoin d'être un but qui rabaisse le passé – lui-même déjà un produit du rapport vécu à l'avenir – à un échelon préparatoire. Mais sans doute « l'avenir » est-il le mot décisif dans le statut provisoire, dans le « pas encore » de toute l'histoire jusqu'à présent selon la conception de Bloch.

b. « Le pré-apparaître du juste » et « l'hypocrisie » dans le passé

En effet ce qu'elle comporte de suprême (de toute manière, ce qui est de moindre valeur ne mérite pas d'être pris en considération, si ce n'est comme monument de la honte humaine), est « le pré-apparaître du juste » et comme tel [379] il apparaît comme « l'unique chose qui continue à déployer ses effets » (P. H. 1072 ; II, 559) seulement dans la rétrospection de l'avenir d'une société sans classes, donc à partir de sa réalisation. Elle seule exauce sa promesse qui auparavant n'était même pas bien comprise comme telle. Alors seulement *l'art* par exemple « n'apparaît plus comme solution prématurée des contradictions sociales dans le jeu lumineux », comme « divertissement idéologique d'ordre supérieur », mais précisément comme ce pré-apparaître même. A quel genre d'art peut-on bien songer ici ? Certainement pas à Euripide, Grunewald, Shakespeare, Goya, Dostoïevski, Kafka. Est-ce un jeu lumineux prématuré en son temps ? Est-ce le pré-apparaître du juste plus tard, seulement une fois que tout sera rentré dans l'ordre ? Si l'on n'était pas mieux renseigné sur ce connaisseur averti, on devrait le soupçonner de songer à propos « d'art » aux préraphaélites et à d'autres fioritures de la prose du quotidien [1]. Mais en réalité il croit que les œuvres culturelles doivent avoir « un aboutissement stratégique » à savoir comme « chemin tenté et teneur de l'espérance sue » (P. H. 179 sq. ; I, 191-192). Difficile à dire où restent alors les pessimistes ou bien les masques d'horreur des temples mayas. Mais les œuvres radieuses elles-mêmes sont difficiles à classer. L'œuvre d'Euclide avait-elle son sens dans l'espérance que vienne Riemann ? Celle de Newton dans celle d'Einstein ? La quête de la vérité quelle qu'elle soit, quelle soit exaltante ou accablante pour l'homme, se laisse-t-elle interpréter seulement comme « chemin d'une espérance sue » ? et sa découverte à chaque fois comme la confirmation de cette même espérance ? (Par exemple la démonstration enfin établie du caractère *insoluble* d'un problème mathématique et plus encore celle de l'impossibilité d'une fondation non contradictoire des mathématiques en général ?) C'est justement ces applaudissements des spectateurs désireux d'être édifiés qui ont le goût de cette « jouissance

1. Il est impossible que cela puisse vouloir dire ce qu'une biologiste, au cours d'un débat universitaire officiel sur le contrôle génétique prénatal (intra-utérin) de la descendance rétorquait un jour à ma remarque que dans ce cas Dostoïevski l'épileptique se serait sans doute vu refuser le droit de naître : la société future ne peut pas se payer le luxe de génies malades et elle n'a qu'à attendre la conception d'un Dostoïevski bien-portant. Dans la même direction va la remarque que me faisait un psychanalyste : quel philosophe Kant n'aurait-il pas pu être s'il avait été guéri de ses névroses obsessionnelles (que ce monsieur avait découvertes dans ses habitudes de vie). Bien entendu je sais très bien que de telles stupidités hygiéniques ne doivent pas être attribuées au rêve utopique de Bloch, mais il n'est pas facile de garder son « quotidien festif » à l'abri d'associations embarrassantes.

culturelle de parasite » que Bloch attribue au monde bourgeois et dont dans le monde utopique « la compréhension d'une orientation toujours plus adéquate vers notre devenir identique » doit prendre la relève *(ibid.)*. L'esprit ascétique de la recherche ne sait rien d'un tel égoïsme et d'une telle fine bouche. Sans se laisser égarer par l'utopie, il a, heureusement pour nous, poursuivi jusqu'à présent son chemin.

[380] Mais peut-être la science n'était-elle pas comprise dans la visée du terme « culture », quand Bloch écrivait :

> Ainsi la seule chose qui soit productrice de culture, c'est la puissance modelante du rêve, capable d'imaginer un monde meilleur, ou la fonction utopique en tant que fonction dépassante. Seule cette fonction place dans l'idéologie ce qui peut être nommé sans rhétorique et sans hypocrisie, comme sans idée de propriété, sans illusion ni superstition, et elle constitue seule le substrat de ce qui est héritage culturel (P. H. 1072, II, 559).

De cet héritage radieux il faudrait alors sans doute exclure, comme nous l'avons déjà laissé entendre, *Œdipe-Roi*, *Le Roi Lear*, *Les Démons* de Dostoïevski et *Le Château* dc Kafka. Ou bien les y inclure par effet de contraste, comme des expressions de ces contradictions sociales, dont l'abolition finale a mis fin à ce genre de souffrances, mais dont les ténèbres remémorées fournissent l'arrière-plan devant lequel la lumière de l'état salutaire resplendit d'autant plus clairement. On hésite à imputer un tel « et quelle ne fut pas notre réussite » à quelqu'un qui, comme Bloch, partait en guerre contre le philistinisme culturel (bourgeois !). Et pourtant, même cela serait préférable à la réhabilitation posthume du « verbiage et de l'hypocrisie » pour en faire une vérité, réhabilitation assignée à la fonction utopique, et alors le bénéfice du doute devient impossible à cause du langage explicite du soupçon moral qui plus d'une fois alterne avec l'éloge de « la puissance de rêve ». Par exemple encore ceci : « Seule l'action [révolutionnaire] rend vrai ce qui n'est qu'hypocritement feint dans les livres sentimentaux » (P. H. 1047 s. ; II, 534) – étranges paroles dans la bouche d'un tel connaisseur en livres, le dernier qu'on soupçonnerait d'exercer le rôle de « terrible simplificateur »[1].

Mais le véritablement inquiétant ne tient pas à ce qui est dit pour blâmer le passé, mais à son éloge dans le rôle du pré-apparaître, qui aliène de lui-même ce qu'il a de plus haut : « Les royaumes passent, un bon vers demeure. » On serait tenté de crier : bravo ! mais avant d'en avoir eu le temps, cela continue : « et [il] dit – ce qui nous attend » (p. 1072 ; II, 559). Mais non. Mais absolument pas. Faut-il que je fasse à Bloch le récit de ce dont dans sa longue et riche vie il a certainement [381] eu bien plus de preuves que moi ? Un souvenir de la mienne : quand tout à fait sans m'y attendre, je me trouvais dans la sacristie de S. Zaccaria à Venise devant le triptyque des madones de Giovanni Bellini, s'empara de moi le sentiment : ici il y eut un instant de perfection et moi j'ai le privilège de le contempler, des millénaires l'avaient préparé, des millénaires durant, il ne reviendrait pas si l'on ne s'en emparait pas – l'instant où dans « l'équilibre fugace de forces immenses »[2] l'univers a l'air de s'immobiliser pour le temps d'un battement de cœur, afin de rendre possible une suprême réconciliation de ses contradictions dans une œuvre humaine. Et ce que cette œuvre humaine retient, c'est le *présent* absolu en soi – pas un passé, pas un avenir, aucune promesse, aucune postérité, qu'elle soit meilleure ou pire, pas le pré-apparaître de quoi que ce soit, mais l'apparaître intemporel en soi. C'est *cela* « l'utopie » par-delà tout « pas encore », des clins d'œil éparpillés de l'éternité

1. Les paroles deviennent encore plus énigmatiques dans la suite de la phrase : « La violence révolutionnaire seule prépare le terrain d'une amitié développée, éclairée par le. hommes. » C'est ce que j'appelle la plus authentique des homéopathies : l'amitié (réservée aux patients survivants) grâce à la médecine de l'inimitié.

2. « *Balance of colossal forces* », c'est ce que dit monsieur Stein dans le *Lord Jim* de Joseph CONRAD, en lui désignant une œuvre d'art de la *nature*, un papillon rare d'une beauté parfaite.

dans le flux du temps, et Bloch en savait quelque chose [1]. Mais ces œuvres sont un don rare et nous ne devrions pas en profiter pour oublier les grands tourmentés à qui nous devons davantage encore (et autre chose qu'un enseignement relatif à un pas-encore). En *elles* aussi il y a la *présence* de l'homme. « L'imminence » est toujours là et à chaque fois elle est notre affaire, mais la projeter dans notre lecture des témoignages du passé pour notre bien et dans notre intérêt, comme si c'était seulement nous qui pouvions les conduire en nous au-delà d'elles-mêmes et vers leur destination, comme si elles nous avaient attendus ou à plus forte raison comme si elles avaient été « conçues » à notre intention, cela veut dire les dépouiller de leur droit propre – et nous de leur véritable don.

2. Le « déjà là » de l'homme authentique

a. L'ambiguïté fait partie de l'homme

En cela réside le vice fondamental de toute l'ontologie du pas-encore-être et du primat de l'espérance qui [382] est fondé sur elle. La vérité toute simple, ni exaltante ni accablante, mais qui réclame toutefois une obéissance respectueuse, est que « l'homme authentique » existe depuis toujours – avec ses hauts et ses bas, sa grandeur et sa misère, son bonheur et ses tourments, sa justification et sa culpabilité – bref, dans toute son *ambivalence* qui est inséparable de lui. La vouloir abolir elle-même veut dire vouloir abolir l'homme avec le caractère insondable de sa liberté. Grâce à celle-ci et au caractère singulier de chacune

1. A l'écart de l'idéologie, son propre témoignage éloquent sur le *nunc stans* de « l'instant vécu » ne souffre aucun doute. Cf. à ce sujet Adolph LOWE, « Über das Dunkel des gelebten Augenblicks » in Karola BLOCH, Adalbert REIF (édit.), « *Denken heisst überschreiten* » *In memorian Ernst Bloch 1885-1977*, Cologne, 1978, p. 207-231.

de ses situations il sera toujours nouveau et différent de ce qu'il était, mais jamais plus « authentique ». Jamais non plus dispensé du risque immanent à l'être homme qui *fait précisément partie de son « authenticité »*. Il se peut que ce qui est presque univoque, en bien ou en mal, se détache parfois de l'ambivalence humaine commune et alors nous faisons l'expérience des saints et des monstres de l'humanité : mais penser qu'on puisse avoir les uns sans la *possibilité* des autres, et donc également sans leur réalité occasionnelle, est une illusion de la conception sécularisée de la nature et du bonheur (de la conception du bonheur naturellement bon d'une nature humaine non entravée dans son développement libre), qui est confondue par le savoir religieux le plus naïf relatif au péché et à la tentation, mais également par le savoir mondain le plus simple relatif à l'indolence et à l'arbitraire du cœur. L'homme utopique devenu réellement univoque ne peut être que l'homoncule de la futurologie technologique-sociale, lamentablement conditionné pour se comporter de façon convenable et pour se sentir bien, dressé jusqu'en son for intérieur pour se conformer à des règles. Voilà une des choses que nous devons aujourd'hui *craindre* de l'avenir. Il faut *espérer* – tout à fait à l'opposé du « Principe Espérance » eschatologique – que même à l'avenir chaque satisfaction engendrera son insatisfaction, chaque avoir son désir, chaque patience son impatience, chaque liberté sa tentation – et même chaque bonheur son malheur (et on peut sans doute compter là-dessus, avec peut-être l'unique certitude concernant l'homme que nous ayons à notre disposition). C'est *cela* qui me semble être le rêve de l'authenticité humaine, et [383] c'est le passé qui l'alimente, lui qui nous la présente *in actu*, et non par la vision anticipée du futur : *celui-ci* résulte à chaque fois *du* jeu risqué de l'authenticité, et il ne peut donc pas seulement l'apporter, mais au mieux la préserver dans le but d'une répétition non distordue, de sorte qu'il continue à y avoir des hommes et un avenir – la constitution de ce dernier n'étant jamais garantie, non seulement en raison des circonstances historiques à chaque fois uniques, mais tout aussi bien en raison de la nature oscillante de cette « authenticité » du sujet de l'histoire lui-même.

b. L'erreur anthropologique de l'utopie

L'erreur de l'utopie est donc une erreur de l'anthropologie qu'elle présuppose, une erreur de la conception de l'essence de l'homme. Sa présence, à la différence de celle de la larve qui doit seulement devenir papillon, est à chaque fois pleinement valable *en tant que cette présence problématique qu'elle est.* Précisément ce caractère problématique, qui n'appartient à aucun autre être, avec la transcendance permanente qui l'habite, son « ou bien, ou bien » ouvert, qui pourtant n'échappe jamais à « l'aussi bien que », son « pourquoi ? » et « à quoi bon ? » sans réponse possible, est un *phénomène-limite* de la nature, qui comme tel – pour ce que l'homme en sait – est indépassable. Cette transcendance est son propre fondement qu'il s'agit de supporter. Elle ne se laisse pas plus transcender « en avant » en direction d'une clarté sans ombres, qu'en arrière en direction du caractère non problématique de la nature animale. Au sein de ce caractère problématique doivent évoluer toute l'espérance et toute la crainte, toutes les attentes pour l'homme individuel ainsi que pour l'humanité. « Mais il n'y a pas encore d'absence de situation en ce sens clair et même absolument clair, qui désigne l'existence sans aliénation, une valeur naturalisée en sa maturité univoque » (P. H. 1624) : elle ne *peut* jamais exister en vertu de la temporalité humaine, sinon peut-être en des instants d'élévation mystique dans lesquels il se peut que l'individu expérimente quelque chose comme « l'absence de situation ». On peut [384] donc presque exprimer l'erreur de l'utopisme en disant qu'il pense que le *nunc stans* subjectif de l'instant mystique est transposé dans l'objectivité permanente d'un état public – que ce qui est le plus personnel et le plus fugace est transposé dans le général et dans le consolidé. Le *non datur* qui est affirmé ici est le plus rigoureux de tous, parce qu'il est essentiel ; et dès lors qu'on parle de maturité, il devrait également être le premier et il ne devrait plus y en avoir besoin d'autres. Rien que le souhait est en contradiction avec la vérité de l'homme.

c. Le passé comme source du savoir concernant l'homme

Il faudra donc se résigner au fait que nous devrons apprendre du *passé* ce « qu'est » l'homme, c'est-à-dire ce qu'il *peut* être en positif comme en négatif, et cet enseignement présente toute la matière souhaitable pour exalter ou frémir, pour espérer et pour craindre, et également des critères d'évaluation, par conséquent des critères d'une exigence qu'on adresse à soi-même. Pour autant que pratiquement, autrement dit en vue de l'action planifiante on peut « apprendre » quelque chose de l'histoire (une possibilité fluctuante, puisque la capacité « d'oublier » fait partie de la créativité), on doit se lancer dans la projection de l'avenir (pour autant qu'une telle chose existe seulement) armé de cet unique savoir relatif à l'homme dont nous disposions. Chaque « pas encore » qui peut être effectivement latent dans ce qui fut (sur lequel ce qui fut ne peut lui-même *rien* nous dire) se manifestera comme surprise au moment de la survenue de ce qui fut projeté –et rien ne garantit que ce sera toujours une surprise agréable ; mais celle-ci ne rapproche pas le sujet de « son » prédicat, et son contraire pas davantage (au contraire l'une et l'autre en procèdent) : aucune n'incarne téléologiquement une fin préétablie de sa nature.

[385]

d. *La « nature » de l'homme exposée au bien et au mal*

Car à cela aussi il faut se résigner, qu'il n'y a pas de « nature » univoque de l'homme ; que par exemple par nature (« en soi ») il n'est ni bon ni mauvais : il a *la faculté* d'être bon ou d'être mauvais ; et même l'une avec l'autre – et sans doute *cela* fait-il partie de son « essence ». Certes on dit des grands scélérats que ce sont des « êtres inhumains », mais seuls des hommes peuvent être inhumains et ils révèlent la nature « de » l'homme pas moins que les grands saints. On devra donc également renoncer à l'idée d'une « richesse de la nature humaine » existante, sommeillante, qui aurait simplement besoin d'être descellée (d'être « déchaînée ») pour se manifester alors en vertu de cette nature. Il n'y a que *l'équipement* biologique-psychique de cette « nature » en vue de la richesse *et* de la pauvreté du pouvoir être, qui sont l'une et l'autre également « naturelles » – avec un avantage de la dernière, car la pauvreté en humanité peut aussi bien être infligée par des circonstances défavorables qu'avoir été choisie dans les circonstances les plus favorables par indolence et par corruptibilité (des pulsions vraiment naturelles), alors que la richesse du soi exige en même temps que la faveur des circonstances encore de l'effort (déjà celui de combattre l'indolence). Cela ne dispense naturellement pas le moins du monde de l'obligation de veiller aux circonstances les plus favorables pour tous, sans en attendre autre chose que la *chance* améliorée du *bonum humanum.*

e. *Amélioration des conditions sans l'appât de l'utopie*

Or, même une fois admise cette réserve, le fait de savoir ce que peuvent être les « meilleures circonstances », ne partage malheureusement pas l'évidence univoque des pires. Comme partout en éthique, ici également, [386] pour ainsi dire au niveau instrumental des conditions, le *malum* est incomparablement plus facile à identifier que le *bonum* ; et cela pas seulement parce que celui-ci est si bien connu par expérience, mais également parce qu'il possède la force de la contrainte causale visible (comme celle de la misère et de l'esclavage), alors que son élimination met précisément en jeu les énigmes de la liberté. *Aucune* forme de son désenchaînement ne saurait avoir pour sens de promettre de libérer celle-ci de ses propres dangers ; par conséquent, pas non plus aucun ordre social qui l'honore. Naturellement, *avec* ses faillibilités changées, elle est à préférer à l'oppression. Mais ses égarements cachés (dont l'indolence en est une, l'arrogance une autre) réclament une vigilance morale plus fine que les égarements grossiers de la misère. Ceux d'un estomac plein seront différents de ceux d'un estomac creux, ceux de l'abondance différents de ceux de la restriction, ceux de la sécurité différents de ceux de l'insécurité – et ceux du « loisir » seront peut-être totalement sans précédent : mais ils existeront et ils ne cesseront pas de menacer l'*imago Dei.* Mais concernant l'amélioration tellement indispensable des conditions, il est hautement nécessaire de *libérer l'exigence de la justice, de la bonté et de la raison de l'appât de l'utopie.* Pour son propre bien, de manière ni pessimiste ni optimiste, mais de manière réaliste, il faut lui obéir, sans se laisser enivrer par une attente excessive, par le fait même sans se laisser tenter par le prix excessif que le chiliasme – « totalitaire » par nature – est disposé à faire payer ceux qui vivent à l'ombre anticipée de la Survenue. A l'optimisme impitoyable s'oppose le scepticisme miséricordieux [1].

1. Dans le célèbre récit des *Frères Karamazov* le narrateur laisse ouverte la question de savoir lequel des deux, le Christ ou le Grand-Inquisiteur, est le plus miséricordieux. Heureusement dans la réalité le choix n'est pas entre de tels extrêmes, et le mélange précaire est peut-être le sens de la parabole. La confiance utopique en l'homme futur, associée à la méfiance contre l'homme présent, induit ce que nous nommions plus haut un « optimisme implacable ». En comparaison de quoi le dogme ecclésial du péché qui

f. La fin en soi de tout présent historique

Il s'agit donc surtout de rompre avec l'idée de la « préhistoire », dont nous aurions été la fin alors que de notre côté nous serions de nouveau un moyen en vue du but définitif. Non seulement un tel but définitif n'existe pas (ou, à supposer qu'il existe [387] de façon cachée, nous ne saurions le désigner d'aucune façon) : il est encore plus important de comprendre que chaque présent de l'homme est sa propre fin, et qu'il l'était donc également dans n'importe quel passé. (Ou bien, comme Ranke le disait contre Hegel : chaque époque historique est « immédiate par rapport à Dieu. ») Tout est « transition » à la lumière de l'après, maintes choses sont « l'accomplissement » à la lumière de l'avant, maintes choses sont aussi l'empêchement, mais rien n'est le simple pré-apparaître de l'authentique seulement à venir. L'authentique à chaque fois *différent* doit s'affirmer ou échouer à travers sa propre évidence. On doit donc également se résigner (ce qui ne devrait effectivement pas être difficile) à ce que Isaïe et Socrate, Sophocle et Shakespeare, Bouddha et François d'Assise, Léonard et Rembrandt, Euclide et Newton soient précisément « indépassables ». Leur rayonnement à travers l'histoire justifie l'espoir que cette chaîne ne s'interrompra pas. La seule contribution à cela n'est rien de plus que d'éviter le dessèchement de leur matrice secrète (un danger dû par exemple à certaines tendances de la technique et de l'utopie technologiquement orientée). Avec une ontologie du pas-encore-être une telle espérance, y compris son obligation et sa crainte, n'a strictement rien à voir : au contraire, elle est falsifiée par cette ontologie en raison du nivellement téléologique de l'héritage sur lequel se fonde l'espérance. La contradiction logique, consistant en ceci que l'authentique est toujours encore différé et que pourtant, comme

ne disparaît pas de l'existence de l'homme, mais qui peut être pardonné, est un exemple de scepticisme miséricordieux.

l'utopisme l'assure expressément, il doit exister un jour (une nouvelle ontologie sera-t-elle en vigueur à partir de là ?), est encore l'objection la moins grave. Passe encore l'ingratitude à l'égard de ce qui fut, étant donné que le bilan de l'histoire est en effet rien moins qu'univoque et que la culpabilité l'emporte peut-être toujours sur la justice. Mais ce qu'a de pernicieux la dénégation d'un présent ayant une valeur autonome pour tous les « précurseurs », c'est qu'alors on aboutit à ce rapport mortifère du moyen et de la fin, dans lequel la fin la plus sublime doit périr.

[388]

III. DE LA CRITIQUE DE L'UTOPIE À L'ÉTHIQUE DE LA RESPONSABILITÉ

1. La critique de l'utopie est la critique de la technique poussée à l'extrême

La critique de l'utopie qui est ainsi parvenue à sa fin aurait été excessivement explicite si l'utopisme marxiste, dans son alliance étroite avec la technique, ne représentait pas une version « eschatologiquement » radicalisée de ce vers quoi est en route de toute façon et tout à fait non eschatologiquement la poussée technologique mondiale sous le signe du progrès – cela veut dire : si la *technologie*, comme pouvoir efficient en soi, ne contenait pas de dynamique *quasi utopique*. La critique de l'utopie était donc implicitement déjà une critique de la technologie en prévision de ses possibilités extrêmes. Bien des éléments de ce dont nous avons essayé de brosser le tableau en ce qui concerne l'utopie en tant qu'état humain concret du rêve réalisé, semblent nous guetter avec ou sans un tel rêve, et même sans fixation consciente d'un but, presque à la manière d'un destin – et une grande partie de ses éléments s'est révélée être davantage un objet de crainte que d'espérance. La même chose vaut pour les conditions réelles physiques-biologiques. La critique de l'utopie, en tant que modèle extrême, ne sert donc pas tellement à la réfutation d'une erreur de pensée, peu importe son influence, qu'à fonder son *alternative* fondamentale qui nous incombe : celle de l'éthique de la responsabilité qui aujourd'hui, après plusieurs siècles d'euphorie prométhéenne post-baconienne (dont est issu également le marxisme), doit contenir sa progression galopante. Dans la mesure où, dans le cas contraire, la nature le ferait un peu plus tard à sa manière, atrocement plus brutale, ce ne serait rien de plus qu'une prévoyance intelligente, couplée avec la simple décence, à l'égard de notre postérité. Mais pour autant qu'à côté de la possibilité de l'atteindre et de l'absence de risque, le caractère intrinsèquement souhaitable du but et sa vision de l'homme tout entière, [389] aussi bien du point de vue de l'avenir que du point de vue du passé, ont été contestés, nous nous mouvions déjà au cœur de la théorie éthique. Si nous étions ici sur la bonne piste, sa fondation serait déjà acquise du moins en négatif et le regard serait déjà dirigé vers le positif. Les choses étant ce qu'elles sont aujourd'hui, ce positif doit pendant un certain laps de temps exercer une fonction principalement préservatrice et protectrice, à l'intérieur de laquelle nous incombera en outre, bien que ce soit sous le signe de la modestie, la fonction de guérison et si possible la fonction de l'amélioration.

2. Le sens pratique de la réfutation du rêve

Mais sans doute la critique aurait-elle été vaine, si ce n'est comme exercice théorique, si le « destin » dont nous venons d'employer le nom il y a un instant, l'était réellement, à savoir d'emblée impossible à éviter.

« L'histoire » comme automouvement nécessaire, avec sa destination qui lui est implantée et qu'il est même peut-être possible de connaître et contre laquelle il serait impossible de réagir, n'en serait qu'un autre nom. Bien des éléments de ce que les marxistes disent de la dynamique socio-économique et de ce que nous disons de la dynamique technologique donnent en effet cette impression ; et il est indéniable que nous devenons progressivement les prisonniers des processus que nous avons déclenchés nous-mêmes. Mais ce qui est évitable et ce qui est inévitable apparaît toujours seulement comme ce qui fut évité ou non évité au terme d'un essai sérieux. L'esprit de la responsabilité rejette le décret prématuré d'inévitabilité – et à plus forte raison sa sanction par la volonté *en raison* du caractère supposé inévitable, parce qu'elle voudrait être certaine d'avoir pris le parti de « l'histoire ». (A la suite de quoi il se peut que l'histoire ne soit que trop disposée à prendre le parti de ce résultat, à moins qu'elle ne tienne en réserve l'une de ses surprises.) La critique de l'utopie n'est pas seulement celle de sa vision finale. Elle est encore celle de l'affirmation que l'histoire est déterminée en vue de cette fin. Elle attribue donc à la responsabilité ce qu'elle [390] soustrait à la nécessité. Or si l'on concède tant de choses à la responsabilité cela fait une différence pour la configuration de notre « destin », quoi qu'il en soit de ses nombreuses composantes inévitables, si nous envisageons une perspective déterminée dans l'enthousiasme ou dans l'appréhension, avec notre oui ou notre non : si donc nous hâtons certaines évolutions ou si nous les freinons plutôt, si nous cherchons à les diriger de telle ou telle façon, même si nous n'en sommes jamais totalement maîtres [1].

1. Un exemple est la possibilité, indubitable du point de vue technique, d'une *automatisation* croissante des processus de travail, qui rend possibles en même temps qu'elle rend contraignants des loisirs pour l'homme éliminé. Nous nous sommes livrés déjà plus haut à quelques spéculations relatives aux possibles conséquences destructrices. (Cf. également l'analyse que fait Günther Anders du « caractère désuet de l'homme. ») Savoir si de telles perspectives

Et dans cette situation la foi ou la non-foi à l'utopie devient un facteur réel, sans doute difficilement en faveur ou en défaveur de l'utopie elle-même, si celle-ci est comme telle un leurre, mais en faveur d'options alternatives réellement données – dont courir après un feu follet en est effectivement une. Pour autant que la critique de l'utopie, comme tentative de redresser la pensée *et le vouloir*, peut avoir une influence, elle est déjà un acte dans l'éthique de la responsabilité elle-même. Je conclurai cette systématique par quelques paroles générales concernant cette dernière. Les obligations nouvelles concrètes ne peuvent pas encore être mises en système, ne fût-ce que pour la raison qu'elles commencent tout juste à devenir visibles comme reflet des faits nouveaux de la praxis technologique[1].

3. L'utopie non éthique de la responsabilité

Au principe Espérance nous opposons le principe Responsabilité, et non le principe Crainte. Mais sans doute la crainte fait-elle partie de la responsabilité tout autant que l'espérance et puisqu'elle a le visage moins attrayant, et que dans des milieux bien-pensants elle jouit d'une certaine mauvaise réputation morale et psychologique, nous devons ici encore une fois nous en faire les avocats, car elle est aujourd'hui plus nécessaire qu'à un certain nombre d'autres époques, où, faisant confiance à la bonne marche des affaires

n'exigent pas qu'on ferait mieux de freiner certains progrès techniques est une question extrêmement grave qu'on ne devrait pas dénigrer en lui reprochant l'hostilité contre le progrès et la technologie. Un des dangers de l'utopisme est qu'il empêche qu'on se pose de telles questions.

1. Nous espérons pouvoir fournir dans une publication ultérieure une casuistique d'exemples illustratifs qui, en attendant mieux, doit prendre la place de la systématique.

humaines, on pouvait la mépriser comme une faiblesse des pusillanimes et des craintifs.

[391]

a. La peur, l'espérance et la responsabilité

L'espérance est une condition de tout agir puisqu'il présuppose qu'il est possible d'aboutir à quelque chose et qu'il parie de le faire dans le cas présent. Pour l'homme d'action éprouvé (et également pour l'homme choyé par le destin) cela peut être plus qu'une espérance, cela peut être l'assurance de celui qui a confiance en lui-même ; mais que déjà ce qui est immédiatement réussi et plus encore le déploiement de ses effets dans le flux imprévisible des choses soit réellement ce qui sera alors encore désirable, cela, quoi qu'il en soit de la confiance en soi de l'agir, ne peut jamais être qu'une espérance. Celui qui sait doit toujours s'attendre à devoir souhaiter plus tard ne pas avoir agi ou avoir agi autrement. La peur ne se réfère pas à cette incertitude, ou tout au plus comme un effet secondaire, et ne *pas* se laisser décourager par elle, au contraire, se tenir responsable par avance même pour l'inconnu, c'est là, devant le caractère ultimement incertain de l'espérance, justement une condition de la responsabilité agissante : précisément celle qu'on appelle le « courage d'assumer la responsabilité ».

La peur qui fait essentiellement partie de la responsabilité n'est pas celle qui déconseille d'agir, mais celle qui invite à agir ; cette peur que nous visons est la peur pour l'objet de la responsabilité. Nous avions montré plus haut (chapitre 4) que c'est un objet fondamentalement vulnérable, pour lequel il est donc possible de craindre quelque chose. Ce qui dans un cas déterminé motive quelqu'un à la faire sienne comme sa propre crainte et à la transformer en devoir d'agir, nous l'avons exposé en détail à cet endroit. La responsabilité est la *sollicitude*, reconnue comme un devoir, d'un autre être qui, lorsque sa vulnérabilité est menacée devient un « se faire du souci ». Comme potentiel en revanche, la peur est déjà contenue dans la question originaire avec laquelle on peut s'imaginer que commence toute responsabilité active : que lui arrivera-t-il, si moi je ne m'occupe *pas* de lui ? Plus la réponse est obscure, plus la responsabilité se dessine clairement. Et plus ce qui est à craindre est encore loin dans l'avenir, plus c'est éloigné de notre propre bien-être ou de notre malheur et plus c'est [392] non familier dans son genre, plus la lucidité de l'imagination et la sensibilité du sentir doivent être délibérément mobilisées à cet effet : une *heuristique* de la peur qui dépiste le danger devient nécessaire, qui non seulement lui dévoile et lui expose l'objet inédit comme tel, mais qui apprend même à l'intérêt éthique qui est interpellé par cet objet (alors qu'il ne l'avait jamais été auparavant) à se reconnaître lui-même. La *théorie* de l'éthique elle-même a déjà besoin de la représentation du mal, tout autant que de la représentation du bien et ensuite plus encore, lorsque ce dernier est devenu flou à nos yeux et qu'il a besoin d'être d'abord précisé par la menace anticipée du mal d'un type nouveau. Dans une telle situation qui nous semble être celle d'aujourd'hui, l'effort conscient pour arriver à une crainte désintéressée, dans laquelle devient visible en même temps que le mal le bien qui en préserve, devient visible en même temps que le désastre le salut auquel on n'adresse pas trop de demandes illusoires – la peur elle-même devient donc la première obligation préliminaire d'une éthique de la responsabilité historique. A celui qui estime que sa source, « crainte et tremblement » – naturellement jamais la source unique, mais parfois celle qui est à juste titre dominante – n'est pas assez digne du statut de l'homme, on ne peut pas confier notre sort [1]. Quant à nous, nous ne

1. Ernst Bloch disqualifie la peur pour la raison qu'elle serait une conséquence de « l'incapacité d'avoir des rêves dirigés en avant », « n'étant pas à l'affût de choses qui doivent venir [!] » « Ainsi, dans ce scepticisme volontaire-involontaire la peur tient lieu de l'espérance au lieu de s'emparer de l'avenir... elle est une antifin. » « La peur en particulier, dit Sartre, est un état d'esprit qui

craignons pas le reproche de pusillanimité ni de négativité, en décrétant de la sorte que la crainte est une obligation, ce qu'elle ne peut naturellement être qu'ensemble avec l'espérance (à savoir celle d'éviter le pire) : une peur fondée, non la pusillanimité ; peut-être même l'angoisse, mais pas l'anxiété ; et en aucun cas pas la peur ou l'angoisse pour soi-même. Éviter l'angoisse là où elle est de mise, ce serait en effet de l'anxiété.

b. Préserver « l'image et la ressemblance »

Le respect a le frémissement doivent eux aussi être réappris, afin qu'ils nous protègent des aberrations de notre pouvoir (par exemple de l'expérimentation avec la constitution humaine). Le [393] paradoxe de notre situation consiste en ceci que nous devons reconquérir le respect perdu à partir du frémissement, le positif à partir de la représentation du négatif : le respect devant ce que l'homme était et devant ce qu'il est, en reculant d'horreur devant ce qu'il pourrait devenir et dont la possibilité nous regarde fixement à partir de l'avenir que prévoit la pensée. Le respect seul, dans la mesure où il nous dévoile quelque chose de « sacré », c'est-à-dire quelque chose qui en aucun cas ne doit être atteint (et cela peut être entrevu même en l'absence de religion positive) nous protégera contre la tentation de violer le présent au bénéfice de l'avenir, de vouloir acheter celui-là au détriment de celui-ci. Pas plus que l'espérance, la peur ne doit inciter à remettre à plus tard la véritable fin – la prospérité de l'homme sans diminution de son humanité – et, en attendant, à détruire cette même fin par les moyens.

supprime l'homme ; par conséquent subjectivement et surtout objectivement, le contraire vaut pour l'espérance : elle réanime » (P. H. p. 1617). Hobbes en savait déjà plus long lorsqu'il fit de la peur le *primum movens* en matière de bien commun. Nous parlons ici naturellement d'une peur désintéressée, non de la peur égoïste de Hobbes. Mais précisément la première ne trouve pas grâce aux yeux des prophètes du grand rêve.

C'est ce que feraient des moyens qui ne respecteraient pas les hommes de leur propre temps. Un héritage dégradé dégradera en même temps les héritiers. Préserver l'héritage dans son intention qui vise « l'image et la ressemblance », donc négativement le protéger également contre la dégradation, c'est là l'affaire de tout instant ; ne pas tolérer de pauses en cela est la meilleure garantie de la durée ; c'est, sinon la garantie, du moins la condition préalable même de l'intégrité future de « l'image et de la ressemblance ». Or son intégrité n'est rien d'autre que *l'ouverture* à *l'appel* toujours plus immense et incitant à l'humilité qui est adressé à son représentant toujours plus déficient. Garder cela intact à travers les vicissitudes du temps, et même contre le propre faire de l'homme, ce n'est pas un but utopique, mais bien un but assez peu modeste de la responsabilité pour l'avenir de l'homme.

BIBLIOGRAPHIE DE HANS JONAS

BIBLIOGRAPHIE ÉTABLIE PAR STANISLAS WARZESZAK REVUE ET COMPLÉTÉE PAR HANS JONAS

I. RECHERCHES SUR LA GNOSE ET LA RELIGION

1. Ouvrages

- *Augustin und das paulinische Freiheitsproblem. Ein philosophischer Beitrag zur Genesis der Christlichabendländischen Freiheitsidee*, Göttingen, Vandenhoeck & Ruprecht, 1930.
- *Augustin und das paulinische Freiheitsproblem. Eine philosophische Studie zum pelagianischen Streit*, Göttingen, Vandenhoeck & Ruprecht, 1965 [2].

- *Der Begriff der Gnosis* (Teildruck). *Inaugural Dissertation zur Erlangung der Doktorwürde der Hohen Philosophischen Fakultät der Philipps-Universität, zu Marburg*, Göttingen, Hubert & Co., 1930.
- Id., *GSG* II, 1.

- *Gnosis und spätantiker Geist*, vol. I, *Die mythologische Gnosis*, Göttingen, 1934, 1954 [2], 1964 [3]; vol. II, 1, *Von der Mythologie zur mystischen Philosophie*, Göttingen, 1954, 1964 [2].
- *Ibid.*, *Ergänzungsheft zur ersten und zweiten Auflage*, 377-456.

- *The Gnostic Religion : The Message of the Alien God and the Beginnings of Christianity*, Boston, Beacon Press, 1958, 1963 [2].
- *Het Gnosticisme*, Utrecht-Antwerpen, 1969.

– *Lo gnosticismo*, trad. M. Ricatti di Ceva, Torino, SEI, 1973.
– *La Religion gnostique. Le message du Dieu étranger et les débuts du christianisme*, trad. L. Evrard, Paris, Flammarion, 1978.

2. *Articles*

– « Origenes' *Peri Archon* – ein System patristischer Gnosis », *ThZ* 4, 1948, 101-119.
– « Die origenistische Spekulation und die Mystik », *ThZ* 5, 1949, 24-45.
– Id., *GSG* II/1, § 5.
– « Origen's Metaphysics of Free Will, Fall and Redemption. A *Divine Comedy* of the Universe ». *JUHS* 8, 1969/1970, 3-24.
– Id., *PhE*, 305-323.

– « Problems of Knowing God in Philo Judaeus », *Sefer Yohanan Lewy*, Jérusalem, 1949, 65-84, hébreu.
– Id., *GSG*II, 1, § 3.

– « Aeon », « Augustine », « Gnosticism », « Irenaeus », *Encyclopedia Hebraica*, Jérusalem, 1950, hébreu.

– « Gnosticism and Modern Nihilism », *SR* 19, 1952, 430-452.
– « Gnosis und moderner Nihilismus », *KD* 6, 1960, 155-171.
– « Gnosis, Existentialismus und Nihilismus », *ZNE*, 5-25.
– Id., *OF*, 292-3 16.
– « Gnosticism, Existentialism and Nihilism », *PhL*, 211-234.
– « Gnosticisme, existentialisme et nihilisme » *RG*, 417-442.

– « Gnosticism », *A Handbook of Christian Theology*, New York, Meridian Books, 1958, 144-147.

– « Evangelium Veritatis and the Valentinian Speculation », éd. F. L. Cross, *Studia Patristica VI* (Texte und Untersuchungen zur Geschichte der altchristlichen Literatur 81), Berlin, Akademie Verlag. 1962, 96-111.

– « Plotin über Ewigkeit und Zeit. Interpretation vom Enn. III, 7 », éd. A. Dempf, H. Arendt, F. Engel-Janosi, *Poli-*

tische Ordnung und menschliche Existenz. Festgabe fur Eric Voegelin zum 60. Geburtstag, Munich, C.H. Beck, 1962, 295-319.

– « Plotins Tugendlehre. Analyse und Kritik », éd. F. Wiedmann, *Epimeleia. Die Sorge der Philosophie um den Menschen. Festschrift für Helmut Kuhn*, Munich, A. Pustet, 1964, 143-173.

– Id., « Philosophische Meditation über Paulus Römerbrief, Kapitel 7 », éd. E. Dinkler, *Zeit und Geschichte. Dankesgabe an Rudolf Bultmann zum 80. Geburtstag*, Tübingen, J.C.B. Mohr, 1964, 557-570.

– « Philosophische Reflexion über Paulus Römerbrief, Kapitel 7 », *Augustin und das paulinische Freiheitsproblem. Eine philosophische Studie zum pelagianischen Streit*, Göttingen, Vandenhoeck & Ruprecht, 1965[2], 93-105.

– « Philosophical Meditation on the Seventh Chapter of Paul's Epistle to the Romans », éd. J.M. Robinson, *The Future of Our Religious Past : Essays on Honour of Rudolf Bultmann*, New York, Harper & Row ; Londres, S.C.M. Press, 1971, 333-350.

– Id., « The Abyss of the Will : Philosophical Meditation on the Seventh Chapter of Paul's Epistle to the Romans », *PhE*, 335-348.

– « Response to G. Quispel's Gnosticism and the New Testament », éd. J.P. Hyatt, *The Bible on Modern Scholarship*, Nashville, Abingdon Press, 1965, 279-293.

– « The Hymn of the Pearl : Case Study of a Symbol, and the Claims for a Jewish Origin of Gnosticism », *PhE*, 277-290.

– « Über die hermeneutische Struktur des Dogmas », *Augustin und das paulinische Freiheits problem. Einc philosophische Studie zum pelagianischen Streit*, Göttingen, Vandenhoeck & Ruprecht, 1965[2], 80-89.

– « Des Pelagius Auslegung von Röm. 7 aus sinen Expositiones XIII epistularum Pauli », *Augustin und das paulinische Freiheitsproblem. Eine philosophische Studie zum pelagianischen Streit*, Göttingen, Vandenhoeck & Ruprecht, 1965[2], 90-92.

– « Delimitation of the Gnostic Phenomenon – Typological and Historical », éd. U. Bianchi, *Le origini dello gnosticismo*, Studies in the History of Religions XII, Leyde, E.J. Brill, 1967, 1970[2], 90-108.

- Id., « The Gnostic Syndrom : Typology of its Thought, Imagination, and Mood », *PhE*, 263-276.
- « Typologische und historische Abgrenzung des Phänomens der Gnosis », éd. K. RUDOLF, *Gnosis und Gnostizismus*, Darmstadt, Wissenschaftliche Buchgesellschaft, 1975, 626-645.
- « Le syndrome gnostique : typologie d'une pensée, d'une imagination et d'une sensibilité », *RG*. 443-463.
- « Gnosticism », *Encyclopedia of Philosophy*, vol. 3, New York, Macmillan and Free Press, 1967 [2], 336-342.
- « Myth and Mysticism : A Study of Objectification and Interiorization in Religious Thought », *JR* 49, 1969, n° 4, 315-329.
- Id., *PhE*, 291-304.
- « The Soul in Gnosticism and Plotinus », *PhE*, 324-334.
- Id., *Le Néoplatonisme*, Paris, *CNRS*, 1971, 45-53.
- « Discussion de la Conférence de M. Dörrie, », *Le Néoplatonisme*, Paris, *CNRS*, 1971, 29-33.
- « Discussion des Conférences de H. Jonas et de M. Blumenthal », *Le Néoplatonisme*, Paris, *CNRS*, 1971, 65-66.
- « Discussion de la Conférence de M. Armstrong », *Le Néoplatonisme*, Paris, *CNRS*, 1971, 75-76.
- « Discussion de la Conférence de Mme Charles », *Le Néoplatonisme*, Paris, *CNRS* ; 1971, 249-251.
- « Discussion de la Conférence de M. Blumenberg », *Le Néoplatonisme, Paris, CNRS*, 1971, 472-474.
- « A Retrospective View », éd. G. WIDENGREN, *Proceedings of the International Colloqium on Gnosticism*, Stockholm, août 20-25, 1973, Stockholm, Almquist & Wiksell International, Leyde, E.J. BRILL, 1977, 1-15.
- « Beginnings and Wanderings : A Retrospective View », *FRR* § 6.

II. RECHERCHES SUR LA PHILOSOPHIE DE L'HOMME ET DE LA NATURE

1. *Ouvrages*

- *Zwischen Nichts und Ewigkeit. Zur Lehre vom Menschen*, Kleine Vandenhoeck-Reihe 165, Göttingen, Vandenhoeck & Ruprecht, 1963, 1987 [2].
- *Entre le néant et l'éternité*, trad. S. Courtine-Denamy, Paris, Belin, 1996.
- *The Phenomenon of Life. Toward a Philosophical Biology*, New York, Harper & Row, 1963, 1966 [2]; New York, Dell Publishing Co., Delta Books, 1968; Westport, Greenwead Press, 1979; Chicago-Londres, University of Chicago Press, 1982.
- Id., *Organismus und Freiheit. Ansätze zu einer Phlosophischen Biologie*, Göttingen, Vandenhoeck & Ruprecht, 1973.

2. *Articles*

- « Causality and Perception », *JPh* 47, 1950, n° 11, 319-324.
- Id., *PhL*, 26-33.
- Id., *OF*, 42-53.

- « Comment on von Bertalanffy's General System Theory », *Human Biology* 23, 1951, 328-335.

- « Materialism and the Theory of Organism », *UTQ* 21, 1951, 39-52.
- « Philosophical Aspects of Darwinism », *PhL*, 38-58.
- Id., *OF*, 60-85.

- « Is God a Mathematician ? », Measure 2, 1951, 404-426.
- « Is God a Mathematician ? The Meaning of Metabolism », *PhL*, 64-92.
- Id., *OF*, 107-144.
- Append. 1 : « Note on the Greek Use of Mathematics in the Interpretation of Nature », *ibid.*, 92-95.
- Id., *OF*, 144-148.
- Append. 2 : « Note on Whitehead's Philosophy of Organism », *ibid.*, 95-96.
- Id., *OF*, 148-150.

– Append. 3 : « Note on the Nonparticipation of DNA in Metabolism », *ibid.*., 97-98.
– « Motility and Emotion. An Essay in Philosophical Biology », *Proceedings of the XIth International Congress of Philosophy*, vol. VII, Amsterdam-Louvain, 1953, 117-122.
– Id., « To move and to feel : On the Animal Soul », *PhL*, 99- 107. – Id.. *OF* 151-163.

– « A Critique of Cybernetics », *SR* 20, 1953, 172-192.
– Id., « Cybernetics and Purpose : A Critique », *PhL*, 108-127. Append. : « Materialism, Determinism, and the Mind », *ibid.*, 127-134.
– « Kybernetik und Zweck. Eine Kritik », *OF*, 164-187. Append. : « Materialismus, Determinismus und der Geist », *ibid.*, 187-197.

– « The Nobility of Sight : A Study in the Phenomenology of the Senses », *PhPhR* 14, 1953-1954, 507-519.
– Id., *PhL*, 135-152. Append. : « Sight and Movement », *ibid.*, 152-156.
– Id., éd. S.F. Spicker, *The Philosophy of the Body*, Chicago, Quadrangle Books, 1970, 312-333.
– « Der Adel des Sehens. Eine Untersuchung zur Phänomenologie der Sinne », *OF*, 198-219. Append. : « Sehen und Bewegung », *ibid.*, 219-225.

– « Bemerkungen zum Systembegriff und seiner Anwendung auf Lebendiges », SG 10, 1957, n° 2, 88-94.
– Id., *OF*, 92-106.

– « Homo Pictor und die differentia des Menschen », *ZPhF* 15, 1961, n° 2, 161-170.
– « Die Freiheit des Bildens : Homo pictor und die differentia des Menschen », *ZNE*, 2643.
– « Homo Pictor : Von der Freiheit des Bildens », *OF*, 226-247.
– « Homo pictor and the Differentia of Man », *SR* 29, 1962, 201-220.
– « Image-making and the Freedom of Man », *PhL*, 157-175.

– « Live, Death, and the Body in the Theory of Being », *RM* 19, 1965, n° 1, 1-23.
– Id., *PhL*, 7-26.
– « Das Problem des Lebens und des Leibes in der Lehre

vom Sein. Prolegomena zu einer Philosophie des Organischen », *ZPhF* 19, 1965, n° 2, 185-200.
- Id.. *OF*, 1941.

- « Spinoza and the Theory of Organism », *JHPh* 3, 1965, n° 1, 43-57.
- Id., éd. S.F. SPICKER, *The Philosophy of the Body*, Chicago, Quadrangle Books, 1970, 50-69.
- Id., éd. M. GRENE, *Spinoza. A Collection of Critical Essays*, New York, Anchor Books, 1973, 259-278.
- Id., *PhE*, 206-223.

- « Biological Foundations of Individuality », *IPhQ* 8, 1968, n° 2, 231-251.
- Id., *PhE*, 185-205.
- « The Meaning of Cartesianism for the Theory of Life », *PhL*, 58-63.
- Id., *OF*, 85-91.

- « From Philosophy of the Organism to the Philosophy of Man », *PhL*, 183-187.
- « Von der Philosophie des Organismus zur Philosophie des Menschen », *OF*, 258-263.

- « Sight and Thought : A Review of Visual Thinking », *PhE*, 224-236.
- « Rudolph Arnheim. Visual Thinking. A Review Article », *JAAC*, 30, 1971/1972, 111-117.

- « On the Subjects of a Philosophy of Life », *PhL*, 1-6.
- Id., *OF*, 11-18.

- « Note on Anthropomorphism », *PhL*, 33-37.
- Id., *OF*, S3-S9.

- « Epilogue : Nature and Ethics », *PhL*, 282-284.
- Id., *OF*, 340-342.

- « Parallelism and Complementarity. The Psycho-Physical Problem in Spinoza and in the Succession of Niels Bohr », éd. R. KENNINGTON, *The Philosophy of Baruch Spinoza*, Studies in Philosophy and the History of Philosophy, vol. VII, Washington, Catholic University of America Press, 1980, 126-128.
- Id., éd., M. GRENE, D. NAILS, *Spinoza and the Sciences*,

Boston Studies in the Philosophy of Science 91, Dordrecht-Boston, D. Reidel, 1986, 237-247.
- Id., *MOS* § *4*.
- Id., *IR*, 222-231.

- « Evolution und Freiheit », *Sch* 13, 1983/1984, 85-102.

- « Werkzeug, Bild und Grab. Vom Transanimalischen im Menschen », *Sch* 15, 1985/1986, 47-58.

- « Geist, Natur und Schöpfung. Kosmologischer Befund und kosmogonische Vermutung », *Sch* 18, 1988/89, 17-33.

III. RECHERCHES SUR LA TECHNOLOGIE MODERNE ET L'ÉTHIQUE DE LA RESPONSABILITE

1. *Ouvrages*

- *Philosophical Essays : From Ancient Creed to Technological Man*, Englewood Cliffs, Prentice-Hall, 1974; Chicago-Londres, The University of Chicago Press, 1980 [2].

- *On Faith, Reason and Responsibility : Six Essays*, Claremont, California, The Institute for Antiquity and Christianity, 1981.

- *Das Prinzip Verantwortung. Versuch einer Ethik für die technologische Zivilisation*, Francfort-sur-le-Main, Suhrkamp, 1979,1982 [2],1984 [3].
- *The Imperative of Responsibility. In Search of an Ethics for The Technological Age*, trad. H. Jonas, D. Herr, Chicago-Londres, The University of Chicago Press, 1984.
- *Le Principe responsabilité. Essai d'une éthique pour la civilisation technologique*, trad. J. Greisch, Paris, Cerf, 1990.
- *Il principio responsabilità*, trad. P.P. Portinaro. Einaudi, 1990.

- *Technik, Medizin und Ethik. Zur Praxis des Prinzips Verantwortung*, Francfort-sur-le-Main, Suhrkamp, 1985,1987 [2].

– *Macht oder Ohnmacht der Subjektivität? Das Leib-Seele-Problem im Vorfeld des Prinzips Verantwortung*, Francfort-sur-le-Main, Suhrkamp, 1987.
– « Impotence or Power of Subjectivity. A Reappraisal of the Psychophysical Problem », *IR*, 205-231.
– Id., *FRR*, § 3.
– Id., « On the Power or Impotence of Subjectivity », éd. S.F. SPICKER, H.T. ENGELHARDT, *Philosophical Dimensions of the Neuro-Medical Sciences*, Philosophy and Medicine 2, Dordrecht-Boston, D. Reidel Publishing Company, 1976, 143-161.

– *Wissenschaft als persönliches Erlebnis*, Göttingen, Vandenhoeck & Ruprecht, 1987.

– *Materie, Geist and Schöpfung. Kosmologischer Befund and kosmogonische Vermutung*, Francfort-sur-le-Main, Suhrkamp, 1988.

2. *Articles*

– « Contemporary Problems in Ethics from a Jewish Perspective », *CCARJ* 15, 1968, n° 1, 27-39.
– Id., *CCARJ Anthology on Judaism and Ethics*, 1969.
– Id., éd. D.J. SILVER, *Judaism and Ethics*, New York, KTAV Publishing House, 1970.
– Id.. *PhE*, 168-182.

– « Economic Knowledge and the Critique of Goals », éd. R.L. HEILBRONER, *Economic Means and Social Ends*, Englewood Cliffs, Prentice-Hall, 1969, 67-88.
– « Socio-Economic Knowledge and Ignorance of Goals », *PhE*, 81-104.

– « Philosophical Reflections on Experimenting with Human Subjects », *Daedalus*, 98. 1969, n° 2, 219-247.
– Id., éd. E. KUYKENDALL, *Philosophy in the Age of Crisis*, New York, Harper & Row, 1970, 81-100.
– Id., éd. P.A. FREUND, *Experimentation with Human Subjects*, New York, G. Brazillier, 1970, 1-31.
– Id., *PhE*, 105-131.
– Id., éd. J.M. HUMBER, R.F. ALMEDER, *Biomedical Ethics and the Law*, New York, Plenum Press, 1976, 217-242.
– Id., éd. S.J. REISER, A.J. DYCK, W.J. CURRAN, *Ethics in Medicine*, Cambridge, M.I.T. Press, 1977, 304-315.

- Id., éd. S.E. Lammers, A. Verhey, *On Moral Medicine. Theological Perspectives in Medical Ethics*, Michigan, Grand Rapids, 1987, 617-627.
- « Philosophische Betrachtungen über Versuche an menschlichen Subjekten », éd. W. Doerr, *Recht and Ethik in der Medizin*, Berlin, Springer, 1982.
- Id., éd. H. Piechowiak, *Ethische Probleme der modernen Medizin*, Mayence, 1985, 105-119.
- Id., *TME*, § 6.
- « Réflexions philosophiques sur l'expérimentation humaine », *Médecine et expérimentation. Cahiers de Bioéthique* n° 4, Québec, 1982.

- « On the Redefinition of Death », *Daedalas* 1969.
- Id., *TME.* § 10.

- « On the Meaning of the Scientific and Technological Revolutions », *PhT*, 15, 1971, n° 2/4, 76-101.
- « Seventeenth Century and After : The Meaning of the Scientific and Technological Revolution », *PhE*, 45-80.

- « Technology and Responsibility : Reflections of the New Tasks of Ethics », éd. J.M. Robinson, *Religion and the Humanizing of Man*, Los Angeles, 1972.
- Id., *SR* 40, 1973, n° 1, 31-54.
- Id., *PhE*, 3-20.
- Id., *IR*, 1-24.
- « Die Natur auf der moralischen Bühne : Überlegungen zur Ethik im technologischen Zeitalter », *EK* 6, 1973, n° 2, 73-77.
- Id., *PV*, 13-58.
- « Technologie et responsabilité. Pour une nouvelle éthique », trad. A. Favre, *Esp* 42, 1974, n° 438/9, 163-184.

- « Against the Stream : Comments on the Definition and Redefinition of Death », *PhE*, 132-140.
- Id., *TME*, § 10.

- « Responsibility Today : The Ethics of an Endangered Future », *SR* 43, 1976, n° 1, 77-97.
- Id., *PV*, § 2.5.6.
- Id., *IR*, § 2.5.6.
- Id., *FRR*. § 4.

– « Freedom of Scientific Inquiry and the Public Interest », *HCR* 6, 1976, n° 4, 15-17.
– Id., éd. T.L. Beauchamp, Le Roy Walters, *Contemporary Issues in Bioethics*, California, 1982 [2], 598-601.
– Id., *Biomedical Research and the Public. Prepared for the Subcommittee on Health and Scientific Research of the Committee on Human Resources, US. Senate, May 1977*, Washington, U.S. Government Printing Office, 1977, 33-38.
– Id., *TME*, § 5.

– « The Concept of Responsibility : An Inquiry into the Foundations of an Ethics for Our Age », éd. H.T. Engelhardt, D. Callahan, *Knowledge, Value and Belief*, New York, Institute of Society, Ethics and the Life Sciences, 1977, 169-198.
– Id., *PV*, § 4, 153-242.
– Id., *IR*, § 4, 79-135.
– Id., *FRR*, § 5.

– « The Right to Die », *HCR* 8, 1978, n° 4, 31-36.
– « Das Recht zu sterben », *Sch* 14, 1984-1985.
– Id., *TME* § 11.
– « Prawo do smierci », *Et* 23, 1988 7-26.
– *Le Droit de mourir*, trad. Ph. Ivernel, Paris, Rivages, 1994.

– « Toward Philosophy of Technology », *HCR* 9, 1979, n° 1, 34-43.
– Id., « Philosophisches zur modernen Technologie », éd. R. Löw, P. Koslowski, Ph. Kreuzer, *Fortschritt ohne Mass ? Eine Ortbestimmung der wissenschaftlich-technischen Zivilisation*, Piper 235, Munich, R. Piper, 1981.
– Id., *TME*, § 1.

– « Im Zweifel für die Freiheit ? », *Nachrichten aus Chemie, Technik und Laboratorium*, 29, 1981, n° 1.
– Id., *TME*, 301-321.

– « Freiheit der Forschung und öffentliches Wohl », *Sch* 1981, n° 2, 253-269.
– Id., éd. O. Schatz, *Brauchen wir eine andere Wissenschaft ? X. Salzburger Humanismusgespräch*, Graz-Vienne-Cologne, Styria, 1981.
– Id., *TME*, § 5.

- « Reflections on Technology, Progress, and Utopia », *SR* 48, 1981, n° 3, 411-455.
- Id., *PV*, § 4.5.6.
- Id., *IR*, § 4.5.6.

- « Technology as a Subject for Ethics », *SR* 49, 1982, n° 4, 891-898.
- Id., *TME*, § 2.

- « Biological Engineering – A Preview ». *PhE.* 141-167.
- « Lasst uns einen Menschen klonieren. Betrachtungen zur Aussicht genetischer Versuche mit uns selbst », *Sch* 12, 1982, n° 34.
- Id., *TME* § 8.

- « Die Zukunft der technischen Kultur. Podiumsgespräch mit Hans Jonas », éd. D.Rössler, E. Lindenlaub, *Möglichkeiten and Grenzen der technischen Kultur. Symposium Hotel Schloss Fuschl, Österreich 7-10 mai 1981*, Stuttgart-New York, 1982, 265-296.
- Id., *TME*, 269-301.

- « Straddling the Boundaries of Theory and Practice », éd. J. Richards, *Recombinant DNA : Science, Ethics and Politics*, New York, Academic Press, 1983.
- Id., *TME*, § 5.
- « Ärztliche Kunst und menschliche Verantwortung », *Renovatio* 39, 1983, n° 4.
- Id., *TME*, § 7.

- « Forschung und Verantwortung », *Aulavorträge* 21, Hochschule St. Gallen, 1983.
- Id., *TME*, § 4.

- « Technique, moral et génie génétique », trad. R. Brague, *Com* 9, 1984, n° 6, 46-65.
- « Technik, Ethik und Biogenetische Kunst. Betrachtung zur neuen Schöpferrolle des Menschen », Com 13, 1984, n° 6/84, 501-517.
- Id., éd. R. Flöhl, *Genforschung – Fluch oder Segen ? Interdisziplinare Stellungnahmen* Munich, 1985, J. Schweizer, 1-15.
- Id., *Dic Pharmazeutische Industrie* 46, 1984, n° 7.
- Id., *TME*, § 2.9.

– « Warum wir heute eine Ethik der Selbstbeschränkung brauchen », éd. E. STRÖCKER, *Ethik der Wissenschaften? Philosophische Fragen*, Munich, 1984, 75-86.

– « Onthological Grounding of a Political Ethics : On the Metaphysics of Commitment to the Future of Man », *GFPJ* 10, 1984, n° 1, 47-61.

– « From Gnosticism to the Dangers of Technology. An Interview with Hans Jonas », J.P. CULIANU, *Gnosticismo e pensiero moderno : Hans Jonas*, Rome, 1985, 133-153.

– « Ethics and Biogenetic Art », *SR* 52, 1985, 491-504.

– « Prinzip Verantwortung. Zur Grundlegung einer Zukunfsethik », éd. Th. MEYER, S. MILLER, *Zukunftsethik und Industriegesellschaft*, Zukunftsethik 1, Munich, J. Schweitzer, 1986, 3-14.
– « Wissen ist Ohmnacht » (interview de Hans Jonas par Gero von Boehm), 45 mn., Südwestfunk, 1987.
– Id., *Fernsehmitschnitt* 25.9.1987.

– « Warum unsere Technik ein vordringliches Thema für die Ethik geworden ist », éd. H. KRAUTKRÄMER, *Ethische Fragen an die moderne Naturwissenschaft*, Zukunftsethik 3, Francfort-Munich, J. Schweitzer, 1987.

– « Technik, Freiheit und Pflicht. Dankesrede anlässlich der Verleihung des Friedenspreises des Deutschen Buchhandels am 11. Oktober 1987 in Frankfurt/Main », *WPE* 32-46.
– Id., *Hans Jonas. Ansprachen aus Anlass der Verleihung. Friedenspreis des Deutschen Buchhandels 1987*, Francfort-sur-le-Main, 1987, 33-46.

– « Auf der Schwelle der Zukunft : Werte von gestern und die Welt von morgen? », H. JONAS, D. MIETH, *Was für morgen lebenswichtig ist. Unentdeckte Zukanftswerte*, Fribourg-en-Brisgau, Herder, 1988, 5-32.
– Id., *TME*, § 3.

– « Wissenschaft als persönliches Erlebnis », *WPE*, 7-31.
– « La science comme expérience vécue », trad. R. Brisart, *EtPh* 4, 1988, n° 8, 9-32.

IV. VARIA

1. Ouvrages

– *Der Gottesbegriff nach Auschwitz. Eine jüdische Stimme*, Francfort-sur-le-Main, Suhrkamp, 1987 [2].
– Id., « Der Gottesbegriff nach Auschwitz. Eine jüdische Stimme », éd. O. HOFIUS, *Reflexionen finsterer Zeit*, Tübingen, J.C.B. Mohr, P. Siebeck, 1984, 61-86.
– « The Concept of God after Auschwitz », éd. A.H. FRIEDLANDER, *Out of the Whirlwind*, New York, Union of American Hebrew Congregations, 1968, 465-476.
– *Le Concept de Dieu après Auschwitz*, trad. Ph. Ivernel, Paris, Rivages, 1994.
– Id., *FRR*, § 2.

– *Wandel und Bestand. Vom Grunde der Verstehbarkeit des Geschichtlichen*, Wissenschaft und Gegenwart. Geistes wissenschaftliche Reihe Heft 46, Francfort-sur-le-Main, V. Klostermann, 1970.
– Id., *Durchblicke. Martin Heidegger zum 80. Geburtstag*, Francfort-sur-le-Main, V. Klostermann, 1970, 1-26.
– « Change and Permanence : On the Possibility of Understanding History », éd. W. SCHMID, *Die Interpretation in der Altertumswissenschaft Anschprachen zur Eröffnung des 5. Kongresses der Fédération Internationale des Associations d'Études Classiques, FIEC Bonn 1-6 September 1969*, Bonn, H. GRUNDMANN, 1971, 26-54.
– Id., *SR* 38, 1971, n° 3, 498-528.
– Id., éd. D. CARR, E.S. CASEY, *Explorations in Phenomenology : Papers of the Society for Phenomenology and Existential Philosophy*, Hague, M. Nijhoff, 1973, 102-132.
– Id., *PhE*, 237-260.

2. Articles

– « Karl Mannheims Soziologie des Geistes », *SDGS* 6, 1929, 111-114.

– « Edmund Husserl and the Problem of Ontology », *Mosnain* 7, 1938, n° 5, 581-589, hébreu.

– « In Memoriam Edmund Husserl », *Turim*, Tel-Aviv, 1938, hébreu.

– Revue : « Karl Barth, eine Schweitzer Stimme », *Yedioth* Tel-Aviv, 1946, n° 38, 5-6, allemand.

– « H.A. Wolfson, Philo. Foundations of Religious Philosophy in Judaism, Christianity, and Islam », *PhPhR* 12, 1952, 442-445.

– « Leon Roth, Jewish Thought as a Factor in Civilization », *Review UNESCO Publications Committee*, Canada, 3, 1954, 6-7.

– « Éd. M. Malinine, H.-Ch. Puech, G. Quispel, Evangelium Veritatis », *Gnomon* 32, 1960, 327-336.

– « J. Doresse, The secret Books of the Egyptian Gnostics », *JR* 42, 1962, 262-273.

– « Yiscor : To the Memory of Franz Joseph Weiner », *ChJF* 9, 1950, n° 1, 1-8.

– « The Practical Uses of Theory », *SR* 26, 1959, n° 2, 127-166.
– Id., *SR* 51, 1984, 65-90.
– Id., éd. M. Natanson, *Philosophy of the Social Sciences. A Reader*, New York, Random House, 1963, 119-142.
– Id., *PhL*, 188-234.
– Id., éd. C. Mitcham, R. Mackey, *Philosophy and Technology*, New York, The Free Press, Londres, Collier-Macmillan, 1972, 335-346, 377.
– « Vom praktischen Gebrauch der Theorie », *OF* 264-291.

– « In Memoriam : Alfred Schutz, 1899-1959 », *SR* 26, 1959, 471-474.

– « Kurt Goldstein and Philosophy », *AJP* 19, 1959, 161-164.
– Id., *SR* 32, 1965, 351-356.

– « Immortality and the Modern Temper », *HTR* 55, 1962, 1-20.
– Id., *PhL*, § 11.

– « Unsterblichkeit und heutige Existenz », *ZNE*, 44-62.
– Id., *OF*, 317-339.

– « The Anthropological Foundation of the Experience of Truth », *Memorias del XIII° Congreso Internacional de Filosofia Mexico, D.F., 7-14 de Septiembre de 1963*, vol. 5, Mexico, Universidad Nacional Autonoma de Mexico, 1964, 507-517.
– « On the Origins of the Experience of Truth », *PhL*, § 7, append., 175-182.
– « Vom Ursprung der Wahrheitserfahrung », *OF*, 247-257.

– « Heidegger und die Theologie », *EIh* 24, 1964, n° 12, 621-642.
– Id., éd. G. Noller, *Heidegger und die Theologie. Beginn und Fortgang der Diskussion* Munich, Chr. Kaiser, 1967, 316-340.
– « Heidegger and the Theology », *PhL*, 235-261.
– Id., *RM* 18, 1964, n° 2, 207-233.
– « Heidegger et la théologie », trad. L. Evrard, *Esp* 1988, n° 140-141/7-8, 172-195.

– « Jewish and Christian Elements in the Western Philosophical Tradition », *Commentary* 44, 1967, 61-68.
– Id., éd. F. Oakley, D. O'Conner, *Creation : The Impact of an Idea*, New York, Ch. Scribner's Sons, 1969, 241-258.
– « Jewish and Christian Elements in Philosophy : Their Share in the Emergence of the Modern Mind », *PhE*, 21-44.
– « Judentum, Christentum und die westliche Tradition », *ETh* 28, 1968, 613-629.

– « Testimony before Subcommittee on Health, U.S. Senate : Hearings on Health, Science, and Human Rights, Nov. 9, 1971 », *National Advisory Commission on Health Science and Society Resolution 92nd Congress 1st Session*, Washington, U.S. Government Printing Office, 1971, 119-123.

– « Aron Gurwitsch », *SR*, 40, 1973, n° 4, 567-569.

– « Hannah Arendt », *SR* 43, 1976, n° 1, 3-5.
– Id., « Words Spoken at the Funeral Service for Hannah Arendt at the Riverside Memorial Chapel in New York City on Monday, December 8, 1975 », *Partisan Review* 42, 1976, n° 1, 12-13.
– Id., *Deutsche Akademie für Sprache und Dichtung Darm-*

stadt Jahrbuch 1975, Heidelberg, Lambert Schneider, 1976, 169-171.

– « Acting, Knowing, Thinking. Gleanings from Hannah Arendt's Philosophical Work », *SR* 44, 1977, 25-43.
– « Hannah Arendt in memoriam. Handeln, Erkennen, Denken : Aus Hannah Arendts philosophischem Werk », *Mer*, 30, 1976, n° 10, 921-935.
– Id., « Handeln, Erkennen, Denken. Zu Hannah Arendts philosophischem Werk », éd. A. REIF, *Hannah Arendt Materialien zu ihrem Werk*, Europa Verlag, 1979.

– « Im Kampf um die Möglichkeit des Glaubens. Erinnerungen an Rudolf Bultmann und Betrachtungen zum philosophischen Aspekt seines Werkes », *WPE*, 47-75.
– Id., éd. O. KAISER, *Gedenken an Rudolf Bultmann*, Tübingen, 1977.
– Compl. : « Kausal mehrwertige Schwellensituationen und die Theorie der Geschichte », *MOS*, 133-139.

– « Is Faith Still Possible ? Memories of Rudolf Bultmann and Reflections of the Philosophical Aspects of His Work », *HTR* 75, 1982, n° 1, 1-23.
– Id., *FRR*, § 1.

– « Response to James M. Gustavson », éd. H.T. ENGELHARDT, D. CALLAHAN, *Knowing and Valuing. The Searchfor Common Roots*, Hastings-on-Hudson, Hastings Center, 1980, 203-217.
– Id., éd. D. CALLAHAN, H.T. ENGELHARDT, *The Roots of Ethics*, New York, Londres, Plenum Press, 1982, 197-211.

– JONAS H., BULTMANN R., « Aus dem Briefwechsel zwischen Rudolf Bultmann und dem Verfasser anlässlich des Aufsatzes über die Unsterblichkeit », *ZNE*, 63-72.77.

BIBLIOGRAPHIE SUR HANS JONAS

I. RECHERCHES SUR LA GNOSE ET LA RELIGION

ALAND B. éd., *Gnosis. Festschrift für Hans Jonas. In Verbindung mit Ugo Bianchi, Martin Krause, James M. Robinson und Geo Widengren*, Göttingen, Vandenhoeck & Ruprecht, 1978.

ALLO E.B., Rev : « Hans Jonas, *GSG*, Teil I, 1934 », Bulletin de Science des Religions, *RSPhTh* 24, 1935, n° 3, 508-512, 526-528.

BLUMENBERG H., « Epochenschwelle und Rezeption, Hans Jonas, *GSG* I, 1954 [2], II/1, 1954 », *PhR* 6, 1958, 107-120.

CAMELOT P.T., Rev : « Hans Jonas, *GSG* I, 1954 [2] ; Id., II/1, 1954 », *RSPhTh* 42, 1958, 562-563.

CAMPENHAUSEN H. von, Rev : « Hans Jonas, *APF*, 1930 », *DLZ* 1931, 2214-2217.

CERFAUX L., Rev : « H. Jonas, *GSG* I, 1934 », *RHE* 1935, 369-372.

CULIANU J.P., *Gnosticismo e pensiero moderno : Hans Jonas*, Rome, 1985.

FARIBAULT Y.-M., « Un livre : Gnosis und spätantiker Geist », *EtR* 2, 1937, n° 1, 157-208.

GRANT R M., Rev : « *GSG* I : II/I : By Hans Jonas », *JThSt* 7, 1956, n° 2, 308-313.

GRÉGROIRE F., Rev : « H. Jonas, *GSG* I, 1934 », *RNSPh* 1936, n° 1, 97-102.

KOCH H., Rev : « Hans Jonas, *APF*, 1930 », *ThLZ* 55, 1930, 469-470.

LUMPE A., Rev : « H. Jonas, *GSG* I ; II/I, 1954 », *PLA* 10, 1957, n° 1, 147-151.

MERLAN Ph., Rev : « H. Jonas, *GSG* II/I, 1954 », *JPh SS*, 1958, n° 17, 743-748.

MOORSEL G. Van, Rev : « H. Jonas, *GSG* II/I, 1954 », *VCh* 10, 1956, n° 3/4, 239-241.

NOCK A.D., Rev : « H. Jonas, *GSG* I, 1934 », *Gno* 12, 1936, n° 11, 605-612.

NOCH A.D., Rev : « H. Jonas, *GSG* II/I, 1954 », *Gno* 1956, 124-126.

ROBINSON J.M., « Einleitung », H. Jonas, *APF*, 1965 [2], 11-22.

ROBINSON J M., « The Pre-history of Demythologization. The Introduction to the Second Edition of Hans Jonas' Augustin und das paulinische Freiheitsproblem », *Inter* 20, 1966, n° 1, 65-77.

SCHENKE H.-M., Rev : « Hans Jonas, *GSC* I, 1954 [2] », *ThLZ* 1959, n° 11, 813-820.

VAN DEN BERGN VAN EYSINGA, Rev : « Hans Jonas, *GSG* I, 1934 », *NThT* 1, 1935, 74-77.

II. RECHERCHES SUR LA PHILOSOPHIE DE L'HOMME ET DE LA NATURE

DONNELLEY S., « Whitehead and Hans Jonas. Organism, Causality, and Perception », *IPhQ* 19, 1979, n° 3/75, 301-315.

DONNELLEY S., « Whitehead and Jonas : On biological Organisms and real Individuals », éd. S.F. SPICKE, *Organism, Medicine and Metaphysics. Essays in Honor of Hans Jonas on His 75th Birthday, May 10, 1978*, Philosophy and Medicine 7, Dordrecht-Boston, D. Reidel Publishing Company, 1978, 155-175.

ENGELHARDT H.T., « Introduction », éd. S.F. SPICKER, *Organism, Medicine and Metaphysics. Essays in Honor of Hans Jonas on His 75th Birthday, May 10, 1978*, Philosophy and Medicine 7, Dordrecht-Boston, D. Reidel Publishing Company, 1978, XVII-XXVI.

GOUDGE T.A., Rev : « Existentialism and Biology », *Dial* 5, 1967, n° 4, 603-608.

HART S.L., Rev : « H. Jonas, Organismus und Freiheit », *PhPhR* 35, 1974-1975, 137-138.

MAGNUS W., « The Philosopher and the Scientists : Comments on the Perception of the Exact Sciences in the

Work of Hans Jonas », éd. S.F. SPICKER, *Organism, Medicine and Metaphysics. Essays in Honor of Hans Jonas on His 75th Birthday, May 10, 1978*, Philosophy and Medicine 7, Dordrecht-Boston, D. Reidel Publishing Company, 1978, 225-231.

MENDE E., Rev : « H. Jonas, Organismus und Freiheit. Ansätze zu einer philosophischen Biologie », *PLA* 28, 1975, 30-33.

MOREARTY J.E., Rev : « The Phenomenon of Life, Hans Jonas », *Common* 8 juillet 1966, 445-446.

MORGAN G., Rev : « The Phenomenon of Life. Toward a Philosophical Biology. By Hans Jonas », *Zygon*, sept. 1967, 285-289.

NATANSON M., « The Dialectic of Death and Immortality », *PPhF* 1, 1964, 70-79.

NEVES F., Rev : « H. Jonas, The Phenomenon of Life, 1967 », *Kri* 1975, n° 68, 172-178.

RUBINOFF L., « Perception, Self-making, and Transcendence », *PhQ* 7, 1967, 511-527.

SPICKER S.F. éd., *Organism, Medicine and Metaphysics. Essays in Honor of Hans Jonas on His 75th Birthday, May 10, 1978*, Philosophy and Medicine 7, Dordrecht-Boston, D. Reidel Publishing Company, 1978.

ZANER R.M., « Ontology and the Body : A Reflection », éd. S.F. SPICKER, *Organism, Medicine and Metaphysics. Essays in Honor of Hans Jonas on His 75th Birthday, May 10,1978*, Philosophy and Medicine 7, Dordrecht-Boston, D. Reidel Publishing Company, 1978, 265-282.

III. RECHERCHES SUR LA TECHNOLOGIE MODERNE ET L'ÉTHIQUE DE LA RESPONSABILITÉ

ABBA G., Rev : « Hans Jonas, The Imperative of Responsibility », *Sal* 47, 1985, 3.

APEL K.O., « Verantwortung heute – nur noch Prinzip der Bewahrung und Selbstbeschränkung oder immer noch der Befreiung und Verwirklichung von Humanität ? », éd. Th. MEYER, S. MILLER, *Zukunftsethik und Industriegesellschaft*, Zukunftsethik 1, Munich, J. Schweitzer, 1986, 15-40.

APEL K.O., « The Problem of a Macroethics of Responsibility to the Future in the Crisis of Technological Civilization. An Attempt to come to terms with Hans Jonas's Principle of Responsibility », *MW* 20, 1987, 3-40.

APPELL R., « Die virtuelle Unendlichkeit des technischen Fortschritts. Aufsätze von Hans Jonas zur Praxis der Verantwortlichkeit », *FAZ*, 8 janvier, 1986, n° 6, 10-11.

BELLASI P., Rev : « H. Jonas, Das Prinzip Verantwortung », *SPh* 43, 1984, 227-231.

BIRNBACHER D., Rev : « H. Jonas, Das Prinzip Verantwortung. Versuch einer Ethik für die technologische Zivilisation », *ZPhF* 37, 1983, n° 1, 144-147.

BRISART R., « Avant-propos »/à Hans Jonas/, *EtPh* 4, 1988, n° 8, 3-7.

BRUZINA R., « Commentary on Hans Jonas, Technology, and Ethics », *RPhT* 5, 1982, 152-159.

BUHOFER J., Rev : « Von der Problematik technischen Fortschritts », NZZ, 1 sept. 1981.

DEWITTE J., « Préservation de l'humanité et image de l'homme », *EtPh* 4, 1988, n° 8, 33-68.

DONNELLEY S., « Hans Jonas. La philosophie de la nature et l'éthique de la responsabilité », trad. R. Brisart, *EtPh* 4, 1988, n° 8, 69-90.

– « Hans Jonas, the Philosophy of Nature and the Ethics of Responsibility », *SR* 56, 1989, n° 3, 635-657.

DUMAS A., « La réponse à Hans Jonas », *Esp* 42, 1979, n° 438/9, 190-192.

ERLER H., Rev : « Hans Jonas : Das Prinzip Verantwortung », *ZPBI* Eichholzbrief 1, 1989.

GOSLICH G., Rev : « H. Jonas, Technik, Medizin und Ethik. Zur Praxis des Prinzips Verantwortung », PLA 41, 1988, n° 4, 418.

GRAY R., Rev : « Hans Jonas, The Imperative of Responsibility : In Search of an Ethics for the technological Age », *HSt* 11, 1988, 419-429.

HALLER B., Rev : « H. Jonas, Das Prinzip Verantwortung », *GFP* 19, 1982-1983, n° 2, 161-165.

JUNG HWA YOL, Rev : « H. Jonas, The Imperative of Responsibility : In Search of an Ethics for the Technological Age », EE, 1986, n° 3, 271-274.

KLAPPER N., Rev : « H. Jonas, Philosophical essays : From Ancient Creed to Technological Man », *RM* 28, 1974-1975, 350-351.

KOHLENBERGER H., Rev : « Hans Jonas, Das Prinzip Verantwortung », *SB*, 8 juillet 1980.

KRESS H., « Die Kategorie ethischer Verantwortung in der neueren Diskussion, *ThR* 53, 1988, n° 1, 82-98.

KUHLMANN W., « Prinzip Verantwortung versus Diskursethik », *AF* 55, 1987, n° 1-3, 89-116.

LEVY D.J., Rev : « Ethics for survival. The Imperative of Responsibility by Hans Jonas », *THES* août 24, 1984, 15.

LEVY D.J., « Frankenstein is alive and well ». *THES* oct. 7, 1984.

LÖW R., Rev : « Das Prinzip Verantwortung », *ChUZ*, 14, 1980, n° 3.

MARIENSTRAS R., « La réponse à Hans Jonas », *Esp* 42, 1979, n° 438/9, 185-190.

MCCARTHY J.C., Rev : « H. Jonas, The Imperative of Responsibility : In Search of an Ethics for the Technological Age », *RM* 39, 1985-1986, n° 2/154, 362-364.

MERLAN Ph., « Death, Dying, and Immortality », *PPhF* 3, 1964, 345.

MITCHAM C., « Responsibility and Technology : A select, annotated Bibliography », *TR*, 370-371.

MOLLER W.E., *Der Begriff der Verantwortung bei Hans Jonas*, Francfort-sur-le-Main, Athenäum, 1988.

MÜLLER W.E., « Zur Problematik des Verantwortungsbegriffes bei H. Jonas », *ZEE* 33, 1989, 204-216.

OBERMEIER O.P., Rev : « H. Jonas, Das Prinzip Verantwortung. Versuch einer Ethik für die technologische Zivilisation », *PhJ* 88, 1981, 426-441.

PFAFFEROTT G., Rev : « H. Jonas, Das Prinzip Verantwortung. Versuch einer Ethik für die technologische Zivilisation », *PLA* 33, 1980, n° 3, 216-220.

RATH M., *Intuition und Modell. Hans Jonas' Prinzip Verantwortung und die Frage nach einer Ethik für das wissenschaftliche Zeitalter* (Europäische Hochschulschriften, Reihe 20, Philosophie 231), Francfort-sur-le-Main, P. Lang, 1988.

ROBINSON D.S., Rev : « H. Jonas, Philosophical Essays : From Ancient Creed to Technological Man », *PhPhR* 35, 1974-1975, n° 2, 278-280.

SCHAEFER W., « Die Büchse der Pandora. Über Hans Jonas, Technik, Ethik und die Träume der Vernunft », *Mer* 43, 1989, n° 4, 292-304.

SCHUBERT W., « Schwierigkeiten mit der Verantwortung. Zu Hans Jonas Versuch einer Ethik für die technologische Zivilisation », *PhTe* 2, 1988, n° 1,. 4-7.

SCHÜTZE Ch., Rev : « Das Prinzip Verantwortung », *Mer* 34, 1980, n° 8, 825-830.

SOELLE D., Rev : « Verantwortung wider Hoffnung ? Zu

Hans Jonas' Buch *Das Prinzip Verantwortung* », *Orient* 44, 1980, n° 18, 190-192.

STAMMEN Th., Rev : « Hans Jonas, Das Prinzip Verantwortung 1979 ; Id. Macht oder Ohnmacht der Subjektivität ? 1981 », *WB*, 1982, n° 7.

STENNES N., « Zur ethischen Diskussion um die Gentechnik », *Orient* 49, 1985, 170-175.

STRUYKER-BOUDIER C.E.M., Rev : « H. Jonas, Das Prinzip Verantwortung. Versuch einer Ethik für die technische Zivilisation », *TF* 49, 1987, 336.

TRILLHAAS W., Rev : « Utopie als Gefährdung. Hans Jonas, *Das Prinzip Verantwortung* 1979 », *EK*, août 1980.

VAN DE PUTTE A., Rev : « H. Jonas, Technik, Medizin und Ethik », *TF* 50, 1988, 174.

WARTOWSKY M.W., « Comments on Hans Jonas : Philosophical Aspects of Technology », *RPhT* 5, 1982, 144-152.

IV. VARIA

« Bibliografia di Hans Jonas », J.P. CULIANU, *Gnosticismo e pensiero moderno : Hans Jonas*, Rome, 1985.

« Bibliographie Hans Jonas », éd. B. ALAND, *Gnosis. Festschrift für Hans lonas. In Verbindung mit Ugo Bianchi, Martin Krause, James M. Robinson and Geo Widengren*, Göttingen, Vandenhoeck & Ruprecht, 1978, 508-514.

« Bibliographie von Hans Jonas », *Hans Jonas. Ansprachen aus Anlass der Verleihung. Friedenspreis des Deutschen Buchhandels 1987*, Francfort-sur-le-Main, 1987, 49-54.

« Bibliography of the Works of Hans Jonas », éd. S.F. SPICKER, *Organism, Medicine and Metaphysics. Essays in Honor of Hans Jonas on His 75th Birthday, May 10*, 1978, Philosophy and Medicine 7, Dordrecht-Boston, D. Reidel Publishing Company, 1978, 317-324.

EDEL A., « Ends, Commitments, and the Place of Ignorance », éd. R.L. HEILBRONER, *Economic Means and Social Ends*, Englewood Cliffs, Prentice-Hall, 1969.

HOFIUS O., « Laudatio anlässlich der Verleihung des Dr. Leopold – Lucas-Preises 1984, éd. O. HOFIUS, *Reflexionen finsterer Zeit*, Tübingen, J.C.B. Mohr, P. Siebeck, 1984, 87-94.

JANICAUD D., « En guise d'introduction à Hans Jonas », *Esp* 1988 n° 140-141/7-8, 163-171.

OELMÜLLER W., « Für einen Politikbegriff diesseits von

Moralisierung und Entmoralisierung des Politischen, éd. W. BECKER, W. OELMÜLLER, *Politik and Moral*, Munich, 1987.

OELMÜLLER W., « Hans Jonas. Mythos – Gnosis – Prinzip Verantwortung », *SZ* 206, 1988, n° 5, 343-351.

RICHARDSON W.J., « Heidegger and God – and Professor Jonas », *Th* 40, 1965, n° 156, 13-40.

SCHUCHMAN P., « A Message from his Students : Gewidmet Hans Jonas », éd. S.F. SPICKER, *Organism, Medicine and Metaphysics. Essays in Honor of Hans Jonas on His 75th Birthday, May 10, 1978*, Philosophy and Medicine 7, Dordrecht-Boston, D. Reidel Publishing Company, 1978, XV-XVI.

SPAEMANN R., « Laudatio », *Hans Jonas. Ansprachen aus Anlass der Verleihung. Friedenspreis des Deutschen Buchhandels 1987*, Francfort-sur-le-Main, 1987, 17-32.

ABRÉVIATIONS

AF	Archivio di Filosofia
AJP	American Journal of Psychoanalysis
APF	H. JONAS, Augustin und das paulinische Freiheitsproblem
CCARJ	Central Conference American Rabbis Journal
ChJF	The Chicago Jewish Forum
ChUZ	Chemie in unserer Zeit
CNRS	Centre National de la Recherche Scientifique
Com	Communio
Common	Commonweal
Dial	Dialogue
DLZ	Deutsche Literaturzeitung
EK	Evangelische Kommentare. Monatschrift zum Zeitgeschehen in Kirche und Gesellschaft
Esp	Esprit
Et	Etyka (Pologne)
ETh	Evangelische Theologie
EtPh	Études Phénoménologiques
EtR	Études et Recherches (Ottawa)
FAZ	Frankfurter Allgemeine Zeitung
FRR	H. JONAS, On Faith, Reason, and Responsibility
GFPJ	Graduade Faculty Philosophy Journal (USA)

Gno	Gnomon
GSG	H. JONAS, Gnosis und spätantiker Geist
HCR	Hastings Center Report
HSt	Human Studies, Norwood
HTR	Harvard Theological Review
Inter	Interpretation
IPhQ	International Philosophical Quarterly
IR	H. JONAS, The Imperative of Responsibility
JAAC	Journal of Aesthetics and Art Criticism
JHPh	Journal of the History of Philosophy
JPh	The Journal of Philosophy
JR	The Journal of Religion
JThST	The Journal of Theological Studies, N.S.
JUHS	Journal of the Universalist Historical Society
KD	Kerygma und Dogma
Kri	Kriterion (Brésil)
MER	Merkur
MOS	H. JONAS, Macht oder Ohnmacht der Subjektivität
MW	Man World
NThT	Nieuw Theologisch Tijdschrift
NZZ	Neue Zürcher Zeitung
OF	H. JONAS, Organismus und Freiheit
Orient	Orientierung
PhE	H. JONAS, Philosophical Essays
PhJ	Philosophisches Jahrbuch (München)
PhL	H. JONAS, The Phenomenon of Life
PPhF	Pacific Philosophy Forum
PhPhR	Philosophy and Phenomenological Research (Buffalo)
PhR	Philosophische Rundschau
PhT	Philosophy Today
PhTe	Phil Tech
PLA	Philosophischer Literaturanzeiger
PPhF	Pacific Philosophy Forum

PV	H. JONAS, Das Prinzip Verantwortung
RG	H. JONAS, La religion gnostique
RHE	Revue d'Histoire Ecclésiastique
RM	Review of Metaphysics
RNSPh	Revue Néo-Scolastique de Philosophie
RPhT	Research in Philosophy and Technology
RSPhTh	Revue des Sciences Philosophiques et Théologiques
Sal	Salesianum
SB	Im Spiegel der Bücher
Sch	Scheidewege
SDGS	Schriften der Deutschen Gesellschaft für Soziologie
SG	Studium Generale
SR	Social Research
StP	Studia Patristica
StPh	Studia Philosophica Bern-Stuttgart
SZ	Stimmen der Zeit
TF	Tijdschrift voor Filosofia (Leuven)
Th	Thought. Fordham University Quarterly
THES	The Times Higher Education Supplement
ThLZ	Theologische Literaturzeitung
ThR	Theologische Rundschau
TME	H. JONAS, Technik, Medizin und Ethik
TR	Éd. P.T. DURBIN, Technology and Responsibility
UTQ	University of Toronto Quarterly
VCh	Vigiliae Christianae
WB	Welt der Bücher
WPE	H. JONAS, Wissenschaft als persönliches Erlebnis
ZEE	Zeitschrift für Evangelische Ethik
ZNE	H. JONAS, Zwischen Nichts und Ewigkeit
ZPBI	Zeitschrift zur politischen Bildung und Information
ZPhF	Zeitschrift für Philosophische Forschung

INDEX DES NOMS

TABLE DES MATIÈRES

Chapitre II

QUESTIONS DE FONDEMENTS ET DE MÉTHODE

Chapitre III

LES FINS ET LEUR POSITION DANS L'ÊTRE

Chapitre IV

LE BIEN, LE DEVOIR ET L'ÊTRE : THÉORIE DE LA RESPONSABILITÉ

Chapitre V
LA RESPONSABILITÉ AUJOURD'HUI : L'AVENIR MENACÉ ET L'IDÉE DE PROGRÈS

Chapitre VI
LA CRITIQUE DE L'UTOPIE ET L'ÉTHIQUE DE LA RESPONSABILITÉ

N° d'édition : L.01EHQN000713.A005
Dépôt légal : octobre 2013
Imprimé en Espagne par Novoprint (Barcelone)